JN097316

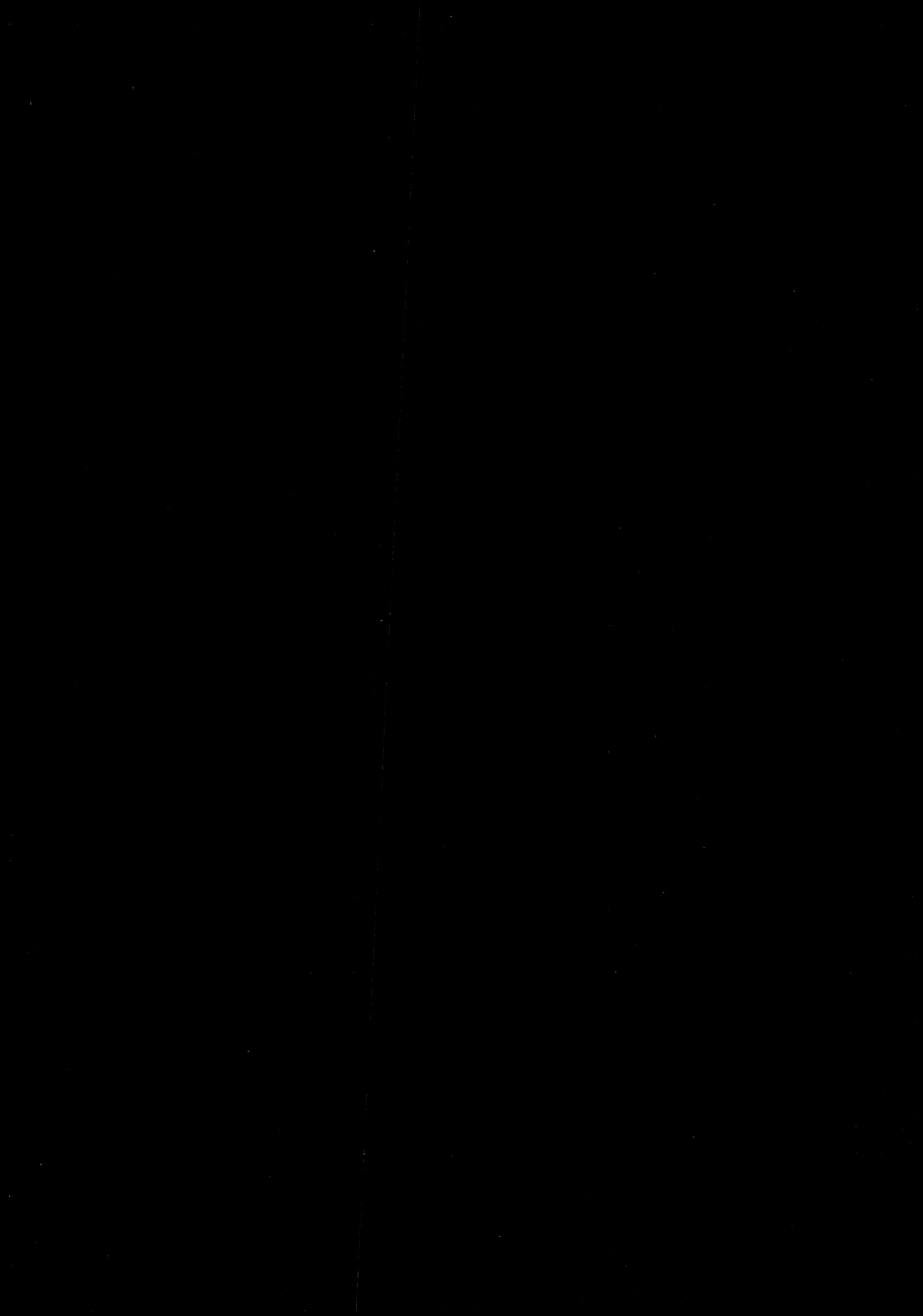

怪異(かいい)をつくる

【日本近世怪異文化史】

木場貴俊
KIBA Takatoshi

文学通信

目次

第二章
政治
政から見る怪異……047

補論一
フィクションとしての恠異

第三章 本草学 モノとしての怪異……100

第五章
語彙②　言葉の用法と新しい解釈……180

第六章 民衆の怪異認識 あやしいと認識すること……203

第七章 化物絵 描かれる怪異……234

第八章
ウブメ　歴史的産物としての怪異……256

第十章 古賀侗庵 江戸後期の［怪異］をつくった儒者……342

終章 怪異を「つくる」ことから見えること……375

序章
怪異を「つくる」

本書は、「怪異」という視角から、日本近世、特に江戸時代を生きた人びとや社会のいとなみについて考えていくものです。

ここでは、導入として、書名の意図と本書の内容について少し話をしておきたいと思います。

❖怪異とは

本書では、「怪異」を次のように定義して使っていきます（以下、鉤括弧をはずして使います）。

あやしい物事を指し、化物・妖怪・不思議などと表現する対象を包括する概念（天変地異や憑物も含む）

あやしいという感情は、人や人の集まりである社会が日常・通常とは異なる、あるいは理解の範疇を超える状況に陥ったときに喚起されるものです。怪異を考えるということは、逆説的に、人や社会にとっての日常・通常、そして常識を考えることにもなるのです。

ただし、注意しなければならないのは、何に対してあやしいと認識するのかは、時代によっても地域によっても大きく変わることです。また、同じ社会の中でも地位や職業、性別、世代、学問、宗教など、さまざまな場合によって、その認識は違ってきます。

例えば、御殿（どてん）の屋根に何羽もカラスが群れて留まっていたとしましょう。今だと、珍しいと思うか、または何も思わないかもしれません。しかし、古代や中世の日本では、国家的な一大事、すなわち怪異と認識されて恐れられる可能性が高かったのです。何故カラスの群集を怪異だと認識したのか、そもそも何故怪異は国家的な問題とされたのかなどの問いについて、さまざまな角度から考えてみるのが、本書です。

これは、各時代（＝時間）における地域・社会（＝空間）的な特徴を「歴史性」と呼ぶならば、日本近世の怪異の持つ歴史性を明らかにしていくことが本書の目的だ、と言い換えることもできます。そのため、先の怪異の定義は、大枠のニュートラルなもの（広義の怪異）で、その内には限定的な意味を持つもの（狭義の怪異）が含まれています。その狭義の怪異については、表記を変えてわかりやすく説明していきます。

❖「つくる」いとなみ

ある物事を怪異だと認識するのは、人間です。たとえ石が宙に浮いた、山を越えるほどの大きな蛇がいた、夜の川辺で小豆（あずき）を磨（と）ぐような音がしたなどの出来事も、人がいなければ、人が認識しなければ怪異にはなりません。つまり、人がいて初めて怪異は成り立つのです。

こうした怪異に関わる人のいとなみを、本書では総じて「つくる」という言葉で表現してみたいと思います。「つくる」いとなみは、多種多様です。怪異だと認識することも、当然「つくる」いとなみです。ある物事を誰がどのような理由で怪異だと決めたのか、その判断は、歴史性を帯びています。例えば、古代の律令国家（りつりょうこっか）では、国家、つまり政権しか怪異の認定をすることができませんでした。もしも個人が勝手に「あれは怪異だ」と言いふらしてしまえば、その人は処罰を受けることが法で決められていたのです。誰（個人・共同体・国家など）がどのような理由で、特定の物事を怪異だと認識するのか、言い換えれば、誰が怪異を「つくる」のでしょうか。

また、何故怪異だと判断するのかという理由、その怪異にどう対処すればよいのかということも「つくる」いとなみに含まれます。その背景にあるのは、学問や宗教、民俗などに根ざした「知（本書では、知識や知恵といった、立場や状況に応じて情報が体系化されたもの、と定義します）」があります。怪異と「知」の歴史的な関係を、本書では特に重視しています。

もちろん、怪異を表現することも大事な「つくる」いとなみです。物語を創作したり、絵や彫刻を制作したり、人が仮面を被（かぶ）って舞ったりといった、文芸や芸術、芸能、そして娯楽など、これまで人はさまざまな手段と思考から怪異を表現してきました。昨今日本の「妖怪」が名前と容姿を持つキャラクターとして、日本国内だけでなく世界でも注目されていることは、つくられた怪異の歴史の一場面です。

怪異を表現するという意味では、言葉も欠かすことができません。はるか昔の怪異について、我々は文字を通して多くを知ることができます。怪異、妖怪、化物、不思議といった言葉は、どのような場合に用いられたのか、それぞれの言葉の共通点や相違点、相互の関係を考える必要があります。また、鳴動（めいどう）などの事象（コト）や河童や天狗などの物象（モノ）といった特定の怪異への名付けも「つくる」いとなみです。名前や記録行為など、言葉にも歴史性があるのです。

このように、人のいとなみ全てに怪異は関係しています。そうした意味で、怪異が如何につくられたのかは、人がどのように生きてきたのかを考えることにもなるのです。

❖怪異を歴史学的に考える

私は、歴史学――特に、日本近世史――を研究しています。歴史学は、過去を生きた人びとや社会のいとなみ――それ自体を、文化と言い換えることもできるでしょう――を明らかにする学問です。

怪異を歴史学――日本近世史研究――から考えてみた場合、その研究史を見てみると、いくつかの課題が浮かび上がってきます。研究史の詳細は、終章第一節で述べているので、そこを参照していただくとして、ここでは概略を述べるに留めておきます。

日本史でも古代や中世では、国家や王権に関わる政治的な問題として、あるいは社会生活上における通念的な問題として、一九八〇年代頃から研究が蓄積されてきました。これは、ヨーロッパのアナール学派などに代表される社会史研究の影響を受けたものです。

他方、日本近世の場合、古代・中世に比べると研究は少なく、その成果を十分に蓄積していないのが現状です。その理由は、端的にいえば、怪異に関心が無かったため、より具体的にいえば、近世から近代への流れ（近代化）を重視する研究動向の中で、怪異は滞留・逆行するものと見なされたために、研究対象にされてこなかったのです。実際、近代では怪異は啓蒙・排除される対象となりました。哲学者井上圓了（いのうええんりょう）が「妖怪学」と称して、前近代的な対象を「妖怪」と表現し否定したのは有名です。そうした近代化の過程を明らかにする上で、怪異は捨象（しゃしょう）されたのです。

しかし、怪異が近代的ではないということは、裏返せば、近世という時代の特質を明らかにする格好の素材ということになります。近世史研究でも、近年ようやくさまざまな分野で怪異が取り上げられるようになってきました。ただし、トピック的に扱われることが多く、怪異を中心に据えて扱ったものはまだ少ない状況にあります。今、怪異を使って研究することが、近世史研究にとっていかなる意義を持つのかを提示する必要性が問われています。

こうした状況を踏まえて、本書で考えるべき課題を大きく四つ設定しました。

怪異を記録した（つくった）意味

一つは、近世の人びとは何故怪異を記録した（つくった）のでしょうか。これは、歴史学の根本的な問いです。怪異が起きたということは、当事者にとって異常な出来事、すなわち事件です。そして、記録といういとなみには、記録をした人びとの事情（立場や思想、利害など）が反映されています。これらを通して、事件としての怪異が記録される＝つくられる意味を考えなければなりません。

中世から近世へ

二つは、中世から近世への流れを考えることです。先ほど述べたように、古代・中世における怪異の研究は蓄積されてきました。これらの成果で明らかにされた事実が、続く近世段階において、連続していたのか、あるいは断絶したのか、はたまた変容したのかを確かめなければなりません。この作業を通して、怪異を通史的に理解することが可能になります。

そのために欠かせない視角が、政治です。古代・中世の怪異は、政治と切り離して考えることができません。次代である近世の政治と怪異の関係を押さえる必要があります。近世の怪異というと、民衆文化との関係が従来よく取り上げられてきました（歴史学以外の学問でも同様）。政治と怪異の関係を明らかにすることは、上（政治）と下（民衆世界）を繋ぐことで、近世の怪異を立体的に理解することを促します。また、政治と怪異の関係を考える際、宗教と学問が大きく関与していたことにも注意しなければなりません。

学問と怪異

三つは、「知」、特に学問と怪異の関係です。近世の専門的知識を持つ人たち——知識人——も怪異に並々ならぬ関心を持っていました。歴史教科書に載る人物の多くも、怪異に注目していました。そうした関心を、単に趣味的な嗜好と片付けることは容易です。興味は、好奇心から生じるものなのですから。知識人の怪異への関心には、趣味的な部分があったことは否定しません。しかし、彼らはむしろ学問的ないとなみの対象として、怪異に注目していました。本書では、近世になって発展する儒学と本草学を中心に取り上げて考えます。例えば、儒学では『論語』の「子、不語怪力乱神（子、怪力乱神を語らず）」という条文があるにも関わらず、怪異（怪力乱神）に関心を持つ儒者が少なからずいました。儒学に留まらず、知識人が何故怪異に関心を持つのか、その関心の質を問うことが大事です。知識人は、怪異をどのように考え、それがその人の思想の中でどのような位置にあったのか。さらに、個人の思想内だけに留めず、それが社会とどう関係していたのかについても考察していきます。

表現される怪異

最後に、怪異をどのように表現したのか、そこにはどのような背景があり、また社会にどのような影響を与えたのか。本書では、言葉と絵画について考えてみます。

近世の怪異については、国文学や民俗学など、歴史学以外の学問分野の研究蓄積が豊富です。そうした研究成果を活用しながら、怪異の歴史性と近世文化との関係性を、歴史学の視点から明らかにしていきたいと思います。

❖本書の構成

以上、四つの課題を通して、近世の怪異と社会の関係をこれから考えていきます。

本論は、十章三補論で構成しています。

第一章は、儒者の林羅山(はやしらざん)を取り上げます。羅山を取り上げる理由は、彼こそが近世の怪異に関わる文化に最大の影響を与えた人物だと考えているからです。羅山が怪異に関心を持っていたことは、国文学で以前から指摘されています。その上で、この章では、儒学（朱子学）における怪異の理解を押さえた上で、羅山が何故怪異に関心を持ち、どのような活動を行ったのか、さらには後世へ与えた影響を具体的に見ていきます。

第二章は、近世の政治と怪異の関係について、まず古代からの流れを概観しながら、政治的な怪異の意味を押さえます。その上で、近世段階での特徴を、宗教や思想と関わらせながら考えていきます。

次に補論一として、政治とも関わる、羅山が創作した怪異譚を取り上げます。

第三章は、本草学で怪異がどのように考えられてきたのかを見ていきます。本草学は、儒学と親近性があり、当初、林羅山や貝原益軒といった儒者によって担われていました。そうした彼らから見た怪異の位置、すなわち、モノとしての怪異への眼差しを考えます。また、江戸時代の本草学は、明の本草学者李時珍『本草綱目』の翻訳・解釈の歴史でもありました。中国文化の受容という側面についても考えていきます。

補論二として、「怪説」という独特な巻を持つ『日東本草図纂』を検討することで、日本の本草学が、単に中国のそれを継承しただけではなく、独自の展開を見せたことを明らかにします。

第四章と第五章は、語彙について考察します。まず、節用集などの辞書類の中で、妖怪や化物などの語彙はどこへ分類されたのか、その分類の背景にある思想も押さえながら検討していきます。次に、そうした語彙が当時どのように用いられていたのかを、文芸や日記類などから確認していきます。最後に、江戸中期、言葉に関心を持っていた人物として荻生徂徠を取り上げ、彼の古文辞学から怪異に関する語彙をめぐる様相を見ていきます。

第六章は、近世の民衆（学問や宗教などの専門的知識を用いた生業をしていない被支配者層）を中心に、怪異をどのように考え、対応していたのかを見ていきます。特に、怪異だと認識するための条件に注目します。

第七章は、絵画について。今では有名な鳥山石燕を含め、描かれた怪異を江戸時代の文化の中に位置付けてみます。中でも、子ども向き絵本や挿絵のある事典類、絵手本に注目します。また、従来あまり言及されることのなかった円山派の絵師源琦が描いた絵巻も取り上げます。

第八章と第九章は、怪異の個別事例として、ウブメと河童を取り上げます。ウブメは、難産で死んだ女性の変化で『今昔物語集』などに登場する怪異です。そのウブメは、江戸時代に入ると、中国に伝わる怪鳥、姑獲鳥と同一視されるなどの展開を見せます。つまり、その歴史を辿ることができる稀有な怪異こそ、ウブメなのです。ウブメを歴史的産物として捉え、その構成要素が取捨選択される様を通史的に考えてみます。また、河童は、これまで民俗学などでよく取り上げられてきましたが、ここでは歴史資料として河童の記録を捉え直すことで、どのような思想や意図のもとに記録されたのかを考えます。

補論三として、大坂の怪異について考えます。大坂を取り上げることで、都市文化としての怪異を江戸だけに終始せず、相対的に考える手立てとします。ここでは、井原西鶴や都賀庭鐘、上田秋成、そして懐徳堂の儒者たちについて、従来の研究成果に学びながら見ていきます。

第十章は、古賀侗庵を取り上げます。従来あまり知られていませんでしたが、近年、国際的な視野を持った政治学者として注目されている侗庵は、一方で怪異にも大きな関心を持っていました。林羅山と同様に、彼の怪異に対する関心について、具体的に考えます。

そして最後に、改めて本書で明らかにしたことを、研究史（深く研究したい人のための文献ガイドの意味合いも込めています）と設定した課題に照らしながら整理していきたいと思います。

さまざまな角度から怪異を考察していきますが、全てに共通するのは「つくる」いとなみだということです。「つくる」いとなみから、近世社会と怪異の関係を多面的に立体的に描き出してみたいと思います。

長々と説明してしまいましたが、前口上はここまでとして、いよいよ具体的な内容に踏み込んでいきます。それぞれの章は関連していますが、興味のあるどの章から読み進めていただいても大丈夫なように努めて書きました。

本書で用いる資料（歴史資料＝史料）の多くは、漢文体の白文（句読点や返り点がない文章）で記されています。そこで読みやすさを考慮して、原文に沿って読点や訓点、ルビを補ったり、片仮名を平仮名に変えたり、読み下しや逐語訳を載せたりしています。

本書を通して、少しでも近世の怪異に興味を持っていただければ幸いです。それでは、怪異を「つくる」いとなみを具体的に見ていきましょう。

※ここまでは敬体（ですます調）で書いてきましたが、第一章以降は常体（である調）で書き進めていきます。

第一章　林羅山
近世の怪異をつくった第一人者

はじめに

林羅山（一五八三～一六五七）――日本史教科書で江戸時代前期の文化を取り上げるとき、必ず登場する人物である（図1‐1）。彼の一般的な説明として、『新版角川日本史辞典』を引いてみよう。[1]

江戸時代の儒者。幕府儒官林家の祖。名は信勝、僧号道春。京都の人。建仁

図 1-1　林羅山
（『湯島聖堂と江戸時代』斯文会、1990 より転載）

寺の僧だったが、早くから朱子学を学び、藤原惺窩の門人となった。一六〇五（慶長十）徳川家康に謁し、その信任を得て幕府の文事を担当。その後、秀忠・家光・家綱に仕え、外交文書や諸法度の起草にあたり、幕政の整備に貢献した。一六三〇（寛永七）江戸上野忍岡に家塾を開く。後の学問所である。羅山は古今の和書・漢籍に通じ博学多才で、漢籍の出版や経書の講述に大きな足跡を残した。（後略）

江戸時代前期の幕政に関わり、また儒学[2]の発展に大きく関与した羅山。実は、彼こそが江戸時代の怪異に関する文化を「つくった」、始まりの人なのである。この章では、羅山の怪異観と主張、そして後世への影響について考えてみたい[3]。

【一】……林羅山と儒学における怪異

❖「子は、怪力乱神を語らず」—儒学における怪異

しかし、儒学について知っている人であれば、いささか不思議に思うかもしれない。『論語』述而篇には、

子は、怪力乱神を語らず（子、不レ語二怪力乱神一）[4]

という条があるからである。儒者である羅山も当然孔子と同じく「怪力乱神」を語らなかったのではないか、と思われるだろう。だが、羅山はそれを語っている。

何故、羅山は怪力乱神を語るのかを考える前に、まずは儒学（朱子学）における怪異の理解を確認しておこう。後

の章でも、儒者を取り上げているので、ここで概況を述べておきたい。朱子学で怪力乱神は、怪異・勇力・悖乱・鬼神に分けられ、それぞれ常・徳・治・人に対する概念とされている。[5] 怪異は、常の対立概念であった。

ただし、朱子学では怪異に別の理解も行っている。それは「鬼神」の一種としてである。[6] 鬼神とは、怪力乱神の「神」に当たるが、朱子（朱熹）の門下生で、朱子との問答集『朱子語類』（以下『語類』）編纂者である黄士毅によれば、「在天之鬼神」（自然現象）・「在人之鬼神」（魂魄）・「祭祀之鬼神」（祖霊）という三つに分類できるという（『朱子語類門目』）。[7] このうち怪異は、特に在天の鬼神と大きく関わる。朱子の鬼神に関する議論＝鬼神論の特徴の一つは、鬼神を宗教哲学的ではなく自然哲学的に把握したこと（鬼神の自然化＝自然の鬼神化）である。[8] 朱子学では、世界は「理」と「気」から成り立っているとする。気は万物を生成する基体であり、一気→二気（陰陽）→五行（木火土金水）→万物へと成っていく。その万物を万物として成立させるための原理、または気に内在する意味的存在を理という。[9] だから、朱子の鬼神の説明も気や理によって説明されている。次の文を見てみよう。

鬼神は、天地の功用にして造化の迹なり（『中庸章句』第一六章）[10]

万物が生成され消滅する天地の功用の過程（これを「造化」という）は、本来目に見えないが、日月の運行や雷など可視の自然現象として顕在化する場合がある、その軌跡（迹）こそが鬼神だと、朱子は位置付ける。この文は、朱子の先達である程伊川の説をもとにしている。

また、朱子はもう一人の先達、張横渠の陰＝屈して往く（彼方へ帰ってゆく）気＝鬼・陽＝伸びて来る（此方へやって来る）気＝神という、鬼神を陰陽二気の霊妙なはたらき、つまり、気の運動として捉える説も尊重していた。[11] 両先達の説は、どちらも鬼神を自然そのものとして理解している点で共通している。

そして、朱子は鬼神を次のように結論付ける。

愚（朱子）謂へらく、二気を以て言へば則ち鬼は陰の霊なり、神は陽の霊なり、一気を以て言へば則ち至りて伸ぶるものを神と為し、反りて帰るものを鬼と為すも、其の実は一物のみ（『中庸章句』）[12]

さまざまな角度から鬼神を見ても、結局は「一物」、すなわち気以外の何物でもないという。それは、万物は気から生じるものであり、鬼神もまたその理からは抜け出せないことを示している。朱子による鬼神の捉え方は、鬼神を自然的なもの、つまり有機的な一個の大いなる生命体として見る向きを生み出すことになった。[13]

では、朱子は怪異をどう考えていたのだろうか。

○「雨風露雷・日月昼夜は、此鬼神の迹なり、此は是白日公平正直の鬼神なり、所謂梁に嘯き、胸に触るる有るがごとき、此則ち所謂不正邪暗にして、或は有り或は無し、或は去り或は来たり、或は聚まり或は散ずる者なり、又所謂之に禱りて応じ、之に祈りて獲るもの有り、此も亦所謂鬼神にして、同一の理なり、世間万事皆此の理なり、但精粗小大の不同のみ」、又曰く、「功用を以て之を鬼神と謂ふは、此に即かば便ち見ん」と（『語類』巻三「鬼神」）[14]

○（前略）問ふ、「伊川『鬼神は造化の迹なり』と言へり、此豈に亦造化の迹ならんや」と、曰く、「皆是なり、若し正理を論ずれば、則ち樹上に忽ち花葉を生み出すに似たり、此便是ち造化の迹なり、又空中に忽然として雷霆風雨有るが如き、皆是なり、但人常に見る所なるが故に之を怪しまず、忽ち鬼嘯・鬼火の属を聞かば、則ち便ち以て怪と為す、此もまた造化の迹なるを知らず、但正理に是ざるのみ、故に怪異と為す、『家語（孔子家語）』に『山の怪を夔・魍魎と曰ひ、水の怪を龍・罔象と曰ひ、土の怪を羵羊なり』と云ふが如きは、皆是気の雑揉乖戻して生ずる所にして、亦理の無き所に非ざるなり、専ら以て無と為さば、則ち不可なり、冬寒く夏熱きの如きは、此理の正なり、時に忽然として夏寒く冬熱きこと有るは、豈に此の理無しと謂ふべけんや、但既に理の常に非ざれば、便ち之を怪と謂ふ、孔子の語らざりし所以なり、学ぶ者も亦未だ須らく理会すべからざればなり」（同）[15]

風雨露雷や日月昼夜は、白日の常なる「公平正直」な鬼神であるのに対し、梁のあたりで嘯き胸に触ってくるようなものや鬼嘯、鬼火などは、気が雑多に揉み合って生じた「不正邪暗」の鬼神であり、これが「怪（怪異）」なのだという。要するに、怪異もまた異常な道理で発生した鬼神であった。

このように、儒学（朱子学）における怪異とは、異常を指す概念、または異常な道理で発生した鬼神＝気であった。これは、序章で定義した怪異よりも狭義の理解である。そこで今後は、儒学（朱子学）で理解される狭義の怪異を［怪異］と表現する。すなわち、羅山が説く怪異はいずれも［怪異］ということになる。[16]

❖羅山が［怪異］を語る目的

羅山に話を戻そう。羅山は儒者なので、当然『論語』に依拠した発言をしている。慶長年間（一五九六～一六一五）の随筆には、唐代の志怪『酉陽雑俎』を読んだ際、全編で「仙仏怪異之事」が書かれていることに対して、「子、怪を語らず、故に余も亦之を言ふのみ（子、不レ語レ怪、故余亦言レ之而已）」（『羅山林先生文集（林羅山文集）』巻第六五　以下『文集』）と述べている。[17]

しかし、同じ慶長年間の随筆でも次にあげるものは、羅山が［怪異］に興味を持っていたことが窺える。[18]それは、孔子は怪力乱神を語らないと言うが、『書経』や『易経』『春秋』などの儒学の書物に怪力乱神の記述があるのはどうしてか、という或る人の質問をめぐる問答である（同巻）。[19]この問いに対し、羅山は程伊川や謝良佐ら先達の儒者の言葉を引用し、孔子が語るのは「詩書執礼（『詩経』と『書経』、そして礼を執り守ること）」であり、怪力乱神は語るところのものではないとする一方で、こう述べる。

> 当に言ふべくして言はざること無く、当に断ずべくして断ぜざること無し、是を以て『春秋』は災異戦伐を書し、『易礼』は鬼神を論ず、已むことを得ずして、之に及べば則ち必ず訓戒有り、神に於ては則ち其の理を論じ、以て当世の惑ひを解く、世人の徒に語りて、反て以て人を惑すがごときに非ず、然も其の之に及ぶことも亦鮮なし[20]

儒者がやむを得ずどうしても怪力乱神を語るのは、必ず「訓戒」を込めて当世の惑いを解くためだからだ。ただ怪力乱神を語り、却って人を惑わせる行為をする世の人びととは違う。しかも、こうした行為に及ぶことができる者は少ない。これが、羅山が怪力乱神を語る際の主張であった。

ただし、この主張は、儒者、つまり羅山が怪力乱神を語ることの自己弁護という見方もできる。

❖［怪異］と結びつく世俗、そして仏教

別に、慶長年間の随筆には、次のようなものもある。

> 俗に所謂二十有四孝は、怪異を語ることを嘉ぶ、寔に有道の者が述ぶる所に非ず、昔程夫子謂へらく、「十哲は世俗の論なり」と、余二十四孝に於ても亦云ふ（同）[21]

俗にいう二十四孝（一四世紀に郭居敬が編纂した『全相二十四孝詩選』に登場する、虞舜・漢文帝など中国の孝子二十四人）は喜んで［怪異］を語っているが、本来は有道の者（儒者）が述べるものではない。しかし、昔程子は孔門の十

哲の話が世俗によってつくられたものだと考えており、余（羅山）は二十四孝にもまたそれを適用する。言い換えれば、二十四孝も世俗によってつくられた話だから［怪異］を喜んで語っているのだ。

遠回しな文章だが、これは［怪異］が世俗の領域にある概念であるという、羅山の認識を表している。

世俗（俗）について、羅山は、元和七年（一六二一）成立の『徒然草』注釈書『野槌』で「俗ハ世間也」（第一五五段注）[22]とし、寛永年間（一六二四～四五）後期から正保二年（一六四五）までの成立の『本朝神社考』（以下『神社考』）では「世俗の称する所、信ずべき者有り、疑ふべき者有り、排すべき者有り」（下之五巻「厩戸皇子」[23]）と述べている。不審だが信じるべきもの、つまり儒学の道理も含む世間、それが羅山にとっての世俗であった。[24]

また、羅山が世俗との関わりで注視していたものが、もう一つある。仏教である。儒学は、中世では禅僧などが学んでいたが、本来出世間（出家）や輪廻転生など理念的に仏教と相容れず、羅山も排仏論を主張していた。羅山は、「浮屠の教（仏教　筆者注）、上は以て政と為し、下は以て俗と為す」（『羅山林先生詩集（林羅山詩集）』巻四一「継母挽詩」一六〇九　以下『詩集』）[25]、上下つまり社会全体に仏教が蔓延しているという認識を持っていた。羅山にとって、世俗に儒学を説き排仏する行為は、儒者としての重要な役割だと自覚していたはずである。

要するに、羅山と［怪異］の関係を見る上で、世俗と仏教という要素は欠かせない。

［怪異］と仏教に関する具体的な検討は次節に譲るとして、ここでは、羅山が［怪異］（怪力乱神）を語り始めた背景について考えておきたい。そこで大事になるのが、羅山の政治思想家としての挫折である。[26]慶長一二年（一六〇七）江戸幕府に出仕して以来、百科全書的な役割（特に兵書などの講釈）のみが期待され、儒学（朱子学）の道徳的価値を説くことは困難を窮めた（徳川家は浄土宗）。また「浮屠の教、上は以て政と為」す状況下で、幕府内での儒者の地位を確立することはできず、排仏を主張しながらも結局は僧形や法印の位を受け入れざるを得なかった。

幕府内での政治思想家としての挫折、それに伴う妥協・順応の結果、羅山は上＝政治ではなく下＝俗への教化に方向転換したと考えられる。[27]先の［怪異］（怪力乱神）に関する随筆は、いずれも慶長期に書かれたもので、政治思想家としての挫折は慶長一六、七年（一六一一、一二）頃とされている。[28]［怪異］と世俗、そして仏教の関係性を踏まえれば、羅山が怪力乱神を語る契機として、政治思想的挫折を想定することは十分可能である。つまり、羅山が［怪異］を語るのは、単なる趣味ではなく、世俗を意識した彼の思想的ないとなみであった。

ただし、羅山の［怪異］（怪力乱神）への関心は私的なもので、公での使い分けも見られた。慶長期に政治思想的挫折を味わった羅山だが、寛永期になると外交文書や法度の起草などで幕府内の地位を高めていく。寛永一三年（一六三六）来日した朝鮮通信使との対話の中で、羅山は朝鮮の始祖である檀君（だんくん）が一千年も生きたという話に対し、「怪誕の説、君子取らざる也（怪誕之説、君子不レ取也）」（『文集』巻一四「寄朝鮮国三官使」）[29]と疑義を唱え、怪しい言説を斥（しりぞ）けている。下＝世俗に対しては怪力乱神を語っても、上＝政治という公の場では儒者として怪力乱神に強硬な態度をとっていたのである。

【二】……羅山の語る［怪異］

❖羅山の著した［怪異］

先にひいた『新版角川日本史辞典』に「羅山は古今の和書・漢籍に通じ博学多才」とあるように、彼は多くの書物を読んでいる。学術書以外にも、先の『酉陽雑俎』や怪談「牡丹灯籠（ぼたんどうろう）」の原話「牡丹灯記（ぼたんとうき）」が収録された『剪燈新話（せんとうしんわ）』（一三七八序）も読んでいる（一六〇〇年に読み始め、二年後に跋（ばつ）を書いている（『文集』巻五四「剪燈新話跋」）[30]）。膨大な数の読書をしていた羅山は、それゆえに儒学以外にも文学・本草学（ほんぞうがく）・宗教などさまざまな分野に関する著述を残している。中には［怪異］に関するものも少なくない。

その代表が『恠談（かいだん）』と『仙鬼狐談（せんきこだん）』である。いずれも、寛永末に三代将軍徳川家光の病床の慰めとして献上されたものである（『詩集』附録「編著書目」）。[31]『恠談』は、漢籍に載る怪異譚を翻案した怪談集。『仙鬼狐談』は、中村幸彦によれば『仙談』『鬼談』『狐談』に分かれ、『仙談』は刊本『詩仙』『儒仙』『武仙』の元に当たるもの、『鬼談』は『幽霊之事』、『狐談』は明代の志怪小説『狐媚叢談』の翻訳抄録『狐媚鈔』に相当するという。[32]

❖羅山の語る［怪異］と訓戒①――儒学の教化

羅山は、やむを得ず怪力乱神を語る際には訓戒を含めるべきだ、と主張していた。ならば、『恠談』にも訓戒が含まれていたはずである。その訓戒とは何だろうか。そこで『恠談』「頼省幹」（典拠は『古今説海』「説略部」所収「談藪」）[33]を取り上げて、羅山の語る［怪異］を考えてみたい。

「頼省幹」の概略は次の通りである。

> 頼省幹という鬼を祭祀する邪術を使う者がいた。頼省幹は鬼への生け贄に、一人の娘をさらった。娘の母は般若心経を常に読んでいたため、娘も陀羅尼の呪を読むことを忘れなかった。そしていよいよ生け贄にされそうになった時、娘が一心他念なく「掲諦、掲諦」と心経を唱えたところ、口から光が出てきて鬼を退治した。鬼の正体は大きな白蛇で、頼省幹は遠島に処された。

内容からすれば明らかに仏教系の怪異譚だが、羅山は話の末尾に「凡そ、人の心一にして、真実の敬あれば、鬼神も、おそるゝ道理あり、況や、蛇蟒、ばけものゝ類をや、呪文によりて、しかるにはあらず、『性理字義』に、此理を云り」[34]と、退治できたのは仏教の霊験ではなく、陳北渓の朱子学解説書『性理字義』に載っているような心の徳性によるものだと補足をしている。つまり、仏教怪異譚に「真実の敬」という儒学の教えを付け加えることで、仏教の要素を否定して儒学の［怪異］譚に再編しているのである。

そして、ここから訓戒の内実がわかる。それは、儒学の道理と相即的な仏教批判（排仏）である。

ここでは儒学の道理の教化について、もう少し掘り下げてみよう。羅山の主張は、補足に込められている。『恠談』の「韋叔堅」には、「古人の詞に、怪を見て、あやしまされは、其怪、おのつから止と云り、けに、さもあるへし」[35]とある。これは唐の孫思邈編『備急千金要方』や南宋の洪邁編『夷堅志』にも同様のことが記され、日本でも『徒然草』第二〇六段に「怪しみを見て怪しまざる時は、怪しみかへりて破る」[36]とある。これは、「頼省幹」にも登場した陳北渓『性理字義』の「妖は人に由りて興る（妖由人レ興）」にも通じる文言である（第六章二二一・二頁参照）。

また、『幽霊之事』の跋文には、次のように書かれている。

> （前略）昔伯有といへる人、死して後にたゝりをなす事有しを、或人「如何侍る」と問ふ、「『是は、道理の中の、一種の道理也』と、程子答て、教けるとそ、猶も、本書を、みるへし、若、それ天地の鬼神、人身の魂魄、祭礼の鬼神は三種の科あれ共、みな陰陽の深理にて、たやすく述かたし、是又、本書をかんかふへし」[37]

『春秋左氏伝』昭公七年に載る鄭の貴族伯有の亡霊が祟った話について、程子は「道理の中の、一種の道理」と答えて教えとしたが、この『幽霊之事』も理解が困難な鬼神（『語類』の在天・在人・祭祀の鬼神）について参考になると、その位置を定めている。こうして羅山は、［怪異］（怪力乱神）を通じて儒学の教化を実践していたのである。

また儒学のものではないが、教訓を残している。『狐媚鈔』「王義方」の末尾には、「日本にても、世俗に吒枳尼天なれ、いつな［飯綱］の法なれ、よく修習せるものは希にて、身を、ほろほす［滅］ことは多かりき」[38]と付け加えている。

❖羅山の語る［怪異］と訓戒②——仏教批判

次に、羅山が［怪異］を通して行った仏教批判を見てみよう。先の「頼省幹」では、続きに唐の天文学者傅奕の話を載せている。排仏論者として知られている傅奕の話は次の通りである（『唐史』からの話としている）。

　唐の傅奕は、太宗の頃の人である。西域から沙門（僧侶）がやって来て、幻術を使って火を吐き出すなど人を惑わしていた。太宗がこれを聞き怪しんでいると、傅奕が「自分に向かって火を吐かせて御覧に入れよう」と奏上した。かの沙門が傅奕に向かって火を吐きかけた時、傅奕は姿勢正しく立ち「乾、元亨利貞」と唱えると、沙門は倒れ伏して起き上がらなかった。

儒学（儒教）五経のひとつ『易経』で乾（天・陽の卦）の徳をさす「元亨利貞」を唱えたことで、怪しい沙門を撃退したという排仏論者傅奕の話には、「是によりて、妖は人によりて起る、邪は、正に、かたさることを知、と云り」[39]と補足説明をしている。

続けて『恠談』「陰摩羅鬼」を見てみよう（典拠は『説郛』巻一一「陰摩羅鬼」）。

　北宋の時代、鄭州に崔嗣復という人がいた。都城の外の寺に入り、法堂の上で休息して眠っていると、俄に声がして嗣復を叱る。嗣復が驚いて起きて見ると、鶴の形で色が黒く、目が灯火のように光っている物が羽を振るって、高く荒れた声で鳴いていた。嗣復は恐れて廊下へ退いて窺うと、たちまち見えなくなった。明朝この事を寺の僧侶に語ると「ここにそのような化物はいない。ただし、十日以前に死人を送ることがあり、仮に安置していた。もしかするとそれではないだろうか」と答えた。嗣復は都に戻って開宝寺の沙門に告げると、「大蔵経の中に、新しい屍の気が変じてこのようになるとあり、これを陰摩羅鬼と呼ぶ」と答えた。

一見仏教批判がないように見えるこの話のポイントは、開宝寺の沙門と比較される都城の外の寺僧が陰摩羅鬼に関して無知だということにある。つまり、葬礼に携わる寺僧が仏門にいて修めるべき『大蔵経』に載っている（とされる）陰摩羅鬼を知らず、何の対処もできてないことを批判している。これは、当時の日本の葬送儀礼を仏教が担っていたことを反映しているのではないだろうか。羅山は、継母の葬送を儒式で行うよう望んでいたが、結局当時の俗習であった仏式で行われた過去がある（『詩集』「継母挽詩」）[40]。

「陰摩羅鬼」には、羅山の補足はない。何故かといえば、気が変じるというのは儒学[41]（朱子学）の生成論と通じるからである。つまり、この話は、補足せずとも儒学的に解釈ができ、尚且つ仏教批判としても読める話なのである。

羅山が［怪異］を用いて仏教を批判したことは、儒者（朱子学者）ゆえの排仏論という面だけではなく、当時の日本における怪異をめぐる状況が背景にあったことも示している。

当時、僧侶は、因果応報などの教えを唱導する際、怪異譚を用いることが多かった（「仏氏常に之（怪力乱神 筆者注）を言ふ」）[42]。その状況を批判したのが、先の怪力乱神を語る際には訓戒を含めるべきだと主張した随筆の続きである[43]。そこでは、儒仏が怪力乱神を語る場合の違いを衣服と飢渇に例えて説明している。衣服の例では、儒学は夏には涼しい服、冬には毛皮を着て時機相応の格好をするのに対し、仏教は夏に毛皮、冬に涼しい服を着る。飢渇の例では、儒学は渇いたときに飲み、飢えたときに食べるのに対し、仏教は渇いたときに食べ、飢えたときに飲む。つまり、仏教は時機を考えず無闇矢鱈に怪力乱神を語るのに対し、儒学はやむを得ない場合にのみ語るという違いがある、と区別している。僧侶は、羅山の望む語りをしていないのだ。

［怪異］を用いた仏教批判は、『恠談』だけに留まらない。『神社考』は、独自の儒家神道（理当心地神道）の説に基づきながら、有名な神社などを解説した書だが、下巻は「霊異方術」に言及している。そのうち下之六「僧正谷」は、天狗に関する項で、「我邦、古より天狗と称する者多し、皆霊鬼の中、其の較著なる者を相称して天狗と曰ふ、是れ蚩尤・旗星の義に非ず」[44]と、天狗は較著なる霊鬼で、狐・童・僧侶・山伏・鬼神・仏菩薩などの姿で出現する。

また、慢心や怨み、怒りを持った多くの僧侶も天狗道に入って天狗になり、伝教（最澄）・弘法（空海）・慈覚（円仁）・智証（円珍）の四大師をはじめ日蓮・法然・栄西など日本を代表する名僧は、皆天狗だと指摘している。要するに、羅山は、全ての僧侶＝仏教界そのものが天狗だ、という認識を持っている。

同下之六「都良香」には、羅山と同時期に活躍した南光坊天海が、残夢という自称不死の者に逢い、不死である彼を信用して長生きの秘訣（枸杞を食べる）を教えてもらい感心した話が紹介されている。これに対して羅山は「嗚呼、浮屠妖惑の弊、至らずといふ所無し」[45]と歎息し、『史記』巻之一二孝武本紀を引用して不死を否定している。漢籍という知的権威への信頼もさることながら、虚言を信じる天海当人をいかがわしい存在、つまり天狗のような「妖惑」な存在と見なしている点に注目したい。[46]

このように、羅山は［怪異］を通じて、仏教を批判し、僧侶を［怪異］そのものと位置付けた。それは、仏教が蔓延する日本全体を儒学で教化しようという目的に繋がっている。仏教の怪異を儒学の［怪異］へ再解釈することこそ、仏教批判と儒学教化の実践であった。

しかし、羅山は、仏教で語られる霊験や怪異そのものを否定していたわけではない。『野槌』第七三段「仏神の奇特権者の伝記」の注釈では、「仏経におほく載する所の仏菩薩、鬼神の神変奇特、又神明の不測なる事、其外権者化身のたゞ人にあらざるものゝ伝記ども、不思議多かるべし、皆一々いつはりと定めがたし」とあるように、羅山は、霊験や怪異の有無を問題にしているのではなく、それらをどのように解釈するかを重視していたのである。

【三】……仏教側から見た羅山の［怪異］

❖『奇異雑談集』

羅山は、仏教怪異譚を再解釈し、儒学的な［怪異］を語っていた。では、こうした羅山の主張に対して、仏教側はどのような反応を見せたのだろうか。『奇異雑談集』という文芸作品を例にして考えてみよう。

『奇異雑談集』は、仏教の唱導話材が文芸に転換した早い時期の作品で「〈仏教怪異小説〉の嚆矢」[47]と評価されている。内容は、仏教唱導の要素を含む本邦の怪異譚や羅山も読んでいた『剪燈新話』などの中国怪異譚の翻案で構成されている。編著者は不明ながら、漢籍が読める高度な知識を有した高僧などと推定されている。[48]成立については、貞享四年（一六八七）に刊本が出版されるより前に、写本として伝わっており（写本は上下巻、刊本は全六巻）、さらに写本下巻の草稿本に当たる写本『漢和希夷』も伝存している。写本『奇異雑談集』は、当初文中の記述から天文年間（一五三二～五五）の成立とされていたが、楠木郁子によれば、慶安元年（一六四八）刊『剪燈新話句解』の訓読を参考にしているため、慶安元年から貞享四年までの間に成立したと指摘している。[49]『漢和希夷』はそれより前の成立となる（本書では写本『奇異雑談集』を用いる）。[50]

❖『奇異雑談集』と羅山①――頭頂部に口がある男のはなし

それでは、まず上之三「人の面に目鼻なくして、口、頂上に、ありて物をくふ事」を見てみよう。表題にあるように、摂津国の唱導僧がある国の富貴な農家を訪問した際、口が頭頂部にあるのっぺらぼうの亭主に出逢う話である。「わが身のごつしやう〔業障〕」[51]によって夫婦になったというこの話と同内容のものが、羅山の『野槌』にも記されている。『徒然草』第四二段の「鬼の顔になりて、目は頂の方につき、額のほど鼻になりなど」する奇病の解説に、次の話が紹介されている。

又、一鷗宗閑（便宜上の読み）といへる医師、筑紫へまかりけるに、あるところにて宿を借る、婦人出合て、主人の疾を見せしめんと云、入て見れは、一人耳目口鼻もなくして、坐せる者あり、是我か男なりといふ、驚て出て丶、委く問へハ、彼婦人いかなる前世の因果にや、か丶る人と契けるにや、みつから飲食を与れハ、手にとり

て、頂の上にをき、頂に口ありて、物をくふと云、かゝるあやしき事もある事にやと、人にかたりき

双方とも話の筋は同じだが、主人公が名のない唱導僧と一鷗宗閑という医師などの違いが見られる。成立年代から見れば、『野槌』が早く、『奇異雑談集』の方が怪異の容姿や屋敷の描写は細かい。『野槌』を読むと、羅山は引用した典拠をジャンルの分け隔てなく付記し、自身の考えは最後に述べる体裁になっている。『奇異雑談集』（の草稿本）を読んだのなら、当然そのことを明記しているだろう。これらを踏まえると、『奇異雑談集』の編著者が『野槌』を読み文芸的に改作した、あるいは双方別々に同内容の話を聞いたが、原話は『野槌』の方が近いと考えられる。[52]

❖『奇異雑談集』と羅山②——姑獲鳥（こかくちょう）

次に、下之四「姑獲の事」を取り上げる（『漢和希夷』[53]には収載されていない）。これは、ウブメという怪異の話である。[54]ウブメは、産女などと表記する、難産で死んだ女性の変化で、赤子を抱いた女性の姿で現れて子を抱くように強要する。話は、前半は京都の西の岡辺りに現れた「産女」について、後半は「唐に姑獲といふは、日本の産女なり、姑獲は鳥なり」[55]と、中国の姑獲鳥について書かれている。姑獲鳥は、中国で伝わる難産で死んだ女性が変化した怪鳥で、夜飛行し小児を攫って自分の子として養うという。出自が同じであるため、江戸時代を通じて産女と姑獲鳥は次第に同一視されていく。

実は、この同一視の契機を作ったのが、羅山その人なのである。

羅山は、本草書『本草綱目（ほんぞうこうもく）』などに載っている漢名に和名を該当させた辞書『新刊多識編（しんかんたしきへん）』を寛永八年（一六三一）に刊行した。[56]その『新刊多識編』巻之四禽部第六には、次のように記されている。

姑獲鳥　今案宇布米登里（うぶめどり）、又云奴恵（ぬえ）[57]

「今案」というのは、今姑獲鳥にふさわしい和名を考えてみると、という意味である。それ故に、羅山が同一視を行ったといえる。ウブメ（うぶめどり）と並列で提示されている和名「ぬえ〔鵺〕」については、『野槌』第二一〇段の鵺に関する注釈で次のように触れている。

> 又鵺と云鳥、頼政か射たるを以てみれハあやしき鳥也、『皇明通紀』にある黒眚の怪、『本草綱目』にのせたる、姑獲鳥、治鳥、木客鳥などいへる類にや

つまり『奇異雑談集』の編著者は、『野槌』や『新刊多識編』など羅山の著作を受容し、自著に利用していたことになる。仏教を排除しようとする儒者（羅山）とは異なり、『奇異雑談集』編者は、仏教とは相対する儒者の説を説得力のある根拠として積極的に摂取していったのである。文化の受信者による能動的な参与を、文化史では「流用」（appropriation 「我がものとしての利用」「領有」とも）というが、[58]『奇異雑談集』の編者は、まさに羅山の知を「流用」したことになる。

実は、こうした仏教による儒学の知の活用は古くから見られる。例えば、虎関師錬の『元亨釈書』（一三二二成立）巻三〇「智通論」には、「孔子の怪力乱神を語らざる者、絶へて言はざるに非ざる也、慎んで言ふ也」[59]とある。『元亨釈書』は、儒学と仏教の双方の立場から仏教説話を論じた書物であるが、羅山は師錬を盗人同様に見なし、『元亨釈書』を仏教批判の的にしていた（『文集』巻二六「元亨釈書弁」）。[60]

儒学の道理と仏教批判という訓戒を組み込んだ、羅山の新しい［怪異］は、結果的に、仏教側で語られる怪異を権威付けるための道具や話材になってしまった。しかし、儒学と仏教という相対する思想間で怪異に関する情報が行き交う状況は、当時の通俗的な思想状況であった三教（神・仏・儒）一致[61]と重なる様相を表していて興味深い。

【四】……後世への影響

❖出版による知の普及

最後に、羅山の［怪異］に関する知識が、後世どのような影響を与えたのかを見ていこう。

そこで大事になるのは、羅山の著述が出版される意義である。寛永期、木版技術によって出版事業が大きく展開した。それまでは手書きの写本や秘伝口授など、きわめて限られた人にしか知識が伝わらない状況にあった。しかし、羅山はそうした知の閉鎖性を克服すべく、松永貞徳とともに慶長八年（一六〇三）に公開講義を開き、そのなかで羅山は『論語集注』を担当した（『詩集』「羅山林先生年譜」「羅山林先生行状」[62]。貞徳は『百人一首』『徒然草』を担当した）。知の開放を指向する羅山にとっては、出版文化の発達は渡りに船だったのである。

寛永期に出版された書籍は、仏書・漢籍・医書など宗教的・学術的なものが多くを占めていた。訓点入りの漢籍や注釈書も多数刊行され、中でも羅山による訓点（道春点）は重宝された[63]。儒者にとって漢文の解読や弄筆は基本となる営為で[64]、家光政権期以降、幕府内で存在を高めていた羅山による訓点は、権威的な位置にあった。『（新刊）多識編』の刊行もこの流れに沿ったものだといえる。

出版文化の動向に上手く乗ることで、羅山は自らの知を広く普及することができた。結果的に、羅山の知が一つの権威として、以後の文化に大きな影響を与えていくことになったのである。

❖文芸に与えた影響

まずは、文芸における羅山の影響を見てみよう。

図 1-2 鳥山石燕『今昔画図続百鬼』陰摩羅鬼
(Hiroko Yoda and Matt Alt. *Japandemonium Illustrated: The Yokai Encyclopedias of Toriyama Sekien* Dover Publications 2017 より転載)

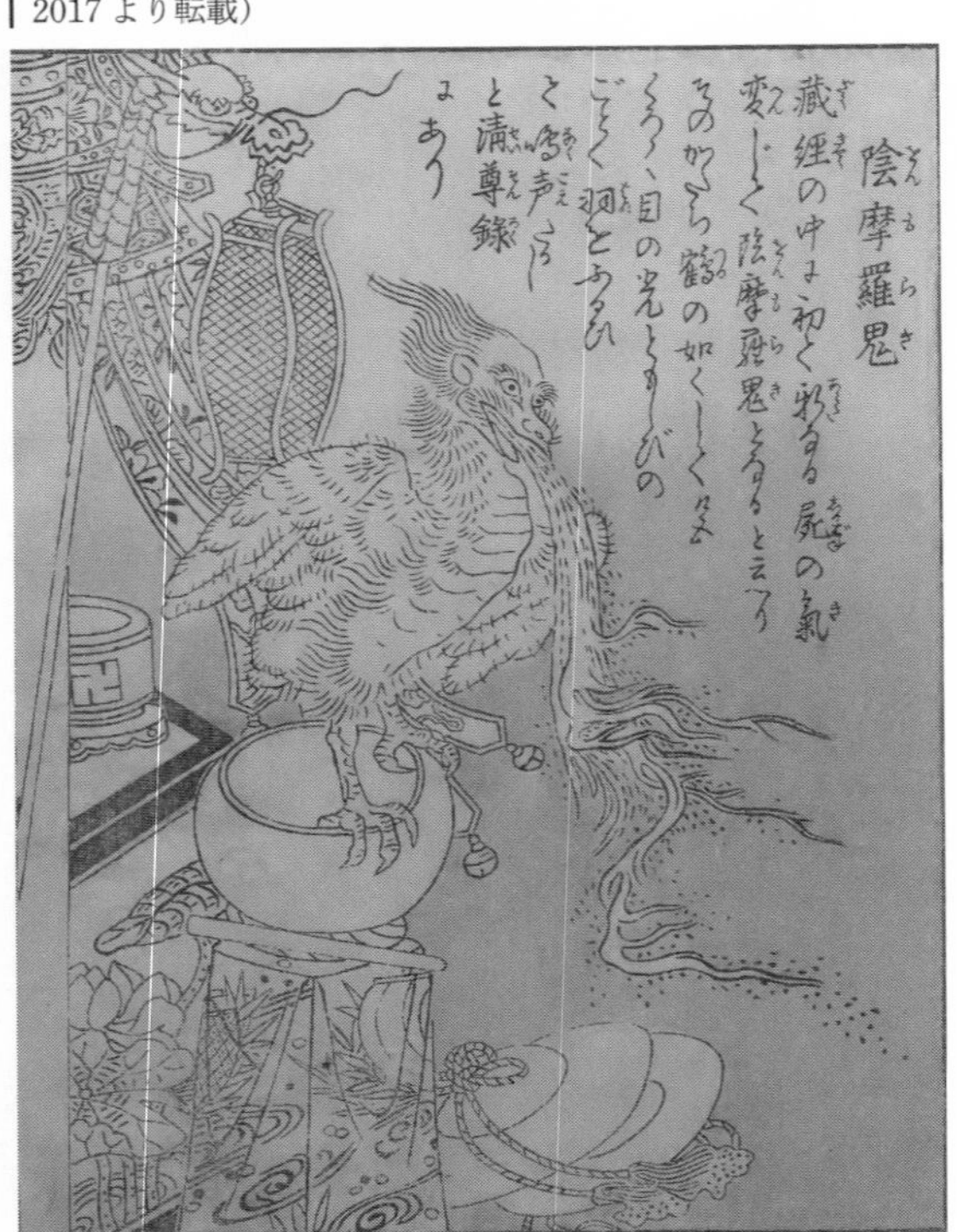

刊本『奇異雑談集』と同じ貞享四年（一六八七）に刊行された、医師苗村丈伯（艸田斎）の『籠耳』巻一の四「蒙古国裏鬼」や巻一の五「穴賢無恙」には、『野槌』の「元興寺」（第一二九段）や「恙」（第三〇段）の注釈とよく似た文章がある。[65] 丈伯自身、後に『徒然草絵抄』（一六九一刊）という『徒然草』の注釈書を著しているので、以前より『野槌』に親しんでいたのだろう。また「蒙古国裏鬼」には、姑獲鳥に関する言及もあり、「蒙古国裏鬼」と同じ小児を躾けるための脅し文句として、幼少期にその名を聞くのが怖かったという。[66] これは、姑獲鳥が夜干しをしている子どもの服に血をつけ、攫う目印にするというもので、『奇異雑談集』でも日本で夜干しをしない慣習の原因として取り上げている。実際当時夜干しを忌む慣習があり、その原因が姑獲鳥であるとするならば、それは姑獲鳥が日本で広く知られるようになる『新刊多識編』刊行後のことだと考えられる。もしくは、丈伯は写本の『奇異雑談集』を読んでいたのかもしれない。『新刊多識編』や写本『奇異雑談集』の成立から四、五〇年経っていることで、姑獲鳥の伝承が日本に定着した可能性はある。

丈伯は、別に『世話用文章』という字書を刊行し（一六九二刊）、飛頭蠻や姑獲鳥、元興寺（子脅しの慣習）を絵入りで紹介している[67](図4-3、8-3)。飛頭蠻も姑獲鳥も『新刊多識編』で紹介されている和名である。

『恠談』は、元禄一一年(一六九八)『怪談全書』という名称で、以後何度も刊行された。河内国日下村の庄屋森長右衛門が、享保一四年(一七二九)四月一九日に大坂農人橋の書物屋和泉屋稲村喜兵衛から『怪談全書』全五巻を借りている記事も見られる。[68]そのうち「陰摩羅鬼」は、享保一七年(一七三二)刊行の祐佐『太平百物語』で「西の京陰魔羅鬼の事」として日本の話に仕立て直され(陰魔羅鬼の姿は「鶴」から「鷺」になっている)、[69]安永八年(一七七九)鳥山石燕『今昔画図続百鬼』巻之中には「陰摩羅鬼」が描かれる[70](図1-2)。その絵に添えられている文章は、『怪談全書』を参考にしたものである。また、天保一四年(一八四三)成立の駿河国の地誌『駿国雑志』を編んだ阿部正信は、地元で「幽霊火」とされる怪火を「陰摩羅鬼」と同一視している。[71]

❖学術・思想に与えた影響

次に、学術や思想に関する影響を見てみる。

『新刊多識編』は、源順『和名類聚抄』と並ぶ、本草学を学ぶ上で必須な文献[72]として位置付けられるだけでなく、節用集といった辞書類にも大きな影響を与えている。例えば、若耶三胤子編『合類節用集』(一六八〇刊)に収録されている語彙には、『新刊多識編』由来のものが多分に含まれている[73](第四章一七六頁参照)。

また『神社考』下之六「牛窓」は、備前国牛窓(現岡山県瀬戸内市)の地名伝承で、神功皇后が備前の海上を過ぎていると、塵輪鬼という怪物の化けた大牛が襲ってきたものの、老翁の姿で現れた住吉明神が投げ倒したことに由来していることを述べたもので、これは、備前の地誌である石丸定良『備前記』や高木太亮軒『和気絹』(一七〇九成立)などの地誌に引用されていった。[74]地元で地誌を編む際、羅山によって再編された伝承が、権威をもって受容され定着していったのである。

『神社考』の影響は、平田篤胤の『古今妖魅考』(一八二二刊)にも見られる。篤胤は怪異に並々ならぬ関心があり、[75]

『新鬼神論』などで儒仏両方を批判するために怪異を活用していた。『古今妖魅考』の冒頭には、子の鐵胤による本書成立の由来（「此書の成れるゆゑよし」）が書かれ、そこで「（前略）林羅山先生の説に依りて、我父の世に化物と云ふものある、其本縁を考覈められたる書なり」[76]と、羅山の『神社考』を発展させて論じたものであることを説明している。言い換えれば、『神社考』を「（前略）神社の縁起を述べ、彼仏の法を異端なる由を論ひ、其中にも天狗ちふ妖魅の、本因を考へ明されたるは、古今に比なく、傑たる説になも有ける」と評価し、『神社考』「僧正谷」における天狗論と仏教批判をより強調・展開したものが、『古今妖魅考』であった。

他にも新井白石の『鬼神論』（成立年不詳、一八〇〇刊）には、羅山の名前は確認できないが、天狗の「多くは修験の高僧の成たるなり」[77]という仏教批判は『神社考』を想起させ、また『本草綱目』の「封」と日本の「河太郎」の比較をする箇所[78]は、明らかに『新刊多識編』の「封　加和多良宇」に依拠したものである。

おわりに

最後に、本章で述べてきたことを整理しよう。

第一に、江戸時代を代表する儒者林羅山は、「子、不語怪力乱神」を重んじながらも、［怪異］（怪力乱神）に関心を持っていた。背景には、政治思想家としての挫折があり、それを契機に世俗への教化を指向する中で「世俗の論」たる［怪異］を用いようとした。また、当時仏教が怪異譚を用いた教化を行っていた状況も踏まえ、儒学の教えと仏教批判を含み込んだ儒学的な［怪異］を羅山は説いていった。

第二に、こうした羅山の［怪異］に関する知の発信に対して、仏教側は逆に自らの語る怪異を箔付けするための知的権威として利用していった。羅山にとっては不本意な事態かもしれないが、近世における怪異は、仏教や儒学などさまざまな思想間を往還することで、それぞれが刺激し合っていたことがわかる。

第三に、羅山の［怪異］に関する知は、文芸や学問の分野に大きな影響を与えていた。そこには、羅山の著述の刊行が背景にあり、当時の文化的な権威であった漢籍を自由自在に扱う羅山もまた権威として位置付けられたのである。その権威である羅山の書物から、多数の読者が多くの情報を吸収し、新たな知を発信していった。

羅山にとって［怪異］とは、教化の道具であった。彼の思想全体の中でも重要な位置に［怪異］はあった。

鈴木健一は、羅山の学問の特質を総合性、実証性、啓蒙性と評価した。これらの特質は、江戸時代的な思考の枠組みでもあり、その枠組みを形作った最初期の代表として羅山を位置付けている。[79] 本章で見てきたように、［怪異］においても彼の学問の三つの特質は発揮されていた。羅山は［怪異］を学問の俎上にあげた先駆者であり、それ故に後世の知識人達に大きな刺激を与えることになった。

まさしく羅山は、近世の怪異をつくった第一人者である。

1 『新版角川日本史辞典』角川書店、一九九七、八六一頁。

2 儒教・儒学の表現について、おおよそ宗教的な側面を重視する場合は「儒教」、学問的・礼教的な側面を重視する場合は「儒学」が使われている。近世日本では、学問としての側面が強く受容されているため、本書では基本的に「儒学」を使うことにする。

3 羅山の伝記としては、堀勇雄『林羅山』吉川弘文館、一九六四、鈴木健一『林羅山年譜稿』ぺりかん社、一九九九、同『林羅山―書を読みて未だ倦まず』ミネルヴァ書房、二〇一二、揖斐高『江戸幕府と儒学者―林羅山・鵞峰・鳳岡の闘い』中央公論新社、二〇一四などがある。

4 『新釈漢文大系』一、明治書院、一九八八、一六七頁。

5 竹田晃『中国の幽霊』東京大学出版会、一九八〇、三頁。

6 朱子学の鬼神については、安蘇谷正彦「吉川惟足と朱子の「死」の問題」『神道の生死観―神道思想と「死」の問題』ぺりかん社、一九八九、三浦國雄「鬼神論」『朱子と気と身体』平凡社、一九九七、吾妻重二「朱熹の鬼神論と気の論理」『朱子学の新研究』創文社、二〇〇四を参照している。

7 『朱子語類』は『文淵閣四庫全書』七〇〇・七〇一巻、臺灣商務印書館、一九八四による。また、三浦國雄『「朱子語類」抄』講談社、二〇〇八を参考にしている。

8 注6三浦前掲論文七八～八〇頁。

9 島田虔次『朱子学と陽明学』岩波書店、一九六七、八〇～九一頁。

10 『漢文大系』一、冨山房、一九〇九、一五頁。
鬼神、天地之功用而造化之迹也

11 『正蒙』太和篇・神化篇（『文淵閣四庫全書』六九七巻所収『注解正蒙』臺灣商務印書館、一九八四、三四一・三五一頁）。
鬼神者二気之良能也
鬼神往来屈伸之義故、天曰レ神、地曰レ示、人曰レ神

12 注10前掲書一五頁。
愚謂、以二二気一言則鬼者陰之霊也、神者陽之霊也、以二一気一言則至而伸者為レ神、反而帰者為レ鬼、其実一物而已

13 注6三浦前掲論文八〇頁。

14 注7前掲書七〇〇巻四三・四四頁。
雨風露雷日月昼夜、此鬼神之迹也、此是白日公平正直之鬼神、若下所謂有中二嘯二于梁一、触中一于胸上、此則所謂不正邪暗、或有或無、或去或来、或聚或散者、又有二所謂祷レ之而応、祈レ之而獲一、此亦所謂鬼神、同一理也、世間萬事皆此理、但精粗小大之不同爾、又曰、以二功用一謂二之鬼神一、即レ此便見

15 同右七〇〇巻四六頁。
問、伊川言二鬼神造化之迹一、此豈亦造化之迹乎、曰、皆是也、若論二正理一、則似三樹上忽生二出花葉一、此便是造化之迹、又如三空中忽然有二雷霆風雨一、皆是也、但人所二常見一故不二之怪一、忽聞二鬼嘯鬼火之属一、則便以為レ怪、不レ知二此亦造化之迹一、但不レ是二正理一、故為二怪異一、如下家語云中山之怪曰二夔魍魎一、水之怪曰二龍罔象一、土之怪羵羊上、

皆是気之雑揉乖戻所㆑生、亦非㆓理之所㆑無也、専以為㆑無、則不可、如㆓冬寒夏熱㆒、此理之正也、有㆓時忽然夏寒冬熱㆒、豈可㆑謂㆑無㆓此理㆒、但既非㆓理之常㆒、便謂㆓之怪㆒、孔子所㆓以不㆑語、学者亦未㆑須㆓理会㆒也

16 江戸時代の怪談集では、「子、不語怪力乱神」が引かれることがよくある。いくつかの序を見てみると、「天下国家その風にうつり、その俗を易ることを宗とし、総て怪力乱神をかたらずといへ共、若止ことを得ざるときは、亦述著して則をなせり」（浅井了意『伽婢子』（一六六六刊『新日本古典文学大系』七五、岩波書店、二〇〇一、九頁））、「実に怪力乱神を語るは、聖の文の誡めながら、かく拙き物語も、おかしと見る心より、自然と善悪の邪正を弁へ、賢愚得失の界にいらば、少しき補ひなきにしもあらず」（祐佐『太平百物語』（一七三二刊『叢書江戸文庫二 百物語怪談集成』国書刊行会、一九八七、二六二頁））、「聖人怪をかたらずとは、語らさるにはあらす、怪有なれば也」（『古今百物語』（一七五一刊『怪談百物語』古典文庫、一九九九、八一頁））などがある。これらは、孔子は怪力乱神を語らずと言っているものの、現に怪異は起きているのだから今回怪談集を編んだという、編纂を正当化するための方便として用いられている。

17 国立公文書館所蔵本（二六三―〇〇五八）。また、京都史蹟会編『林羅山文集』ぺりかん社、一九七九、七八六頁。以下、京都史蹟会編本の頁数を記す。

18 『文集』の「怪異」（怪力乱神）に関する随筆にいち早く着目したのは、中村幸彦である（「林羅山の翻訳文学『化女集』『狐媚鈔』を主として」『中村幸彦著述集』六、中央公論社、一九八二、二〇・一頁（初出一九六三））。注2前掲鈴木『林羅山』や揖斐『江戸幕府と儒学者』でも羅山の「怪異」への関心は取り上げられているが、これらは中村の研究を受けたものである。

19 『文集』七八八～九〇頁。

20 『文集』七八九頁。
当㆑言無㆑不㆑言、当㆑断無㆑不㆑断、是以春秋書㆓災異戦伐㆒、易礼論㆓鬼神㆒、不㆑得㆑已而及㆑之則必有㆓訓戒㆒焉、於㆑神則論㆓其理㆒、以解㆓当世之惑㆒、非㆑若㆓世人之徒語而、反以惑㆑人也、然其及㆑之亦鮮矣

21 同右八〇〇頁。
俗所謂二十有四孝者、嘉㆑語㆓怪異㆒、寔非㆓有道之者所㆑述也、昔程夫子謂、十哲者世俗之論也、余於㆓二十四孝㆒亦云

22 国立公文書館所蔵の自筆稿本（特一一九―〇〇〇一）。

23 『神道大系 論説編二〇 藤原惺窩・林羅山』神道大系編纂会、一九八八、二一〇頁。

24 世俗所㆑称、有㆓可㆑信者㆒、有㆓可㆑疑者㆒、有㆓可㆑排者㆒
これは、『語類』巻六三の陳北渓との問答、「問ふ、『世俗の所謂物怪神姦の説、則ち如何に断ぜん』、曰く、『世俗の大抵十分に八分は是胡説有り、二分も亦此理有り』（問、世俗所謂物怪神姦之説、則如何断、曰、世俗大抵十分有㆓八分是胡説㆒、二分亦有㆓此理㆒）」（注7前掲書七〇一巻二

七一頁）と重なるものがある。

25 国立公文書館所蔵本（二六三―〇〇五八）。また、京都史蹟会編『林羅山詩集』ぺりかん社、一九七九、四四三頁。以下、京都史蹟会編本の頁数を記す。
浮屠之教、上以為レ政、下以為レ俗

26 前田勉「林羅山の挫折」『近世日本の儒学と兵学』ぺりかん社、一九九六、八四～九一頁（初出一九八九）。

27 石田一良は、羅山の精神的世界を不易経常の世界・損益通義の世界・従俗教化の世界に分け、そのうち「俗世界の形に従いながら内には儒の心を保つ、これが羅山の『従俗の論理』」であり、聖教によって俗世界を教化し損益の世界を拡大させていくのが「従俗教化」だとしている（「林羅山の思想」『日本思想大系』二八、岩波書店、一九七五、四八三～五頁）。

28 注26前田前掲論文八七～九一頁。

29 『文集』一五六頁。

30 『文集』六四三頁。『剪燈新話』の話は、後で触れる『恠談』『幽霊之事』にも収載されていることから、お気に入りの書物だったことが窺える。

31 『詩集』附録五八頁。
寛永末年　幕府御不例時応レ教献レ之、為レ被レ慰二御病心一也

32 注18中村前掲論文一九頁。

33 西田耕三「怪異の入口」『怪異の入口　近世説話雑記』森話社、二〇一三、二三頁（初出二〇〇七）。

34 『仮名草子集成』一二、東京堂出版、一九九一、一二三頁。

35 同右七五頁。

36 小川剛生訳注『新版徒然草』KADOKAWA、二〇一五、一九三頁。なお、同二六〇頁の補注も参照のこと。

37 注34前掲書三四七頁。

38 『仮名草子集成』二七、東京堂出版、二〇〇〇、一六三頁。

39 注34前掲書一二三頁。

40 『詩集』四四四頁。

41 注34前掲書一二四頁。原文は「蔵経の中に、初て新なる屍の、気変して、かくの如し、これを陰摩羅鬼と号す」。

42 『文集』七八九頁。
仏氏常言レ之

43 同右。

44 注23前掲書二四六頁。
我邦自レ古称二天狗一者多矣、皆霊鬼之中其較著者、相称曰二天狗一、是非二蚩尤旗星之義一

45 同右二六八頁。
嗚呼、浮屠妖惑之弊、無レ所レ不レ至

46 慶長一九年（一六一四）五月二二日、駿府城で天海が比叡山で起きた天狗の拐かし事件について語っている（『史籍雑纂　当代記・駿府記』続群書類従完成会、一九九五、二五九頁）。羅山はこの話を加筆して「僧正谷」に収録している。詳しくは本書補論一および拙稿「林羅山『本朝神社考』「僧正谷」を読み解く」『書物・出版と社会変容』五、二〇〇八を参照のこと。

47 堤邦彦「近世の説話 仏教怪異譚の系譜」『時代別日本文学史事典 近世編』東京堂出版、一九九七、四三三頁。

48 冨士昭雄は、後述の『漢和希異』の関連から、「新渡の漢籍にも触れ得た、京都東寺所縁の僧侶」だと推測している（「『奇異雑談集』の成立」『江戸文学と出版メディア』笠間書院、二〇〇一、三七六頁（初出一九七二））。

49 楠木郁子「『奇異雑談集』の成立 中国古典との関連」『香椎潟』二五、一九七九、三二一〜五頁。

50 『仮名草子集成』二一、東京堂出版、一九九八による。

51 同右九五頁。

52 三浦邦夫は、天文年間の成立を重視して、『奇異雑談集』から『野槌』へと取り込まれたと考えている（「仮名草子における『徒然草野槌』の受容の様相」『仮名草子についての研究』おうふう、一九九六、三七〇頁（初出一九八二））。これに対して、市古夏生は「『野槌』は読み物ではなく、しかも羅山の注釈態度からすると、文献を隠して伝聞に変えるという方法は採らないはず」として、「『野槌』に記述されている伝聞の話を取り上げて、『奇異雑談集』の作者は一編の短編に仕上げている」と述べている（「林羅山と仮名草子」『文学』八巻五号、二〇〇七、九六頁）。筆者も市古の説に同意見である。

53 冨士昭雄「資料紹介 漢和希夷」『江戸文学と出版メディア』笠間書院、二〇〇一（初出一九七二）。

54 詳しくは第八章で扱う。また、拙稿「歴史的産物としての「妖怪」―ウブメを例にして」小松和彦編『妖怪文化の伝統と創造』せりか書房、二〇一〇を参照のこと。

55 注50前掲書一九七頁。

56 草稿本に当たる写本『羅浮渉猟抄多識編』は一六一二年に成立し、それを増補改訂した古活字本『多識編』が一六三〇年に刊行されている。詳しくは第三章参照。

57 国立公文書館所蔵本（二〇九―〇〇二五）。中田祝夫・小林祥次郎編『多識編自筆稿本刊本三種 研究並びに総合索引』勉誠社、一九七七にも収載。

58 二宮宏之「読解の歴史学、その後」『二宮宏之著作集』一、岩波書店、二〇一一、一六七頁（初出一九九二）、近藤和彦『民のモラル』筑摩書房、二〇一四、七一頁など。

59 『国史大系三一 日本高僧傳要文抄・元亨釈書』吉川弘文館、一九六五、四五一頁。

60 『文集』三〇二頁。孔子之不レ語二怪力乱神一者、非二絶不一レ言也、慎言也

61 倉地克直『江戸文化をよむ』吉川弘文館、二〇〇六、六六・七頁。

62 『詩集』「羅山林先生年譜」四頁・「羅山林先生行状」三六頁。

63 橋口侯之介『和本入門』平凡社、二〇一一、六二・六三頁。

64 黒住真は、儒者の第一の社会的権能として漢文の解読や弄筆できることを挙げている（「儒学と近世日本社会」『岩波講座日本通史』一三、岩波書店、一九九四、二七〇頁）。

65 『噺本大系』四、東京堂出版、一九七六所収。

66 同右二二八頁。

67 『近世文学資料類従 参考文献編』九、勉誠社、一九七六、七八・九、一五九頁。

68 今田洋三『江戸の本屋さん』日本放送出版協会、一九七七、四七頁。

69 『叢書江戸文庫二 百物語怪談集成』国書刊行会、一九八七、三四二頁。

70 Hiroko Yoda and Matt Alt. *Japandemonium Illustrated: The Yokai Encyclopedias of Toriyama Sekien* Dover Publications 2017, p.115.

71 『駿国雑志』巻二四「陰摩羅鬼」（国立公文書館所蔵本（一七三—〇〇六六））。

72 延宝三年（一六七五）刊書籍目録の『多識編』の説明には、「順カ和名ニ拠ノ類ヲ分チ和名ヲ記ス」とある（慶応義塾大学附属研究所斯道文庫編『江戸時代書林出版書籍目録集成』一、井上書房、一九六二、一八八頁）。

73 『節用集大系』一三・一四、大空社、一九九三。

74 倉地克直『近世日本人は朝鮮をどうみていたのか 「鎖国」のなかの「異人」たち』角川書店、二〇〇一、二〇九～一五頁。

75 篤胤と怪異の関係については、沼田哲「鬼神・怪異・幽冥 平田篤胤小論」『日本近世史論叢』下、吉川弘文館、一九八四、中川和明「平田篤胤の妖怪論と儒教批判」『日本歴史』五七〇、一九九五、吉田麻子『平田篤胤 交響する死者・生者・神々』平凡社、二〇一六などを参照のこと。

76 国立国会図書館所蔵本（八三七—五六）。

77 『日本思想大系』三五、岩波書店、一九七五、一七一頁。

78 同右一七二頁。

79 注2鈴木前掲『林羅山』一六四・五頁。

第二章 政治
政から見る怪異

はじめに

大学頭林述斎が統括、奥儒者成島司直が編纂主任となり、文化六年（一八〇九）から起稿された江戸幕府の「正史」『徳川実紀』を繙くと、不思議な事件＝怪異が記されている。例えば、以下のようなものである（山括弧内には典拠となった記録名）。

○この頃京所司代板倉伊賀守勝重が官邸に怪異あり、空中より礫を打こと甚し、何の所為たる事をしらず〈創業記・当代記〉（慶長一二年（一六〇七）三月『台徳院殿御実紀』巻五）[1]

○十一月五日甲山の辺にて、数万の蛙集りて南北に分れ、くひあふ事半時ばかりなりと聞しめし、蛙軍はめづらしからぬ事ながら、寒天には土中に蟄居してあるべきを、かく身体を動かして戦ふは、奇異の事なれと仰らる

〈東武雑録〉（慶長一九年（一六一四）『東照宮御実紀附録』巻一四）[2]

怪異の記事は他にも数多く見られるが、大坂の陣の終結（一六一五年）を境にして、天変地異など多人数が体験したもの以外ほとんど見られなくなる。他の記録を見てみると、当然大坂の陣以降も怪異は少なからず起きている。それでは、何故『徳川実紀』には、大坂の陣以降の怪異が記されていないのだろうか。言い換えると、何故『徳川実紀』の編者たちは怪異を記録しない方針を採ったのだろうか。その背景には、怪異と政治の関係がある。

そこで、この章では政治（為政者）の視点から怪異を見ていくことにする。人が集まり社会が形成されていく上で、政治は社会生活を円滑にいとなむために必要である。人や社会が怪異を創造していくことを念頭にしている本書では、政治と怪異の関わりは欠かせない。そもそも日本における怪異は、政治によって「つくられてきた」のである。

【一】……政治性を持つ怪異

❖古代の怪異

近世の怪異と政治の関係を考える前に、近世に至るまでの様相を確認しておきたい。前代からの流れを掴むことで、近世の段階を通史的に理解することができるからである。

日本における怪異は、中国、前漢の儒者董仲舒（紀元前一七六頃～一〇四頃）による天人相関説（災異説）を受容するところから始まる。天人相関説とは、国家の政治が道に外れた場合、天が最初に災害（天変地異）を起こして叱責を与え、反省しなければ続いて鶏が夜鳴いたり牛がしゃべったりするなどの怪異（〔怪異〕）を起こし、それでも改めなければ革命によって破滅をもたらす（易姓革命）という政治思想である。[3]

七世紀、日本は律令制という政治システムとともに天人相関説を導入している。[4]例えば『日本書紀』で、乙巳の変（六四五年）が起きる前に不思議な事件が数多く記録されている。そして、奈良時代から平安時代前期にかけて、怪異は変質を遂げていく。すなわち、怪異を政における不徳の表れと理解する一方で、神仏の「祟」（祭祀要求など自らの意思表示のために起こす災い）という理解が政権内で共有されるようになった。後者の理解は、日本独自の展開であり、これは中国的な天の理解が日本には定着しなかったことを意味している。

祟に込められた神仏（怨霊を含む）のメッセージを読み解くため、うらないが政事で重要な位置を占めるようになってくる。特に、神祇官と陰陽寮の役人双方が内裏紫宸殿の東回廊で行う軒廊御卜は国家で最重要な卜占として九世紀頃に整備される（卜は神祇官による亀卜、占は陰陽寮による式占）。こうして、どの神仏が何のために起こしたのかという意味を、卜占によって、怪異から読み解くことが、政権にとっての大きな関心事になっていった。

さらに怪異は、平安時代後期になると、兵革や疫病、天災など政権にとっての危機が起きる前に神仏が示す予兆＝さとしという理解に落ち着いていく。

ここまでで重要なことは、一つは、怪異が神仏と関係する事象（コト）という日本独自の展開を遂げたこと、もう一つは、誰もが簡単に怪異を語ることはできなかったことである。刑法である律のうち賊盗律造妖書条に「凡そ妖書及び妖言を造れらば、遠流（凡造㆓妖書及妖言㆒、遠流）」[5]と、災異やその解釈を為政者以外が勝手に語る行為を禁じている。また、国家の卜占によって怪異の意味が解明されることは、怪異解釈を国家が独占していたことにもなる。つまり、怪異は律令国家に集中管理され、国家が認めない限りはどんなに不思議な出来事であっても怪異と見なされなかったのである。

日本における怪異は、元来きわめて政治的で限定的な用途で使われる言葉だった。こうした日本独自の展開を遂げた政治的な怪異を、今後は「怪」の異体字を使って「恠異」と表現し、あやしい物事全般をさす広義の怪異と区別することにしたい。

❖中世の怪異

怪異は、平安時代後期には神仏が示す政治的な凶兆として理解されるようになった。こうした中、怪異を積極的に利用する存在が現れる。それは、寺社である。[6]

一一世紀頃から、寺社で起きた不思議な出来事（例えば、東大寺では大仏が汗をかくなど）は怪異とされ、奉幣や読経など神仏に敬虔な態度を示す「慎」で収束が図られた。

一二世紀になると、寺社で起きた変わった出来事は、些細なこと（鼠が布を囓る、羽蟻の群れが飛んでくるなど）でも、怪異として報告され軒廊御卜が行われた。この段階では、政権は、怪異かどうかを認定することよりも、報告された事象の原因を調べ、対処することを重要視するようになった。それは、怪異＝政治的凶兆という公式が、政権だけではなく寺社にも共有されていたことを示している。そして、寺社は、奉幣や読経、建築物修繕などの対応を政権から引き出す、いわば国家助成要求の手段として怪異を利用していった。

中世段階、怪異は、よりシステマティックになっていく。[7]寺社などからさまざまな不思議な出来事（≒広義の怪異）が注進（報告）され、朝廷は注進に対し軒廊御卜を行う。それが、怪異＝政権にとっての凶兆だと認定された場合は、贈位や奉幣、支配権など注進者に望ましい収拾を行う。それにより政権（朝廷）は、危機管理の対応ができたとその統治能力を社会に示すことになる。

この注進者と政権双方に権益をもたらす怪異のシステムは、室町時代になると、怪異もその収拾の仕方も定型化する。例えば、大和国多武峯（談山神社）の大織冠（藤原鎌足）像が破裂した際には朝廷から告文使を発遣するように。

しかし応仁の乱以降、公武統一政権の減退などにより、怪異の注進・収拾システムは機能不全に陥る。つまり、政権（朝廷）は寺社からの要求に対し儀礼的な危機管理を示すのみで、注進した寺社が望む収拾を行わない＝行えない事態になる。再び多武峯を例にすると、当時筒井氏（東軍）と赤沢氏（西軍）の抗争が多武峯を舞台に激化していた。動乱の鎮静化を求めるため、多武峯は大職冠像の破裂を連続して朝廷へ報告している。恠異は滅多に起こらないからこそ意味があるのであって、恒常化してくると政権との交渉の効果は薄れていく。また、破裂の連続は多武峯の強い危機感を示す一方で、大職冠像の持つ宗教性を軽視することにも繋がる。そうした多武峯に対し、朝廷は従来の告文使の発遣を行うのみで、多武峯が直面していた問題＝戦乱に対して全く実効性がない対応しかできなかったのである。[8]

恠異認定の国家儀式であった軒廊御卜も、経済的な事情によって亀卜に用いる甲羅が入手困難になるなどで実施回数が激減していく。[9] しかし、行われなくなってしまったわけではなく、永禄七年（一五六四）七月二日夜に伊勢神宮の外宮正殿東南角の萱が退落した（葺萱の上に白鳩が多数巣をかけて朽損したため）ときには、朝廷に報告されて軒廊御卜が実施されている。[10]

【二】……近世の恠異

❖豊臣秀吉政権期の恠異

これまでの流れを受け、続く近世段階では、恠異はどうなったのだろうか。豊臣秀吉政権期に起きた恠異[11]を、大和国興福寺子院である多聞院の院主長実房英俊が書いた『多聞院日記』から取り上げてみる。

①千段地震の時、当山より火多く出了と、内裏の御庭には数千の声にて夜躍了、朝見れは異類の足あと、或は丸、或は四方長く、大小牛馬以下様々のあと也し、院御所には首多ありし、数をよむに消失了、二百計在レ之（之在り）

しと云々、方々不思議共在レ之云々（天正一三年（一五八五）一二月一一日）[12]

②十七八日の比歟、三条のあたりに火数多飛去て在レ之、狐沙汰歟云々、大坂も爰元も毎度飛火在レ之之由各申、不吉之題目也（天正一四年（一五八六）八月廿一日）[13]

③京都禁中より近日以ての外之鳴動す、祈祷有るべきの倫（輪カ）旨下し了ぬと云々、大津之城・坂本・大坂にも恠異共、心細事也、幷廿日帝位御元服、廿六日御即位共以て風雨の難無き様、懇ろに祈りを抽んずべきの旨倫（輪カ）旨下し了ぬと[14]

④京都集（聚）楽には恠異共数多、新てんの大門の上に龍を作置処、夜々光り、終女に反て池へ入と云、上の御馬物云、内裏にて御祈祷のあらい米血にまめる、占をさせらるゝ処は（ヘカ）天井より首落つ、孤（狐カ）あれて池の白鳥寫（ママ）以下数多食レ之、関東八幡より使とて山伏来て、来五日一大事、不レ然者廿五日大事究云々、毎夜可レ有二火事一之由雑説にてさわくと云、依レ之大政所はあつた［熱田］へ御参詣方々にて祈祷在レ之了、実否は不レ知也、如レ此口遊則物恠也、沈思々々（天正一九年（一五九一）五月四日）[15]

①はこの年一一月に起きた天正大地震後の「不思議」、②は誠仁親王の死から正親町天皇の譲位に至る時期に起きた「不吉之題目」、③は後陽成天皇即位直前で起きた鳴動や「恠異」、④は天正一五年（一五八七）に落成した聚楽第で起きた「恠異」である。不吉として祈祷などの対応が取られているように、当時も恠異の機能は残存していたのである。

他にも、西洞院時慶の日記『時慶記』文禄二年（一五九三）六月七日には、「今暁南ノ庭中ニテ夜狐鳴候、殿下ノ若公被レ薨候」[16]と、禁中紫宸殿南の「庭中」で暁に「夜狐」が鳴いたことと豊臣秀次の「若公」の死去が対応させられて書かれている。

京都吉田社の神官吉田兼見の日記『兼見卿記』にも恠異に関する記録がある。例えば、文禄四年（一五九五）七月一日には「伏見之御殿」、つまり伏見城より「ヒカリ物」が飛行したので、北政所（秀吉正室）から祈祷の依頼が来ている。[17]また、醍醐寺三宝院門跡の義演の『義演准后日記』によれば、文禄五年（一五九六）六月二七日に天から「土器ノ粉」のような砂が降り、[18]閏七月一四日には馬の尾に似た毛が天から降っている。[19]降砂について、義演は「不可思議恠異、非只事」[20]と述べている。こうした一連の事件のなか、兼見は以前に行われた軒廊御卜を話題にしている（閏七月二日）。[21]このように政事と関わる不思議な出来事＝恠異は、近世になっても機能していた。

そして、慶長三年（一五九八）八月一八日に秀吉が死去する直前にも、不吉な出来事が起きた。慶長元年（一五九六）の大地震で倒壊した方広寺大仏の代わりに、翌年信濃国善光寺の如来像を勧請し安置するが、「善光寺如来上り給て後、太閤無程病気之間、不吉之兆とて如斯」（『当代記』）[22]と、死去二日前の一六日に信濃へ像が下向される。同じく『当代記』には、

> 此春、下京の神明堂にて、人ならは二三十人声にて卅日余躍けるか、後には泣けると也、又八月十日時分に、将軍塚鳴動不斜、是等は太閤の凶兆也[23]

と、数十人が躍っているような音声に加え、将軍塚鳴動[24]という当時既に伝統化していた恠異が「太閤の凶兆」として発生している。こうして天下を統一した男の生涯は恠異に彩られて終えたのである。[25]

❖徳川政権と恠異

冒頭で『徳川実紀』を取り上げたように、恠異は、徳川家が政権を担うようになっても機能していた。そこで大坂の陣後に起きた事例を見てみよう。

三代将軍徳川家光のとき、春日局（家光乳母）の「東照大権現祝詞」には、寛永一四年（一六三七）家光が病床の

折、夢に八尾の狐が現れて本復する旨を告げて去り、実際その通りになったとある。[26] この出来事にちなんで、家光は幕府御用絵師狩野探幽に絵を描かせた。それに南光坊天海が「寛永十四年」、家光が「十月九日」を記した『八尾狐図』が二〇一五年京都で再び発見されている。[27] 狐に関しては、別に江戸城で「きつねいくこゑもなき申」したときは春日局と英勝院（家康側室）が天海に占いを依頼し、家光も気に懸けている。[28] 狐が鳴くことは、豊臣秀次子息の死と関連付けられていたように、家光の頃にも何らかの予兆＝恠異として考えられていた（今回は、結果として吉兆だった）。

徳川政権と恠異について、彗星や白気などの天変に対する反応も興味深い。杉岳志の研究によれば、[29] 四代将軍家綱期の寛文四年（一六六四）に彗星が出現した際、老中酒井忠清は儒官林鵞峯に江戸城内で彗星の件がよく話題となり、火災の兆しなどの噂が出ていることを伝えている（『国史館日録』十月二八日）。[30] 翌日、鵞峯は「怪しむべし、畏るべし、慎むべし、戒むべし（可レ怪、可レ畏、可レ慎、可レ戒）」[31] と、彗星を不徳による天の戒め・譴責＝天譴と解釈している。一方で、一一月七日に登城した際、鵞峯は忠清と同じく老中稲葉正則から彗星に関する下問を受けている。[32]

また、寛文八年（一六六八）正月末に彗星が出現した際、老中久世広之が、家綱が誕生する前年にも同じことがあったので、今回も吉兆ではないかと語った噂を耳にしている（正月三〇日）。[33] 鵞峯は、二月朔日に起きた江戸大火と合わせて、江戸が繁栄するにつれ贅沢になった幕閣や諸大名に対する天の怒りと捉え、「慎むべし、恐るべし、戒むべし、省みるべし（可レ慎、可レ恐、可レ戒、可レ省）」[34] と述べている（二月一四日）。このように、儒者である鵞峯は天変を不徳に対する天譴と理解した一方で、幕閣内では何らかの兆しという従来の恠異理解が維持されていた。

五代将軍綱吉は、儒学をよく学んでいたため、『徳川実紀』「常憲院殿御実紀」にも、天和二年（一六八〇）の彗星を見て「その職（将軍職 筆者注）に怠るがゆへか、または政事に私曲のあるか、さらずばかゝる天変はいでくまじきものを」[35] と、天変を天譴とする発言が記されている。しかし、綱吉の天変観には変節が見られた。貞享三年（一六八六）五月八日、星が月に入り月が変色した時に「天下ノ異変之怪異」かどうかを、綱吉は懇意にしていた護持院の僧侶隆光と儒者林鳳岡に下問していたが（『隆光僧正日記』）、[36] 元禄二年（一六八九）より後は、天文方渋川春海が天変を上申し、隆光が祈祷を行うシステムを確立し移行していった。[37]つまり、隆光への信頼が強くなるに伴って、天譴から凶兆へと綱吉の天変の理解が変化していったのである。

また、元禄一七年（宝永(ほうえい)元年　一七〇四）四月八日、隆光が登城した際「北東之方光物出現之由」として祈祷が命じられているように、[38]天変に留まらず不思議な事件が起きた場合、綱吉は隆光に対処を求めている。

天変は、八代将軍吉宗(よしむね)の頃になると、西洋科学の導入によって、天譴も吉凶も関係しない単なる自然現象として受け入れられていく。[39]

❖近世の朝廷と怪異

江戸の幕府に対し、京都の朝廷は怪異とどう関わっていたのだろうか。公家柳原紀光(やなぎはらもとみつ)の私的史書『続史愚抄(ぞくしぐしょう)』を見てみよう。怪異には傍線を引いた。

○此日、東寺(とうじ)弘法大師(こうぼうだいし)供飯(ぐはん)破損す、因て後日祈謝の為北斗法を東寺に於て行はると云〈公卿補任、禁記、基量卿記追〉（寛文一三年（一六七二）三月二一日）[40]

○此夜戌刻、光怪有り、形弓の如し、内侍所(ないしどころ)神殿より二つ出づ、軒廊の柱に中(あた)り滅す、議有りて宮中戒慎、近臣二人宛不寝勤番すと云〈或は十一日と作す〉（延宝五年（一六七七）七月十日）[41]

以上は、ほんの一部だが、天変地異を含めた怪異が少なからず生じ、七社七寺での祈祷などの対応が行われていた。[42]また、『続史愚抄』に載る最後の天皇、後桃園(ごももぞの)天皇の死去（一七七九年）直前には、皆既月蝕(かいきげっしょく)や多武峯・将軍塚が鳴るなど伝統的な怪異の発生で占められている。[43]このように朝廷では、怪異の注進・収拾システムが伝統的に持続していた。

ただし、それとは異なる理解が、『春寝覚』という随筆に見られる。これは、作者が不明ながら寛永一五年（一六三八）三月一一日以前に書かれたもので、「島原・天草一揆の責任を公家たち支配層の堕落に求める異例の公家社会批判」[44]として注目されている。そこには、次のように記されている。

か斗天地人の三方ともに怪異をあらはし、凶事をしめしけるにも人みな其外にのみうたかひをたてゝ、そのうちにそむけるまつりことあるをうたかふ人稀なりし、東路ハ程遠けれは、よくもしらすかし、いてや此都の中のありさまこそ、夜をおひ、日にしたかひてくたりもてゆくめれ、此年内侍所の御神楽の音たへしこそ、いとゆゝしく神慮もいかゝと空おそろしけれ[45]

これは、「吉利支丹といふ法」によって起きた島原・天草一揆と同時期に起きた「東西の山の端あかき事」などの天変地妖、都での髪切り事件といった「怪異」に対する見解である。作者は、これらの原因を外＝天地ではなく、内＝公家社会の人びとに求め、公家社会批判へと展開している。

『春寝覚』とほぼ同時期、後水尾天皇が興子内親王（後の明正天皇）に送った御教訓書には、

天地人の三才ハ、其もと一致なるがゆへに、天地に災あれハ、人にをよふことはり也、依レ之、天変地妖出現する時、諸道勘文をたてまつりて、御つゝしミある事、常の事也、されとも熟思に、天地には私なく、人には私ある事なれは、政道たゝしからすして、急難すてに出来せむとする時、其災天地に及て、妖怪出現すへき事なる歟、然ハ人道の変、本なれば、前非をあらため、弥深くつゝしまるへき事にこそ[46]

という教訓が書かれている。「天変地妖」や「妖怪」の原因を天地ではなく、人の「私」に求める点は、『春寝覚』と

共通している。これらの背景には、怪異と悪政（公家社会の頽廃）は関連しているという認識がある。『春寝覚』は、公家社会批判を展開するための契機として怪異を巧みに利用している。

❖江戸の幕府と京都の朝廷

このように朝廷周辺では怪異が起きていたが、幕府がそれに積極的に関与することはなかった。

寛文八年（一六六八）二月一四日、江戸大火を含む「奇怪」の頻発に、「朝家安全玉体安穏之御祈」を行うよう、伊勢神宮・石清水八幡宮・春日社などが言っていたことについて、摂政の鷹司房輔らが天台座主の堯恕法親王に小御修法を執行すべきかの沙汰があった（三月に執行『堯恕法親王日記』）[47]。この時に「奇怪（怪事）」として列挙されたのは、八幡山の光物・貴船社鳴動・小御所の廊架に鳶が侵入（以前内裏炎上の前にも発生）・鞍馬山の松顛倒・法隆寺の聖徳太子像顛倒（大坂の陣で発生）であり、堯恕は「不祥之事」と述べている（江戸大火も「天災奇怪之事」と表現している）。しかし一方で、『江戸幕府日記』と総称されている幕府の公的記録類には、この件に関する記述は見られない。

寛延四年（一七五一）二月以来の京都での地震や四月一七日に加茂別雷社（上賀茂社）酒殿で起きた「釜鳴怪異」に対して、五月一日に七社七寺で御祈が行われている[48]。武家伝奏広橋兼胤は、五月一八日にこの件を日記に書き留めている[49]。当時上賀茂社内部では争論が起きていて、地震と釜鳴はその神慮の表れとされ、訴えの言上書にも記された。争論は、最終的に朝廷と幕府双方での裁判にまで到ったが、幕府はできる限り回避しようと試みていた[50]。このように京で起こる＝朝廷が関わる怪異について、幕府は基本的に消極的であったと考えられる。

こうした朝廷の怪異への儀礼的対応に、幕府が消極的だった要因の一つとして、国家祈祷権を朝廷に委ねていたことが考えられる[51]。室町幕府は、京都の支配権や国家祈祷権、公家の統率権など朝廷・天皇の権限を奪取していったのに対し、江戸幕府は国家祈祷権を奪取せず、利用することで政権の正当性を高めようとした。つまり、江戸幕府は、国土の安全と民の安寧を祈念する国家祭祀として、古代以来の伝統的神祇祭祀が朝廷によって行われることを尊重した。その神祇祭祀の中には怪異への対応も含まれていたため、幕府が関与することはほとんどなかったのではないかと考えられる（朝廷への経済的援助を幕府は行っている）。

冒頭で述べたように『徳川実紀』では、大坂の陣後に怪異はほとんど記されていない。[52] もちろん「怪異」という言葉は大坂の陣後も『徳川実紀』では散見できるが、それは怪異ではなく、人の不可解な行動を指す表現に見られた。近年二次史料的な位置付けがなされている『徳川実紀』だが、[53] 怪異がほとんど記されないその背景には、林述斎や成島司直ら編者の間に、元和偃武以降は幕府による平和な状況が続いている＝怪異は起きない、という認識が共有されていたからではないだろうか。この共有認識を反映させる（植え付けさせる）ために、元和偃武以降の怪異を削減したと考えられるのである。

❖法度による怪異の統制

とはいえ、幕府は怪異を放置していたわけではない。幕府は、法度を用いて怪異の統制を行っていた。江戸時代は多くの法度によって秩序が統制された社会、換言すれば、明文化による社会管理が行われていた。法度の違反は、秩序を乱す「異」なものと認知されたのである。

服忌令や生類憐み政策など、人びとの生活・精神面でさまざまな法令化を行った綱吉政権期を例にすると、元禄六年（一六九三）馬がものを言ったと喧伝し、それに乗じて薬を販売した者を厳しく処罰した「馬のもの言ひ」事件が起きた。[54] 馬が人語を話す現象は、中世の『看聞日記』嘉吉三年（一四四三）八月一三日にある「管領厩馬物言」[55] や浅井了意『伽婢子』（一六六六刊）巻一三「馬人語をなす怪異」など、古くから見られる怪異（怪異）である。綱吉は、人民を惑わす噂にも目を配っていたのである。

さらに、尾張藩士朝日重章の『鸚鵡籠中記』元禄一六年（一七〇三）五月の記事を見てみる。

去比、江戸赤坂御門之内堀小四郎処へ、折井宗八淡路父・小出和泉守等行し、小四郎未レ出内に、甚醜小僧出たり、客等怪レ之、詰之内に目大に丸く光り、口大に裂たり、欲レ捕レ之、則失たり、亭主出て、則今の怪を云に、小四郎云、頃日此怪ありて、女童べ等甚恐怖せり、狐狸の故なるべき間、屋捜しをする間、皆にも皈り玉へとて普く捜二求之一に、うらにて中小性見付、組て押へしが、又失たり、生類故殺さん事を若年寄衆へ窺ふに、返答に怪あり共、害をなさずんば不レ可レ殺と云々、此後殺す筈になり、弓に心得たる者、深樹の内にかくれ、廿日窺レ之に不レ出、廿一日めに出、件の小僧椽に腰打かけたるを、則射レ之、血をとめて求レ之、雑具を入たる土蔵之内へ引入たり、道具を除て見レ之に、二階之上に四尺余の大猫、件の矢を帯て死し居たり、又鉄砲にて打共

此猫始小四郎愛レ之、他へ行時も此猫をなで丶、少くなれと云へば殊之外少くなるを袖へ入て出と云、其後此猫逐電し、久しく不レ見して為二此怪一也と云[56]

家内で起きた怪異を狐狸（本当は猫）の仕業だと判断し退治した、という粗筋だけを見ればよくある怪談である。しかし、狐狸を退治するために、わざわざ若年寄に退治＝殺害が法度に抵触しないかどうか窺いを立てており、若年寄は害がなければ殺すなと指示している（結局殺しているため、害を為したと思われる）。つまり、この事件は生類憐み政策下で起きたがため、手続が踏まれているのである。

このように法度は、江戸時代の社会秩序を守るためのものとして機能し、それは恠異（怪異）の対応にも適用されていたのである。

【三】……近世の宗教と恠異

❖近世の寺社と恠異

先に見た天海や隆光のような、僧侶をはじめとする宗教者は、幕府や朝廷の要請によって恠異の収拾を図った。ただし、寺社が恠異を積極的に注進することは難しい状態に陥っていく。

その原因は、やはり法度である。明暦三年（一六五七）二月二九日に京都で出された町触には、次のような箇条がある。

一、飛神・魔法・奇異・妖怪等之邪説、新儀之秘法、門徒に仕、山伏・行人等に不レ限、仏神に事を寄、人民を妖惑するの類、又ハ諸宗共に法難に可二成申一分、与力同心仕候族、代々御制禁候条、新儀之沙汰にあらさる段可レ存レ弁二其旨一事[57]

これは、「飛神・魔法・奇異・妖怪之邪説、新儀之秘法」を唱え「人民を妖惑す」る者（主に宗教者）を取り締まる法令である。ただし、この触は、京都のみで出された町触であった。しかし、萩藩で万治三年（一六六〇）に出された「諸寺法度條々」の中に、「天下御制法」として明暦三年の町触とほぼ同文が載り[58]、明和八年（一七七一）に完成した精選法令集「四冊御書附」には、万治三年に出された「社家法度條々」の中に、この町触が「天下御制法御箇條」として附録されている[59]。つまり、京都から遠方の萩藩では、京都の町触を「天下御制法」と解釈、受容し、それを領内の寺院と神社双方へ発布したのである。

幕府は、寛文五年（一六六五）全国の寺院に対して諸宗寺院法度を出した。その第二条附には、「新義を立て、奇恠之法を説くべからざる事（立二新義一、不レ可レ説二奇恠之法一事）[60]とある。歴代尾張藩主による法度集「尾州家御代々条目」収録の享保二年（一七一七）九月に出された「社家御法度之條々」には、「神道に事よせ奇怪の勧め等、之を致す族、一切抱え置かざる事」[61]と、同様のものが神社にも出されている。

徳川家康は、慶長一三年（一六〇八）から元和元年（一六一五）にかけて、各寺院に個別へ法度を出した。各寺への法度で共通しているものの中に、異義の禁止があった。[62]つまり、江戸幕府に認められた教説以外は「邪説」「新法」「異義」「新儀」などとして取締りの対象とされたのである（以下、本文では「新儀異説」に統一）。[63]この線上に先の京都の町触や諸宗寺院法度がある。新儀異説の範疇には、当然恠異に関するものも含まれていたと考えられる。

朝廷との関係で寺社の恠異が取り沙汰される以外、幕府による新儀異説禁止の政策は、寺社が少なくとも幕府へ恠異を注進することを掣肘している。隆光が要請を受けてから対応したように、寺社はあくまでも受動的な立場にならざるを得なかったのである。

それでも寺社は、朝廷と関わる京都周辺の寺社以外で、恠異（怪異）を語らなくなったわけではない。室町時代以降、曹洞宗などは地方への仏説布教を積極的に行った。[64]その際、殺生石（九尾狐）の教化など、怪物を仏教に帰服させる説話が語られていた。現在各地の寺院に化物の遺物（火車の爪や天狗の髪など）や幽霊画が伝存しているのは、その名残である。室町時代から江戸時代にかけて民間への仏説布教を強めていく過程（仏教の世俗化）で、僧侶は神仏が引き起こす恠異ではなく、神仏と無関係で後に教化される怪異――教導話材としての怪異――を語ることで、仏の教えを説く傾向を強めていったのである。後に、徳川家菩提寺の三縁山増上寺法主となる顕誉祐天が、下総国羽生村で起きたいわゆる「累」事件を収拾していることはその代表である。[65]

つまり、官だけでなく民への仏教の展開が、恠異（怪異）の性格にも変化をもたらしたのである。換言すれば、新儀異説とされ社会秩序を乱しかねない恠異ではなく、救済の方便としての怪異を語る方向へ、僧侶は舵をきったのである。

❖吉田神道

仏教以外の宗教として、陰陽道など[66]があるが、ここでは吉田神道を取り上げたい。吉田神道は、神祇管領長上と称し諸国の神社へ宗源宣旨を授けることで発展させた吉田兼倶以来、恠異（怪異）に関わっている。特に、室町中期から戦国期にかけては、在地社会の要請に応じて、多くの亡魂や怨霊に「亡霊神」「霊神」の神号や「若宮」という社号を授与して、神格を上昇させ斎き祀った[67]。

吉田神道が、豊臣政権と関わりを持っていたのは、先の吉田兼見で見たが、別の史料も見てみたい。

> 備前中納言女どもに付、障り物の怪相見え候、とかく狐の所為に候、何とて左様にみいり候や、曲事におぼしめされ候へども、今度は、御免なされ候、もしこの旨相背き、むさとしたる儀これあるにおいては、日本の内、年々狐狩仰せつけらるべく候、一天下にこれある有情無情の類まで、御意重からず候や、すみやかに立ち除くべく候、委曲、吉田の神主申し渡すべく候なり
>
> 卯月十三日　　朱印（秀吉）
>
> 稲荷大明神殿[68]

これは、秀吉の養女で宇喜多秀家の妻であった豪姫が出産に伴って狐に憑かれた際、伏見社の稲荷大明神宛てに出した秀吉の「狐狩」の朱印状である。これに記された「吉田の神主」とは兼見のことで、吉田家は恠異（怪異）の対応について秀吉から大きな信頼を受けていたことがわかる。

江戸時代になっても、慶長一二年に破裂した多武峯大職冠像への祈念や野狐鎮などを行った神龍院梵舜をはじめ、政権（幕府・朝廷）から民間まで、吉田神道は積極的に恠異（怪異）への対応を行っている。

梵舜の日記『舜旧記』元和二年（一六一七）一二月一六日条には、

> 津国高ツキ城代官内藤紀伊守娘、春日大明神之祟、又野狐之祟之由申来、予（梵舜　筆者注）野狐鎮札守、天度秡百廿座、同其日ヨリ十七日、十八日ニ宗源行事三座、予令レ執二行祈念一申、結願申調遣也、家督重服、又ハ一円ニ難レ成故、予万端調遣了[69]

摂津国高槻城代官内藤紀伊守（信正）の娘が祟りに見舞われた時、それが春日大明神と野狐のどちらによるものかわからず、梵舜によって野狐が原因だと判じてもらっている。これは、「祟」という現象面からでは、春日大明神も野狐も差違がない、つまり、不思議な現象を引き起こす主体として、神仏とそれ以外（野狐のような獣）の境界は当時甚だ希薄だったことを示している。

寛永元年（一六二四）二月に群集騒動である伊勢躍が起きた際、吉田兼英に意見を聞き、兼英は早く禁制すべきであると建白している（『徳川実紀』「大猷院殿御実紀」巻二）[70]。その後の群議で、伊勢躍は大坂の陣（慶長一九年）、家康の死去（元和二年）の前に起きた「不吉の徴」、つまり恠異と見なされるに至ったが、その判断に大きく関わったのが兼英であった。

寛文五年（一六六五）諸社禰宜神主法度によって、吉田家は、本所として諸国の神社・神職の支配が認められた後も恠異（怪異）への対応を行っている。享保一七年（一七三二）、京都の三井越後屋当主八郎右衛門が依頼し作成された「妖怪出現記」が、財団法人三井文庫に残っている。作成したのは、吉田神社の神職鈴鹿氏と見られ、吉田神社の神職によって「妖怪」の祈祷が行われていたことがわかる（祈祷中、神職の夢中に大坊主が現れている）[71]。

また、長野県富士見町域に残る狐憑き関係史料には、村の対応として上京し吉田家へ狐憑きの御祓いを依頼するものがあり、その依頼の書式は定型化していた。村人にとって、こうした依頼は、朝廷や公家に目を向けるきっかけにもなっていた。[72]

このように吉田神道は、官民双方の恠異（怪異）対応を担っていたのである。

❖キリシタンと流行神

宝永七年（一七一〇）に出された武家諸法度には、次のような箇条がある。

（前略）且は耶蘇の厳禁はいふに及はす、たとひ古より流布の諸宗たりといふとも、或は新異の法を立て、或は妖妄の説を作りて、愚俗を欺き惑すの類、是又厳禁すへき事[73]

この時の武家諸法度は、新井白石が改定しているが、「耶蘇」つまりキリシタンも新儀異説に含まれるという認識が見られた。[74]

また、流行神も新儀異説と関わっていた。流行神とは、従来「一時的に民衆の信仰を集める神仏」とされてきたが、現在でも頭痛や歯痛平癒などで信仰されている場合もあるため、井上智勝は「特定の効能を約束し、人々の信仰を集める個人祈願の対象」と定義している。[75] 本書でもこの定義に従う。

流行神は、一八世紀以降盛んになっていくが、今回は享保一二年（一七二七）九月に問題視された大杉大明神を取り上げよう。

此度大杉大明神え納め物と申し、大勢の人数を催し、祭礼同前の致し方、畢竟虚説を申し立て候故の儀にて不届に候、自今奇怪異説かましき儀申し触れ候もの之在らば、吟味之上急度申し付くべく候、向後新規は勿論、只今迄有り来る祭礼法事にても、例に変じ候儀は仕る間敷候、若し止むを得ざる事儀之らば、奉行所え相伺ふべき

事右の趣、堅く相守るべく候、若し違背の輩（ともがら）之有らば、急度曲事（くせごと）申し付くべき者也[76]

これを見ると、幕府は、流行神を規制するために指導格にあたる人物を捕らえて、「一種のペテンであることを暴露するという世論操作によって、民衆意識の高揚を鎮静させる」手段をとっている。[77]これは、恠異に関する言説を吹聴して「人民を妖惑す」る者を、法で取締り排除すれば、自ずと恠異自体も消滅するという仕組みである。しかし、「虚説」「奇怪異説かましき儀」でない限りは禁圧の対象にはならなかったことも示されている。

新儀異説が取締りの対象とされた理由は、幕府の意向から逸脱した行為は「社会秩序を根底から脅かす威力を秘めた存在」[78]という危機意識が幕府にあったからである。裏を返せば、秩序を逸脱して世間を混乱させない限り、不思議な物事（怪異）は取締りの対象にはならなかった。

恠異そのものではなく、恠異を語る人間を処罰することで解決を図る。人を通じて恠異を取締まるのは、近世段階で特筆すべき手段であった。

【四】……政治思想

❖天道（てんどう）思想と天譴論（てんけんろん）

最後に、近世の政治思想から恠異を考えてみよう。

徳川綱吉は天変を天の戒めと考える時期があったと既述したが、近世になると天人相関説的な恠異観が再び現れる。ただし、天人相関説「的」としているように、中国での本来の天人相関説とは厳密には異なっている。それは天道思想の影響である。

天道思想[79]とは、戦国時代から江戸時代初期にかけて領主階級に生じた、天道（天）という、神道・仏教・儒学の三教一致的な性格を持つ存在に関する思想形態である。天道は二つの性格を持っている。一つは、武将が合戦で勝利した場合、天道の意志に沿ったから勝利できた（敗北した場合は、天道の意志にそぐわなかった）と、超越的かつ絶対的な天道の意志に社会変動の結果を追認させる神秘性、もう一つは、天道の意志に基づいて勝利した者に与える支配権力の正当性とその秩序の安定を肯定・保証する倫理性である。つまり、為政者は、天道に政治を委任された存在という位置付けになる。

これを踏まえて、『太平記』の人物・事件などを論評・批判し、政治と軍事のあり方を説いた『太平記評判秘伝理尽鈔』（以下『理尽鈔』）を見てみる。[80]『理尽鈔』は、一七世紀前期では講釈形式で受容され、岡山藩や金沢藩などの大名たちにとって統治マニュアルとしての役割を持った。その巻二七の評判には、「自然に天道に背く、人望に背く故に、不レ久して亡る物そ」（「執事兄弟奢侈事」）[81]や「大善人・大悪人・大人なんとの亡んか、又国家の乱んには、必瑞有へし」（「天下妖怪事」）と、天道が悪政に対する譴責の「瑞」、しるしとして天変地異を起こすことが説かれている。特に「天下妖怪事」の評判は、犯星・客星や将軍塚鳴動などの「妖怪」に関するもので、天変地異が起きた場合の対応として「天地の変あらは、心行可レ嗜、自然に家安穏ならんと也」と、為政者が心行を嗜み政治を改めれば、国家は安穏な状況に落ち着くとする。

同様のことが、一七世紀半ばに成立した『本佐録』でも述べられている。天道が「天地のあいだの主じ」で、天子（為政者）は「天下を治べき其心器量にあたりたる人を撰び、天道より日本のあるじと定るなり」（「天道を知ル事」）[82]と、天道による委任説に続くかたちで、「国乱れ天下の乱れんとする時は、或はほうき星、或は大地震、大洪水、飢饉、或は好色、あるひはよしみ深き能臣下、多く死する事あらば、天子の政悪敷によつて、人民の苦しみ天に通じ、天下国家を亡す事を、天道より告ると知べし」（「我身の行ひ国の悪敷を前廉に知る事」）[83]とあり、その譴責に対して政治が改善されれば「災は程なく消る」という。この『本佐録』も、実は『理尽鈔』の影響を受けて成立している。[84]

中国の天人相関説は、七世紀頃日本に導入されたが、神仏への信仰・祭祀などの要素を含むことで日本独自の怪異説として展開した。そこに、新たに天道思想が組み込まれることで、再び近世独特の天人相関説として編成されたのである。こうした天道（天）が、為政者の悪政などを譴責するために、怪異（天変地異を含む）を引き起こすという論説を「天譴論」と呼ぶ。[85]

❖天譴論の展開

江戸時代の天譴論（近世的天人相関説）は、『理尽鈔』をはじめとする兵学以外にも、天の主宰性を説く儒学、特に朱子学で主張された。

林羅山は、『野槌』第五〇段（鬼の虚言に関する段）の注釈で、「日本にても、怪異の物語は人々する事なれと、我こそたしかに見たれといふ者はまれなり、然れとも君の徳なく政あしければ、天地の和をやぶる故に、非常の事もいたるへし」[86]と述べる。また、四男の読耕斎が書いた「日食説」を読んだ羅山は、「天の戒めを示すは、猶ほ上の下に令し、父の子に教ふるがごときか、愳れて敬するときは、則ち禍を転じて福と為すなり（中略）近世の武夫、国を専らにし、士民は利を尚ぶ、未だ曾て古を慕ひ道を思ふの政事有らず、何を以てか日食に於て、愳れて且つ敬すべけんや、吁、日食の変は尤も天を恐るるべし、彼の小人の若きは、天を畏れず、其の果は如何」[87]と、天人相関の立場から天の戒めに対する畏怖と、それに無関心な「近世武夫」の「政事」のあり方を批判している。読耕斎は、父の意志を受け継ぎ「日食説」の他にも「十月雷鳴文」など天譴論に基づいた当代政治批判を行っている。[88]また、三男の鵞峯が寛文四年（一六六四）に出現した彗星を「怪むべし、畏るべし、慎むべし、戒むべし」と、彗星を不徳による天の戒めと解釈したのは先にも触れた通りである。

綱吉政権期には、元禄一六年（一七〇三）の大地震や宝永四年（一七〇七）の富士山噴火などの天変地異と貨幣の改鋳などの悪政への罰や警告を結び付けた言説が多く流れた。[89]歌学者の戸田茂睡も、『御当代記』の中で天変地異や騒動を綱吉の政治と天譴論を結びつけている。[90] これは、天譴論が、為政者にとっての戒めという側面を持つ一方で、社会・政治批判として被支配者側にも広く受容されていたことを表している。

貝原益軒(かいばらえきけん)は、日本語の語源について著した『日本釈名(にほんしゃくみょう)』（一六九九自序）巻之下で、「恠(さとし) 天変、地変、物変などの常にかはりて、あやしき事あるを、さとしと云、是天より人に、あしき事を、さとらしめ、身のあやまりを、あらためさせ給ふなり、恠の字、万葉に、さとしとよめり」[91] と説いている。

また、天明(てんめい)の浅間山(あさまやま)大噴火（一七八三）やその後に起きる天明の飢饉は、世間一般の奢りや為政者の失政に対する天譴としても理解された。[92] その後、江戸で起きた打ちこわし（天明の打ちこわし）は、蜂起民衆が自らを天狗や神、神使だと言い触らすなど、仁政を行わなかった幕府に対する天譴と終末の世を救う宗教的民俗的権威・観念に基づく行為として行われた、と岩田浩太郎は評価している。[93]

❖天運論(てんうんろん)

こうした天譴論が説かれる一方で、天には人格がなく偶然や人の感情に感応して天変地異が起こるという考え、すなわち「天運論」も説かれるようになる。

実は、『理尽鈔』にも天運論が見られる。先に取り上げた巻二七「天下妖怪事」に関する評判では、

> 客星(きゃくせい)・雲気(うんき)無(間無く)レ間現する時、天下の凶なる事有、無事なる事有し、天下日本一州計にあらす、他国の凶なる故か、但将軍塚鳴動するは異国の凶には非し、是も凶なる事も有り、又尋常(よのつね)なる事も侍し、八幡の神殿鳴動の事は猶異国の凶の端(はし)にはあらし

と、天変地異が必ずしも凶兆とならない場合もあり、また自国での恠異が他国には適用されないという見解を述べて

いる。巻五「相模入道弄田楽幷闘犬事」の北条高時が化物の狂言に誑かされる部分では、

客星・慧星、出来たれとも、凶有る時も有り、吉事有る時も有り、無レ吉無レ凶時も有り、又、悪星不レ出して、天下の大凶事有りし事多かりけり、是を以て不定也、然るに今度（妖霊星の出現　筆者注）は悪星の出たるにも非す、何共無き化者共か歌たるに、必しも凶と謂へる事いふかし（中略）彼化者、不レ歌共、国主徳を治め、仁を施さは、未来永々まて国安ふして、滅する事不レ可レ有、又化者不レ歌共、当時の入道（北条高時　筆者注）の行跡にては、必す可レ亡也、去れは、化け者の歌ふなる、不レ歌不レ可レ依

と、彗星や化物の出現と鎌倉幕府の滅亡を切り離して考えている。

益軒もまた、天譴論と天運論が並立した見解を述べている。それは、福岡藩家老黒田重時（在任期一六九三〜一七一四）に宛てた上書（「益軒先生与宰臣書」）の中で、悪政をすれば「天道の御怒」[94]・「天道の御咎」[95]が起きるとする一方で、「大風大雨地震等の天災は、いかなる政道正敷御世にも御座候、然れども政道のよきには左様の変少く、悪きには災変多く御座候」[96]と政治の善悪に差はあれど、天変地異はどんな時でも起きるとも語っている。

注意すべきは、董仲舒の頃から既に、災異は、人格を持った天による警告（天譴）と天地の理である陰陽の自動作用（感応）の二つの側面があったことである。[97]つまり、もともと天譴論と天運論は並存していたのである。要は、個々人がどちらに比重を置くかによる。

仏教側の見解として、真宗の僧侶である任誓の作とされる『農民鑑』（一七〇三成立か）には、天変地異を「万民悪気」から生じるものとして、君主が「不仁無道」でも「怨憤」することなく、「万般の禁制」を守っていくことを説いている。[98]

❖西川如見の天運論

近世における天運論の代表として、長崎の天文暦学者の西川如見を取り上げてみよう。如見は、『町人嚢底払』上で「天地は無心」[99]と述べ、天変地異を以下のように位置付ける。

天地に凶事なし、凶は人にあり、地震・洪水・大風は、天気大過の運動、万物の亢気を制して平気に帰るの時なり（中略）みな天の常事にして、天地開けて以来、なき事あたはず、人にありて是を凶事とすることは、おのれが用物をそこなひ害するが故也[100]

天変地異は「常事」であって、人がそれに吉凶を見る。こうした天変地異観の集大成が、『和漢変象怪異弁断　天文精要』（一七一五刊　以下『怪異弁断』）である。これは、正史に書かれてきた「怪異」＝天変地異＝恠異を儒学（朱子学）のいう「気」の運動・作用、すなわち運気論によって説明したものである。

如見の意図がわかる凡例を見てみる。天変地異は、本来人君が徳を修めて国家を慎ましくさせるために記されてきたが、今では占いなどで事応（因果関係）が説かれ、吉凶禍福に専らこだわっている。それは結果的に、

怪異一ひ現ずる時は則、人君密に徳を慎み給ひて、其怪平静ならんと欲すと云とも、国人怪み惑ひ且懼れ悪んで民心動乱するときは国土の神気も又動乱す、是を以天地は災禍を与ふるに無心と云とも人気の倡ふ処に従つて、竟に災禍と成事あり[101]

天変地異に際して、密かに徳を慎み平静化を願う人君に対し、恠異が修徳のためにあるという意味を知らず吉凶禍

福ばかりを気にする民は、怪しみ、惑い、恐懼して心が乱れてしまう。その乱れた心と国土の神妙なる気は感応し、動乱した結果、「災禍」が起きてしまう。天地がいくら「無心」でも、人と通じることで災禍は結局起きてしまう。そのため、恠異が気の運動・作用であること、つまり、ただの現象であることを説き、吉凶禍福の側面を否定することで、人民たちを啓蒙するために本書を編んだという。

ただし、いくら天が「無心」であっても天変地異が起きれば、為政者は徳を修めて慎ましくしなければならないと、如見が考えていたことに注意したい。いくら天運でも為政者には、仁政的な対応が求められていたのである。

この如見の理解は、欧陽脩をはじめとする中国宋代の儒者の災異観に由来している。[102] 彼等にとって災異とは、ひとたび起きれば人君は常に修省すべき対象であった。すなわち、従来の天と人の関係を崩さず、天と理（＝心）を同一とすることで、心の修徳を通じた天人合一（天＝理＝心の内在化）を目指す倫理的政治論こそ、彼等の恠異であった。

欧陽脩の影響は『怪異弁断』の凡例でも触れているが、『町人嚢』巻三に「太平記の評判の中にも記せり」[103]という一文が見られるように、如見は『理尽鈔』（に連なる類書）も読んでいた。『怪異弁断』巻之第一天異篇一の冒頭にある「何ぞ万国一同に見る処の天異を一国に与り取て禍祥を論じ吉凶を可レ定の理あらんや、（中略）若其一国に而已出現して他の国より見る事無の天変ならは、其国の妖祥として吉凶を定め可レ慎事は最も其理有ん歟」[104]は、先の『理尽鈔』巻二七の評判と同趣旨である。具体的に『理尽鈔』（に連なる類書）をいつ読んだのかは不明だが、『怪異弁断』には欧陽脩の思想と『理尽鈔』の思想が融合していたことは十分に考えられる。

おわりに

本章では、怪異を政治との関係から考えてきた。政治性を持つ怪異＝恠異は、近世段階では凶兆（神仏からのさとし）、天譴、天運など各方面から解釈され、従来からの宗教儀礼以外にも法度による取締り、内省などの措置がとられた。

怪異に対応することは、平和や治安を維持することと同義である。幕府と朝廷は、それぞれの立場からさまざまな手段を用いて怪異に取り組んでいった。

序章で、怪異は日常や常識を逆説的に考えるツールであると述べた。怪異もまた、何を以て平和や治安とするのかを逆説的に考えるツールなのである。

1　『国史大系三八　徳川実紀』一、吉川弘文館、一九六四、四二六頁。

2　同右二五七頁。

3　天人相関説（災異説）については、池田知久「中国古代の天人相関論―董仲舒の場合」溝口雄三他編『世界像の形成』東京大学出版会、一九九四、佐々木聡「中国社会と怪異」東アジア恠異学会編『怪異学入門』岩田書院、二〇一二、同「王充『論衡』の世界観を読む―災異と怪異、鬼神をめぐって」『アジア遊学一八七　怪異を媒介するもの』勉誠出版、二〇一五などを参照のこと。

4　日本古代の怪異については、東アジア恠異学会編『怪異学の可能性』第一部、角川書店、二〇〇九、久禮旦雄「古代史料（史書・法典）と怪異」注3前掲『怪異学入門』所収などによる。

5　『日本思想大系』三、岩波書店、一九七六、九九頁。

6　榎村寛之「奈良・平安時代の人々とフシギなコト」注4前掲『怪異学の可能性』四二～五二頁。

7　日本中世の恠異システムは、高谷知佳「室町王権と都市の怪異」注4前掲書所収、同「室町期の大織冠像破裂―中世における宗教的法理の射程」『法学論叢』一六七―三、二〇一〇（以上は、後に『中世の法秩序と都市社会』塙書房、二〇一六に収録）、同「中世都市京都と『恠異』の流通」『東アジア恠異学会設立十周年記念公開講座』ブックレット、二〇一一、同『「怪異」の政治社会学　室町人の思考をさぐる』講談社、二〇一六に詳しい。

8　同右「室町期の大織冠像破裂」。

9　西岡芳文「六壬式占と軒廊御卜」今谷明編『王権と神祇』思文閣出版、二〇〇二、九七頁、西山克「皇統と亀」東アジア恠異学会編『亀卜　歴史の地層に秘められたうらないの技をほりおこす』臨川書店、二〇〇六、一四一頁。

10　山田雄司「室町時代伊勢神宮の怪異」『怨霊・怪異・伊勢神宮』思文閣出版、二〇一四、三二八～三一頁（初出二〇〇六）。

11　豊臣政権期の恠異（怪異）については、横田冬彦「城郭と権威」『岩波講座日本通史』一一、岩波書店、一九九三、河内将芳『落日の豊臣政権　秀吉の憂鬱、不穏な京都』吉川弘文館、二〇一六を参照のこと。

12　『続史料大成　多聞院日記』三、臨川書店、一九七八、四五八頁。

13　『続史料大成　多聞院日記』四、臨川書店、一九七八、三七頁。

14　同右四〇頁。
従㆓京都禁中㆒近日以外鳴㆓動之㆒、可㆑有㆓祈祷㆒之旨倫（綸カ）旨下了云々、大津之城・坂本・大坂にも恠異共、心細事也、幷廿日帝位御元服、廿六日御即位共以無㆓風雨之難㆒様、可㆑抽㆓懇祈㆒之旨倫（綸カ）旨下了と

15　同右二九六頁。

16　時慶記研究会編『時慶記』一、臨川書店、二〇〇一、二〇二頁。

17　『兼見卿記』六」『ビブリオ』一二三、二〇〇五、七一頁。

18 『史料纂集　義演准后日記』一、続群書類従完成会、一九七六、四〇頁。

19 同右六二頁。

20 同右四〇頁。

21 「『兼見卿記』八」『ビブリオ』一二六、二〇〇六、八一頁。

22 『史籍雑纂　当代記・駿府記』続群書類従完成会、一九九五、七〇頁。

23 同右頁。

24 鳴動については、西山克「中世王権と鳴動」注9前掲『王権と神祇』所収を参照のこと。

25 秀吉の後継者豊臣秀頼に関係した怪異として、「大坂城ニテ鳥鳴悪ク、狐徘徊ニ付、祈禱ノ事被仰出（仰せ出られ）畢」（『義演准后日記』慶長一四年（一六〇九）六月四日条）とあり、同月一二日条にはこの事態を「怪異」と表現している（東京大学史料編纂所所蔵写真帳（六一七三―二五九））。

26 高木昭作「徳川家康の画像」『将軍権力と天皇　秀吉・家康の神国観』青木書店、二〇〇三、一一九〜一二一頁（初出一九九八）。

27 京都国立博物館で、二〇一五年に催された特別展覧会「桃山時代の狩野派　永徳の後継者たち」において『八尾狐図』が公開された。

28 高木昭作「寛永期における将軍と天皇」注26前掲書、七二〜四頁（初出一九八九）。

29 杉岳志「徳川将軍と天変」『歴史評論』六六九、二〇〇六。

30 『史料纂集　国史館日録』一、続群書類従完成会、一九九七、一八頁。

31 同右二〇頁。

32 同右二六頁。

33 『史料纂集　国史館日録』三、続群書類従完成会、一九九八、二四頁。

34 同右三九頁。

35 『国史大系四三　徳川実紀』六、吉川弘文館、一九六五、七四五頁。

36 『史料纂集　隆光僧正日記』一、続群書類従完成会、一九六九、六頁。

37 注29杉前掲論文七五頁。

38 『史料纂集　隆光僧正日記』二、続群書類従完成会、一九七〇、二五七頁。

39 注29杉前掲論文七八〜八一頁。

40 『国史大系一五　続史愚抄』後篇、吉川弘文館、一九六六、一九五頁。

此日、東寺弘法大師供飯破損、因後日為祈謝被行北斗法於東寺云〈公卿補任、禁記、基量卿記追〉

41 同右二一二頁。

此夜戌刻、有光怪、形如弓、自内侍所神殿出、中軒廊柱滅、有議宮中戒慎、近臣二人宛不寝勤番云〈或作十一日〉

42 間瀬久美子「近世朝廷と寺社の祈禱―近世的七社七寺体制の成立と朝幕関係―」『千葉経済論叢』五八、二〇一八。

43 注40前掲書七五〇・一頁。藤田覚「近世の皇位継承」歴史

学研究会編『天皇はいかに受け継がれたか—天皇の身体と皇位継承』績文堂出版、二〇一九によれば、他にも寺の池に「双頭蓮」が生える凶兆や呪詛の噂が立ったという（一二五・六頁）。

44 藤田覚『天皇の歴史〇六　江戸時代の天皇』講談社、二〇一一、七七頁。

45 「春寝覚」『仮名草子集成』五八、東京堂出版、二〇一七、一二八頁。

46 野村玄「「後水尾上皇（法皇）宸筆教訓書」と後光明天皇の学問」『日本近世国家の確立と天皇』清文堂、二〇〇六、五九頁。野村は、この条目の「「私」を抑えることが正しい「政道」につながるという認識」には、後水尾の他の御教訓書に見られる「敬神」と関連しているという（六二頁）。

47 『妙法院史料　堯恕法親王日記』一、吉川弘文館、一九七六、二三一頁。

48 『天皇皇族実録一一七　桃園天皇実録』一、ゆまに書房、二〇〇六、三八一・二頁。

49 『大日本近世史料　広橋兼胤公武御用日記』二、東京大学出版会、一九九二、六八・九頁。

50 中川学「神社争論をめぐる朝廷と幕府の裁判」平川新編『江戸時代の政治と地域社会』二、清文堂出版、二〇一五。老中は、釜鳴を大釜に甑をかけた際に湯気が強く出た時の音で釜鳴ではないと判断している。また、間瀬久美子は、寛延四年の釜鳴事件と、同二年の上賀茂社での鼠害事件と、同三年の天皇御所の樹上に集まった烏のうち一羽が鶏の声で鳴いた朝廷での群烏が鶏の声で鳴いた事件（いずれも「怪異」と表現される）を併せて取り上げ、近世の「神社にとって、朝廷や幕府に対する要求の手段とされている」ことを指摘している（「寛延の怪異と地震祈禱—賀茂別雷神社を中心に—」『千葉経済論叢』五九、二〇一八、二三頁）。その際、上賀茂社による幕府への造営願を、朝廷が軽減しようとしたことは、幕府の怪異への対応が消極的だったことの裏返しだと考えられる。

51 井上智勝「近世日本の国家祭祀」『歴史評論』七四三、二〇一二、八頁。

52 後述する「不吉の徴」とされた伊勢躍、或いは彗星など全国で体験する人が多い天変地異は、大坂の陣以降も『徳川実紀』に記されているが、これらに「怪異」という直接的な表現は使われていない。

53 小宮木代良「『徳川実紀』と幕府日記」歴史科学協議会編『歴史をよむ』東京大学出版会、二〇〇四など。

54 『御触書寛保集成』二八三九・四〇番、岩波書店、一九七六、一二八四頁。

55 『図書寮叢刊　看聞日記』七、明治書院、二〇一六、四五頁。

56 『名古屋叢書続編』一〇、名古屋市教育委員会、一九八三、三九五頁。

57 『京都町触集成』別巻二—四一四番、岩波書店、一九九五、二三〇頁。

58 『曹洞宗古文書』下一一八四番、筑摩書房、一九七二、二二〇頁。

59 『萩藩四冊御書附』山口県文書館、一九六二、一〇頁。

60 『徳川禁令考』前集第五―二五七四番、創文社、一九五九、二〇頁。

61 『名古屋叢書』二、名古屋市教育委員会、一九六〇、四七頁。

62 藤井学「江戸幕府の宗教統制」『法華文化の展開』法蔵館、二〇〇二、七〇頁(初出一九六三)。

63 菊池武によれば、新儀異説の禁令は、「当時の庶民・寺僧・武士という階層に応じて其々布令」されたという(「近世仏教統制の一研究」『日本歴史』三六五、一九七八、七〇頁)。

64 原田正俊「禅宗の地域展開と神祇」『日本中世の禅宗と社会』吉川弘文館、一九九八、二二三・四頁(初出一九八八)、堤邦彦『近世仏教説話の研究』翰林書房、一九九六、同『近世説話と禅僧』和泉書院、一九九九など。また伊藤聡『神道とは何か』中央公論新社、二〇一二では、このような状況を「奈良時代の神身離脱の再現のごときもの」(二一六頁)と表現している。

65 高田衛『増補版江戸の悪霊祓い師』角川学芸出版、二〇一六。

66 遠藤克己『近世陰陽道史の研究　新訂増補版』新人物往来社、一九九四、杉岳志「近世中後期の陰陽頭・朝廷と彗星」井上智勝・高埜利彦編『近世の宗教と社会二　国家権力と宗教』吉川弘文館、二〇〇八、同「幕末の陰陽頭・朝廷と彗星」『島根県立大学松江キャンパス研究紀要』五八、二〇一九、梅田千尋「陰陽頭土御門晴親と「怪異」」『アジア遊学一八七　怪異を媒介するもの』勉誠出版、二〇一五、同「宝暦改暦前後の土御門家」朝幕研究会編『論集近世の天皇と朝廷』岩田書院、二〇一九など。

67 井上智勝「宗源宣旨」『近世の神社と朝廷権威』吉川弘文館、二〇〇七、七九～八二頁(初出一九九七)。

68 北川央「大坂城と狐」『朱』四八、二〇〇五、二四〇頁。

69 『史料纂集　舜旧記』五、続群書類従完成会、一九八三、四四頁。

70 『国史大系三九　徳川実紀』二、吉川弘文館、一九三〇、三一八頁。もともと伊勢躍は神々の戦勝祝いにちなんだ群集騒動で、凶兆ではなかった。それが次第に凶兆になっていく過程については、本書補論一および拙稿「林羅山『本朝神社考』「僧正谷」を読み解く」『書物・出版と社会受容』五、二〇〇八を参照のこと。

71 吉田伸之『日本の歴史一七　成熟する江戸』講談社、二〇〇九、一二八～三六頁　同「三井と妖怪」『西鶴と浮世草子研究二　怪異』笠間書院、二〇〇七。この他、吉田家が怪異(恠異)に対応した事例については、井上智勝「近世の「怪異」と神祇管領長上吉田家」東アジア恠異学会二〇〇七年度大会シンポジウム報告レジュメ、二〇〇七、同「怨霊祭祀譚の均質性と易占書」『日本民俗学』二八九、二〇一七を参照のこと。

72 渡辺尚志「諏訪の村々の近世―現長野県富士見町域を対象に」同編『村からみた近世』校倉書房、二〇一〇、六七～九頁。

73 注54前掲書七番、一一頁。

74 キリシタンと新儀異説の関係については、大橋幸泰「正統・異端・切支丹―近世日本の秩序維持とキリシタン禁制―」『早稲田大学教育学部学術研究（地理学・歴史学・社会科学編）』五四・五五、二〇〇六・二〇〇七を参照のこと。

75 井上智勝「寛政期における氏神・流行神と朝廷権威―大坂の氏神社における主祭神変化の理由」『日本史研究』三六五、一九九三、六頁。

76 注54前掲書二八四七番、一二八六頁。
此度大杉大明神え納物と申、大勢之人数を催し、祭礼同前之致方、畢竟虚説を申立候故之儀ニて不届ニ候、自今奇怪異説かましき儀申触候もの在レ之ハ、吟味之上急度可二申付一候、向後新規ハ勿論、只今迄有来祭礼法事にても、例に変（し）候儀は仕間敷候、若不レ得レ止事儀在レ之ハ、奉行所え可二相伺一事右之趣、堅可二相守一候、若違背之輩有レ之ハ、急度曲事可二申付一者也

77 宮田登「民間信仰と政治的規制」『日本宗教史論集』下、吉川弘文館、一九七六、二九五頁。

78 安丸良夫「民俗の変容と葛藤」『安丸良夫集』四、岩波書店、二〇一三、四〇頁（初出一九八六）。

79 天道思想については、石毛忠「戦国・安土桃山時代の倫理思想―天道思想の展開―」日本思想史研究会編『日本における倫理思想の展開』吉川弘文館、一九六五、同「江戸時代初期における天の思想」『日本思想史研究』二、一九六八、三宅正彦「思想に関する史料二　天道思想」『歴史公論』九、一九七六などを参照のこと。

80 『理尽鈔』については、若尾政希『「太平記よみ」の時代―近世政治思想史の構想』平凡社、二〇一二を参照のこと。なお『太平記』の章題については、『日本古典文学大系』三四～六、岩波書店、一九六〇～二の慶長八年古活字本による。

81 国立公文書館所蔵本（一六七―〇一六五）。

82 『日本思想大系』二三、岩波書店、一九七五、二七七頁。

83 同右二八一頁。

84 若尾政希「『本佐録』の形成―近世政道書の思想史的研究―」『一橋大学研究年報社会学研究』四〇、二〇〇二、二五六～六九頁。

85 天譴論と後で触れる天運論に関する先行研究として、若尾政希「享保～天明期の社会と文化」大石学編『日本の時代史』一六、吉川弘文館、二〇〇三、同「近世人の思想形成と書物―近世の政治常識と諸主体の形成―」『一橋大学研究年報　社会学研究』四二、二〇〇四などがある。

86 国立公文書館所蔵本（特一一九―〇〇〇一）。

87 『羅山林先生文集』巻六四「読男靖日食説」（国立公文書館所蔵本（二六三―〇〇五八）、および京都史蹟会編『林羅山文集』ぺりかん社、一九七九、七七三・四頁）。また、

前田勉「林羅山の挫折」『日本近世の儒学と兵学』ぺりかん社、一一四・五頁（初出一九八九）を参照のこと。

天之示レ戒、猶二上之令レ下、父之教レ子歟、畏而敬則転レ禍為レ福也（中略）近世武夫専レ国、士民尚レ利、未三曾有二慕レ古思レ道之政事一、何以於二日食一可二畏且敬一乎、吁、日食之変尤可レ恐レ天、若二彼小人一、不レ畏レ天、其果如何

88 『読耕先生全集』所収（国立公文書館所蔵本（二〇五―〇一六七））。

89 塚本学『徳川綱吉』吉川弘文館、一九九八、二三三～九頁。

90 『御当代記　将軍綱吉の時代』平凡社、一九九八、一一、二七、三二・三、六四、七三頁など。また、元禄二年（一六八九）二月始には「御城ばけ物事」が紹介されている（一五二頁）。

91 国会図書館所蔵本（特一―一六二五）。また、『益軒全集』一、益軒全集刊行部、一九一〇、八三頁。

92 渡辺尚志『浅間山大噴火』吉川弘文館、二〇〇三、四四～五六頁。

93 岩田浩太郎「打ちこわしの記録世界―天明期江戸の政治意識―」『近世都市騒擾の研究―民衆運動史における構造と主体―』吉川弘文館、二〇〇四、一四九～五五頁（初出一九九四）。

94 『益軒全集』三、益軒全集刊行部、一九一〇、七三二頁。

95 同右七三三頁。

96 同右。

97 注3佐々木前掲「中国社会と怪異」一一〇・一頁。

98 『日本史史料』三、岩波書店、二〇〇六、一八八・九頁。なお大桑斉「『農民鑑』の真宗的農民倫理と支配思想」『千葉乗隆博士還暦記念論集　日本の社会と宗教』同朋社、一九八一を参照のこと。

99 『町人嚢・百姓嚢・長崎夜話草』岩波書店、一九八五、一二八頁。

100 同右一一六頁。

101 『西川如見遺書』五、西川忠亮編輯、一八九九、凡例。

102 中国宋代の儒者の災異観については、寺地遵「欧陽脩における天人相関説への懐疑」『広島大学文学部紀要』二八―一、一九六八、小島毅「宋代天譴論の政治理念」『東洋文化研究所紀要』一〇七、一九八八を参照のこと。

103 注99前掲書五一頁。

104 注101前掲書一一丁裏。

補論一

フィクションとしての怪異
林羅山『本朝神社考』「僧正谷」を読み解く

はじめに

林羅山の『本朝神社考』（以下『神社考』）は、神儒一致論に基づいた神仏習合批判の書物として有名である。この羅山の神仏習合批判の書物に対しては、僧侶の反駁が後年出される一方で[1]、第一章で触れた備前国牛窓のように、羅山が著述した地名の由来が一つの権威として逆に各地へ受容されていくこともあった[2]。何故このような事態になったのかといえば、書物が読者によって十人十色の読み方がなされることと、『神社考』の記述には必ずしも神仏習合批判（仏教批判）という文脈だけでは読み解けないその情報量の多さによるものであろう。後者の事例として、下之六「都良香」には越前の大男や白比丘尼が載るように、特に下巻は仏教批判や神儒一致論の主張がほとんど窺えない項目が多い。

ここでは、こうした神仏習合批判だけでは読み解けない『神社考』の記事から、羅山がその中に織り込んだ意図を考えてみることにしたい。そもそも情報というものには、発信者の何らかの意図が込められており、『神社考』の場合、羅山の思想的な立場や当時の社会情勢などが当然反映されている。[3] その点を考慮して、今回は下之六「僧正谷」に収録された大坂の陣にまつわる話を、当時の史料と比較しながら検討してみたい。

【一】……『神社考』「僧正谷」について

最初に『神社考』の書誌情報について簡単に確認しておく。

『神社考』は、寛永末（一六四〇頃）から正保二年（一六四五）までに成立した。上二巻（二十二社）、中二巻（諸社）、下二巻（霊異方術）の六巻に分かれ、各項の説明（由来）の後に羅山の評がつけられる構成になっている。そして、考察の対象である「僧正谷」は、下之六に収録される天狗に関する項目である。

「僧正谷」での羅山評は大きく二つに分けられる。一つは、『神社考』の趣旨と同じく、天狗に絡めた僧侶批判が展開されている。「我邦、古より天狗と称する者多し、皆霊鬼の中、其の較著なる（我邦、自㆑古称㆓天狗㆒多矣、皆霊鬼之中、其較著）」[4] ものが天狗であり、狐・童・僧侶・山伏・鬼神・仏菩薩などの姿で出現する。また慢心や怨み、怒りを持った多くの僧侶も天狗道に入って天狗になり、伝教（最澄）・弘法（空海）・慈覚（円仁）・智証（円珍）の四大師をはじめ日蓮・法然・栄西など日本を代表する名僧は、皆天狗だと指摘している。要するに、羅山は全ての僧侶＝仏教界そのものが天狗、という認識を持っていた。

二つは、他の天狗に関する話の紹介である。観応の擾乱の予言として有名な『太平記』（古活字本）巻二七「雲景未来記事」における天狗評定の場面や本章で扱う大坂の陣にまつわる話などである。

その大坂の陣にまつわる話は以下の通りである。便宜上A～Dに分割した（傍線は筆者）。

A慶長甲寅夏、叡山僧侶、到二駿府一告レ衆曰、頃、叡山有二奇事一、覚林房奴、二郎者、一日忽失、経二数日一帰、人問、何之、奴曰、有レ人将レ我去、到二伯州大山一、途中叱レ人、人相殺、又挙レ房揮レ空、俄失火、若干民屋、為レ灰、已而登二筑紫彦山一、於レ是、大山・彦山之山伏、相共帰、時人々自二愛宕・鞍馬・比良一、来会、有二一僧一、自二上野国一来、座定、鞍馬僧正曰、久無二奇怪一、東州西州合戦、今其不レ遠、愛宕太郎曰、嬴軻如何、叡山次郎曰、東方必勝、其勢既見、言已各帰二本山一、我今見レ之、諸人不レ信、於レ是奴、上二八王子嶺一、躍走如二平地一、跨二神殿簷牙一、時々伸二雙脚一、或飛二巨石一、或擲二大扉一、時或唱二歌謡一、雖レ聞二其声一、不レ識二其由一、幕下聞而奇レ之

B数日之後、有二伊勢躍一、庶民飾二異服一、繋二綵絹于竹竿一、唱レ謡而躍、始レ自二伊勢一、故名、都鄙殆遍、遂及二遠州・駿州一、時有レ人云、伊勢太神、飛来、飾二幣帛于道路一、聚覩者如レ堵、幕下聞而警曰、巫蠱不詳之事王者所レ禁也、莫レ躍レ人、莫レ祭二邪神一、速禁二妖巫一、莫レ惑レ衆、因レ此伊勢躍止

C後果有二大坂ノ軍一

D自レ古民之訛言、時之童謡、史之所レ載、今亦奇哉

（読み下し）

A慶長甲寅（一六一四）夏、叡山僧侶、駿府に到りて衆に告げて曰く、頃、叡山に奇事有り、覚林房が奴、二郎といふ者、一日忽ちに失す、数日を経て帰る、人問ふ、何れに之くかと、奴曰く、人有りて我を将ゐて去る、伯州の大山に到る、途中に人を叱すれば、人相殺す、又房を挙げて空を揮ふ、俄に失火して、若干の民屋、灰となる、已にして筑紫の彦山に登る、是に於て、大山・彦山の山伏、相共に帰る、時に人々愛宕・鞍馬・比良より来りて会す、一僧有り、上野国より来る、座定まりて、鞍馬僧正曰く、久しく奇怪無し、東州西州の合戦、今其れ遠からず、愛宕太郎曰く、嬴軻如何、叡山次郎曰く、東方必ず勝たむ、其の勢ひ既に見ゆ、言ひ已みて各本山に帰る、我今之を見る、諸人信ぜず、是に於て奴、八王子の嶺に上

り、躍り走ること平地の如く、神殿の簷牙（えんが）を跨（また）ぎて、時々双脚を伸ばし、或は巨石を飛ばし、或は大扉を擲（なげう）つ、時或は歌謡を唱へ、其の声を聞くと雖も、其の由を識らず、幕下（ばっか）聞きて之を奇とす

B　数日の後、伊勢躍（いせおどり）有り、庶民異服を飾り、綵絹（あやぎぬ）を竹竿に繋ぎて、謡を唱へて躍る、伊勢より始まる、故に名づく、都鄙（とひ）殆ど遍（あまね）し、遂に遠州・駿州に及ぶ、時に人有りて云く、伊勢太神、飛来すと、幣帛（へいはく）を道路に飾り、聚（あつま）り観（み）る者堵（かき）の如し、幕下聞きて警（いまし）めて曰く、巫蠱（ふこ）不詳（祥）の事王者の禁ずる所なり、人躍ること莫（な）かれ、邪神を祭ること莫かれ、速やかに妖巫を禁ず、衆を惑はすこと莫かれと、此に因りて伊勢躍止む

C　後に果して大坂の軍（いくさ）有り

D　古より民の訛言（かげん）、時の童謡、史の載する所、今も亦た奇なるかな

構成を見ると「慶長甲寅」つまり慶長一九年（一六一四）の夏に起きた事件（A・B）が、十月に起きる大坂冬の陣の予兆（「後果」）として起き（C）、Dはこの事件を含めた「僧正谷」全体の評価になっている。

第一に、この話で押さえなければならないのは、A・Bの事件が大坂の陣の予兆になるという論理構造である。その論理とは、第二章で見た恠異である。つまり、兵革（へいかく）や疫病といった政権の危機が訪れる前に「さとし」として起きる異常な現象＝恠異に対し、為政者は何らかの対応を求められた。この話も恠異（政権にとっての凶兆）の論理に則った話と考えることができる。

それを裏付けているのが、Dの「自古民之訛言、時之童謡、史之所載、今亦奇哉」である。まず「古」「時」「史」という言葉から、羅山の情報に対する視野が空間と時間の双方向に展開されている。「史之所載」からは、羅山が先に引いた『太平記』の天狗評定を含めた中古の史書を読み、そこに記された恠異の伝統を理解していたことが想定できる。また「民之訛言（いつわり、つまり怪訝な言説か）」や「時之童謡（「わらべうた」ではなく「わざうた（時事の風刺や異変の予兆をうたった歌謡）」と読んだ方が、妥当）」から、世間の怪異（恠異）に関する認識も把握

していた可能性が高い。【5】

その上、Bの「不詳（不祥）」【6】や、C「後果」大坂の陣が起きたという表現から、この話が、伝統的な怪異の論理に基づいて書かれたものといえる。

それでは、怪異の論理に則って書かれたこの話に込められた羅山の意図は何なのだろうか。この点を検討するには、これらの事件が当時の他の史料からも確認できるのか、もし確認できるならば当時の史料と『神社考』の差異はどこかを比較していくのが適当である。そこで次にA・B各事件について分析してみたい。

【二】……天狗の人攫い

Aの内容は、比叡山の二郎という「覚林坊之奴」が天狗に攫われ、数日後帰山して天狗たちの会議について語った後、二郎自身が奇矯な行動をとる、という事件である。

実は、この事件の典拠と考えられる史料がある。それは『駿府記』慶長一九年五月二二日条である。

廿二日、天台衆各参上、出二御南殿一、南光坊僧正被レ申云、此比比叡山八王子三宮有二珍事一、其故者学林坊奴二郎天狗攫レ之、不レ知二行方一処、十日計過、彼二郎帰云、我頃日当山二郎坊為二使者一、愛宕太郎坊、鞍馬大僧正、彦山豊前坊、大山伯耆坊、上野妙義法印、何も叡山へ可レ被レ参由有レ触、則各大天狗登山之由、就レ申レ之而、人皆為二不思議思一、彼三宮参詣見レ之処、晴天俄曇、風雨烈、甚大霰降、其後彼二郎、三宮社段棟に飛揚り、如レ倒落而於二軒端一起挙、つまだてゝ立り、其外之者大勢、於二社上一、色々為二不思議一、扇をつかい歌舞体、諸人見レ之、又三宮扉尋常二三十人持程なるを、一町程宛ひらめかし投レ之、雖レ然此扉少も不レ損、又自二虚空一大礫数多打レ之、如レ郊積上云々（傍線は筆者）【7】

『神社考』と『駿府記』を比較すると、いくつか重要な点が見られる。まず『神社考』では「叡山僧侶」が語ったとしているだけで、具体的に誰なのかはっきりしない。しかし『駿府記』の傍線部を見ると、「南光坊僧正」すなわち当時江戸幕府で強大な力を持っていた、天海その人だと判明する。当時僧侶が駿府城に登って宗教論議をすることはよくあり、[8]これもその折の話題だったと推測できる。説法の方便として怪異譚はよく用いられており、羅山は「怪異をよく語る僧侶」を「怪力乱神を語らない儒者」と対比していることから（第一章三二頁参照）、A自体を仏教批判として読み取ることが可能である。また、僧侶＝天狗という「僧正谷」の主題からは、「天狗が天狗の話をする」という揶揄としても受け取ることができる。[9]

共通する点として、比叡山に戻ってきた二郎の奇矯な行動（二郎も天狗の仲間入りをしている）や不思議な現象が起きるが、これに対し僧侶たちはただ為すがままである。従来、怪異が起きると加持祈祷などの宗教儀礼を行うことで対応するのだが、Aの場合、天海はじめ天台僧は何の対応もしていない。この眼前の出来事に対して無力な僧侶に、羅山は単に仏教批判とするだけでなく、後に対策を練る家康と対照させる効果を狙ったのではないだろうか。

他にも、Aの傍線部を見ると、「久無奇怪、東州西州合戦、今其不遠（中略）東方必勝、其勢既見」の部分が『駿府記』には見当たらない。そもそも『駿府記』では、大天狗たちが比叡山に登る予告が語られているだけである。「東州西州合戦」、つまり大坂の陣が起きるという天狗の予言がなければ、大坂の陣にまつわる怪異として成立しない。要するに、この記述は羅山によって書き加えられた可能性が高い。

また、「幕下聞而奇之」、幕下＝徳川家康がこの事件を不審に思ったという記述もない。天海が語った際その場に家康がいたかどうかは不明だが、おそらくこれもBへの伏線として羅山が加筆したものだろう。

総じてAは、おそらく羅山も引いている『太平記』の天狗評定に擬えようと、天海の語りに手を入れた羅山の創作だといえる。

【三】……伊勢躍

続いてBの伊勢躍について検討する。伊勢躍（神踊・風流踊とも）とは、伊勢神宮の神に関係して起きる群集騒動である。

しかし、Bを見る限り「僧正谷」に欠かせない要素、天狗が全く登場しない。羅山は、何故伊勢躍を「僧正谷」に収録したのだろうか。

推測ではあるが、天狗評定に見られるように『太平記』では、天狗は変革の象徴として描かれる。そしてBの「庶民飾異服、繋綵絹于竹竿」からは、「異服」つまり異常な服装をした人たちは、当時弾圧の対象であった「かぶき者」に通じる存在である。さらに、このかぶき者は中世では「異形異類」と称された人たち（天狗を表現する言葉でもある）の流れを汲んでいた[10]。また、集団蜂起の一形態である一揆は、天狗や異常な服装と深い結びつきがあった[11]。これらのイメージが、天狗と伊勢躍を結びつけて「僧正谷」に収録されることになったのではないだろうか。

「僧正谷」の伊勢躍は慶長一九年に起きているが、『神社考』成立の寛永末まで視野に入れると、数回にわたって伊勢躍が起きている。その中でも本章に関係のある事例を取り上げてみよう。

❖①慶長九年（一六〇四）三月

この時、近江国膳所（現滋賀県大津市）に伊勢大神宮（伊勢神宮の神）が飛び移ったとして参詣する人があったという。この事例が唯一確認できる『当代記』には、三月廿九日及酉刻、日のまわりより雲四方江飛事夥(おびただ)し、珍事也、去年二月十五日朝、当年正月朝も、大方似之云々、三月前々か崎(膳所)江伊勢大神宮飛移給(たまふ)とて人参詣す
此年、或女頭二ある孩児(みどりご)を生、先年も如レ此(此の如き)之子を生けるか、洛中を渡しける、其年何して凶事有レ之(之有り)し程にとて、此度は不レ渡(渡らさず)則害しける、此比有二恠異一(恠異有り)、内裏之庭中に従何共(なんとも)なく、長持(ながもち)二枝あり、之をあけて見に、一には生頸(なまくび)多有レ之(之有り)、一はあくれ共蓋(ふた)不レ明(明かず)、其上に菜のすん〳〵に切たるを置、不思議なりし事共也、又近江国横関(よこぜき)に恠異あり、巳の刻迄は水もなき所に、及午刻毎日血池出来たりと云々（傍線は筆者）[12]

とあり、当時起きた不思議な事件へ続けられるかたちで書かれている。高尾一彦は、これらの記事を京畿内における民衆の不安や不満を示すものとした。[13] そして、倉地克直は、この不定形で漠然とした民衆の不安や不満のエネルギーを、家康は八月に自ら演出・監督する豊臣秀吉七回忌にちなんだ豊国大明神臨時祭礼の風流踊に参加させて発散させることで、「公儀の神」への信仰に直接転轍させようとしたとする。[14]

「僧正谷」の伊勢躍は、次に触れる慶長一九年、つまり秀吉の一七回忌に当たる臨時祭礼の企図中に起きた（結局祭礼は行われなかった）。慶長九年の事件は、伊勢躍と呼べないまでも慶長一九年のプレ段階の事例といえる。

❖②慶長一九年（一六一四）八月

「僧正谷」の時期に該当するのが、この②であり、その発端は八月九日に伊勢太神（伊勢神宮の神）が伊勢国野上山(のがみやま)へ飛び移り、託宣をしたことである（二八日還宮(げんぐう)）。『当代記』には、以下のように記されている。

九日、伊勢太神同国野上山江飛移ラセ給トテ、或人託メ宣(たくしてのたまはく)、就(すなはち)其奇特ナル事共多レ之(之多し)、廿八日ニ山田(ようだ)江

可有還宮、然者雷鳴難風可吹トノ託宣也、依之自村里躍ヲ構盡美、我モ〱トシテ参詣、夕ニ参宮ノ者モアリ、貴賤群集スト云々、山田ニテモヲトル、此躍ニ付神慮奇特多シ[15]

②の特徴は、第一に京をはじめ、近江・美濃・大和などで貴賤を問わず躍っている点にある。いくつか史料をあげる。

○（九月）十四日甲子（中略）、彼国中（伊勢国　筆者注）今にをとり不止、古老の者かゝる奇特不審成儀、前代未聞と云々、もはや此比は、京、大和、近江、美濃も躍を致すと云々、奇特不思議なる事共幾等も有之と云々（『当代記』）[16]

○（九月）廿四日甲戌、天晴、
一、伊勢大明　神御夢想トメ、日本国中毎人ニ踊也、京中之踊、禁中内侍所前ニテヲトル、其外仙洞・女院御所へ参也、公家悉　両御所へ参衆、予ハ院参申了、踊五八十也（『言緒卿記』）[17]

○（九月）廿四日、天晴、（中略）アテ宮御方ハ、院御所へ被成参也、世間ニ神跳ト号メ、洛中在々所々跳也（『時慶卿記』）[18]

○（十月二日）去廿一日ヨリ伊勢神宮依御託宣、京中在々所々躍也（『舜旧記』）[19]

「禁中内侍所前」と禁中でも躍りが起きている。この時も十年前の豊国大明神臨時祭礼を彷彿とさせるエネルギッシュな状況にあった。

第二は、この伊勢躍は、もともと神々の戦勝祝いだったという点である。

○（九月）廿三日癸酉、晴、閭巷説、太神宮有二神軍一、令二勝御一之故、自二伊勢一躍ヲ始、京中町々毎町四五十人宛令レ躍レ之（『孝亮宿禰記（壬生本）』）[20]

○此比者伊勢太神宮及レ暮は託して曰、むくりと被レ及二合戦一由にて神風烈吹、不レ嫌二男女一、大方毎日託あり、山田町中火をたて可レ申旨也、半時已後、海上如レ焔して夥鳴動し、其後海面静り、還宮と覚れは如レ前亦託ありと云々（『当代記』九月一四日）[21]

「太神宮有神軍、令勝御之故」や「合戦」などからこの点はいえるが、一体伊勢太神宮は何と戦っていたのだろうか。

多くの研究者は、当時禁教の対象であったキリシタン、つまりキリスト教の神が相手だという。[22] 例えば山口啓二は、村井早苗が「キリシタン禁制をめぐる天皇と統一権力」[23]で取り上げている元和七年（一六二一）の日本イエズス会管区長パアデレ・マテウス・デ・コウロスの書簡（伊勢躍で歌われたキリスト教排斥の歌）から、中世以来の伊勢信仰が鼓吹した排外的な「神国」意識との関係を指摘している。[24] つまり、多くは、伊勢躍の前後に起きるキリスト教弾圧と伊勢躍の背景にある「伊勢の神」とを関連させて考えているが、管見の限り伊勢躍に関する史料で、明確にキリスト教と結びつけるものは先のイエズス会管区長の書簡以外確認できなかった。むしろ『当代記』の「むくりと被及合戦由にて神風烈吹」のように、伊勢躍を記録した当時の人たちにとって、神々の戦いといえば日本の神と蒙古（漠然としたイメージの異国）の神との戦いを想起したのであり、キリシタンのみに対抗するという意識は史料で見る限り不明瞭である。[25]

二つの点を踏まえ、改めて「僧正谷」との関係を考えると、②は果たして怪異といえるのだろうか。『当代記』では「当月（八月　筆者注）中、国々怪異多レ之、中にも伊勢国大神宮託して奇特有レ之」[26]と、託宣などの伊勢太神宮が関わる事象に対しては「怪異（奇特）」と表現されているものの、伊勢躍という群集騒動そのものに

対しては「怪異」と考えられていなかったようである。しかし、醍醐寺三宝院義演の『義演准后日記』「有馬湯治記」には、

> （九月）廿四日、晴、赤間御陵二町トメ躍如盆（盆の如し）、伊州ヨリ躍始テ、江州在々躍来テ、山科七郷悉躍、洛中毎日風流不異七月（七月に異ならず）云々、大神宮神勅云々、非啻綺（奇カ）（啻だ奇のみに非ず）
> 廿七日、晴、関出、大谷・小坂ノ町躍也、大住村毛見衆上、上山城在々所々悉躍云々、怪異也[27]

とある。豊臣方と関係が深かった義演は、伊勢躍に対して不吉な予感を読みとったのではないだろうか。以上のことから、②の段階では、伊勢躍＝怪異（凶兆）という図式は、まだ確立されていなかったようである。「僧正谷」では、この時に伊勢躍が駿府まで達し、それに対して家康が禁制を行ったとあるが、管見の限りでは不明である。

❖③元和元年（一六一五）三月

この段階で初めて、家康が伊勢躍を禁制したことが史料上から確認できる。

> ○三月廿五日、今日より府中伊勢躍と号し、諸人在々所々風流を致す、是勢州より躍り出づ、奥州迄之を躍ると云々
> 晦日、伊勢躍頻り也、太神宮飛び給ふ由、禰宜と号する者、唐人に飛花火を憑むと云々、之に依り伊勢躍之を制し給ふと云々（『駿府記』[28]）

> ○慶長二十年（元和元年　筆者注）乙卯三月ヨリ、世間ニ伊勢躍ハヤリキタル、伊勢太神宮ノ飛セ給フト申立、

躍ハヤシ風流ヲ画、禰宜御祓ヲ先ニ立テ、奥州マテモ躍送ル、カヤウニセサル国々ハ、飢饉疫病有ト中立ル、其子細ヲ尋レハ、事触ノ乞食禰宜モ唐人ヲ頼ミ、花火ヲ飛セテ見スルニ因、愚人トモ驚ハヤシ立ル、是モ只事ナラスト中人多シ、頓テ公儀ヨリ、右ノ伊勢躍堅法度ノ由仰出サル、ト云トモ、忍々ニ躍リハヤス事止マス（『山本氏私記』[29]）

伊勢躍が再発し禰宜を自称する者が家康のいる駿府で花火を飛ばしたため、家康は禁制を行った。これは、秩序を乱す事件への対応である。

その一方で、家康は、②の伊勢躍と連動するかたちで起きた大坂の陣を関連させて、戦闘が終息した直後に再び伊勢躍が活発になり、それが駿府まで及んだことに対して、大坂冬の陣の勝利＝徳川家がもたらした（一時的な）平和が危険にさらされるという危機意識を強めたのではないだろうか（慶長九年の豊国大明神臨時祭礼に見た民衆のエネルギーの噴出を回顧した可能性もある）。

後年の史料であるが、藤堂高虎の事跡録『高山公実録』巻一八には、

〔言行録〕慶長十八年と十九年両年跨て、諸国において伊勢躍といふ云々、其唱歌のとめにハ、門に城戸よと拍たつる、是大阪冬陣の前なれは、乱逆の兆を知しめたまふ神の託なりと、陣後に沙汰しけるとなり[30]

とあり、伊勢躍が「大阪冬陣の前なれは、乱逆の兆」と認識されていたことが判明する。

❖④寛永元年（一六二四）二月

そして、寛永元年二月にも再び伊勢躍が起き、禁制の対象になる。『徳川実紀』「大猷院殿御実紀」巻二には、

以下のように記されている（第二章六三頁も参照）。

> これより先国々に伊勢躍といふ事をなし、毎駅人夫を出し、皇太神宮を駅次して送り奉るとゝなへ、農桑を廢し、人馬をやとひ、老若群をなし躍りありく事日々に甚し、よて京職をもて吉田兼英に其事を糺されしに、兼英家伝の神書共考索して、抑神風や伊勢の度会部に、内外の神垣いつきまつりしより此かた、両宮の神五十鈴川をこえて、他境にわたらせ給ふこと更になし、全く邪巫姦覡等妄言をなし、愚民を迷惑する所なり、早く法令を厳にして禁ぜらるべき旨建白す、猶こなたにも諸臣に下して群議せしめられしに、慶長十九年京より此風おこりしに、程なく大坂の兵乱はじまり、元和二年の春より又諸国此事行はれて、その夏神祖昇天の御事あり、かれといひこれといひ、かたゝゝ不吉の徴なり、早く厳制を加へらるべしと申ければ、愚民尊奉する所の神体を取て、野外になげすてられしに、風習俄にやみ、国々人馬の弊をまぬかれ、衆皆安静せしとぞ（傍線は筆者）[31]

傍線部を見ると、伊勢躍が「不吉の徴」になる要因は、慶長一九年の大坂の陣と元和二年の「神祖昇天」、つまり家康の死去である。

この時、伊勢躍にまつわる伊勢太神の行動を否定しているのは、吉田兼英なる吉田家の人物である。井上智勝によれば、当時「神祇・祭事に関わる知識・情報を、他の追随を許さぬほどに厚く蓄積していたのが吉田家」[32]であったため、兼英の発言は信頼できる証拠だったのだろう。

次に、この記事の典拠である『元寛日記』を見ると、元和元年の伊勢躍を「元和二年」にしているのがわかる[33]。『元寛日記』では、慶長一九年に起きた伊勢躍を家康が禁止したことになっているが、先述のように現存する史料からでは不明である。たとえ慶長一九年に伊勢躍を禁止していたとしても、大坂冬の陣はまだ起きておらず、あくまで妖言で惑わす者の取締りと妖言に惑わされた騒動の禁止に留まり、伊勢躍自体が凶兆＝怪異という認識はまだ形成されていなかったはずである。しかも、大坂の陣を仕掛けるのは徳川方であり、実質的に徳川方にとってこの伊勢躍は凶兆にはならない。

つまり、大坂の陣、家康の死を通過した寛永期になってはじめて、伊勢躍は神の戦勝祝いから凶兆に変質したのである。

「僧正谷」に立ち返ってみると、BもまたA同様に本来伊勢太神宮の託宣にまつわる群集騒動の話に、寛永期になって形成された「伊勢躍＝凶兆」という認識を組み込んでつくられたものといえる。つまり「僧正谷」の大坂の陣にまつわる話全体が羅山の改作、言い換えれば、羅山の創作によるフィクションとしての怪異なのである。

【四】……大坂の陣にまつわる話の位置付け

第二・三節から「僧正谷」の大坂の陣にまつわる話が、羅山の創作だと判明した。では、何故羅山は改作をしてまで『神社考』の「僧正谷」に収録したのだろうか。

この話で肝要なのは、Aの事件を不審に思い、Bの伊勢躍に対して禁制を行った家康の存在である。その家康の発言「幕下聞而警曰、巫蠱不詳之事王者所禁也、莫躍人、莫祭邪神、速禁妖巫、莫惑衆」は、実のところ中国の兵法書『六韜（りくとう）』上賢第九にある「偽方異伎、巫蠱左道、不祥の言、良民を幻惑するものは、王者必ず之を止めよ（偽方異伎、巫蠱左道、不祥之言、幻㆓惑良民㆒、王者必止㆑之）」[34]に依拠したものである。『六韜』で説かれる「王者」＝為政者のあるべき姿勢を、家康は踏襲していたことになる。

また、この家康の発言は『神社考』作成時に羅山が創作したか、あるいは伊勢躍発生当時に羅山が家康に入れ知恵をしたかのいずれかである可能性が高い。それは、羅山が承応（じょうおう）三年（一六五四）に作成した文章からも確認できる。

昔東照大神君之治レ世也、詰レ余有レ旨、偽方異技、巫蠱左道之言、王者禁レ之、余対白、是太公所レ教二武王一之法也、君可レ之、依二此一詰一、駿府郭内伊勢神飛之妖、登時奔亡、想是足下亦所レ可レ知也耶如何、今不レ如レ昔也

（読み下し）

昔東照大神君の世を治るとき也、余に詰して旨有り、偽方異技、巫蠱左道の言は、王者之を禁ず、余対へて白す、是太公武王に教ゆる所の法（六韜　筆者注）也、君之を可とせよ、此の一詰に依りて、駿府郭内伊勢神飛ふの妖、登時奔亡す、想ふに是足下も亦知るべき所ならんか、如何、今昔に如かざる也（『羅山林先生文集』巻七「示石川丈山」[35]）

ここから羅山は、『六韜』を媒介に家康と繋がることで、自らの地位を高めようという意図があったとも考えられる。

ところで、もともと儒学と兵学は、原理的に相反するものであるが、源了圓によれば、羅山は「兵書に盛られた思想を自分の朱子学体系の中に吸収する作業」を行い、「朱子学のもっていた理想主義的な面を失って、現実主義的なもの」へと自らの学問を変質させていった、という。[36] 羅山が兵学を自らの思想に組み込もうとした作業は、『三略諺解』や『六韜諺解』といった兵学書の注釈書を作成したことからも窺える。その『六韜諺解』上には、先述の文言の注釈もある。

七曰、偽方、異技、巫蠱、左道、不祥之言ヲ以テ、幻二惑スルヲハ良民一ヲ、王者必止メヨ之（中略）

七ニハ偽方異技トハ、イツハリ〔偽〕ノニセヲスル術、アヤシキシワサ〔仕業〕ヲ云リ、巫蠱左道不詳ノ言トハ、ミコカン

ナキナトノ、人ヲノロイ〔呪〕マシナヒ、或ハ不老不死ノ薬、或ハ精神ヲツヨク〔強〕スルノ法ナト云テ、君ヲアサムク〔欺〕、或ハ人形ヲ木ニテ作リ、其名ヲカイテ、釘ヲ打刀目ヲイレテ、調伏ストテ、土中ニ埋ムタクヒ〔類〕、皆是巫蠱左道ナリ、邪道ヲ左道ト云也、不祥ノ言トハ、吉凶ヲツケ驚メ、コレハメテタシ、彼ハ不吉ナリナトイヒノヽシリテ、祈祷スヘキコトヲソヽノカス〔唆〕ナリ。或彼ハタヽリ〔祟〕ナリ、此ハ奇瑞也ト云テ、人心ヲウレシム、此等ノ類ハヨキ平民ヲタフラカシ〔誑〕マトハス〔惑〕。王者必停止セヨ

禮記ノ王制云、執テ二左道ヲ一以テ疑カハシムルラハレ衆ヲ殺ス、仮リテ二於鬼神時日卜筮ニ一以テ疑ラハレ衆殺ス、又此意ナリ[37]

『六韜諺解』から改めて気が付くのは、禁制の対象が人間であることだ。従来、佐異が起きると、朝廷（政権）に注進する人間よりも佐異という現象自体が問題になる。しかし、この『六韜』や『六韜諺解』で問題になるのは、人間である。今回の事例を見てみると、慶長一九年の伊勢太神宮の神託を受けた者（「僧正谷」）、元和元年の「禰宜ト号スル者」（『駿府記』）、そして「邪巫姦覡等」（『徳川実紀』）というように、いずれも怪しい言説を吹聴する（と幕府が認定した）者に対して禁制がなされている。つまり、ここには佐異を語る者を排除すれば、自ずと佐異がなくなるという論理が働いている（第二章六五頁）。それにこの法度で佐異を禁制するという手段は、武威によって成立した兵営国家としての江戸幕府にとって最も適した方法だった。[38]

このように、家康は兵学の知識によって、伊勢躍に対峙した。しかし、結果はCにあるように、大坂の陣が起きてしまう。ここにも羅山の意図はあるのだろうか。

御存知のように、大坂の陣の勝敗は、徳川方が勝利し、豊臣氏は滅亡する。

つまり、「法」という家康（幕府）の権力の発動によって、伊勢躍の禁止＝世上の乱れの改善＝佐異への対処の結果、大坂の陣に勝利し平和（元和偃武）が到来した、という演出がなされている。[39]言い換えれば、羅山は、政権にとっての凶兆という伝統的佐異観を逆手にとり、自らが仕える江戸幕府の正当性（正統性）を保証させる

手段に用いたのである。そこにフィクションの恠異をつくった羅山の主目的があった。

おわりに

「僧正谷」で、家康は伊勢躍に対して『六韜』に依拠した禁制を行った。しかし羅山は、書名を明らかにせず、あくまで家康の発言という体裁にしている。ここには、中華の書物よりも家康の方に権威があるという羅山の思惑があったのではないだろうか。『神社考』が成立する時期にあたる、寛永一七年（一六四〇）四月には家康二十五回忌があり『東照社縁起（とうしょうしゃえんぎ）』の追加奉納がされ、東照権現の絶対性が強められた。そのとき羅山は公的記録『東照大権現二十五回御年忌記』で、大嘗会（だいじょうえ）といえどもこれほど壮観ではないと、朝廷より勝れていると評している。[40]こうした時代状況を踏まえるならば、羅山が中華の書物よりも神格化した主君家康の権威に重きを置いたのは当然だろう。

いわば「僧正谷」の話は、家康神格化に力を注いだ天海を天狗に貶める一方で、自らの思想（儒学・兵学）に基づいて創出した、江戸幕府の正当性（正統性）を保証する羅山の作品であった。

ところで、この話は後世どのように受容されていったのだろうか。一例をあげると、『難波戦記（なにわせんき）』（一六七二序）巻第一「彗星出づる事附大阪妖怪の事」には、全文が書き下しで掲載される。[41]『難波戦記』の作者は、事実かどうかさておき「僧正谷」の話を大坂の陣にまつわる話題として採用し、さらにこの事件に対して「妖怪」というラベルをつけている。また巻第一五「神踊の事」では、元和元年の神踊（伊勢躍）に対し「前将軍家（家康　筆者注）驚かせ給ひけり、夫れ国に怪異ある時は、必ず大守是を鎮むと三略にも見えたり」とある。[42]『三略』とあるが、これはおそらく『六韜』を指すと思われる。また、ここでも神踊を「怪異」と表現しているのは興味深い。

結果として「僧正谷」に記された羅山作の恠異は、「逸話」として文芸作品に飛び火したのである。

1 前田勉「林羅山『本朝神社考』とその批判」『近世神道と国学』ぺりかん社、二〇〇二（初出一九九九）。

2 倉地克直『近世日本人は朝鮮をどうみていたのか「鎖国」のなかの「異人」たち』角川書店、二〇〇一、二〇九〜一五頁。

3 若尾政希は、「現在の書物研究では、書物の内容にまで踏み込んだ研究がほとんどない（中略）書物には、思想性があり、政治性を持つ。書物の内容・思想分析を行い、思想性・政治性を明らかにするような研究を行う必要がある」と書物を用いた研究をより高次に引き上げるべき提言をしている（「『書物の思想史』研究序説—近世の一上層農民の思想形成と書物—」『一橋論叢』一三四—四、二〇〇五、五二一頁）。

4 「僧正谷」の引用は、『神道大系　論説編二〇　藤原惺窩・林羅山』神道大系編纂会、一九八八、二四六〜九頁による。

5 『太平記』にも、恠異＝凶兆に関する記述がある（古活字本巻五「相模入道弄田楽并闘犬事」、巻二七「天下妖怪事」など）。また、第六章で詳しく見る『当代記』慶長一二年（一六〇七）にある「此二三箇年中、九州中国四国衆、何も城普請専也、乱世不遠との分別歟と云々、京都町人已下、種々怪異に付如此歟、閭巷説と云々」（『史籍雑纂　当代記・駿府記』続群書類従完成会、一九九五、一〇八頁）は、西国での城普請と京都で起きる「怪異」が「乱世不遠」で関連していることを「京都町人已下」が認識していたことがわかって興味深い。

6 後に触れる『六韜』の羅山による注釈書『六韜諺解』の該当部分を見ると、「不祥」と「不詳」が同じ意味で使用されている。

7 注5前掲書二五九頁。『駿府記』は編著者が不明であるが、執筆候補者に羅山もあがっている（朝尾直弘「駿府記」『国史大辞典』八、吉川弘文館、一九八七年、一八五頁）。

8 曽根原理『神君家康の誕生　東照宮と権現様』吉川弘文館、二〇〇八、四五・六頁。

9 第一章三三頁で取り上げた『神社考』下之六「都良香」における天海と残夢のやりとりに対する非難も、これに通じるところがある。

10 網野善彦「摺布と婆娑羅」『異形の王権』平凡社、一九九三（初出一九八四）。また、慶長期を代表するかぶき者に「天狗魔右衛門」という人物がいることや二次史料だが後年の『徳川実紀』「台徳院殿御実紀」巻一九の慶長一七年（一六一二）七月七日条には、かぶき者に対して「大御所（徳川家康　筆者注）聞し召、天下の邪悪を禁断する事政務の要なり、駿府にもかゝる徒あるまじきにあらず、厳に査撿すべしと有司に仰下さる」（『国史大系三六　徳川実紀』一、吉川弘文館、一九六四、五九〇頁）とあり、Bの「巫蠱不詳之事王者所禁也」と通じるような発言をしていることにも注意したい（北島正元「かぶき者—その行動と論理—」『近世史の群像』吉川弘文館、一九七七を参照）。

11 勝俣鎮夫『一揆』岩波書店、一九八二、一一二～三二頁。

12 注5前掲書八二頁。

13 高尾一彦『国民の歴史一三　江戸幕府』文英堂、一九六九、九二～五頁。また、高谷知佳によれば、室町後期の京都において群集の参詣そのものが凶事の兆しと認識されることがあった（『「怪異」の政治社会学　室町人の思考をさぐる』講談社、二〇一六、一六一～三頁）。この指摘を踏まえるならば、①は他の不思議な事件と同じく社会不安を喚起させるものと認識されていた可能性がある。

14 倉地克直「「公儀の神」と民衆」『近世の民衆と支配思想』柏書房、一九九六、一八一～四頁。

15 注5前掲書二〇一・二頁。

16 注5前掲書二〇四頁。

17 『大日本古記録　言緒卿記』上、岩波書店、一九九五、二七五頁。

18 東京大学資料編纂所所蔵写真帳（六一七三―一九）。

19 『史料纂集　舜旧記』四、続群書類従完成会、一九七九、一三二頁。

20 東京大学資料編纂所所蔵写真帳（六一七三―九〇）。

21 注5前掲書二〇四頁。

22 奈倉哲三「近世人と宗教」『岩波講座日本通史一二　近世二』岩波書店、一九九四、二二九頁、神田千里『島原の乱』講談社、二〇一八、二二六～九頁など。

23 村井早苗『幕藩制成立とキリシタン禁制』文献出版、一九八七所収。

24 山口啓二『鎖国と開国』岩波書店、一九九三、一七五頁。

25 後述の寛永元年（一六二四）成立とする戦記『山本氏私記』によれば、伊勢躍をしなければ「飢饉疫病」が起きるという。これは、室町期に起きた応永の外寇の際、日本と「蒙古」の神々が戦い（出雲大社が震動・流血し、広田社から女騎馬をはじめとする軍兵数十騎が東方へ向かうなど）、その後蒙古の怨霊が原因で疫病が流行ったという風聞に連なる発想なのだろうか（西山克「応永の外寇異聞」『関西学院史学』三一、二〇〇四参照）。また②が秀吉の十七回忌にあたるならば、彼にゆかりのある朝鮮出兵つまり朝鮮や明のことがクローズ・アップされることもあったのではないだろうか。

26 注5前掲書二〇三頁。

27 東京大学資料編纂所所蔵写真帳（六一七三―二五九）。

28 注5前掲書二九八頁。
三月廿五日、従二今日一府中伊勢躍と号し、諸人在々所々致二風流一、是従二勢州一躍出、奥州迄踊レ之云々
晦日、伊勢躍頻也、太神宮飛給由、禰宜と号する者、憑二唐人飛花火一云々、依レ之伊勢躍制レ之給云々

29 国立公文書館所蔵本（一六六―〇〇九七）。

30 『清文堂史料叢書　高山公実録』上、清文堂、一九九八、三四三頁。

31 『国史大系三九　徳川実紀』二、吉川弘文館、一九六四、三一八頁。

32 井上智勝「神道載許状と諸社禰宜神主法度」『近世の神社

と朝廷権威』吉川弘文館、二〇〇七、五〇頁（初出二〇〇五）。

33 『内閣文庫所蔵史籍叢刊六六　元寛日記・寛明日記』一、汲古書院、一九八六、九六・七頁。

二月上旬ヨリ諸国伊勢躍大ニ尊、宿々郷々伝馬人之幣(弊)幾哉、太神奉賜妨二耕作一人馬之幣(弊)幾哉、太神袖令二飛給一ト惑レ衆、此ノ事達二　上聞一吉田家ニ子細可二尋明一由、板倉方江被二仰遣一則吉田記録メ云、（中略）天照皇太神宮今ノ内宮是也、然ルヲ内外神何故令二飛給一、座(巫)蠱惑苦レ民所不レ用王也ト云々、相僉議去ル寅年神躍自二上方一始至二駿州一、大権現被レ禁、大坂兵乱起、又元和二年春伊勢躍時花難被レ禁、其年大権現有二他界一、考二先規一皆不吉之凶瑞也ト御評定一決ス、送二拾(捨)彼ノ神ヲ于野外一、於レ之止二人馬之弊一得二農耕作売買之暇一

参考として、『寛明日記』の該当箇所も引用する（同右二二七・八頁）

（二月）上旬ノ頃諸国ニ自然ト伊勢躍大ニ流布、宿々郷々伝馬人夫号奉レ送二太神宮一妨二耕作一、措二生業一費二精力一幾乎、此事達二上聞一ケレハ吉田家ヘ可三相尋二于仔細一由、板倉方ヘ被二仰遣一則板倉方ヨリ吉田殿ヘ申遣処ニ、吉田某記録云、按（中略）天照皇太神宮ト奉レ号、今内宮是也、然ニ内外ノ神何故今飛給シ、巫蠱惑レ衆苦レ民事王者不レ用也云々、故ニ将軍家猶有二僉議一、去ル寅年神躍京ヨリ始駿河ニ至、大権現被レ禁処大坂兵乱起、又元和二年ノ春伊勢躍流布セシニ果テ大権現有二御他界一、先規ヲ考ニ皆不吉ノ凶瑞也ト御評定一決而送二捨彼邪神於野外一、於レ是人労弊止ヌ

また、③で取り上げた『駿府記』や『徳川実紀』巻卅四元和元年三月の「廿五日去年九月より、伊勢にて風流踊と名付諸人風流の衣裳をかざり、市街村里を踏哥す、其風十一月ごろより畿内近国に及びしが、今日駿府にて土人此踊をなす、やがて日をへず、奥羽までも風習大に盛になる〈駿府記、紀年録〉（これは伊勢の巫祝等、帰化の唐人をたのみ、太神宮飛行し給ふとて、所々に花火を飛す、国々此神幸を迎ふるとて、かく踏哥をなせしが、やがて厳制せられしなりとぞ）〈増補慶長日記・駿府記〉」（注31前掲書九頁）から、やはり伊勢躍が起きたのは元和二年ではなく元和元年であり、『元寛日記』などの誤記ではないかと思われる（『徳川実紀』で元和二年に起きたことは確認できず）。一方で、西垣晴次は元和二年の伊勢躍を実際にあったこととしながらも「他に所見もなく大流行したとは考えられない。おそらく前年の残り火的な流行」と位置付けている（西垣晴次『ええじゃないか—民衆運動の系譜—』新人物往来社、一九七三、一六〇頁）。

34 『増補版漢文大系一三　烈子・七書』冨山房、一九七五所収の『六韜直解』による（二〇頁）。

35 国立公文書館所蔵本（二六三—〇〇五八）。また、京都史蹟会編『林羅山文集』ぺりかん社、一九七九、九五頁。

36 源了圓「藤原惺窩と林羅山」『近世初期実学思想の研究』創文社、一九八〇、二五九頁。

37 国立公文書館所蔵本（一八九―〇三〇八）。また、羅山の『神道秘伝折中俗解』巻一七「本地垂跡」には「巫覡妖術ノ者ノ蛇ヲ祭リ、狐ヲ祭リ、猿ヲ祭リ、鴉ヲ祭ル類ハ、王者ノ禁制スル所也」とある（注4前掲書四六三頁）。

38 高木昭作『日本近世国家史の研究』岩波書店、一九九〇。

39 大坂の陣の終結が江戸幕府による平和の到来であるという認識については、横田冬彦『天下泰平』講談社、二〇〇九、大桑斉「徳川将軍権力と宗教」『岩波講座天皇と王権を考える四　宗教と権威』岩波書店、二〇〇二などを参照のこと。

40 曽根原理「徳川家康年忌行事にあらわれた神国意識―家光期を対象として―」『日本史研究』五一〇、二〇〇五、一一～三頁。曽根原は、羅山は徳川家を皇胤として把握し重んじているが、それは皇祖泰伯説に由来しているためだとする。この点を踏まえれば、家康は羅山の理想とする（儒学的な）聖人像に合致する人物だと意識していたといえる。

41 『通俗日本全史』一一、早稲田大学出版部、一九一一、六・七頁。

42 同右一二五頁。

第三章

本草学
モノとしての怪異

はじめに

第二章では、政治というコトに関わる怪異＝恠異について見てきた。それに対し、本章では、モノの視点から怪異を考えてみる。そこで注目するのが、儒学と同じく江戸時代の日本で大きく発展した学問、本草学である。

本草学とは、本来現在でいうところの薬学に当たる、動植物や鉱物などあらゆる物の薬効を探究する中国由来の学問である。しかし、一八世紀以降、日本の本草学は、殖産興業政策や蘭学、西洋の文物などの影響を受けて、薬学だけに留まらない動物学・植物学・鉱物学・民俗学など諸学問の性格を包摂した総合学問としての様相を呈するようになる。

この総合学問としての本草学（広義の本草学）は、西洋のNatural History――しばしば「博物学」と翻訳される学問――と同質のものとして、本草学を「江戸時代の博物学」と表現することが従来よく見られる。西洋の博物学（Natural

History）とは、物の収集・命名・分類を主旨とする学問であり、たしかに総合学問としての本草学と重なる部分が多くある。

しかし近年、日本近世における総合学問としての本草学を、西洋の博物学と同質であると見なすことに疑問が投げかけられている。平野恵は、近代の翻訳表現である「博物学」を使わず、日本近世の本草学の独自性を明らかにするために「本草（学）」をそのまま用いるべきだと主張している。[1]この提言は大いに頷けるもので、時代の個性、すなわち歴史性を重視する本書でも「本草学」の語を一貫して使っていきたい。

本草学については、注意しなければならない点が二つある。それは、本来薬学であること、そして儒学（朱子学）との親和性である。薬物としてあらゆる物の性質を探究する本草学の姿勢は、学究によって道理を明らかにする「格物致知」「窮理」といった儒学（朱子学）の思想と通底している。その点が、本草学の実学（実際の役に立つ学問）としての側面を際立たせている。また、本草学の基礎的な作業として、物と名前を正しく当てる行為があり、これを「同定」あるいは「名物」という。これも儒学の「正名」思想に基づいている（本書では、同定を用いる）。[2]日本にも影響を与えた中国の代表的な本草書『本草綱目』の分類は、朱子学に基づくコスモロジーを背景にしている。[3]日本の本草学に貢献した初期の人物が、林羅山や貝原益軒といった儒者であることも、本草学と儒学の親和性によるところが大きい。

以上の点に留意しながら、江戸時代の本草学に大きく貢献した林羅山、貝原益軒、寺島良安、小野蘭山の活動を時代順に追いながら本草学と怪異の関係を具体的に考察していく。

【一】……林羅山

❖『本草綱目』の入手

日本近世の本草学の発展は、既述した明代の本草学者李時珍による『本草綱目』（一五七八成立、一五九六刊）の渡来から始まる。その『本草綱目』を早い時期に購入したのは、儒者林羅山とされている。[4] 羅山が購入した理由は、先に見た本草学と儒学の親和性からの関心によるものと考えられる。慶長一七年（一六一二）羅山は、徳川家康から医薬に関する諮問を受けていることから、彼が本草学（薬学）に関する高度な知識を有していたことがわかる。[5]

羅山は『本草綱目序註』（一六六六刊）の他に、和漢名対照辞典『多識編』を編んでいる。『多識編』は、『本草綱目』などに載る漢名に適当な和名を当てたもので、後世の本草学に強い影響を与えている。

❖『本草綱目』の怪異

そもそも『本草綱目』[6]には、怪異（〔怪異〕）に関する項目が多く確認できる。巻五一獣部獣之四は、寓類怪類共八種の巻で、怪類の罔両・彭侯・封、また寓類の狒狒の集解には「山怪」として、山都・山⿰犭軍・山鬼・山繅・山精・山丈・旱魃・治鳥などが載っている。他にも、巻四二虫部湿生類の渓鬼蟲の附録にある水虎や巻四九禽部山鳥類の姑獲鳥などがある。

ここで重要なのは、これらはあくまでも生類として理解されていることである。これらの多くを「妖怪」と見なす現在の日本人からすれば疑問に感じるかもしれないが、『本草綱目』の世界構造ではこれらは生類に分類された。[7] これらの血肉などの薬効について触れているのも、生類であることを反映している。

そして、『本草綱目』では、人類の怪異（〔怪異〕）にも触れている。巻五二人部の人傀は、異常な性器や出生など、常理から外れた人の異常な変化を指し、時珍自ら「怪異也」と記している。

こうした『本草綱目』に記された怪異（［怪異］）をどのように理解するのかが、近世日本の本草学における怪異の捉え方なのである。

❖和漢名対照辞典『多識編』

その端緒となるのが、羅山の『多識編』である。八木清治は『多識編』の意義を、①『本草綱目』への関心を促し、わが国の本草学発達の素地をつくったこと、②『本草綱目』に記された品目の漢名に対して和名を画定することにより、一種の漢和対訳辞典をつくったこと、③後に続く近世百科事典類の出現の端緒となったことを挙げている[8]。

その『多識編』の大きな特徴は、形態および内容で二つの時期に分けることができる点である。一つは、慶長一七年（一六一二）に成立した草稿本（写本『羅浮渉猟抄多識編』）の段階、もう一つは、王禎『農書』などの情報を追加した寛永七年（一六三〇）の古活字本、そして翌年古活字本をさらに増補した整版本（一六三一刊『新刊多識編』）という刊本の段階である。これは、草稿本（写本）という読む人が限定された段階から刊本という不特定多数の読者がいる段階へ、藤實久美子の言を借りれば、「閉鎖系の「知」」から「開放系の「知」」へと性格が変化したといえる[9]。

この書物と知の変化に呼応するかのように、怪異（［怪異］）に関する語彙[10]も変化している。それは、『本草綱目』獣部怪類および山怪などの和名に顕著である。その和名を『多識編』の書誌別に比較したのが、表３−１である。

表３−１を見ると、草稿本では、山都を「ヤマノカミ」、罔両を「イシノカミ」など、「カミ」あるいは「オニ」を用いた和名がよく見られる。しかし、刊本になるとそうした「カミ」や「オニ」の名前がほとんど削除され、漢音のみの表記になっている[11]（図３−１）。

この変化は、編者羅山の意図、つまり思想の変容が表れている。

表 3-1　書誌別『多識編』の『本草綱目』怪類、山怪などの和名比較

『本草綱目』怪類の名称	羅浮渉猟抄多識編（草稿本）	寛永七年版（古活字版）	寛永八年版（整版本）
山都	ヤマノカミ	△	サント
山狎	カセノカミ	△	サンコン
山鬼	×	△	サンキ
木客	ヤマノオニ ヤマヒコ	×	×
山㺐	ヤマノエヤミナスカミ サキチヤウノオニ	やまひこ	やまびこ
山精	ヤマノチコ ヒテリノカミ	△	サンセイ
山丈	ヤマオトコ	やまおとこ	やまおとこ
旱魃	×	ひてりかみ	ひでりかみ
山姑	ヤマウハ	やまうは	やまうば
罔両	キモノ(クか)フオニ イシノカミ	きもくいおに	きもくいおに
彭侯	コタマ キノカミ	こたま	こたま
封	カワノコ カワラウ	かわたらう	がわたらう

原文は、草稿本は片仮名、整版本（古活字本）は変体仮名（音読は片仮名）で表記される。「×」－載っていない項目、「△」－載っているが和名・音読がないもの。中田祝夫・小林祥次郎編『多識編自筆稿本刊本三種　研究並びに総合索引』勉誠社、1977 より作成。

図 3-1『新刊多識編』寓類・怪類
（国立国会図書館所蔵）

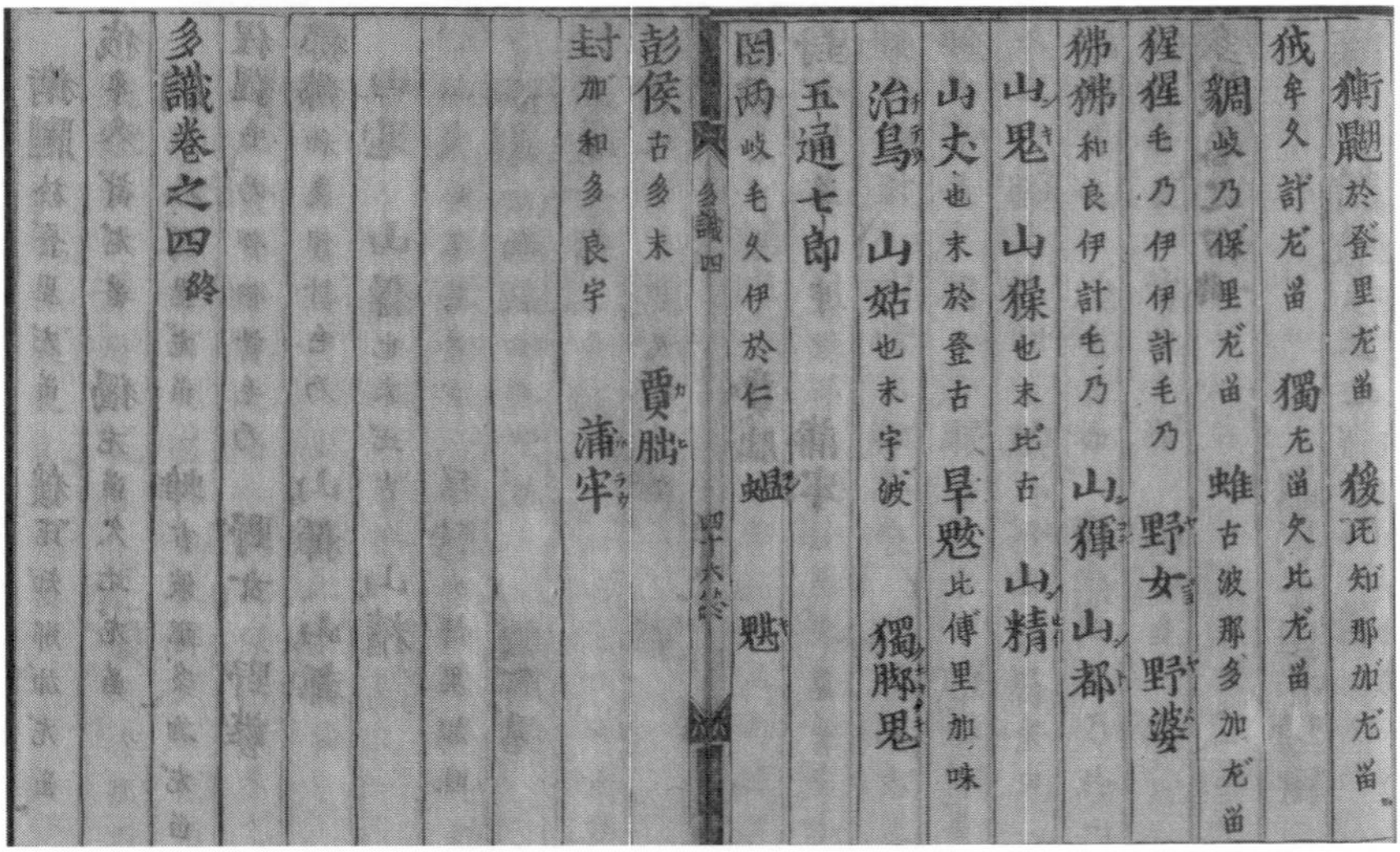

表 3-2　草稿本の「カミ」と『和名抄』の名称比較

草稿本		和名抄	
漢名	和名	漢名	和名
山都	ヤマノカミ	山神	やまのかみ
山[illegible]	カセノカミ	×	×
山獟	ヤマノエヤミナスカミ サキチヤウノオニ	瘧鬼	えやみのかみ・おに
山精	ヤマノチコ ヒテリノカミ	旱魃	ひてりのかみ
罔両	キモノフオニ イシノカミ	魍魎	みつは
彭侯	コタマ キノカミ	樹神	こたま

「×」－載っていない項目。中田祝夫・小林祥次郎編『多識編自筆稿本刊本三種　研究並びに総合索引』勉誠社、1977 と中田祝夫編『倭名類聚抄　元和三年古活字版二〇巻本』勉誠社、1978 より作成。

❖草稿本の思想――中国の朱子鬼神論と日本の怪異観

草稿本の和名については、羅山が参考にした書物が判明している。それは、平安時代に源順が編纂した百科辞書『和名類聚抄』（九三一～八頃成立、以下『和名抄』）である。『和名抄』の名は、注４に挙げた慶長九年（一六〇四）作成の羅山の読書目録にも既に見られる。[12]

羅山が参考にした部門は、鬼神部で、『和名抄』[13]と草稿本『多識編』を比較した表３－２を見ると、山神や瘧鬼など、羅山が「カミ」「オニ」を修飾するために使った言葉の多くが、『和名抄』由来であったことがわかる。

注意しなければならないのは、羅山が怪類と山怪の和名に、『和名抄』の羽族部・毛群部・鱗介部・蟲豸部といった生類に関する部門ではなく、鬼神部の語彙を用いたことである。何故鬼神部を選んだのか。その理由として想定できるのが、儒学（朱子学）である。

第一章でも述べたように、朱子学では、鬼神を生類など万物と同じ「気」という基体から成り立っていると考えていた。その鬼神のうち異常な道理で生じたものが、「怪異」（本書での［怪異］）である。朱子学の影響を受けている『本草綱目』も、異常な道理で発生した自然的なものに対して「怪異」あるいは「怪類」としている。

こうして羅山は、怪類を朱子学の［怪異］、つまり鬼神と理解し、

『和名抄』鬼神部の語彙を参考にしたと考えられる。

別に、当時の日本社会における怪異観については、第二章での神仏が引き起こす（政治的な）凶兆としての恠異のように、怪異と神仏は結び付けて考えられていた。また、不思議な現象を神仏かそれ以外が起こすかは、有識者の判断を仰がねばならなかった。同章で取り上げた羅山とも交流のある梵舜の日記『舜旧記』元和二年（一六一七）一二月一六日条（六三頁）のように、祟りという現象面からでは、神仏とそれ以外（野狐のような獣）に差違がなく、その境界性は当時甚だ希薄だった。

さらに第四章で詳しく述べるが、当時の辞書である節用集を見ると、妖怪や化物は生類に関する語彙として分類されていた（羅山も節用集を読んでいた可能性が高い）。

怪異（［怪異］・恠異）—神（神仏・鬼神）—生類（獣）の関係性を踏まえると、草稿本の和名は、朱子学の鬼神論と日本の怪異観を混合するかたちで創出されたものだと考えられる。

❖刊本の思想——理当心地神道

そうした草稿本の和名が、約二〇年後の刊本になると、ほとんど削除されてしまったのは何故だろうか。

それは、羅山による儒家神道「理当心地神道」[14]が大きく影響している。[15]草稿本が成った慶長期、羅山は既に神儒一致論を主張しているが、[16]質問に答えられない部分も見られるように未整理な状態にあった。[17]しかし、刊本の出た寛永期には、整序・体系化された。[18]それが、理当心地神道である。

その理当心地神道で説かれる「神」とは、記紀神話の神に代表される正常かつ清浄な存在（天神地祇）である。[19]一方、草稿本で「カミ」とされたのは、不正の道理で発生した異常な存在であった。そして、理当心地神道を優先させた結果、刊本では「カミ」や「オニ」が削除されたのである。その削除された「カミ」は、『和名抄』鬼神部で「日本紀云」と、『日本書紀』に由来するものに限られている。このことからも、刊本に対する理当心地神道の影響を裏付けることができる。

要するに、『多識編』の怪類や山怪などに対する同定は、朱子学と日本の怪異観の混合から理当心地神道の影響による「カミ」の排除へとシフトしていった。これは、羅山の思想内で朱子学、日本の怪異観、理当心地神道それぞれがせめぎ合った結果であった。

❖『多識編』の普及

『多識編』の刊行は、時代の要請を受けたものだった。本来儒者としての職分は、儒学の教説を用いることで、社会や政治を改善していくことにある。一方、日本で儒者に求められた第一の社会的権能は、漢文の解読や弄筆が可能なこと、つまり中国の知識を日本に移入する媒介としての役割であった。[20]そこで重宝されたのが、羅山による訓点（道春点）であった。[21]道春点は、知の媒介者としての羅山を象徴するものであり、その延長線上に中国の物品名に和名を当てる『多識編』の刊行があった。

こうして『多識編』は、『和名抄』と並ぶ近世日本の本草学の基礎文献としての地位を築いていったのである。

【二】……貝原益軒（一六三〇～一七一四）

時は下り、宝永六年（一七〇九）日本本草学の画期となる書物が刊行された。その名は、『大和本草』。著者は、貝原益軒である。[22]

❖『多識編』の批判的継承

益軒は、福岡藩に仕える儒者で、羅山と同じく本草学に関心を寄せていた。『本草綱目』は日本に渡来して以降、何度も版刻・刊行された。しかし、訓点などは付かず、普通に読むには困難を伴った。そこで益軒は、寛文一二年（一六七二）『本草綱目』に訓点や送り仮名を施した、角書に「和名入」とある『本草綱目』（以下、貝原本）を刊行する。この貝原本には複数の附録があり、その一つである『本草綱目』所収品の和漢名対照表「本草和名抄」には、刊本『多識編』の和名がそのまま用いられている。[23] 益軒の読書記録『玩古目録』には、寛文四年以前『多識編』を読んでいたことが記されている。[24] 益軒も、本草学を学ぶ上で『多識編』を参考にしていたのである。

しかし、益軒は『多識編』の情報を鵜呑みにしていたわけではなかった。同じく附録の「本草綱目品目」には、「封　かはたらうと訓ず、未レ知二是非一（未だ是非を知らず）」[25] と、『多識編』の封の同定（表3‐1参照）に疑義を示している。別の附録「本草名物附録」は、益軒による同定を載せたもので、次のような事例が見られる。

【金花猫】　月令広義[26]

金花猫は、中国の金華地方（杭州西南）に棲息する猫の妖鬼で猫魈とも呼ばれている。[27] 日本の猫の怪異であるネコマタと金花猫を最初に関連づけたのは、羅山であった。『野槌』「猫また」（『徒然草』第八九段）の注には、

猫また　和名猫音彌古麻善捕レ鼠也（善く鼠を捕ふ）、金花猫は黄なる猫なり、はけて婦女をおかして煩をなす、その雄猫におかされたるハ、雄を殺してこれを治し、雌猫におかされたるハ、雌をとらへてこれを治すといふこと、続耳談・月令広

義などいふ書に見へたり[28]

とある。しかし、『野槌』では、ネコマタと金花猫を同定するまでには到っていない。それが「本草名物附録」では同定されている。『玩古目録』によれば、やはり寛文四年以前に、益軒は『野槌』を読んでいた。

つまり、ネコマタ＝金花猫は、『野槌』を基にして同定した益軒オリジナルの見解であった。『多識編』『野槌』という、儒者・本草学者の先達に当たる羅山の知を甘受するのではなく、批判的に継承していくことで益軒の本草学は展開していった。その結実が『大和本草』であった。

❖『大和本草』の「妖獣」

『大和本草』巻之一六獣部には、河童(かわたろう)と罔両(かしゃ)が収録されている[29]。いずれも『本草綱目』獣部怪類のうち罔両と封、それに対応する刊本『多識編』「罔両　きもくいおに」「封　かわたらう」に依っている（図3－2）。

○河童(カハタラウ)（和品）　処々大河にあり、又池中にあり、五六歳の小兒(しょうに)の如く、村民奴僕の独行する者、往々於二河辺一逢レ之（往々河辺に於て之に逢へば）、則精神

図 3-2『大和本草』河童・罔両
（国立国会図書館所蔵）

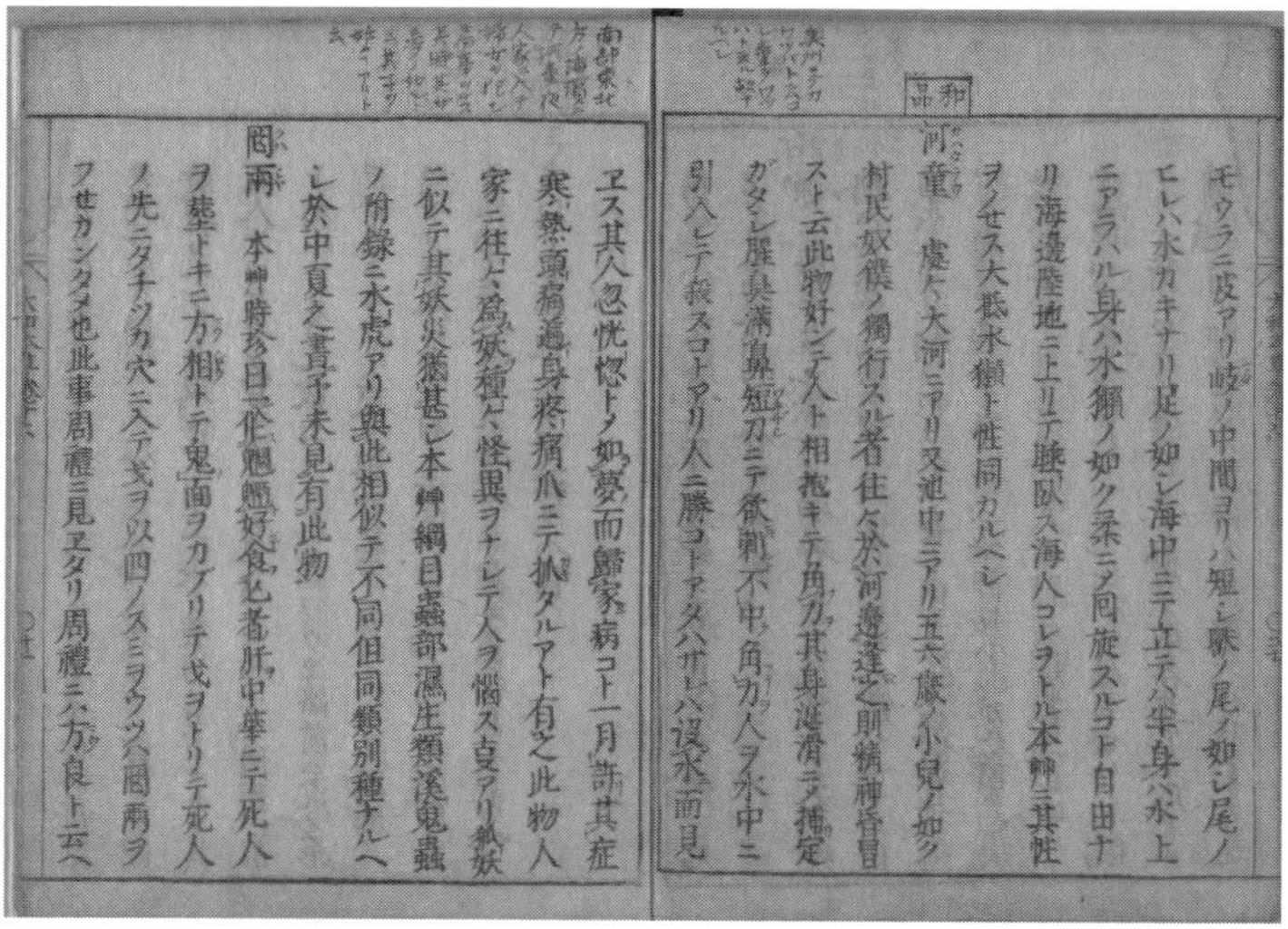

昏冒すと云、此物好んで人と相抱きて角レ力(力を角ぶ)、其身涎滑にして捕定がたし、腥臭満レ鼻(鼻に満ち)、短刀にて欲レ刺不レ中(刺さんと欲すれども中らず)、角レ力(力を角べ)人を水中に引入れて、殺すことあり、人に勝ことあたはざれば、没レ水(水に没して)而見えず、其人忽恍惚として如レ夢而帰レ家(夢の如くして家に帰る)、病こと一月許、其症寒熱、頭痛、遍身疼痛、爪にて抓たるあと有レ之(之有り)、此物人家に往々為レ妖(妖を為し)、種々怪異を為して人を悩す事あり、狐妖に似て其妖災猶甚し、本艸綱目蟲部、湿生類、渓鬼蟲の附録に水虎あり、与レ此(此と)相似て不レ同(同じからず)、但同類別種なるべし、於二中夏之書一(中夏の書に於て)、予未レ見レ有二此物一(未だ此の物有るを見ず)

○罔両 本艸、時珍曰、一作二魍魎一(一に魍魎と作す)、好食二亡者肝一(好んで亡者の肝を食ふ)、中華にて死人を葬ときに、方相とて、鬼面をかぶりて、戈をとりて、死人の先にたち、つか穴に入て、戈を以四のすみをうつは、罔両をふせがんため也、此事周礼に見えたり、『周礼』には、方良と云へり、方良も『類書纂要』に、音罔両といへり、是倭俗の所謂くはしやなり、関東にて人を葬る時、亡者をとる事あり、即時に棺をやぶりて取、後に山上の木の枝、岩のかどなどに、其死人をかけおく事ありと云、他州にも稀に有、罔両は虎と栢とをおそる、故につかの上に栢をうゑ、路前に虎の形を作りてたつと云へり、『事物紀原』に見えたり、是魍魎の類なり、日本にて天狗と云たぐひなるべし、中夏に天狗と云は鬼魅に非ず、天上天狗星あり、魚も魚狗鳥も異名を天狗と云、皆本邦に所レ称と不レ同(称する所と同じからず)[30]

益軒は、河童と罔両を獣として扱っている。河童は「狐妖に似て其妖災猶甚し」とあるが、狐は『本草綱目』でも『大和本草』でも「妖獣」とされている。つまり、河童も狐も「妖獣」である。別に『大和本草』の「鼠」には、「『酉陽雑俎』云、人夜臥無レ故失レ髻者(人夜臥して故無くして髻を失ふ)、鼠妖也(鼠の妖也)、今案に、髪切と云事、筑紫にあり、是鼠妖歟、又狐のわざなる由、中華の書に見えたり」[31]ともある。

罔両について、『本草綱目』巻五一では『述異記』に登場する獣の罔両を「鬼物」だとしている。『大和本草』の文中にある「魑魅」「鬼魅」は、「鬼物」と同義で、『和名抄』では魑魅を「老物精」と説明している。山田勝美によれば、語源的に「老物」は劫を経た万物ではなく、長毛の怪物を指し、また『史記』や『春秋左氏伝』の注にあるように魑魅には獣のイメージが具わっていたという。[32]

さらに、益軒死後に刊行された『大和本草附録』（一七一五刊　以下『附録』）巻之二獣類には、

魍魎　淮南子説、状如二三歳小兒一、赤黒色、赤目、長耳、美髪、左傳註疏、魍魎川澤之神也　○篤信（益軒筆者注）曰、此説を見れば、魍魎は河童なるべし、くはしや〔火車〕にあらず、又くはしやを魍魎とする説あり、又河童と相撲とりて、病するを治する法、右の木類に莽草を用る事を記す[33]

と、魍魎（罔両）＝火車説だけでなく、魍魎＝河童説にも触れている。

『附録』同巻の熊羆魋には、「倭俗に馬鬼と云、牛鬼と云、熊鬼と云者、皆是羆ならん、国俗羆を不知して、奇怪なる鬼類と思へり」[34]と、羆を馬鬼・牛鬼・熊鬼だと誤解するように、無知から「奇怪なる鬼類」、つまり怪異（［怪異］）を着想する世俗の認識を指弾している。

また、『大和本草』の猿には、「近世、或人山に入てかり〔狩〕す、猿あり、其懐胎せしを鉄砲を以うたんとす、猿其腹をたたき、子ある事を示して、あはれみを乞といへども、其人不仁にして打殺す、猿の霊たたり〔祟〕て、其人の家族を殺せり、隼すら懐胎の鳥を不殺、以人鳥に不如べきや」[35]と、猿の霊の祟りの話を通して「不仁」を戒める訓話を紹介している。これは、『和俗童子訓』など所謂「益軒十訓」と呼ばれる教訓書も書く益軒らしく、且つ［怪異］譚に訓戒を含める点で羅山の姿勢とも重なっている。

❖物理之学から見る［怪異］

では、益軒は何故『大和本草』や『附録』で「妖獣」を扱ったのだろうか。そこには、益軒の「物理之学」が大きく関わっている。

『大和本草』巻之一には「物理を論ず（論㆓物理㆒）」という章がある。益軒は、世界を道徳・観念的な無形の形而上の世界と有形の形而下の世界に区別して把握し、最終的には形而上の道徳的側面へ集約されると考えた。しかしその一方で、形而下の世界を経験科学に基づく実学で解明する「物理之学」の重要性も説いている。[36]『大和本草』は、物（形而下）の理を明らかにする、まさに「物理之学」実践の書物である。

「論物理」には、物に関する諸説を引きつつ、益軒自身の主張が述べられている。益軒は、物の発生には大きく「気化」と「形化」の二つがあり、気化は「天地の気交て、自然に人物を生する」こと、形化は「男女の形交つて子を生ずる」[37]ことを指すという。

天地開闢の際は気化のみが起きて、後に形化が盛んになり気化は止んだが、「今も形化によらず、気化して生ずる者」があるという。そして、気化する全てが、仏教でいう四生のうち「化生」に他ならない（「今亦有㆓化生㆒、皆是気化なり」[38]）という。化生については、第四・九章で詳しく述べるが、無から生まれるもの、ある物から全く別の物が生じることをいう。この気化＝化生説で重要なのは、気化＝化生する物は天地の気から発生していることである。

さらに「天地の間に理外の事無し（天地間無㆓理外之事㆒）」[39]、たとえ理にそむいて発生するようなことがあっても、結局それは、道理の内に回収できる事象にすぎない。つまり、正常でも異常でも気から発生する物には、理が内在している。

何度もいうように、朱子学では、万物は「気」という基体が「理」によって構成されるものと考えている。特に益軒は、朱子学の中でも気を重視した明代の朱子学に傾倒していた。[40]それがわかる『大疑録』初稿本（一七一四成立）では、次のように述べている。

> 天地流行万物を発育す、万物各此の道を資けて春夏秋冬を発生す、運行して序有り、是乃ち陰陽二気の自然なる者也、苟も紛紜舛錯し自然の常理に乖けば、則ち災沴を為す、冬に於ては之を愆陽と謂ひ、夏に於ては之を伏

陰と謂ひ、物に於ては之を妖禍と謂ふ、皆是其の本然を失ふ者也、此の二気（陰陽　筆者注）の変其の常に非ざるは、道と為すべからず、蓋し二気の常にして変わらざるは道也、然らば則ち陰陽の流行、便ち是道故陰陽と道と二物に非ず、是理気の分かつべからざる所以也[41]

基本的に正常な道理によって発生する万物だが、時折「紛紜舛錯（物事が入り乱れること）」し「自然の常理」にそむいた物事は災沴（災難）をなすという。中でも「物」（万物）の場合、それを「妖禍」という。『大疑録』に先行する『慎思外録』（成立年未詳）にも同内容の文があるが、そこでは「妖禍」を「妖」と表現している。[42]しかし、こうした変則的な陰陽の動き（流行・運行）も理の内側で生じる。災いをなす「妖獣」河童・罔両は「妖禍」であり、気から生じた物である。『大疑録』では、右の引用以外の箇所でも、陰陽二気が異常なく流行することが「道」だとしている。[43]「妖獣」「妖禍」は、逆説的に「道」すなわち「物理」を考える手がかりでもあったといえる。

【三】……寺島良安（生没年未詳）

❖近世の本格的百科事典『和漢三才図会』

貝原益軒の『大和本草』とほぼ同時期、大坂の医師寺島良安は、明の王圻『三才図会』を基にして、『本草綱目』や国内の情報を網羅した『和漢三才図会』を編んだ（一七一二序）。[44]良安については、詳細不明だが、後世家別派（運気論に基づく天人合一の理の立場から易と医に通じ、医者は天地人三才の事理に精通して治療を施すべきことを強調した学派）に属する医家で、大坂城詰の法橋の位を持っていたらしい。[45]

日本近世の本格的な百科事典と評される『和漢三才図会』について、怪異から見た画期的な点の一つは、図があることだ。図入りの事典としては、中村惕斎『訓蒙図彙』（一六六六成立）が先行してあり、『和漢三才図会』の図の多くは『訓蒙図彙』から取っている。[46] しかし、『本草綱目』獣部怪類に相当する図は、『和漢三才図会』が日本で初めてのものである。

❖獣部怪類をめぐって

もう一つは、怪異に対する独自の分類と解釈である。例えば巻四〇獣部怪類のうち、山都を見てみよう[47]（図4－2）[48]。山都は、『本草綱目』では「山怪」とされ、また南康にいる「神」と説明されている。羅山は、草稿本の『多識編』で「ヤマノカミ」としている（刊本では音読 表3－1参照）。それに対して良安は、「後ろより人の顔を見る」化物の見越入道と同定している。見越入道とは、最初は小僧くらいのものが次第に大きくなる怪異である。『和漢三才図会』では、男を後ろから覗き込む姿が描かれているが、これは『宿直草』（一六七七刊）巻一「見こし入道をみる事」[49]や狩野宗信『化物絵巻』（九州国立博物館所蔵）に描かれる化物（名称不明）でも見られる構図である。

さらに、同巻の水虎・川太郎に注目してみる。『本草綱目』では、封が獣部怪類に、水虎が虫部湿生類に分類されている。どちらも河辺にいる小児のようなものなので、羅山も『多識編』で双方にカハタラウ、もしくはカワラウの和名を当てていた（草稿本と刊本で同定が逆）。益軒は、先述したように河童を獣として分類しながらも「本艸綱目蟲部、湿生類、渓鬼蟲の附録に水虎あり」と、水虎との関連を主張している。良安は、水虎を獣に位置付け、

図 3-3『和漢三才図会』川太郎
（『和漢三才図会』東京美術、1970 より転載）

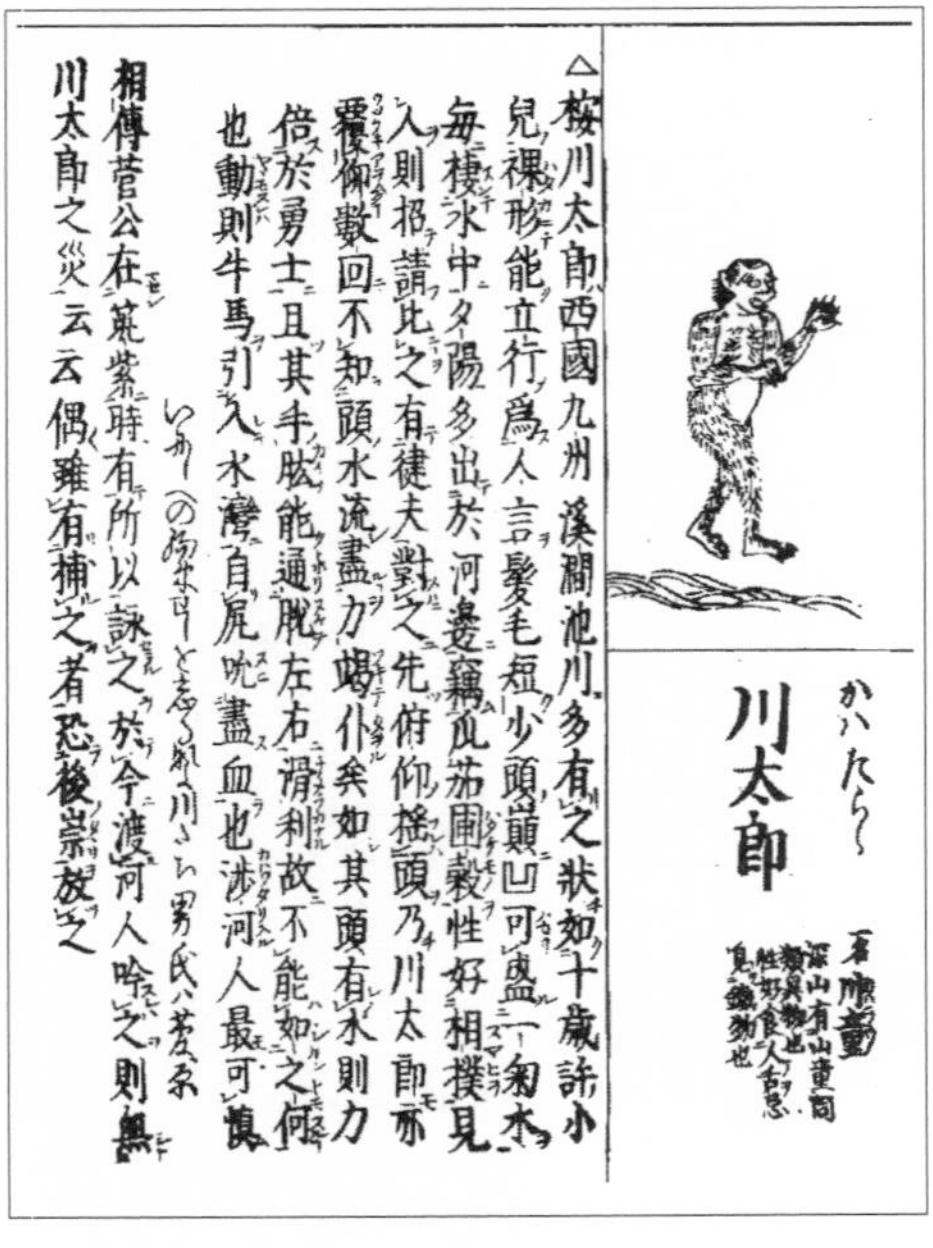

本草蟲部附録に水虎を出づ、蓋し此れ蟲類に非ず、今改めて恠類に出づ[50]

と、『本草綱目』の分類を否定する。さらに「按ずるに、水虎の形状本朝の川太郎の類にて、異同有りて、未だ此の如き物の有るや否やを聞かず」[51]として、水虎の次に「川太郎（かはたらう）　一名河童（カハラウ）」を据えている（図3－3）。その川太郎の項では、封に全く言及していない。巻八〇の肥前国（ひぜんのくに）の菅原大明神に関する説明の中では、「水獣（カハタロウ）」あるいは「水虎（カハタラウ）」と表現している。[52]

こうした怪類について、良安は『本草綱目』にもある次の一節を引いている。

精怪の属甚だ夥し（おびただし）、皆人の害を為す、然れども正人君子は則徳妖に勝つべし、自ら敢て（あへて）近づかざるなり[53]

「徳妖に勝つ」とは、『史記（しき）』殷本紀第三にある「妖は徳に勝たず」という儒学的な一文である。[54]『本草綱目』を引いたものとはいえ、良安の怪異（〔怪異〕）に対する視線は儒学的な知を含んでいたといえる。

❖禽部山禽をめぐって

別に、巻四四禽部山禽類の、いわゆる怪鳥の類も取り上げてみたい。

姑獲鳥（うぶめどり）（図3－4）については、出産で死んだ女性の変化を「附会之説」とし、西国（九州）の雨降る夜の海浜に夜現れる鴎（かもめ）に似た鳥だとしている。[55]この鳥は「陰毒」から生じたもので、小雨の夜に燐火（りんか）とともに現れ、子を抱いた婦人に化け、人に抱くことを強要するという。陰毒という出自は異なるが、行動は姑獲鳥とウブメ（産女）の混合になっている（第八章参照）。

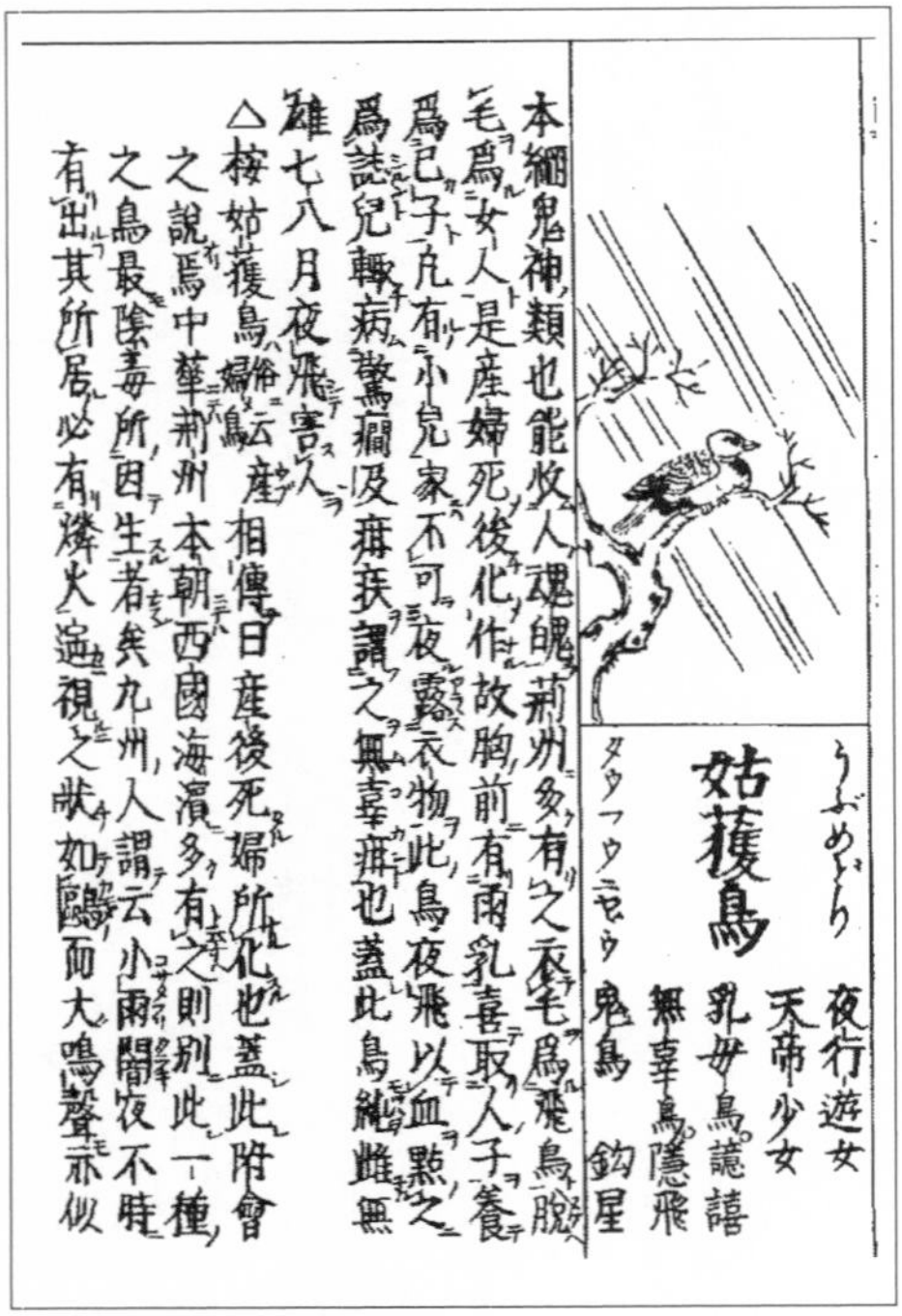

図 3-4『和漢三才図会』姑獲鳥
(『和漢三才図会』東京美術、1970 より転載)

姑獲鳥 うぶめどり
夜行遊女 天帝少女 乳母鳥 譩譆 無辜鳥 隱飛 鬼鳥 鉤星

本綱鬼神類也能收人魂魄荊州多有之衣毛爲飛鳥脱毛爲女人是産婦死後化作故胸前有兩乳喜取人子養爲己子凡有小兒家不可夜露衣物此鳥夜飛以血點之爲誌兒輙病驚癇及疳疾謂之無辜疳也蓋此鳥純雌無雄七八月夜飛害人

△按姑獲鳥(俗云産婦鳥)相傳曰産後死婦所化也蓋此附會之説焉中華荊州本朝西國海濵多有之則別此一種之鳥最陰毒所因生者矣九州人謂云小雨闇夜不時有出其所居必有燐火遥視之状如鷗而大鳴聲亦似

同じく山禽類の治鳥は、[56] 刊本『多識編』で「天狗之類」とされ、『野槌』でも姑獲鳥と同じく鵺に類するものとされていた(第一章三六頁)。良安は「按、先輩僉な曰く、治鳥は乃ち本朝に所謂天狗の類」と『多識編』の説を述べ、続けて「羅山文集」の日光山・愛宕山に棲息する天狗を紹介している。[57] しかし、良安は、「我朝浮屠修験」が世俗を恐れ惑わし「術」を喧伝せんがために「天狗」の名前を使っていると批判する。彼にとって天狗とは、星の名前、あるいは「鬼魔」を指し、深山幽谷の気の及ぶ所からなる山都や木客の類とする。また、能登国の海浜に伝わる天狗の爪を紹介しつつ、本来山の怪である天狗の爪が海浜にあることに疑問を持ち「北海大蟹之爪」ではないかと推測している。さらには、天魔雄との関連にも否定的である。[58] いずれにしろ『和漢三才図会』を編纂する上で収集した各地の情報が反映されている。

このように良安は、姑獲鳥や治鳥という怪鳥を、気(陰気・深山幽谷の気)から成るものと説いている。すなわち、彼は死んだ産婦の変化(化生)といった仏教的な要素を排除し、儒学的な解釈を採用したのである。

【四】……小野蘭山(一七二九〜一八一〇)

❖一八世紀以降の本草学の発展――全国物産調査という転機

一八世紀前半、日本の本草学にとって大きな転機が訪れる。それは、八代将軍徳川吉宗によって、一七三〇年代に殖産興業政策の一環として全国の物産調査（諸国産物調べ）が実施されたことである。そこで物品の薬効を研究する本草学が推奨された。これは、輸入に頼っていた高麗人参の国内生産など、対外貿易の支出を押さえるための政策であった。これによって、国内各地にある動植物や鉱物への関心が高まっていった。[59]その土地でしかほとんど自生しないもの、つまり特産物への注目である。殖産を前提にして、いわゆる「物産学」としての側面を本草学が帯びるようになり、それに併せて名称（方言）や民俗などにも関心が持たれるようになった。幕府の採薬使丹羽正伯が、師の稲生若水の遺著を引き継ぎ完成させた『庶物類纂』一〇五四巻（一七四七成立）は、その代表的な成果である。

また、吉宗は、漢訳洋書の輸入緩和を実施することで、蘭学の発展も促している。後に本草学が蘭学の影響を受ける重大な契機であった。

吉宗の政策は、本草学を儒学の関連だけでなく、物産学という内への、蘭学（プレ博物学）という外への眼差しを発展させていくものだった。

❖『本草綱目啓蒙』

本草学が新たな段階に入ったことで、怪異はどのような様相を見せるのか、小野蘭山の活動から考えてみたい。蘭山は、稲生若水の弟子松岡恕庵（玄達）に師事した。京都で学塾衆芳軒をいとなんでいたところ、寛政一一年（一七九九）幕命により江戸へ移り、医学館で講義を行った。[60]江戸での『本草綱目』に関する講義は、後に『本草綱目啓蒙』四八巻（一八〇三～五刊　以下『啓蒙』）として刊行されている。[61]

講義録『啓蒙』の膨大な内容の中には、怪異に関するものも多い。特に、巻三八の水虎[62]を見てみると（図3-5）、カッパ（古歌・江戸・奥州）、ガハタラウ（畿内・九州）、エンコ（伊予松山）など各地の方言が列挙している。蘭山は、各地から集った弟子たちから情報を収集し、それらを水虎に類するものとして集約したのである。

方言に注目したのは、蘭山が初めてではなく、師の恕庵も『本草綱目記聞（ほんぞうこうもくきぶん）』で「水虎　カハ太郎　佐渡方言カハツハ　或カツハ」[63]と記しているし、越谷吾山（こしがやござん）『物類称呼（ぶつるいしょうこ）』（一七七五刊）巻二「川童」では「がはたらう」の他に「川のとの」や「えんこう」など、各地の方言を列挙している。[64]各地の水怪は、本来別個のものだったが、彼ら学者の手によって体系化されたのである。そこには、方言という各地域固有の名称に注目するだけでなく、同定という本草学の基本も行う、二つの知の営為がなされていることに注意したい。

また、巻四五の姑獲鳥（ウブメトリ）を見てみると、

中国ニテハ、ウブメト云モノ夜中飛行シテ小児ヲ害スト云テ、夜中ハ小児ヲ外ニ出サズ、此鳥ノ鳴声児ノ啼ガ如シト云、然レドモソノ形状ハ詳ナラズ、今小児ノ衣服ヲ夜中外ニ於テ乾スコトヲ禁ズト云モ、此鳥ヲ畏ルト京師（けいし）ニテモ伝ヘ言[65]

図 3-5『本草綱目啓蒙』水虎
（『本草綱目啓蒙　本文・研究・索引』早稲田大学出版部、1986）より転載

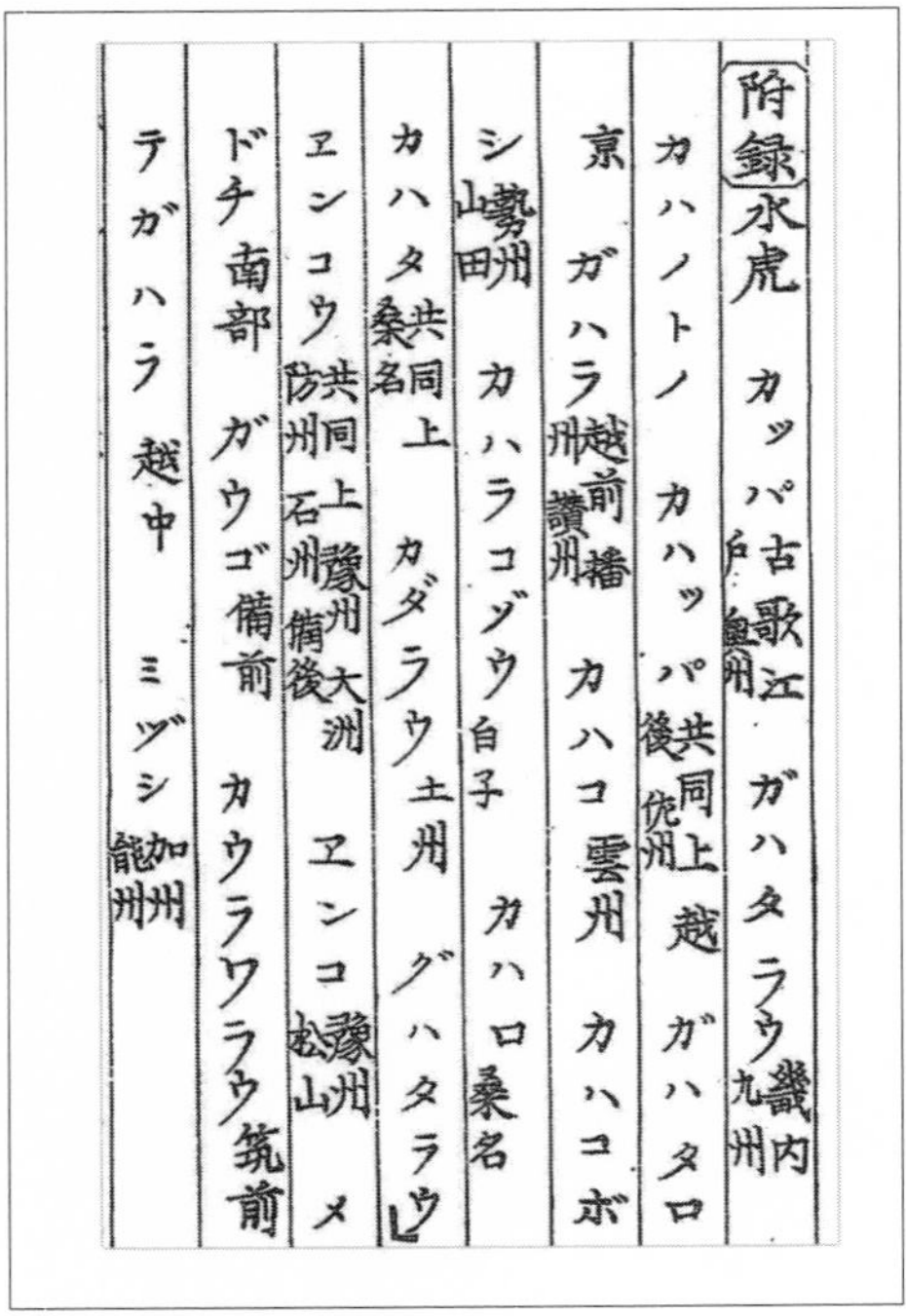

附録 水虎 カッパ 古歌 江戸 奥州 ガハタラウ 畿内 九州
カハノトノ カハッパ 共同上 後 [illegible] 越 ガハタロ
京 ガハラ 越前 播州 讃州 カハコ 雲州 カハコボ
シ 勢州 山田 カハラコゾウ 白子 カハロ 桑名
カハタ 共同上 桑名 カダラウ 土州 グハタラウ
エンコウ 共同上 防州 石州 豫州 備後 大洲 エンコ 豫州 松山 メ
ドチ 南部 ガウゴ 備前 カウラワラウ 筑前
テガハラ 越中 ミヅシ 加州 能州

とある。小児の服の夜干しを禁ずる慣習が京都でも伝わっているという点は、第一章で見た苗村丈伯（なむらじょうはく）『籠耳（かごみみ）』にも言及されている。京都に住んでいた蘭山も伝聞したのだろう。

獣部怪類（山怪）[66]については巻四七で、山都や山㺑などは「詳ナラズ」とする一方、山𤢖はヤマヲトコ、ヤマヲヂ（筑前）、ヤマジイ（讃岐）、ヤマヂヂ（阿波）と同類で、読心の魔物として紹介している。罔両については、『大和本草』『附録』に基づき火車あるいは水虎の類とする。古木の精で人面犬身の彭侯については、『多識編』以来のコダマと解しながらも、「訓アレドモ和産詳ナラズ」と慎重な態度を取っている。

❖蘭山の『本草綱目』講義

『啓蒙』は現在影印本や活字本、電子公開など、比較的利用しやすい。しかし、『啓蒙』は、蘭山が江戸へ出て実施した講義を編集したものである。当然、編集の過程で省かれた箇所や江戸では話さなかった内容があることは想定できる。

そこで姑獲鳥を事例に、いくつかの講義録と思しき史料を比較してみよう。

『本草綱目紀聞（きぶん）』[67]（年代未詳）

姑獲鳥　ウグメ

形状知ざるもの也、京になし、只名をのみ云つたへて小児をゝどす也、美作（みまさか）辺に居る、夜なく声、小児の啼声と同じ、集解に小児の衣服夜露（さら）すべからざることを云り、日本でも此ことを云、似たること也、京に一向なし、形状しれず

治鳥　怪物也　和産しれず

『本草綱目訳説』[68]（年代未詳）
姑獲鳥　ウブメトリ　ウブメ
形状未だ詳ならず、美作辺には多く居るなりと云へり、鳴声小児の声の如し、日本にても小児の衣服を夜露たることを禁ずるは、此集解に説くところの如くなるを以の故なり、別に一名なし

『本綱記聞』（一七九一）[69]
姑獲鳥　ウグメ　京ニナシ、備前・美作ノ方ニ多シ、夜飛テ小児ノ声ヲナス、形状知レス、本邦ニテモ夜小児ノ衣服ヲ外ニ置ヌモノナリト云、集解ノ説ニ合ヘリ、別ニ一名ナシ

『啓蒙』にはない、美作に多くいることや京都にはいない（伝聞はある）、形は不明などの情報が残されている。蘭山の講義内容、つまり蘭山の知の内実は『啓蒙』だけでなく、その他の講義録と突き合わせながら考える必要がある。

❖『本草綱目草稿』

平成一三年（二〇〇一）、蘭山の自筆資料が子孫の方から国立国会図書館に寄贈された。その中には『本草綱目草稿』という講義用の覚書（以下『草稿』）が含まれている。[70] 余白にまで朱筆・墨筆で細密に書き込まれた、いわば蘭山の知の源泉である。蘭山が亡くなる二年前まで使用されていたこの覚書では、怪異はどのように詳解されているのか。再び姑獲鳥とそれに続く治鳥（『啓蒙』では「詳ナラズ」とされる）を併せて引いてみよう（図3－6）。

姑獲鳥　ウブメ　備前・筑前にも皆小也、深更にこの声あり、近寸は水へ投を［音］とあり、獺のるい［類］と云、筑前にアヅキトギと云、備前及阿波にアヅキアラヒと呼者あり、夜鳴声シヤクシヤクと聞へて、小豆を洗声の如也、小

児を禁じて不レ出（出さず）、美作にてウブメと云は声小児啼申如し（なきもうすがごとし）
治鳥　ゴギャナキと云鳥、夜鳴声如二児啼一（児の啼くが如し）、来鳴不レ易処（来りて鳴くは易からざる処）、ヨタカより声小也、土人云フクロフ（梟）、和（やまと）に云天狗の類[71]

『草稿』には、『啓蒙』をはじめとする講義録にはない情報が溢れている。姑獲鳥は「アヅキトギ（アズキトギ　アズキアライとも）」と、治鳥は天狗や「ゴギャナキ（ゴギャナキ）」との関連が指摘されている。治鳥と天狗の同定は、刊本『多識編』でもなされている。特にアズキトギ、ゴギャナキの言及は興味深い。柳田國男「妖怪名彙」では、アズキトギは「水のほとりで小豆を磨ぐような音がする」ことで、ゴギャナキはコナキジジの項目にある「ゴギャゴギャと啼いて山中をうろつく一本足の怪物」だという[72]。

さらに、アズキトギ（アズキアライ）については、蘭山とも交流があった幕府奥医師で本草学者の栗本丹洲（くりもとたんしゅう）が、『千蟲譜』（せんちゅうふ）で「アヅキアライ　羽あり、飛ぶこと一二尺に不レ過（過ぎず）、大さ胡麻ほどあり、紙窓にとまり

図 3-6『本草綱目草稿』姑獲鳥・治鳥
（国立国会図書館所蔵）

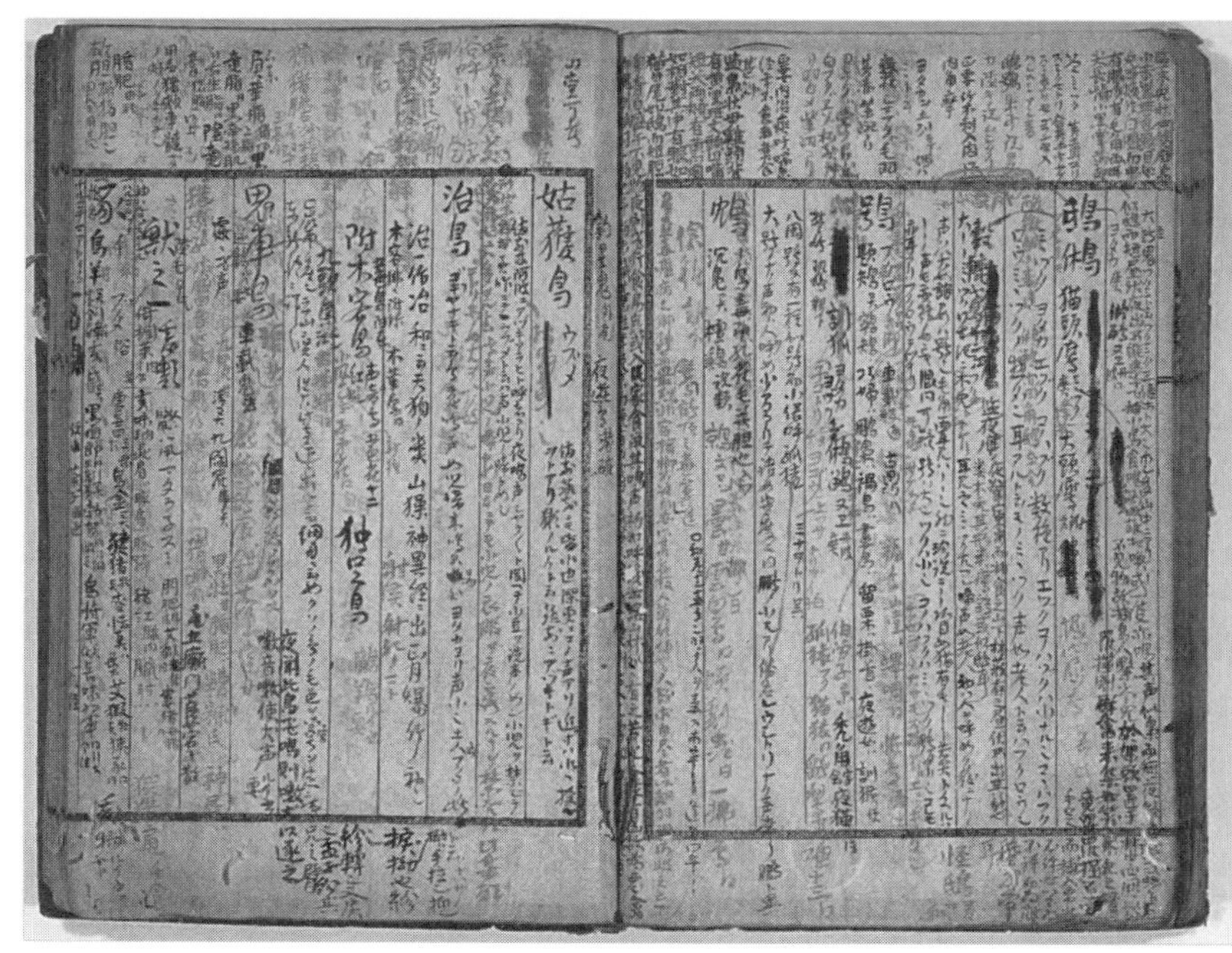

声をなす、赤豆を洗ふ音に似たり、茶たて虫の類なるべし」[73]と、アヅキアライという虫を紹介している。

蘭山は夜の怪音としてのウブメとアズキトギの関連性を書き留めている。そして、ゴギャナキについては、編者不明『奇怪集』[74]（一八四七書写識語）の中に、「姑獲鳥　同書（『本草記聞』筆者注）ウブメ　ウフメトリ　コギヤナキ土州」という言及がある。また、ウブメは「作州辺に多しと云」い、「蘭山本邦のコキヤナキに当る、未だ穏ならず」として、これが蘭山の講義経由の情報だと判明する。

さまざまな講義録を比較すると、蘭山の知はどんどんアップデートされていることがわかる。彼の研究は、講義用覚書『草稿』と『啓蒙』をはじめとする種々の講義録を突き合わせて、初めて核心に触れることができる。

❖黒田斉清（くろだなりきよ）『本草啓蒙補遺（ほんぞうけいもうほい）』

最後に、蘭山の知がどのように展開していったのかを、福岡藩主黒田斉清（一七九五〜一八五一）の著作から見てみよう。斉清は、来日していたシーボルトと学問上の問答を行うほど、本草学や蘭学に関心を持っていた。その問答では、河童についても尋ねている。[75]また、オランダのライデン国立民族学博物館シーボルトコレクション『筑前侯所著物産説』には、河童図が載っている。これは、福岡藩の御用絵師尾形（おがた）家に残る絵手本帳『獣類写生帖』（福岡県立美術館所蔵）と同じモチーフで、斉清が御用絵師に描かせてシーボルトに渡したものである。[76]

その斉清が『啓蒙』の補足として著したのが、『本草啓蒙補遺』である。ここでも、姑獲鳥の解説を引こう。

楽善（斉清）曰、和名「ウブメトリ」ト云ハ鵂（ふくろう）ノ嶋ナル者ノ鳴声ヲ云也、「クワシヤ」ト云鳥アリ、妖怪ノ「クワシヤ」トテ死ニタル人ヲ取リ食フ、此「クワシヤ」ニ非ス、一種ノ鳥ニシテ蘭名「ハルペイカ」ト云、羽州「クワシヤ」谷ト云アリ、人怖レテ到ラス、此鳥アルカ故ニ「クワシヤ」谷ノ名アリ、筑前鞍手（くらで）郡犬鳴（いぬなき）村・志摩（しま）郡吉田村ニモ往年来レリ、頭ハ美夫人ノ如ク、毛髪甚タ長クシテ木ノ枝ニ搦ミテ下垂シ、体ハ甚タ小也、又甲斐国（かいのくに）ニ於テモ見シ者アリ、恐クハ此者ナラン、附録独足鳥諸説一様ナラスハ本邦ニ於テ石燕ノ末族ニ一足鳥ト云者アレトモ皆一足ニ非ス、所々巌窟ニ棲ム、其栖ム所ニ由テ形状大サ皆異也、山海経（せんがいきょう）ニ載スル者ハ予カ姑獲鳥ニ充ル者ニ近シ[77]

ここで斉清は、姑獲鳥―クワシヤ（火車ではない）―ハルペイカ―一足鳥という図式を描いている。ハルペイカとはハルピュイア（Harpuia ハーピー）のことであり、一足鳥とは『山海経』に載る畢方（ひっぽう）を指すと思われる。斉清によって、姑獲鳥は、東アジアに留まらず、より世界的な位置付けがなされたのである。しかも、その位置付けは『啓蒙』の流布が前提となって初めて成立したものであった。

おわりに

以上、本草学というモノに注目する学問から怪異を考えてみた。本草学では、怪異を生類として理解していた。この理解は、江戸時代を通じて不変のものであった。

冒頭で述べたように、日本近世の本草学は、儒学との関係の中で展開してきた。それは、儒学の世界観の中にモノをどう位置付けるのかということを意味していた。その後、吉宗の政策を契機に地域の特徴に目を向けるようになり、またある部分では儒学の枠から飛び出して、蘭学などの刺激を受けながら広義の本草学へと展開していった。蘭山の講義で各地の情報が多く取り上げられているのが、その証拠である。

香川雅信は、一八世紀後期の江戸を中心とした都市部で起きた「妖怪革命（キャラクター化・フィクション化）」の動向として、「博物学的思考／嗜好」（世界に対する理解を深め、物を収集・分類・視覚化・列挙するいとなみ）をあげ、それを本草学（物産学）が促進したとしている。[78] 本草学は、政治や殖産興業、娯楽につながる有用の学問であった。

ただし、本草学の指向性がどんなに変化しようとも変わらない点があった。それは、怪異の存在自体を否定していないことである。別の生類と誤解しているという解釈もあるが、河童も罔両もそういう生類がいる、という理解をしている。[79]これは、何か不思議なことが起きるのは人ではない別の物―生類の仕業という理解を促す。実際（見間違えや勘違いであろうとも）そうした情報が学者たちのもとへ集積され、体系化されていく。体系化された情報は、恐ろしさを克服するツールにもなる。

まことに本草学は怪異を考える上でも、有用な学問なのである。

1　平野恵『十九世紀日本の園芸文化　江戸と東京、植木屋の周辺』思文閣出版、二〇〇六、二〇～二頁。

2　西村三郎『文明のなかの博物学　西欧と日本』上、紀伊国屋書店、一九九九、一一〇～二、三四三頁。

3　若尾政希「享保～天明期の社会と文化」大石学編『日本の時代史』一六、吉川弘文館、二〇〇三、二九二～四頁。

4　慶長九年（一六〇四）羅山が既見した書籍の目録に『本草綱目』の名を確認できる（『羅山林先生詩集』附録「羅山林先生年譜」（以下「年譜」）国立公文書館所蔵本（二六三―〇〇五八））、京都史蹟会編『林羅山詩集』ぺりかん社、一九七九、一一頁）。磯野直秀編『日本博物誌総合年表』平凡社、二〇一二、総合年表編一〇四頁。

5　同右「年譜」一六頁。

6　国立国会図書館所蔵本（WB二一―二）。

7　マティアス・ハイエクは、『本草綱目』怪類について、カルラ・ナッピの説を引きながら、これが獣類と人類の間の境界的存在であること、そして時珍が凡例で断る「正常」から「異常」への順序に則っていることを指摘する（「異形と怪類―『和漢三才図会』における「妖怪的」存在」橘弘文・手塚恵子編『文化を映す鏡を磨く』せりか書房、二〇一八、九六頁）。

8　八木清治「経験的実学の展開」頼祺一編『日本の近世一三　儒学・国学・洋学』中央公論社、一九九三、一八三・四頁。

9　藤實久美子「近世書籍文化論の総括と展望」『近世書籍文化論』吉川弘文館、二〇〇六、二九五～三〇一頁（初出二〇〇二）。

10　中田祝夫・小林祥次郎編『多識編自筆稿本刊本三種　研究並びに総合索引』勉誠社、一九七七による。また、『新刊多識編』は国立公文書館所蔵本（二〇九―〇〇二五）も参考にしている。

11　人部の「人傀」について、草稿本では「ヒトノアヤシキモノ」となっている（注10前掲書影印篇五四頁）が、刊本では「人傀」自体が削除されている。

12　注4「年譜」一二頁。

13　中田祝夫編『倭名類聚抄　元和三年古活字版二〇巻本』勉誠社、一九七八、一一頁による。

14　理当心地神道については、肥後和男「林羅山の神道思想」『史潮』四―二、一九三四、平重道「近世の神道思想」『日本思想大系』三九、岩波書店、一九七二、今中寛司「清家神道から理当心地神道へ」『季刊日本思想史』五、一九七七、高橋美由紀「林羅山の神道思想」（同所収）、安蘇谷正彦「林羅山の神道思想形成について―神道志向の要因をめぐって」『神道宗教』一五六、一九九四、玉懸博之「林羅山の神道における「伝統」と「外来」　鬼神の観念をめぐって」日本文芸研究会編『伝統と変容　日本の文芸・言語・思想』ぺりかん社、二〇〇〇などを参照のこと。

15　神道への関心は、羅山が建仁寺にいた頃（一五九五～七）から持っていたと考えられる。当時清家学（儒学）や吉田神道の基礎的な知識を修得し、神道や神祇信仰への興味から、後年吉田家・清原家の流れを汲む梵舜や舟橋秀賢（ふなはしひでかた）と交流を持っていた（今中寛司「林羅山の経歴と建仁寺の学問」『近世政治思想の成立―惺窩学と羅山学』創文社、一九七二、一六一～四頁、同「清家神道から理当心地神道へ」同右所収一〇二・三頁を参照のこと）。

16 「我が朝は神国なり、神道乃ち王道なり、一たび仏法興行より後、王道神道都て擺却し去る（我朝神国也、神道乃王道也、一自二仏法興行一後、王道神道都擺却去）」『羅山林先生文集』（以下『文集』）巻六六（国立公文書館所蔵本（二六三―〇〇五八）、京都史蹟会編『林羅山文集』ぺりかん社、一九七九、八〇四頁）。

17 『日本書紀』神代巻と儒学書『太極図説』の関係について「未知」と羅山は答えられていない。「曰、日本紀神代書与二周子太極図説一相表裏否、曰、我未レ知」（『文集』巻六六、八〇四頁）。

18 例えば、『日本書紀』の意義や三種の神器の意味などを儒学の理論と結びつけて説明している。

日本書紀三十巻象二一月之日数一也、神代上下象二天地一也、人皇二十八巻象二二十八宿一也（『文集』巻六九、八六二・三頁）

三種神器、璽象レ仁也、剣象レ勇也、鏡象レ智也、本具二此三徳一者神明也、夫必（心カ）者神明之舍也、既具二三徳一則神豈遠乎哉、方寸之間厳然粛爾、吁不レ可レ不レ敬也、聖人設二神道一、以教レ人、以レ此故也、若夫器者、多出レ自二人為一、故雖二禹王九鼎一亦然、我朝三神器者自然之天成而、不レ仮二人為一、是亦有レ以哉、可レ貴可レ敬焉（同八六三頁）

19 そもそも理当心地神道の目的は、神儒一致によって神仏習合思想を排除し、「国家上古の淳直に復し、民俗内外の清浄を致さん（「国家復二上古之淳直一、民俗致二内外之清浄一」『本朝神社考』序、『神道大系　論説編二〇　藤原惺窩・林羅山』神道大系編纂会、一九八八、三二頁）」とすることである。『日本書紀』は、神仏習合より前の「上古之淳直」に回帰するための重要な書籍として位置付けられた（『神道傳授鈔』「神道書籍」（同三七六・七頁）、『神道秘傳折中俗解』「三部本書」（同四三〇・一頁））。そして、神は「我国造化之迹、五行之秀、山川之精、祭祀之霊」（『神社考詳節』後序（同三二九頁））や「正理（常ノ理）」（『神道傳授鈔』「神理受用ノ事」（同三八七頁））など、朱子鬼神論的に表現された。また、人の「心きよきは神のまします」（『神道傳授鈔』「一」（同三二九頁））のように、民俗の「内外之清浄」に寄与する「天地ノ根、万物ノ霊」（『神道傳授鈔』「神之根本」（同三八六頁））だと、神は理解されていた。

20 黒住真「儒学と近世日本社会」『岩波講座日本通史』一三、岩波書店、一九九四、二七〇頁。

21 橋口侯之介『和本入門』平凡社、二〇一一、六二～三頁。

22 益軒の伝記は、井上忠『貝原益軒』吉川弘文館、一九六三を参照のこと。

23 国立国会図書館所蔵本（三〇四―〇三〇三）。また、益軒会編『益軒全集』六、益軒全集刊行部、一九一一、八四二

～九一三頁。

24 『九州史料叢書　益軒資料』七、九州史料刊行会、一九六一、六頁。

25 注23『益軒全集』六、八三五頁。

26 同右八四一頁。

27 欒保群編『中国神怪大辞典』人民出版社、二〇〇九、三四一頁。

28 国立公文書館所蔵本（特一一九―〇〇〇一）。

29 怪異に関する項目として、他にも鬼火（巻之三火類）や野叉落魋（しゃらせつ）（巻之一六人類）などがある。

30 国立国会図書館所蔵本（特一―二四六四）。注23『益軒全集』六、四二二・三頁。

31 同右四一七頁。

32 山田勝美「魑魅罔両考」『日本中国学会報』三、一九五一、六二頁。

33 国立国会図書館所蔵本（特一―二四四三）。注23『益軒全集』六、四四五頁。

34 同右四四四頁。

35 同右四一四頁。

36 衣笠安喜「朱子学と幕藩制社会」『近世儒学思想史の研究』法政大学出版局、一九七六、六八～七三頁。

37 注23『益軒全集』六、二〇頁。ここまでの気化・形化の説は、出典を記していないが貝原好古『中華事始』（一六九七序）巻之一「人」及び巻之六「亀魚」の記述に依拠している（『益軒全集』一、益軒全集刊行部、一九一一、五七六・七、六七六頁）。

38 同右頁。これは、仏教用語である四生のうち化生を、益軒が気化という儒学の発生論と結び付けている点で興味深い。つまり、気化と化生は、現象面では仏教と儒学の違いなく共通していると、益軒は考えていたことになる。また、化生は『易経』にも見られる言葉だが、この場合の化生は形化と同義だと益軒は理解している（「論物理」）。

39 同右二五頁。

40 辻本雅史「近世における「気」の思想史・覚書―貝原益軒を中心に―」『思想と教育のメディア史　近世日本の知の伝達』ぺりかん社、二〇一一、三〇～三頁（初出一九九二）。

41 井上忠編『貝原益軒資料集』下、ぺりかん社、一九八九、八六・七頁。この点については、拙稿「近世学芸と怪異」東アジア恠異学会編『怪異学入門』岩田書院、二〇一二、一〇二・三頁でも言及している。
天地流行発㆓育於万物㆒、万物各資㆓此道㆒而発㆓生春夏秋冬㆒、運行而有㆑序、是乃陰陽二気之自然者也、苟紛紜舛錯乖㆓自然之常理㆒、則為㆓災沴㆒、於㆑冬謂㆓之愆陽㆒、於㆑夏謂㆓之伏陰㆒、於㆑物謂㆓之妖禍㆒、皆是失㆓其本然㆒者也、此二気之変非㆓其常㆒者、不㆑可㆑為㆑道、蓋二気之常而不㆑変者為㆑道也、然則陰陽之流行便是道故陰陽與道非㆓二物㆒、是理気之所㆓以不㆒㆑可㆑分也

42 同右三三五頁。
天道流行発㆔育於㆓万物㆒、万物各資㆓此理㆒而発㆓生春夏秋

冬一、錯行而有レ序、是乃陰陽二気之自然者也、苟乖二自然之常理一、則謂二之災沴一、於レ冬謂二之愆陽一、於レ夏謂二之伏陰一、於レ人謂二之悪一、於レ物謂二之妖一、皆是失二其本然一者也

43 同右『貝原益軒資料集』下七〇～二頁などがある。

44 『和漢三才図会』東京美術、一九七〇。

45 注8八木前掲論文一八五・六頁。

46 同右一八七頁。

47 『和漢三才図会』の怪類に関する先行研究として、注7ハイエク前掲論文「異形と怪類」がある。

48 注44前掲書四六〇頁。

49 『叢書江戸文庫二六　近世奇談集成』一、国書刊行会、一九九二、二二七頁。

50 注44前掲書四六一頁。

本草蟲部附録ニ出二水虎一ヲ、蓋此レ非二蟲類一、今改出二于恠類一

51 同右四六二頁。

按、水虎ノ形状、本朝川太郎之類而、有二異同一而、未レ聞二如レ此物有乎否一

52 同右一一三三頁。

53 同右四六一頁。

精怪之属甚夥、皆為二人害一、然正人君子則徳可レ勝レ妖、自不二敢近一也

54 近藤瑞木「儒者の妖怪退治―近世怪異譚と儒家思想」『日本文学』五五―四、二〇〇六を参照のこと。

55 注44前掲書五〇四頁。

56 同右頁。

57 おそらく『文集』巻六三「高雄僧眞済事考」にある「俗伝」を基にしていると考えられる（『文集』七六二頁）。しかし、それは「俗伝へ称す、染殿后を見て、其の色に惑ひ、死して天狗と為る、即ち是愛当(宕)山太郎坊なり、俗呼びて魅を天狗と為す、愛当寺の縁起に曰く、此の山に栄術太郎有りと云ふ（俗伝称、済見二染殿后一而、惑二其色一、死為二天狗一、即是愛当山太郎坊也、俗呼レ魅為二天狗一、愛当寺縁起曰、此山有二栄術太郎一云）」と、『和漢三才図会』のものとは大きく異なっている。

58 注7ハイエク前掲論文「異形と怪類」一〇〇頁を参照のこと。

59 塚本学「都市文化との交流」『日本の近世』八、中央公論社、一九九二、三七三・四頁、倉地克直『江戸文化をよむ』吉川弘文館、二〇〇六、一三〇・一頁など。

60 小野蘭山の事跡については、小野蘭山没後二百年記念誌編集委員会編『小野蘭山』八坂書房、二〇一〇などを参照のこと。

61 杉本つとむ編『本草綱目啓蒙　本文・研究・索引』早稲田大学出版部、一九八六。

62 同右五八八頁。

63 国立公文書館所蔵（一九六一―〇〇三七）。

64 『物類称呼』岩波書店、一九四一、三六頁。

65 注61前掲書七二八頁。

66 同右七六九～七一頁。
67 国立国会図書館所蔵（特一―二一六七）。
68 武田科学振興財団杏雨書屋所蔵（杏六三四二）。
69 国立公文書館所蔵（一九六―〇〇九二）。
70 『草稿』については、磯野直秀「小野蘭山の『本草綱目草稿』」『参考書誌研究』六四、二〇〇六を参照のこと。
71 国立国会図書館所蔵（WA一―一〇―六）。
72 柳田國男『新訂 妖怪談義』角川学芸出版、二〇一三、二四五・六頁。
73 国立国会図書館所蔵本（特七―一六〇）。
74 西尾市岩瀬文庫蔵（一五二―二八）。
75 安部龍平『下問雑載』（福岡県立図書館所蔵）、中村禎里『河童の日本史』筑摩書房、一六九頁（初版一九九六）を参照のこと。
76 宮崎克則「文政一一（一八二八）年、出島で会ったシーボルトと福岡藩主黒田斉清」『西南学院大学博物館研究紀要』四、二〇一六。
77 国立国会図書館所蔵本（特一―九五四）。
78 香川雅信『江戸の妖怪革命』角川学芸出版、二〇一三、一四四～五四頁。
79 伊藤龍平『江戸幻獣博物誌 妖怪と未確認動物のはざまで』青弓社、二〇一〇は、生類としての怪異を考える上で示唆に富んでいる。

補論二

『日東本草図纂』
怪異から読みとく個性

はじめに

国立公文書館内閣文庫所蔵の『日東本草図纂（にっとうほんぞうずさん）』全一二巻（以下『図纂』）は、内閣文庫以外に伝本がない、稀少な本草書である。[1]

この書については、山田慶兒や磯野直秀による本草学（博物学）史からの評価[2]があるだけでなく、民俗学や国文学でも取り上げられてきた。中でもいち早く注目したのが、内閣文庫記録課長を務めていた柳田國男で、「山人外伝資料」では巻之一二に収載されている「無傷（むしょう）」と「山爺（やまじじ）」を、[3]「一つ目小僧」では「日東本草図彙」に載るとして同巻「瀧中媼婦（ろうちゅうおうふ）」の要約を紹介している。[4]

その後、伊藤龍平が「山人外伝資料」で紹介された資料について、原著者の発想と柳田のそれを比較検討する中で、『図纂』など原資料を翻刻紹介している。[5] 伊藤は、さらに本草学（博物学）と怪異に関する自身の研究の中で『図纂』を扱い、[6] 本書を「本草説話集」と評している。[7]

国文学では、浅野三平が、上田秋成『春雨物語』「二世の縁」の類話として、やはり『図纂』巻之一二の「蘇生之説」を翻刻紹介している。[8]

かように『図纂』は、本草学や民俗学、国文学といった複数の学問を横断した研究を可能にする要素を多分に含んでいる。そして、「本草説話集」と評されるように、伝承や奇談怪談、方言など、本書には興味深い記事が少なからず載っている。特に、柳田や伊藤、浅野が中心的に取り上げている巻之一二は、「怪説」という他の本草書には見られない分類の巻である。

しかし、従来の研究では、『図纂』をトピック的、言い換えれば、研究者の関心から部分的にしか取り上げてこなかった。それは、『図纂』の編著者がどのような意図で編んだのか、そこにどのような思想が込められているのか、という『図纂』の個性にまで検討が及んでいないことを意味している。

この点を踏まえ、第三章の補論として、改めて『図纂』そのものに注目し、編纂過程と内容の分析を行うことで、本草書でありながら説話集としても評価される『図纂』の個性を考えてみたい。なお、全ての巻を検討することは紙数的に難しいので、これまで研究者が注目してきた巻之一二を中心に据えて考察を行うことにする。

【一】……『日東本草図纂』について

❖編著者と編纂の経緯

『図纂』の編著者について、国文学研究資料館の日本古典籍総合目録データベース（『国書総目録』を基にしている）で調べると、「神田玄紀著／堤倫編／上田寛満画」と出てくる。山田や伊藤もこの情報を踏襲している。『図纂』を見ると、堤子明（倫）による序には「安永庚子（安永九年（一七八〇）筆者注）孟冬旁死魄日　堤倫子明序男三的敬書」、巻之二冒頭に「玄紀先生著　堤倫子明編輯　上田忠太郎寛満画」、巻之一二末尾に「堤三的盛行校訂　画工上田忠太郎寛満」とある（彼らの読み方は便宜的なものである）。正確には、『図纂』は、玄紀原著、堤子明（倫）編輯、堤盛行（三的）校訂、上田寛満（忠太郎）画により成っている。

しかし、ここに大きな問題がある。それは、玄紀の姓である。この点は、磯野直秀が『日本博物誌総合年表』で既に指摘しているので、『図纂』の解説も兼ねて該当箇所を引用する。

> （安永九年　筆者注）十月、堤倫子明が、『日東本草図纂』十二巻の序を記す。本書は、玄記(ママ)なる者の遺稿を子明とその子息三的盛行が編集補筆したもの。鉱物六三・植物五一〇・動物五四〇、計一一一三品の形状・由来などを記し、うち三八二品に図を付した大著で、参考になる記事が少なくない。原著者玄記(ママ)は、姓・経歴不明。『国書総目録』に「神田玄記(ママ)」とするが、その根拠は無い。編者堤父子の身許もわからないが、補筆した文から北陸の人と思われる。[9]

たしかに『図纂』には、玄紀の姓に触れた箇所がない。おそらく書名と名が似る『日東魚譜』を編んだ神田玄泉（?～一七四六）と所縁の人物として、神田姓を宛てたのではないだろうか。本章でも、玄紀の名のみで論を進めていきたい。

磯野は先の引用で、玄紀の経歴は不明としている。しかし、堤子明の序を見ると、『図纂』編纂の経緯とともに玄紀の生涯を大凡掴むことができる。以下、序に基づいて整理すると次のようになる。

発端は、堤父子のもとに玄紀の遺稿が持ち込まれたことである。子明は「是れ本草物産の書にして確乎たる明者の一書（是本草物産之書而確乎明者一書）」と高い評価をする一方で、「無謬とすべきに庶幾からんか、惜しい哉、草稿未だ全て備はらず（庶三幾可二無謬一乎、惜哉、草稿未二全備一）」と草稿ゆえの不備があることを残念がり、この書の由来を尋ねた。

草稿を持参したのは、「吾藩」の岩倉佐幸（いわくらすけゆき）（便宜上の読み）という人物で、実は玄紀の娘婿（「予妻之父」）であった。佐幸の言によれば、玄紀の生涯は次の通りである。

幼穎悟、弱冠而通㆓経史及諸子百家之書㆒、莫㆓事不㆑備莫㆓物不㆑詳、其為㆑学也、博聞強記、十八而志㆓于本草㆒、将㆑画㆓草木之形状㆒、則学㆓画於狩野某㆒、遂㆓構思邃志㆒、門庭皆箸（著カ）㆓筆紙㆒有㆑所㆑得則書㆑之如㆑此、五十余年而大成焉、時人未㆓之重㆒、歳七十余病死

（読み下し）

幼穎（ようえい）にして悟り、弱冠にして経史（けいし）及び諸子百家の書に通じ、事備はらざること莫（な）く物詳かざること莫し、其れを学と為す也、博聞強記、十八にして本草を志す、将（まさ）に草木の形状を画（えが）かんとして、則ち画を狩野某に学ぶ、構思邃志（こうしすいし）を遂げ、門庭皆筆紙に著し得る所有らば則ち之を書くこと此の如し、五十余年にして大成す、時の人未だ之を重んぜず、歳七十余にして病死す

玄紀は、幼くして才知にすぐれ経史や諸子百家の書に精通し、その博聞強記ゆえ十八才で本草学を志した。その後草木の形状を描こうと「狩野某」に絵画を学んだ。深い構想と実践のもと五十余で「大成」した。しかし、時の人はそれを重んじることはなかった。そして七十余で病死したという（巻之八「蜃（しん）」から兄がいたことがわかる）。子は娘一人だけ（「唯有㆓一娘㆒」）で、妻も子育てに専念し他を顧みないうちに（「母も亦切に此の子を育てんと欲して他を顧みず（母亦切欲㆑育㆓此子㆒而不㆓他顧㆒焉）」）、「本書湿壊虫蝕皆失亡」してしまった。

佐幸は「先生之学業」を廃れさせないため、唯一残った「本書」の草稿（「今は惟だ此の稿有るのみ（今惟有㆓此稿㆒耳）」）を堤家に持参した。それこそが後に『図纂』と名付けられるものの草稿であった。

先の引用部分にあるように、玄紀は、経史や諸子百家を学んだ後に本草学を志したという。儒学（経学）と本草学は、正名や格物致知など思想面で強い親和性を持っているので[10]、玄紀が本草学へ進んだのは順当といえる。『図纂』でも、儒学的な解説が見られるのは、ここに淵源があるのだろう（後述）。こうして唯一残った玄紀の遺稿は、堤父子と画工上田寛満（この人物も不明）によって『図纂』として再編されることになる。[11]挿絵も、玄紀の原図を寛満が模写したと考えられる。

『図纂』には、各地の情報も収められているが、江戸を中心にした関東のものが多いことを踏まえれば、玄紀は江戸在住だったと考えられる（巻之一二「怪説」の多くも関東が舞台になっている）。

ちなみに、岩倉佐幸も堤子明もある藩に属する人物であった。子明は、寛政三年（一七九一）に『艸花銘志』全七巻を著している。[12]一巻の鼂恭「竟成録序」には「堤君倫藩之医生也」、七巻末の田上懐徳「書堤先生草木集後」には「我藩之医官」と記されている（彼らの名前も便宜的な読みである）。つまり、子明は藩医であった。ただし、佐幸も子明もどの藩に所属していたのか、管見の限り不明である。

草稿の成立時期は不明ながら、巻之十「雷獣」に明和二年（一七六五）相州大山に落ちた雷獣の図が掲げられているのでそれ以降である。ただ、この図は後藤梧桐庵編『雷震記（震雷記）』（一七六七刊）[13]にも所載されているので、成立が明和四年以降まで下る可能性も十分にある。

文体については、基本的には漢字片仮名交じり文だが、巻之一二「蟾之説」が漢文であるように不統一である。これは、草稿であるがゆえに、素材となった文章の文体を引用した状態のままだと考えられる。

❖構成と分類

『図纂』は全一二巻だが、巻之一は現存せず、子明の序だけが残っている。『図纂』でもしばしば引用される貝原益軒『大和本草』（一七〇九刊）の巻之一に凡例や論などが収録されていることを踏まえれば、『図纂』巻之一は総論的な内容だったと推測できる。山田慶児が、『大和本草』の分類を採用したもの」[14]と述べるように、以降の巻は、巻之二（水部・火部）、三（菜部）、四（草部　附蔓艸・水艸）、五（木部　附竹）、六（果部　附山果・味蓏）、七（上―魚部河魚、中―魚部海魚中、下―魚部海魚下　附海蟲）、八（蟲部水蟲・陸蟲・介類）、九（禽部水禽・家禽・山禽・野林禽）、十（獣部山獣・水獣）、一一（蛮種）、一二（怪説）と、概ね『大和本草』に沿った構成である。ただし、収録されている品目は、全体的に『大和本草』とは大きく異なっている。例えば火に関して、『大和本草』火類では文武火・薪火・灸火・木石ノ火・炭火・灯火・夜有光火物ノ類・沢中之陽焔・鬼火・三昧之火が立項されているのに対し、『図纂』火部では火だけが立項されている。その上、金玉土石と人類の代わりに、蛮種と怪説の巻が新たに設けられている。

巻之一一の蛮種とは、国外の珍しい動植物や木乃伊などを図入りで紹介したもので、[15]一八世紀の蘭学の展開と大きく関わって編まれたのだろう。[16]ヨンストン『動物図説』に描かれた獅子・犀・一角獣などの図も模写されている。

そして、巻之一二の怪説である。『図纂』に先行する主要な本草書を見てみると、第三章でも取り上げたように、怪異も本草学では考究の対象であった。江戸時代の本草学発展の起点である李時珍『本草綱目』（一六〇四渡日）を見ると、巻五一獣部寓類狒狒の集解「山怪」および怪類（罔両・彭侯・封）、巻五二人部の人傀など、『大和本草』には巻之三火類の鬼火や巻之一六獣類の河童と罔象、同巻人類の野叉落魆など、寺島良安『和漢三才図会』（一七一二序）には『本草綱目』の怪類を増補改訂した巻四〇の怪類など、[17]本草書には怪異に関する項目や記載が多い。

しかし、『図纂』の怪説は、怪異に関する巻として独立している点で、従来の本草書とは一線を画している。つまり、この巻の検討は、『図纂』の個性を検討することにもなる。

具体的な検討は次節に譲り、『図纂』について、もう一つの大きな特徴を述べておきたい。それは、為徳（便宜上の読み）という人物の存在である。この人物も不詳で、文末などで「為徳曰（云）」として情報を補足している。為徳＝玄紀の別名という可能性も考えられるが、巻之七「杜父魚」で「為徳云大和本艸云伏見ニテ川ヲコゼト云（中略）或云タボ鯊（はぜ）是ナリト、予云タボ鯊ノ鳴ヲ不聞」のように、為徳と「予」は分けられ（他の巻でも「予」は使われている）、さらに巻之一二では人称なく「按」「案」が用いられる点を考慮すると、二人は別人である。そして、「杜父魚」の記述の順番から、玄紀が著したものに後から為徳が手を入れたものではないこともわかる。つまり『図纂』は、玄紀と為徳双方の意見が併存する本草書なのである。二人の比較も、本書を検討する上で大きなポイントとなってくる。

【二】……怪説をめぐって

❖巻之一二の位置付け

本節では、巻之一二について具体的な検討を行っていくが、まずはこの巻が作成された理由と全体における位置付けを、他の巻と関わらせて考えてみたい。

蛮種の巻が作成されたのは、当時の蘭学への関心、および国外の珍奇な物品を取り上げて知識を深めることが儒学の格物致知（かくぶつちち）にも通じると構想していたからだと考えられる。では、怪説はどうだろうか。玄紀は明確な説明を行っていないが、推測するための材料はある。

巻之一二は、以下のような構成である（丸括弧内は目次の項目名）。

怪説…鼠移所　瓠駒（ヒサコノコマ）　無傷　猫兒卵（ネコノタマゴ）（猫児卵）　天狗爪　箱根猫　皐猫　山女臈　蛇虮聞笛　垢舐（アカネブリ）　不動寺之

山大人（山大人）　瀧中嫗婦　鬼髑　三足雞

怪談…天人之説（天人）　野仲　獝狂　〓絮　鬼子之説（鬼子）　魂魄　霊　冬瓜夕顔之恠（夕顔冬瓜怪）　山丈之説（山丈）　山爺　犬報仇事（犬報仇）

附…カマイタチノ説（カマイタチ）　蟾之説（蟾ノ怪）　簑虫之説（簑虫）　光物之説（光物）　縫龍之説（縫龍）　蘇生之説（蘇生）

この巻は、怪説・怪談・附の三部構成になっている。怪説は、図付きで紹介されている項目（皐猫は除く）、怪談と附は、図無しで共通していて大差はない。ただし、附の項目には必ず「之（ノ）説」が付いている。

重複する要素はあるが、試みに内容を分けてみると、動植物の異常な行動や生態（鼠移所、箱根猫、皐猫、蛇虮聞笛、三足雞、〓絮、冬瓜夕顔之恠、犬報仇事、蟾之説）、人間の異常（鬼子之説、蘇生之説）、珍奇な遺物（瓠駒、猫兒卵、天狗爪、鬼髑、野仲）、怪物（無傷、不動寺之山大人、瀧中嫗婦、山女臈、天人、獝狂、山丈之説、山爺）、怪事（魂魄、霊、カマイタチノ説、簑虫之説、光物之説、縫龍之説）となる。

第一節二項でも触れたように、『本草綱目』『大和本草』『和漢三才図会』[18]などの本草書の各部類には、怪異に関する項目がある。『図纂』でも同様である。巻之十獣類を例にすると、「水虎　河太郎ト云　字出処未ㇾ審」といった項目が見られる。[19]

また、「狢（むじな）」には、為徳の発言として次のような記述がある。

為徳云、狸ハ妖化（ばか）シテ人ヲ害ス、老狢妖化スト雖モ人ニ害アラス、又云、世ニ狸ノ化テ僧トナリテ寺院ニ在ル事昔ヨリ云傳ヘリ、上州舘林（たてばやし）茂林寺（もりんじ）ノ朱鶴（しゅかく）是也、或ハ天下婆々或ハ祐天寺（ゆうてんじ）ノ光明唱声狸（こうみょうしょうせいだぬき）ト云、世俗ノ誤ヲ受傳テ云、狸ニ非ス、皆老狢ナリ当時化ける獣とされた狸と狢の差を、人を害するかどうかに求めているのは、従来の本草書には見られない説である。

そして、「黒眚」の末尾には、「佐熊運考云、是提馬之属也、一説提馬害(馬を害し)馬、黒眚殺(牛を殺す)牛、倶風中之悪獣也」という、玄紀の解説がある。提馬は、浅井了意『伽婢子』（一六六六刊）巻之十「鎌鼬付提馬風」にも載る魔風である。玄紀が、「悪風ノ吹時節ニ此疼アリト云傳フ」と記す「カマイタチノ説」を附説したのは、黒眚・提馬を受けてのものだといえる。

つまり、怪説という巻をわざわざ作成せずに、各巻の部類へ怪異に関する項目や情報を附記しても、『図纂』は十分に成立するのである。事実、巻之十と一二を比較すると、類似する項目がある。

○天狗枯髑　爪ハ皮付ノ際ヲ銅絲絆緘ヲ看ユ（巻之十）

天狗爪　能登州石堂山ヨリ出大小アリ、或全アリ又缺タルアリ、肉付タルアリ、大ナルハ三寸許肉付ノ処ヨリ爪際半寸計細毛生ス、爪ノ色青黒色ナリ、佩之辟邪山人偶ニ有所得モノ也（巻之一二）

○舒衾〈又ツミワタト名ク、又モヽンクワア〉

鼺鼠〈ムサヽ、サビ、又ノブスマ、又ハントリ、又ソハヲシキ、又モマ　田舎ノ詞也〉（巻之十）

劈絮　ツミハタ

劈絮　野衾　大抵此二物同類也（巻之一二）

これらを踏まえると、巻之一二は、『図纂』の他の巻に収載された物品の怪異に関する情報を補足したもの、すなわち『図纂』の補遺だといえる。生類だけでなく「簑虫之説」や「光物之説」と関わる火部など、さまざまな部類の怪異を集めた本巻は、本草書というよりも、類書（るいしょ）（具体的な項目ごとに関連する文章を古典的な著作から引用し、一定の序列に従って配列し、部として分類した一種の百科事典）に性格が近い。[20] 蛮種も同様である。つまり、『図纂』は、本草学書と類書の混成とも評価することができる。

そして、常だけでなく、万物の異常な事例も本書に敢えて組み込むことで、森羅万象をより深く理解しようという玄紀の意図を巻之一二から窺うことができる。

❖怪異の理解

ここでは、怪説の内容について、玄紀と為徳が怪異をどう理解していたのかという視点から考えてみたい。その際、貝原益軒たちの意見も参考にすることで、両者の特徴を本草学（儒学）史全体の中に位置付けてみたい。

①玄紀の場合

まずは玄紀である。「垢舐（あかねぶり）」冒頭には、次のような説明があり、それに続くかたちで複数の事例が紹介されている。

垢舐ハ浴室陰■（垢カ）之精■■、其形似二嬰孩一、頭磊直而溶々タリ、眼圓ク舌長シ、舐二盡人之血肉一惟遺レ骸爾（ノミ）、其人快美入二亡機一、今兒童之所二弄戯一制二〈二字欠落〉之物一、蓋此耶所二陰垢之化一スル亦唯嗜二舐スル垢一而已耳（ミ）

（読み下し）

垢舐は浴室陰■（垢カ）之精■■、其の形嬰孩（えいがい）に似て、頭磊直（らいちょく）にして溶々たり、眼圓く舌長し、盡く（ことごと）人の血肉を舐り惟だ骸を遺すのみ、其人快美亡機に入り、今兒童の弄戯する所〈二字欠落〉の物を制す、蓋し此や陰垢の化する所も亦唯だ垢を嗜舐するのみ

為徳は末尾で「垢舐の説未だ見ず、古書後の博識人を俟つ（垢舐之説未レ見、古書俟二後博識人一）」というが、垢舐は、山岡元隣・元恕編『古今百物語評判』（一六八六刊　以下『評判』）巻之二第六「垢ねぶりの事」に先例がある。儒学などの知識を用いた怪異論断書の先駆である『評判』は、『図纂』よりも前に垢舐について言及した現存唯一のものである。そこでは、「垢ねぶり」を「其塵垢の気のつもれる所より化生し出づる物」[21]としている。これは、玄紀の垢舐が「陰垢之化」したものだという理解と共通している。

垢舐は陰の垢が化したもの、という玄紀の理解には二つの重要な点がある。一つ目は、陰の属性を持つ垢から発生したという点は、これまで本書で述べてきた儒学、特に朱子学の自然観に由来している。朱子学では、鬼神（怪異）を含めた万物は、「気」という基体（一気→陰陽二気→五行→万物）とそれを構成するための「理」の二つから成り立つと考えられている[22]。

二つ目に、化するというのは『評判』の「化生」と同義であり、化生とは当時生類が発生する仕方「四生」の一つで、ある物から別の物が生じることやそのものを指す。そして、化生するものの中には、化物や妖怪も含まれていた[23]。つまり、玄紀は、垢舐を陰気から生じた化生＝生類だと理解していたことになる。

化生については、益軒も言及している。第三章でも見たように、『大和本草』巻之一「論物理」は、物に関する諸説を引きながら自身の論を展開している（一一二頁参照）。そこで益軒は、物の発生には大きく「気化」と「形化」の二つがあり、気化は「天地の気交て、自然に人物を生する」こと、形化は「男女の形交つて子を生ずる」ことを指すという。天地開闢の際は気化のみが起きて後に形化が盛んになり、気化は止んだが「今も形化によらず、気化して生ずる者」があるという。この気化する全てが、化生に他ならない（「今亦有二化生一、皆是気化

なり」)。[24]

つまり、玄紀と益軒は、気と化生を関連付けて考えている。さらに、気化＝化生が天地の気から起こっている点は、次で取り上げる為徳の怪異観と比較する上で重要になってくる。

玄紀は、垢舐を化生による生類として理解しているが、他の項目ではどうだろうか。濃州下笠村の堤跡で漁師が空中を彷徨う人の頭に遭遇する「霊」(「先年大水ニテ堤切レ、民家三四十軒、人ハ七八十人モ漂没」したことに由来する)[25]は、玄紀の解説で話を閉じている。

コレ其場自然ニ陰霊ノ気凝結シテ、仮ニ形ヲ結ヒ現シモノト見ヘタリ、此レ眞ノ霊ト云モノナリ、水越レ堤而人亡、群霊之総気、所化令レ然タルナリ

ここでも玄紀は、気と「所化」＝化生によって説明している。朱子学では、［怪異］を含む鬼神も気で説明される。そして死後、天地へ気(魂魄＝在人の鬼神)は回帰し徐々に散滅するが、不慮の事故などで生を全うできなかった人の魂は散らずに［怪異］や災いをなすと考えられていた。[26]玄紀の解説は、朱子学の鬼神論を踏まえたものといえよう。

「光物之説」も、武州川越の大蓮寺跡に出る光物に関する話[27]だが、末尾に玄紀が「此等陰気ノナス事ト思トモ、余リ変タルコト故ニ此ニ記ス」と述べている。これも光物を「陰気」によるものと解釈しているが、注意したいのは「余リ変タルコト故ニ此ニ記ス」である。気で説明できる事象であっても、珍しいが故に収載したというのである。

要するに、玄紀にとって怪異とは、気すなわち朱子学的に説明可能である稀少な物事だった[28](本書での［怪異］に重なる理解)。儒学(朱子学)的な解釈は、幼少から習得していた知識に依るものだろう。玄紀は、怪異(「怪異」)という稀少な事例を集め、それを学問的な合理によって把握する儒学—本草学者であった。

図補 2-1『日東本草図集』「瓠駒」
（国立公文書館所蔵）

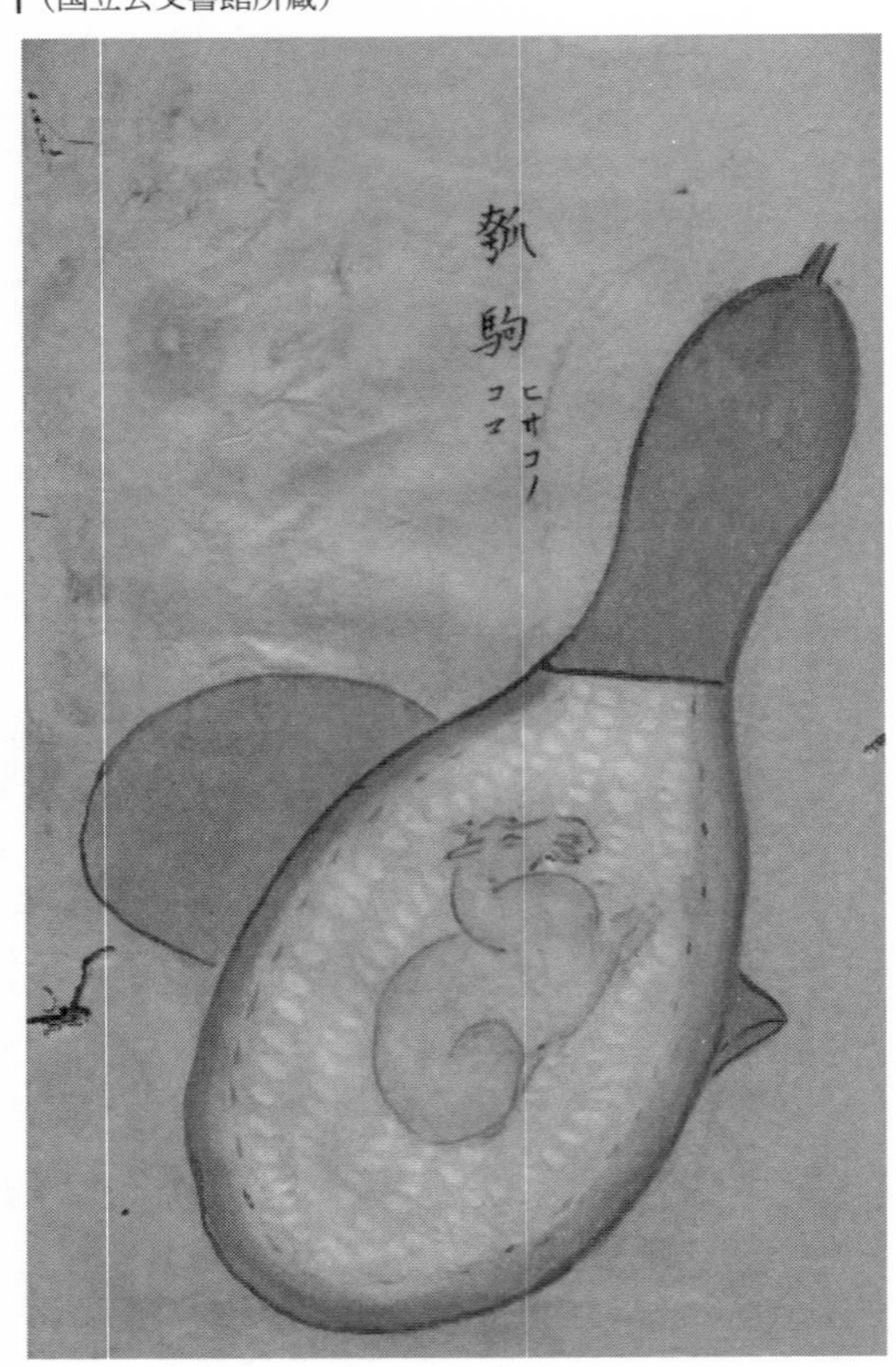

②為徳の場合

続いて為徳である。為徳はよく『大和本草』など先行する書物を引き、それに自説を加えることが多い。[29] 例えば、巻之七下「蛸舩（たこふね）」には「為徳云、大和本艸ニ名アリ、介ノ部ニアリ、外産トス、事未審然トモ、此説是ナルベシ、然ト雖モ、形状常ノ蛸ニ少シモ差（たが）ヒタル事ナシ（後略）」とある。

では、為徳も、玄紀と同じように怪異を理解していたのだろうか。「瓠駒」（図補2－1）を見てみよう。「本（所）床割下水ノ邉庶士ノ邸（ヤシキ）ノ後園」で作っていた夕顔の巨大な実、つまり瓢箪の中から嘶き（いなな）が聞こえるので裂いたところ駒形の物がいたという話である。まさに瓢箪から駒な話だが、「長崎ヨリ中華客名ハ士識ト云人来会」し、主人がこれを見せると嘆息し、割らずに養育すれば「龍駒（りょうく）」になる「希世ノ珍寳（ちんぽう）」だったという。これは章花堂（しょうかどう）『金玉（きんぎょく）ねぢぶくさ』巻之一「水魚の玉の事」などに見られる、石の中に生きた魚がいる「石魚」[30] の類話でもある。その後、惜しんだ主人は瓠を乾燥させた後、宝物として「弘文舘（こうぶんかん）」へ持参し、「讃文銘」を依頼した。弘文館（弘文舘）は、林家（りんけ）の私塾で、林鵞峰（はやしがほう）が貞享四年（一六八七）に弘文院学士の称を許された後に、書院を弘文館と名付けている。その「林公」が「文中ニ唐ニモ有シコトニテ誠ニ希世ノ珍ナリ」と銘を作り、そこには「非情（ひじょうにして）而有情（うじょう）希代之珍」と書かれていたという。[31]「非情而有情」は、化生を指す言葉である。

これに対して、為徳は次のように述べる。

為徳云、『本艸蒙筌』云、人参㆓肖人形㆒双手足者神具、時珍引㆓『捜神記』㆒云、敬叔伐㆓一樟樹㆒血出中有㆑物■(人)面狗身〈白澤図〉、『徒然艸』云、大蘿蔔化㆑人追㆓撃盗賊㆒、嗚呼化生無窮、瓢駒之説何謂㆓虚誕㆒乎、可㆑謂㆓理外之理㆒矣

(読み下し)

為徳云く、『本艸蒙筌』に云「人参肖人形双手足者神具」と、時珍『捜神記』を引きて云く「敬叔伐一樟樹血出中有物■(人)面狗身〈白澤図〉」と、『徒然艸』に云く「大蘿蔔人に化して盗賊を追撃す」と、嗚呼化生の無窮なること、瓢駒の説何ぞ虚誕と謂はんや、理外の理と謂ふべし

陳嘉謨『本草蒙筌』(一五六五刊)や『本草綱目』巻五一怪類の彭侯(『捜神記』由来)、『徒然草』第六八段に見られる大根の化生を取り上げて、「瓢駒」も虚誕ではないとする。

注目したいのは、最後の「理外之理」で、ここに為徳の怪異観が如実に表れている。それは、益軒の主張と比較することでより明確になる(第三章一一二・三頁参照)。先に触れた『大和本草』巻之一「論物理」の中で、益軒は「天地の間に理外の事無し(天地間無㆓理外之事㆒)」[32]、つまり万物は天地=理の内にあると断言している。同じく益軒の『大疑録』(初稿 一七一四成)によれば、陰陽二気が自然の常理にそむいた物事は「災沴」(災難)を為すといい、物(万物)の場合を「妖禍」という。[33]ただし、万物は理と気が揃わなければ生じない。つまり、気が理にそむいたとしても、理と気の関係は不可分であることに変わりはない。[34]結局、妖禍(怪異)もまた天地の間にあるのだ。

［怪異］を天地（理）の中に位置付ける儒者は、益軒以外にもいる。時代は下るが、昌平黌の儒者で［怪異］にも関心を持っていた古賀侗庵は、『水虎考略』（一八二〇成）後序に「予意、水虎者蓋天地間一怪物」と、水虎（河童）という怪物もまた天地の間に存在するとしている。[35]

それに対し、為徳の「理外之理」は、益軒や侗庵、そして玄紀とは異なる見解だということがわかる。[36]幕末の事例だが、大坂天満老松町の町人平野屋武兵衛（華井　一八〇一〜七九）は、慶応二年（一八六六）の御札降りに触発された記録『不思議の控』で「元よりあるべき天地の自然を理といふべきなれども、理の外の理ありて、更ニはかるべからざるを、理とハいふべからずして、ふしぎといふか」[37]と述べ、中井竹山をはじめとする学者たちを批判している（補論三　三三六・七頁参照）。武兵衛は、「理の外の理」＝「ふしぎ」によって人や社会が動かされることを痛感していたのである。

武兵衛のいう「理の外の理」を踏まえれば、為徳の「理外之理」は、学問的知による道理の外に不可知の理を想定していたといえる。これは、天も鬼神も人間には理解することができないという荻生徂徠の思想に近いのかもしれない。

「三足雞」についても、「為徳云、雄雞卵ヲ生スル事アリ、奇怪也、卵ノ大サ如レ雀（雀の如し）、卵ノ雌雞之ヲ啄ミツブス」と述べている。為徳は「奇怪」と評するに留まり、解釈を行っていない。「理外之理」と併せて考えれば、為徳は、類例を提示するだけで、あるものはある、怪談は怪談のままでそのまま扱うことを良しとする傾向にあったといえる。為徳は、怪異を怪異としてそのまま受け入れていたのである。この姿勢は、為徳にとっては理に適ったことなのだろう。

以上、玄紀と為徳は、怪異に対して全く異なる立場をとっていた。自分と異なる為徳の主張を承知の上で『図纂』に盛り込んだのは、考え方の多様性を示すこともまた、格物致知の一端だと、玄紀は考えていたからかもしれない。

❖怪談集の利用

本草学では、先行する本草書などを参照するのは当然の営為であり、『図纂』においても『本草綱目』『大和本草』といった本草書から『徒然草』まで、さまざまなジャンルの文献を引いている。

巻之一二でも、先に引用した箇所のように多くの文献を参照している。それだけでなく、「蛇虮聞笛」（図補2－2）冒頭には「雉鼎会談云」と、藤貞陸『雉鼎会談』（一七五五刊）巻之三「男変レ女」[38]を典拠としていることを明示している。これは、怪説には、人から聞いた情報のように思える項目も、実は何らかの文献を素材としている可能性があることを示唆している。実際、書名を明記していないが、怪談集を典拠にしている項目が複数あることが判明した。そこで、最後に、怪談集に載る怪談と『図纂』怪説を比較し、共通点と相違点を提示することで、今後さらに進展するだろう『図纂』研究の一助としたい。

まず「無傷」である。柳田も「山人外伝資料」で紹介しているが、これは、花洛隠士音久『怪醜夜光魂』（一七一七刊）巻三「千葉右近扶桑幽仙窟を作る事」の一部をほぼそのまま引いてい

図補2-2『日東本草図集』「蛇虮聞笛」
（国立公文書館所蔵）

る。『図纂』の「勢州桑名ニ良傳ト云遁世者ノ人」は「勢州桑名に良傳といへる遁世者あり」、「晋干寶所云地中有犬名地狼地中有人名無傷、此老法師モ無傷ノ類ナラン乎」は「晋の干寶が筆に残して、地中に犬あるを地狼と名付、地の中にある人を無傷と名づく」「是もかの無傷のたぐひにやと語られける」、「北國ニテ下谷入道ト云」は「北国にてハ下屋入道といふ」[39]など、登場人物も場所も、そして参照している文献も『怪醜夜光魂』そのままである。

「鬼子之説」にも典拠がある。冒頭と最後を引用しよう。

西京東山獅子カ谷一村ニ小里有、明応七年比下民ノ妻、鬼子ヲ産、其前此婦初産男子ニテ常ノ人也、二産異形ノモノヲ誕ス、三番槌子ヲ産、無面目ナリ、頓テ殺セリ、四番ニ鬼子ヲ産ム（中略）浄楽寺ノ栖安軒琳公幼少喝食ノトキ岸ノ下ニテ殴殺スヲ親口見タリト云

これは、『奇異雑談集』（一六八七刊）巻二「獅子谷にて、鬼子を産し事」に拠っている。

京のひかし山、獅子の谷の一村は、小里なり、明應七年のころほひ、地下人の妻、産の時、奇異なる物をうむ事、三度に、をよぶ、一番の産にハ、男子をうむ、つねの人なり、是、嫡子なり、二番の産にハ、異形の物を、うむ（割注略）、三番の産にハ、槌子を、うむ、目、はな、口なきゆへに、やがて、これを、ころしおハんぬ、四番の産にハ、鬼子を、うむ（中略）常楽寺の栖安軒琳公、ようせ喝食のとき、きしの下にて、うちころすを、まのあたり、みたりと、いへりと云々[40]

中略した部分も同内容である。これに続けて、玄紀は、自身が聞いたであろう鬼子の情報を「按」として記して

いる。

按、総房州ノ界往々民家鬼子ヲ誕スルコト有、正月年徳棚ヲ鈎ルトコロノ薪材一本ヲ貯蔵テ若シ遇（あふ）レトキハ鬼子ニ速ニ以レ此ノ材（ザイ）撃死トキハ爽ニ殂テ不二復甦（ヨミカヘ）一且莫二災害一（災害莫し）ト云ヘリ[41]（訓点ママ）

つまり、自身が入手した情報を活かすために、『奇異雑談集』の鬼子殺しの話を載せている。次に典拠とまでは断言できないが、類例など、怪談集と何らかの関係が窺われるものをあげたい。「垢舐」で紹介される挿話の一つがそれで、短いので該当部分を全文引用する。

播州（ばんしゅう）ノ温泉へ或庶士治療ニ至り、入湯ノ節一女来テ背ヲ洗ント云テ彼ノ庶士ノ背ヲナカセリ、庶士不覚シテ睡ヲナス、血肉舐リツクサレ背骨斗（ばかり）残リテ死ス

これは、『諸国百物語（しょこくひゃくものがたり）』（一六七七刊）巻之一「尼が崎伝左衛門湯治してばけ物にあひし事」と粗筋が同じである。これも全文を引いてみる。

摂州（せっしゅう）尼がさきに伝左衛門と云ふ人あり、有馬（ありま）へ湯治せられけるが、折ふしいづくともしらずうつくしきわかき女一人きたり、われらも湯にいれ下され候へといひければ、女の事なれば伝左衛門ゆるして入れければ、此をんな伝左衛門がうしろのあかをかき進ずべしと云ひけるほどにかゝせければ、いかにもきみよくあか［垢］をかき、とろ〳〵とねいるやうにかきけるに、いつのまにかうしろの身の肉すこしもなく、ほねばかりになし、行きかたなくうせにけり、さるほどに湯にも女ばけ物ありと、むかしよりいひつたへ侍る也[42]

『諸国百物語』と『図纂』の大きな相違点は、摂州有馬と播州の温泉という舞台の違い、そして「うしろの身の肉すこしもなく、ほねばかり」と「血肉舐リツクサレ背骨斗」と舐る行為の有無である。舐る行為があって初めて「垢舐」との関連性が明確になる。

また、「カマイタチノ説」「簑虫之説」と紀常因『怪談実録』（一七六六刊　以下『実録』）巻之四「越後の霊火附蓑虫・鎌鼬」の関連も想定できる。北越のカマイタチについては、『評判』巻之一にも「越後新潟にかまいたちある事」という類例がある。しかし、『実録』には「近松門左衛門が越後の事をかきしに、風の名をさへかまいたちといへり」[43]という記述があり、『図纂』にも「近松門左衛門ハ浄類理ノ作者ナリ、彼カ作リタル浄類理本ノ中ニ、越後ノ国ヲシリテ、風ノ名サヘカマイタチ、梅モ櫻モ春シラスト云」とある。この部分は、近松ではなく、大坂竹本座で享保一二年（一七二七）八月初演の竹田出雲『三荘大夫五人嬢』初段の「此国（越後国　筆者注）は、梅も桜も春知らず、（中略）風の名さへもがまいたち」だと考えられる。[44]『実録』よりも『図纂』の方が『三荘大夫五人嬢』の引用部分が多いが、『実録』の「一説に回飆なりといへり、風にてきずつくべきやうはあらざれども、もしくは風の中に物ありて、なすことにや」は、先述した巻之十の黒青・提馬との繋がりを連想させる。

簑虫についても、『図纂』「越後ノ國ニ簑虫ト云物アリ、常ノ虫ニハ非ス、雨夜ノ淋シキ節ニ野山ノ道ヲ往来スル人ニ取付テ妖ヲナス」と『実録』「又蓑虫といふものあり、虫にはあらず、雨夜に道ゆく人につく」と、冒頭が類似している。その一方で、『図纂』の払い落とそうとすると増える点、『実録』の他人には視認できない点など、独自の記載も見られる。

垢舐とカマイタチ、簑虫については、『図纂』と怪談集がそれぞれ別の情報源から情報を得たという可能性も十分考えられるため、現時点では双方は関連があるのではないか、という指摘に留めておきたい。

「冬瓜夕顔之怪」に見られる旅僧が瓢箪などの変化を退治するという話は、『曽呂利物語』（一六六三刊）巻第四「万の物年へては必化事」[45]といった類例がある。玄紀がこの話を収載したのは、「冬瓜夕白ノ無情ノモノ化シテ、妖ヲ作コトヲ不㆓視聴㆒コトナルカ」と、化生の事例と考えたからであろう。[46]また、脱字があり文脈はわからないが、「山媼」についての言及も見られる。これは、謡曲『山姥』の間狂言に見られる、[47]鰐口、団栗、胡桃、茸、葛などが集まって山姥に成るという説で、やはり化生との関わりだろう。

このように怪説には、怪談集を素材とした項目、あるいは関連する項目が少なからずあった。そこに「無傷」など、典拠の『怪醜夜光魂』にはない図を新たに挿入している。他にも素材となった文献があるだろう。なお、怪異の理解が玄紀と大いに共通している『評判』との関連は、為徳が垢舐に関して引いていないことを踏まえると、ない可能性が高い。

図については、巻之一二に関連するものを見つけるには到っていない。しかし、先述した巻之十「雷獣」の図二点のうち、明和二年の図が『雷震記（震雷記）』にも収録されていたり、[48]ヨンストン『動物図説』が引かれていたりすることから、典拠がある可能性はある。

怪談集を利用したことで問題となるのは、何故玄紀が怪談集を本草書である『図纂』に採用し載せたのか、ということである。おそらくそれは、『図纂』「瓠駒」でも取り上げている『本草綱目』彭侯が干宝の志怪『捜神記』を引用していることを先例としたからであろう。

先例に則った怪談集からの情報と人から得た情報の共通点は、場所の明記である。「劈架」以外は、山中など漠然であっても何処で起きたのかが記されている。特定の土地あるいは地形に特定の怪異が生じる、という見方は、一八世紀以降の本草学が物産学の要素を含み始めたことと関係しているのだろうか。[49]実際、注27『多濃武の雁』「妖怪」や巣飲叟鶏鼠による甲斐国の地誌『裏見寒話』（一七五二序）には「怪談」という「追加之巻」が載るように、[50]地誌にも怪異に触れた巻や部門がある。[51]玄紀も、こうした怪異の地域性に、学者としての関心を持っていたのではないだろうか。

おわりに

以上、巻之一二を中心にして『図纂』の個性を検討してきた。

中でも、他の本草書には見られない怪説という巻は、類書の性格を帯び、補遺の役割を担っていた。この巻には、怪異を学問的に理解する玄紀と怪異をありのままに受け止める為徳の主張が併記されていた。これは、怪異を通して物事をどのように受け止め、解釈するのかという知、あるいは合理の多様性を物語っている。日本の社会や状況に合った本草書として、『図纂』は新たに「つくられた」のである。

また、怪談集を本草書へ積極的に活用している点は、①本草学が本来の薬学から物産学などの方向へ展開していくにつれ、何を学問対象とし、それをどのように考察していたのか、②文芸を利用する当時の学問の在り方、③本草学だけでなく国文学や民俗学、思想史など学問分野を横断的に駆使する必要性など、当時の学問を考える上での重要な論点をいくつも提示している。

損失を辛うじて免れ再編された稀有な本草書『図纂』は、一八世紀後半の学問や知識のあり方を考える上で重要な位置を占める書物であり、今後の研究の進展が大いに望まれる。

1　現在、国立公文書館のデジタルアーカイブで公開されている（一九六―〇〇九〇）。『図纂』には「明治十一年購求」の印が押されている。

2　山田慶兒「本草における分類の思想」同編『東アジアの本草と博物学の世界』上、思文閣出版、一九九五、磯野直秀『日本博物誌総合年表』平凡社、二〇一二。

3　柳田國男「山人外伝資料」『郷土研究』一巻二号、一九一三、一一〇頁、同一巻七号、一九一三、四一九頁（ただしこの号では「日東本草図彙」と表記）。

4　柳田國男「一つ目小僧」『郷土研究』四巻一二号、一九一七、七三五頁。

5　伊藤龍平「柳田山人論の原風景―「山人外伝資料」再見」『昔話伝説研究』二一、二〇〇〇。

6　伊藤龍平『江戸幻獣博物誌　妖怪と未確認生物のはざまで』青弓社、二〇一〇、同「妖怪の博物誌」小松和彦編『妖怪学の基礎知識』角川学芸出版、二〇一一。

7　注6伊藤前掲書八八頁。

8　浅野三平「「二世の縁」攷」『上田秋成の研究』桜楓社、一九八五、五四二・三頁（初出一九六四）。

9　注2磯野前掲書三五〇頁。

10　西村三郎『文明のなかの博物学　西欧と日本』上、紀伊国屋書店、一九九九、一〇二～五、一一〇～二、三四三頁。第三章一〇一頁も参照のこと。

11　「此文ニ脱語アルヘシ」（巻之一二「冬瓜夕顔之恠」）といった割注がある項目も散見できる。

12　国立国会図書館所蔵本（特七―四〇六）。

13　国立国会図書館所蔵本（特七―三四三六）。

14　注2山田前掲論文四〇頁。

15　蛮種の構成は、人脂・乾脂・人面樹・鱖魚・黒鱧・安産樹・紅毛国猿・麒麟・麝・獅子・一角獣・犀・蘭麝である。

16　倉地克直『江戸文化をよむ』吉川弘文館、二〇〇六、一六四～六六頁など。

17　各出典は、『本草綱目』は国立国会図書館所蔵本（WB二一―二）、『大和本草』は国立国会図書館所蔵本（特一―二四六四　また、益軒会編『益軒全集』六、益軒全集刊行部、一九一一も参考にした）、『和漢三才図会』東京美術、一九七〇による。

18　他にも巻之八蟲部には、蜃・渕龍・怪蟲・蟻塔といった項目が見られる。

19　これは、貝原益軒が寛文一二年（一六七二）に刊行した『和名入本草綱目』附録「本草綱目品目」の「封　かはたらうと訓ず、未レ知ニ是非一」を受けたものと考えられる（注17『益軒全集』六、八三五頁）。

20　例えば『藝文類聚』の祥瑞・災異部や『太平御覧』の神鬼・妖異部など、類書には怪異に関する部が立てられている。

21　『叢書江戸文庫二七　続百物語怪談集成』国書刊行会、一九九三、三五頁。なお、『評判』を受けて、鳥山石燕は『画図百鬼夜行』（一七七六刊）前篇陰に「垢嘗」を描いている。『評判』と『画図百鬼夜行』の関連については、横山泰子「鳥山石燕「百鬼夜行」考」『ICU比較文化』一九、一九九〇、七頁を参照のこと。

22 島田虔次『朱子学と陽明学』岩波書店、一九六七、八〇～九一頁。

23 化生と化物・妖怪の関係については、本書第四章および拙稿「一七世紀前後における日本の「妖怪」観—妖怪・化物・化生の物」『日文研国際シンポジウム論集』四五、二〇一五を参照のこと。

24 注17『益軒全集』六、二〇頁。なお、益軒の気論については、辻本雅史「近世における「気」の思想史・覚書—貝原益軒を中心に—」『思想と教育のメディア史　近世日本の知の伝達』ぺりかん社、二〇一一（初出一九九二）を参照のこと。

25 宝暦三年（一七五三）八月に美濃地方で起きた大洪水を指すと思われる。詳しくは、倉地克直『江戸の災害史　徳川日本の経験に学ぶ』中央公論新社、二〇一六、一三〇～二頁を参照のこと。ただし、『日本災異志』（五月書房、一九八二）洪水之部によれば、他にも宝暦七年（一七五七）四月に東海北陸二道で霖雨洪水、同七月に東海及び山陽二道で洪水、明和四年（一七六七）七月に尾張・三河で洪水が起きている（三九・四〇頁）。

26 朱子の鬼神論については、安蘇谷正彦「吉川惟足と朱子の「死」の問題」『神道の生死観—神道思想と「死」の問題』ぺりかん社、一九八九、三浦國雄「鬼神論」『朱子と気と身体』平凡社、一九九七、吾妻重二「朱熹の鬼神論と気の論理」『朱子学の新研究』創文社、二〇〇四などを参照のこと。

27 川越の地誌である大陽寺（だいようじ）盛胤（もりたね）『多濃武の雁』（一七五三成）の「近郷古跡」の部に「大蓮寺火」が載る（『埼玉叢書』二、三明社、二四二頁）。この『多濃武の雁』では別に「妖怪」の部が設けられ、爺榎姥榎・久太郎狐・嚔姥・感誉御影・蟲喰奴墓・遊佐地蔵・赤間川螢・弁天社・安田深尾喧嘩の次第が立項されている。

28 怪異だと認識する第一の条件は稀少性であった（本書第六章および拙稿「一七世紀の怪異認識」『人文論究』六二—二、二〇一二、九～一三頁を参照のこと）。玄紀は、怪説の全てを解釈していたわけではない。深川・本所を舞台にした「縫龍之説」の末尾には「其故何ナル訳ヲ辨スルコトナシ」とあるように、話の珍奇さを重視していた場合もある。

29 巻之七下「牛盗人魚」に「為徳云、関東ノ俗言ナリ」とあるように、書物を引用しない場合もある。

30 柴田宵曲『妖異博物館』筑摩書房、二〇〇五、三一〇～五頁（初出一九六三）。『金玉ねぢぶくさ』は『叢書江戸文庫三四　浮世草子怪談集』国書刊行会、二五一—三頁による。

31 この銘が存在するのか不明だが、『鵞峰先生林学士全集』巻百八には、「瓢箪から駒」の由来である張果老にちなんだ「奇奇怪怪果老神仙瓢中天地龍駒里千」という「張果瓢駒賛」が収録されている（『近世儒家文集集成一二　鵞峰林学士文集』上、ぺりかん社、一九九七、四八三頁）。また、『国史館日録』寛文九年（一六六九）正月一四日条にある、

友元（人見友元　筆者注）談曰、街説曰、両国橋下死亀千余漂来、又曰、牛籠辺死蛇千余漂来、又曰、一女生十二蛇云々、未ㇾ知二然否一、殊為二疑怪一（『史料纂集　国史館日録』三、続群書類従完成会、一九九八、二四九頁）

のように、林鵞峰（林家）のもとに奇談が持ち込まれた事例も確認できる。珍奇な物品に儒者が賛や銘を与えることがあった事例としては、寛政七年（一七九五）、大坂「府下高麗坊山田叟」が「厨下之井」から「緑毛亀」を発見したので、懐徳堂の中井竹山に題言をもらいにきたところ、「貴重」こそが「神怪妄誕」を引き起こす原因だと批判された『奠陰集』「緑毛亀図題言」（『近世儒家文集集成八　奠陰集』ぺりかん社、一九八七、二二四頁）がある（補論三参照）。

32　注17『益軒全集』六、二五頁。

33　『近世儒家資料集成六　貝原益軒史料集』下、ぺりかん社、一九八九、八六頁。また別の項では「二気之変而為二災沴一也」とも述べている（七〇頁）。

34　同右八七頁。

陰陽之流行便是道故陰陽與ㇾ道非二二物一、是理気之所二以不ㇾ可ㇾ分也

35　第十章および拙稿「近世社会と学知―古賀侗庵と怪異から―」『ヒストリア』二五三、二〇一五、一八二頁を参照のこと。

36　理外の理については、拙稿「怪異が生じる場―天地と怪異」『アジア遊学二三九　この世のキワ―〈自然〉の内と外』勉誠出版、二〇一九、五〇～二頁を参照のこと。

37　脇田修・中川すがね編『幕末維新大阪町人記録』清文堂出版、一九九四、二五七・八頁。また、同書「解題」も参照のこと。

38　『江戸怪談文芸名作選四　動物怪談集』国書刊行会、二〇一八に翻刻されている（「男変ㇾ女」は四四～五八頁）。

39　倉員正江・佐伯孝弘編『浮世草子研究資料叢書第一巻影印編一　怪異物・奇談物』クレス出版、二〇〇八、三二三～八頁、『徳川文藝類聚』四、国書刊行会、一九一五、二九九・三〇〇頁。

40　『仮名草子集成』二一、東京堂出版、一九九八、一三八～四〇頁。『奇異雑談集』は、刊本より写本が先行して成立しているが、玄紀は刊本を見たものと考えられる。

41　異形の赤子（鬼子）が災いとなすものとして殺す事例は、『当代記』慶長九年（一六〇四）に「此年、或女頭二ある孩児を生、先年も如此之子を生けるか、洛中を渡しける、其年何して凶事有之し程にとて、此度は不渡則害しける」（『史籍雑纂　当代記・駿府記』続群書類従完成会、一九九五、八二頁）などに見られる。なお、鬼子については、近藤直也『「鬼子」論序説　その民俗文化史的考察』岩田書

院、二〇〇二を参照のこと。

42 『叢書江戸文庫二　百物語怪談集成』国書刊行会、一九八七、三九・四〇頁。

43 『怪談実録』は国立国会図書館所蔵本（京―一三四）を用い、藤沢毅「翻刻『怪談実録』二」『文教国文学』四九、二〇〇五、三〇～二頁も参照した。

44 『叢書江戸文庫九　竹本座浄瑠璃集』一、国書刊行会、一九八八、二四六頁。『三荘大夫五人嬢』については、岡島昭浩の御教示による。

45 『仮名草子集成』四五、東京堂出版、二〇〇九、一〇四～六頁。

46 『評判』巻三―一「参州加茂郡長興寺門前の松童子にばけたる事」には、「此事既にこだまの事に付きて其ためしをかたりき、猶も非情の有情は化する事は、化生と申しならはして目前にまゝある事なり」（注21『続百物語怪談集成』三八頁）という、玄紀同様の見解が見られる。

47 『古典文学大系四一　謡曲集』下、岩波書店、一九六三、二八一頁。

48 もう一点は、元文二年（一七三七）武州岩附掛新田に落ちた雷獣の図である。

49 注10西村前掲書一二九～三三頁、注16倉地前掲書一三〇・一頁、塚本学「都市文化との交流」『日本の近世』八、中央公論社、一九九二、三七三・四頁などを参照のこと。

50 『甲斐叢書』六、第一書房、一九七四。

51 地誌に載る怪異については、拙稿「近世怪異が示す射程―ひろたまさきの「妖怪」論を手掛かりにして―」東アジア恠異学会編『怪異学の地平』臨川書店、二〇一八、一一三～五頁で私見を述べている。

第四章 語彙① 辞書に見る怪異

はじめに

第三章と補論二では、本草学の視点からモノとしての怪異を考えた。そこでは、当時怪異を生類として捉える理解があったことを確認した。

本章と次章では、この理解を踏まえて、怪異に関する言葉に注目する。言葉が指し示すもの、言葉の背景、あるいは言葉の使い方から、歴史性を読み取ってみたい。怪異に関する言葉の研究は、これまで、謡曲『船弁慶』に出てくる「あやかし」に関する考察を行った中田薫[1]、漢籍を使って中国のみならず古代日本についても言及した山田勝美[2]、そして、古代の「怪異」や「物怪」などの語彙に関する研究を行った森正人や大江篤[3]たちによってなされてきた。しかし、中世後期から近世にかけての言葉に関する研究は、見当たらないようである。

そこで、本章では、辞書、特に節用集を中心にして、怪異に関する語彙の考察を行っていくことにする。

【一】……分類される妖怪・化物

❖節用集での分類

言葉を確認する上で、まず用いるのが辞書である。辞書は、当時流布していた、あるいは古来より使われてきた言葉の集積、つまり常識の一端を示すものであり、編纂時の通念を把握するための適当な史料といえる。本章で扱う時期の代表的な辞書として、節用集（室町中期成立）と下学集（一四四四成立）があり、それぞれ各部門への言葉の分類を行っている。そこで節用集を中心に、妖怪や化物という言葉がどのように分類され、理解されていたのかを見てみよう。

節用集は、慶長期以前のものを古本節用集というが、まず古本節用集での妖怪と化物に関する分類と表記を表に示した（表4－1）。妖怪は全て、そして化物は分類に揺らぎがあるもののほとんどが、畜類門や気形門と呼ばれる部門、すなわち生類（禽獣虫魚）に該当する部門に分類されている（図4－1）。要するに、節用集では、妖怪や化物は生類だと理解されていたことになる（下学

表 4-1 古本節用集の妖怪・化物比較

諸本名	部門	語句	和訓	備考
文明本（1469 ～ 87）	不明	天怪	バケモノ、テンクワ	又天妖（バケモノ）
弘治 2 年本（1556）	畜類	術物	バケモノ	神書上巻在之
同上	畜類	妖恠	ヨウクハイ	化生物也
永禄 2 年本（1559）	畜類	妖恠	ヨウクハイ	化生物也
堯空本	畜類（無表記）	妖恠	ヨウクワイ	化生物也
両足院本	天地	天化・天恠・化者・媚	ハケモノ	
同上	人倫	媚者	ハケモノ	
同上	畜類	妖恠	ヨウクワイ	化生物也
饅頭屋本	天地	天化	バケモノ	
黒本本	畜類	術物	バケモノ	神書在之
同	畜類	妖恠	ヨウクワイ	化生物也
天正 17 年本（1589）	畜類	術物	バケモノ	神書上巻有之
同上	畜類	妖恠	ヨウクワイ	化生物也（ケシヨウノ）
易林本（1597 刊）	気形	妖化物	バケモノ	
同	気形	妖怪	ヨウクワイ	

中田祝夫編『印度本節用集古本四種 研究並びに総合索引』勉誠社、1980・同編『古本節用集六種 研究並びに総合索引』勉誠社、1979・『天理図書館善本叢書和書之部第 59 巻　増刊下學集・節用集天正十七年本』八木書店、1983 より作成。

集にはなし）。江戸時代の節用集は、易林本の系統を基に発展するため、[4] この分類は近世を通じて概ね適用されていたことになる。

❖化生とは何か

注目したいのは、易林本より前の古本節用集の「妖怪」には必ず、「化生物也」という注が付けられている点である。下学集では、「妖恠（妖怪）」は態芸門（現象や状態を指す部門）、つまり事象＝コトとして分類されているが、必ず「化生（ノ）物」という注が付けられている。この「化生」とは、何だろうか。

化生とは、『倶舎論』などに見られる生物の四つの生まれ方を指す仏語「四生」（胎生・卵生・湿生・化生）の一つで、何もないところから忽然と出生すること、および出生したもの（無から有）、また形を変えて生ずることを指す。化生によって発生するのは、天人や獄卒から、鰻（山芋から）や蛤（雀から）まで多種多様である。

化生の認識について、布教先の文化に敏感なイエズス会宣教師が作成した、日本語学習用書籍からさらに詳しく見てみる。日本語文法書『日本大文典』には、「四生。四つ生ずる。即ち、胎生、卵生、湿生、化生。即ち、母の胎内

図 4-1　易林本節用集
妖怪・妖化物
中田祝夫編『古本節用集六種研究並びに総合索引』勉誠社、1979 より転載。

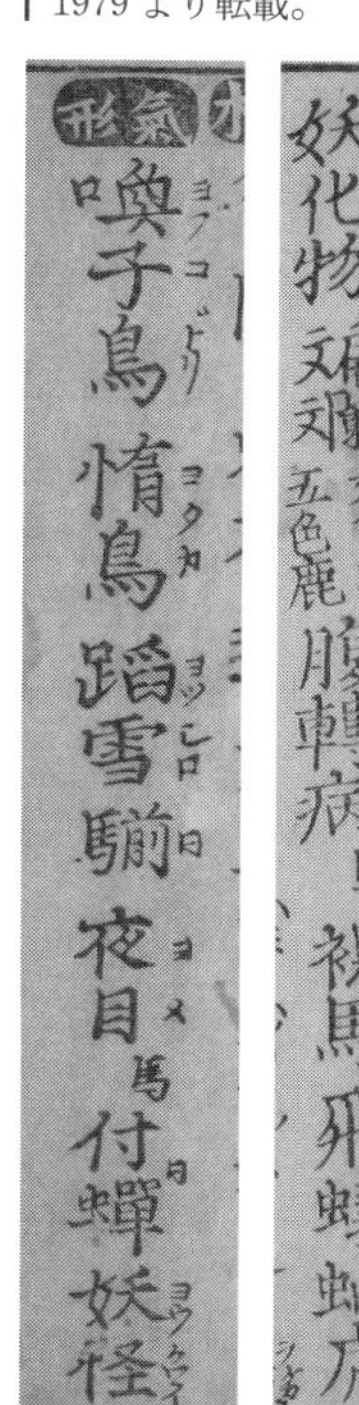

より、卵より、水より、変化」（第三巻「数詞」）[5]と、化生は変化だと説明される。また『日葡辞書』（一六〇三刊）には、

Tairan xicqe.（胎卵湿化）…（前略）四、「化生」水中に投げ込んだ頭髪とか、山芋とかなどから蛇が生ずるように、変身（化成）によって生ずる動物の出生。[6]

Qexŏ.（化生）…例「化生の物」または「変化の物」、姿形を変えて化けたもの。または他の姿形を取ったもの。[7]

とある。イエズス会宣教師が収集した情報によれば、化生（の物）とは、変化、つまり化ける属性を持つもの、言い換えれば「化け」物に他ならなかった。また、化生は変化といっても、（便宜的に読みを変えて）「変化」（＝化成、元に戻れない）と「変化」（＝変身、元に戻れる）の両方の意味を含んでいる点にも注意したい。[8]

❖妖怪と化物の関係

化生が、化ける属性を持つ言葉であるならば、妖怪と化物はどのような関係にあったのだろうか。『日葡辞書』には、

Baqemono.（化物）…他の物に姿を変えたり、似せたりした物。例えば蛇、狐などの姿で現れる悪魔など。[9]

Yôquai.（妖怪）…「妖ひ怪しい」わざわいと危険なことと。[10]

とあり、妖怪は事象を指し、物象である化物と区別されている。

しかし、豊臣秀次が五山僧につくらせた金春流謡曲の注釈書『謡抄』（一五九五成立）では、謡曲『鵺』の注に「変

化　妖怪トテ、ハケモノ、事也」とある。[11]「変化」とは、曲中の「変化の物」を指し、当時最高レベルの知識人集団だった五山僧は、変化（の物）＝妖怪＝化物という認識を持っていたことになる。『日葡辞書』でも、

Fengue.（変化）…他の物の姿に化けること。例「変化の物」狐の姿に化けた悪魔などのように、変身したもの。
例「天狗狐に変化する」悪魔が狐の姿をとる。[12]

と、変化の物と化生の物は同義のものとして扱われている。

つまり、妖怪・化物・化生の物・変化（の物）は、同義で互換性があったことになる。

この性質は、江戸時代になっても同様で、儒者林羅山の『性理字義諺解』（一六三九成立、一六五九刊）巻第五「鬼神を議論するを看るの法を論ず（論下看三議一論鬼神二之法上）」条に「妖怪ハ、ハケモノ、コトナリ」[13]とあり、また真宗の僧侶で仮名草子作者としても活躍した浅井了意の『東海道名所記』（一六六〇・一頃刊）巻五「蟹坂」の説明文には「妖怪」という箇所がある。[14]別に『頭書増補二行節用集』（一六七〇刊）のような頭書（解説）がある節用集には、「妖恠　ばけ物也」という頭書が付いている。以上、江戸時代でも妖怪と化物には互換性があったことが確認でき、その裏返しとして、妖怪という言葉は一般的なものではなかったこともわかる。

では、『日葡辞書』の「妖怪」はどう理解すべきだろうか。これは、恠異すなわち（政治的）凶兆に近い表現である。化生は、本来妖怪や化物だけではなく、変化したもの全般を指す言葉である。ならば、妖怪・化物とは、恠異が帯びるような負の性質を持った化生の物に対して用いる、限定的な表現なのではないかと考えられる。

「あやし」を名詞化した「あやかし」は、謡曲『船弁慶』では海の怪異として登場し、[15]『宝物集』『直談因縁集』『鶴の草子』などの作品では「わざわい（災・禍）」という名の獣が登場している。[16]

室町から江戸時代にかけて、妖怪・化物は、化生という生類観＝自然観に大きく規定されていた。物が忽然と現れ

たり、別の物になったり（＝化けたり）すると、不思議や恠異だと思う場合がある。しかし、それが化生によるものだと理解していれば、不思議に思わなくなる。化生という属性は、不思議を克服する効果も孕んでいたのである。

❖揺らぐ位置と意味

そして一八世紀以降、化物は継続して生類として載る一方、妖怪は節用集への収載が激減してしまう。気形門、あるいは言語門（「あやしい」を指す語として『大節用文字宝鑑』一七五六刊、『字引大全』一八〇六刊など）に妖怪を分類する場合もあるが、多くはない。

何故、妖怪は収載されなくなったのか。その原因として、妖怪の位置が不明確になったことが考えられる。妖怪は、易林本より前の古本節用集では必ず「化生物」という注記が付くなど、馴染みの薄い語彙であった。しかし、易林本以降の諸本には「化生物」という注記がほとんどないどころか、化生という語彙も収載されていない。つまり、節用集のレベルでは、妖怪―化生という回路が、よく見えなくなってしまったのである。そのため、妖怪が生類に位置付けられる意味が不明瞭になってしまった。

そうした事態になったことで、一八世紀以降の妖怪の語釈は、却って多様になっていく。例えば、鈴木牧之『北越雪譜』や曲亭馬琴『南総里見八犬伝』でも使用された槇島昭武編『和漢音釈書言字考節用集』（一六九九成立、一七一七刊　以下『書言字考』）では、気形門に「妖孽」と「妖怪」が載る。

妖孽（ヨウゲツ）　説文　衣服哥謡草木之怪謂二之ヲ妖一ト、禽獣虫蝗之怪謂二之ヲ孽一ト
妖怪（ヨウクハイ）　博物志　水石ノ怪ハ龍罔象、木ノ怪ハ夔罔両、土ノ怪ハ羵羊、火ノ怪ハ宋無忌

これらは、中国の文献を引用して各語彙が示している範囲を指摘するものの、具体的な意味には触れていない。

別に『字尽節用解』（一七九九刊）では、雑之部に「妖怪〈はけものを妖といゝ、ふしぎなる事を怪と云〉」と、妖=モノと怪=コトの複合語として妖怪を説明している。この理解は、荻生徂徠の『訳文筌蹄』初編（一七一四・五刊）にある「妖」と「怪」の理解とは真逆である。[17] このように、妖怪の語釈には幅が見られるが、それだけ当時妖怪の意味に揺らぎがあった状況を露呈している。

こうした化生という分類の根拠が示されなくなった妖怪、そして化物の分類に対して、懐疑的な声が一九世紀になると聞こえるようになる。以下は、ともに嘉永三年（一八五〇）の諸本冒頭にある生類の部門に関する説明である。

・生類　此部には畜獣・鳥禽・魚亀・蟲虫・鬼怪妖物のたぐひに至るまで脱さず集む（『万代節用集』）
・気形（中略）鬼畜・妖怪のたぐひの文字は、この門にて索むべし（『永代節用集』）

これらは、生類の範疇に化物・妖怪を含む従来の理解と同時に、それに対する懐疑も示す表現である。こうした懐疑は、香川雅信のいう一八世紀後期以降の「妖怪の「表象」化」[18]と関係があるように思われる。つまり、生類=実物としての妖怪と表象=虚構の妖怪という、妖怪に対する理解の拮抗の投影として。

【二】……固有名詞的な怪異の分類

本節では、妖怪や化物という普通名詞的なものではなく、より特定の怪異を指す、いわゆる固有名詞的な対象について、再び節用集を中心に見てみたい。

❖鬼（おに・をに）

易林本より前の諸本（永禄二年・堯空・両足院・黒本・饅頭屋）では畜類・気形門に分類されていたが、易林本以降、人間に関わる人倫門に分類される。『広益二行節用集』（一六八六刊）・『鼇頭節用集』（一六八八刊）などでは、生類の部門、あるいは生類・人倫両方の部門に分類される場合もある（「人神」と表記される場合も）。[19] これは、当時鬼が人と生類の境界的な存在として認識されていたことを示し、その分類は編者の判断に依拠していたといえる。

一八世紀以降も多くが人倫門に分類されるが、生類の部門に分けられるものも少し確認できる。ただし、一八世紀以降は、節用集に必ず載る語彙ではなくなっている点に注意したい。

❖樹神（木魅　こだま　以下、樹神を統一表記として用いる）

易林本より前の諸本（明応五年・黒本・伊京集・天正一七年・同一八年・饅頭屋など）で畜類・気形門に分類されていたが、易林本以降は、ほぼ全ての諸本で神祇門に分類される。

中には、『新刊節用集大全』（一六八〇刊）・『合類節用集』（一六八〇刊）など生類の部門、あるいは生類・神祇両方の部門に収録される。生類としての分類は、『本草綱目』獣部怪類の彭侯との関連によるものと考えられる。いずれにしろ節用集の樹神は、生類と神祇の境界線上にいた。

別に、林羅山は、『新刊多識編』（一六三一刊）で『本草綱目』巻五一獣部怪類「彭侯」に「こだま」という和名を当て、[20] また『徒然草』注釈書『野槌』（一六二一成立）で「こだま」（第二三五段）を「はけ物の類を云」[21] と記すなど、樹神を怪異だと強く意識していた向きが窺える。

❖河童（かはらう・かわらう）

節用集では、一八世紀の諸本まで大方「獺　老いて河童（という者）に成る（獺　老而成二河童（者）一）」と表記される（下学集も同様）。江戸時代に入っても、老獺の変化＝化生の結果という位置に留まっていた。しかし、延宝八年（一六八〇）刊行の『合類節用集』と『新刊節用集大全』で、河童は獺から独立し個別の語彙として記載される。『合類節用集』では「封」と「河童」を載せ、双方の典拠に林羅山『新刊多識編』をあげる。『新刊節用集大全』では「河童」に「獺老成二河童一、カワワラウ也、俗転言曰二之カワタラウト一」と、従来の獺の注記に新たな情報を追加している。河童はこれ以降、老獺が変化したもの、或いは獺とは別種とするものの二説が、各本で選択されていく。そして、『大節用文字宝鑑』ほか、宝暦以降のほぼ全ての本で、獺と河童は別々に立項されている。[22]

河童の表記については、中国の「水虎」に「かっぱ」「かわたらう」「かわらう」などの読みが当てられる場合がある（「水虎」『悉皆世話字彙墨宝』一七三三刊、「水虎」『大成正字通』一七八二刊など）。これは、『本草綱目』が日本へ来て以降の水虎と河童が同一視される動向と連結している。[23]『男節用集如意宝珠大成』（一七一六刊　以下『男節用集』）では、「河童　九州の地に多し」と他に見られない説明がある。これも河童が九州、特に豊後国の名物として一般に知られていたからである。[24]

❖天狗・魔・魔王・魔縁・天魔[25]

天狗は、易林本より前の古本節用集では、畜類門など生類の部門に分類されている。しかし、易林本が刊行される慶長期以降一八世紀前半頃まで、主に人倫門の語彙として分類されるようになる（『新刊節用集大全』など気形門に分類される例外もある）。また、天狗は、「天人」という易林本で新しく登場する語彙と並んで収載されている点にも注目しておきたい。

一八世紀後半になると、天人の掲載は減少していく。一方、天狗は気形門に分類される諸本が増えてくる。これは、天狗の読みが「てんぐ」以外に、「ソライヌ」（『袖中節用集』一七五八刊・『新撰正字通』一八二二刊など）や「アメイヌ」（『文会節用集大成』一八一九刊・『大日本永代節用無尽蔵』一八四九刊）という訓読が付くことと関係している。具体的には、『女節用集罌粟嚢家宝大成』（一七二二刊　『節用集大系』収録本は寛保三年（一七四三）に口の一部を替えた後刷本　以下『女節用集』）気形門の「天狗〈いぬのことくなるけだもの也、ゑ〔絵〕にかくてんぐハつくりものなり〉」という、天狗を『山海経』由来の犬のような獣と理解していることによる。ただし『絵引節用集』（一七九六刊）では、天狗は獣部に分類されているが、山伏姿の所謂「ゑにかく」天狗が描かれている（後述）。他に『書言字考』では、乾坤に「天狗　星ノ名、事ハ見二史記天官・五雑組一、又本朝霊魅ノ中其ノ較著ナル者ヲ曰二天狗ト一」とあり、前半では天狗星、後半では林羅山『本朝神社考』下之六「僧正谷」に基づく怪異の天狗を説明している。

魔は、古本節用集では人名（伊京集）・人体（明応五年本）・人倫（饅頭屋本・黒本本）など、人間に関する語彙であり、多くで「外道」などと説明される。黒本本には天狗（畜類門）の注記に「魔」とあり、天狗と同義であった。しかし易林本以降、魔は収録されず、代わりに「魔王」が気形門に登場する。また「魔縁」も魔王とともに易林本気形門に登場し、一七世紀を通じて併録されている。魔縁については、「外道也、滅仏法、梁武帝改磨作魔」（『真草二行節用集』一六六五刊）や「仏法怨敵也」（『新刊節用集大全』）など、古本節用集では魔の注記にあった説明が転用されている。

魔王は幕末の節用集まで見られるが、魔縁は享保頃から次第に収載が減る。一方で、数は多くないが、再び魔が気形門に見られるようになる。魔王は、天狗のように音読「まわう」だけでなく、訓読「オニ（ノ）キミ・ヲニ（ノ）キミ」が載る場合があり（『頭書増補節用集大全』一七〇〇刊、『倭漢節用無双嚢』一七九九刊など）、当時の魔と鬼の関係性が窺える。しかし、気形門に魔が載る諸本では、魔王は魔の解釈に拠った訓読が掲載されている。例えば、『長半仮名引節用集』（一八〇四刊）では「魔（マ・ばけもの）」に対する「魔王（バケモノキミ）」、『江戸大節用海内蔵』（一八六三刊）では「魔（すだま）」に対する「魔王（スダマキミ）」のように。

また、天魔や鬼魅、魔魅などの語彙も気形門に時折確認することができる。

❖魅（いえのかみ）・魑（いしのすだま）

易林本以降、気形門に登場する項目である。魅は『合類節用集』『鼇頭節用集』以外の全てに収録され、『頭書増補二行節用集』など頭書がある節用集には、「魑魅とて鬼なり、老物乃精也、俗にいう疫病乃神のたぐひ也」という説明が付く。ただし、国立国会図書館所蔵の易林本には、時期不明ながら神祇部の余白に「魑奇」の書入があり、[26] 節用集の分類に懐疑的な人の存在を示す。一方、魑は、『二体節用集』（一六二九刊）以降、ほとんど見られなくなる。

❖ネコマタ[27]

猫の怪異であるネコマタは、古くは『徒然草』にも見られるが、節用集では『合類節用集』諸獣部の「貍」が初例である。『合類節用集』を契機として、以後多くの諸本にネコマタが載るようになる。

しかし、「貍」は「狸」の正字であり、中国の用法において猫に「貍」の字が用いられている。[28] そのため『合類節用集』では狸にも「貍」の字が使用されている（一八世紀以降の節用集には、貍と狸で字体を変えることで区別しているものもある）。

寺島良安『和漢三才図会』（一七一二成立）第三八巻獣類でも、「猫」に「家貍」、「貍」に「野猫」の別称があり、「貍」は野生の猫（＝我々の生活圏とは異なる領域で生活する、得体のしれない獣）として理解されている。猫には、他に「金花猫　出二月令廣義一猫為レ妖者也」や「凡十有余年ノ老牡猫ハ有二妖為レ災ヲ者一」という解説も記されている。[29]

『和漢三才図会』のように、節用集のネコマタは「貍」の他に「金花猫」「猫魔」などの漢字表記がある。金花猫は、中国の金華地方（杭州西南）に棲息する猫の妖鬼で猫魈とも呼ばれる。[30] 第三章でも述べたように、ネコマタと金花猫を最初に関連づけたのは羅山だが、同定に至るのは、貝原益軒が和名を入れた『本草綱目』（一六七二刊）の附録「本草名物附録」で「【金花猫】月令広義」と言及してからである（一〇八・九頁）。『新刊節用集大全』では、「貍」と並列で「金花猫」を『続耳談』『月令広義』から紹介する。「猫魔」は、『書言字考』の「猫魔〈俗に老の猫の怪を為す者を呼てしか云ふ（俗呼二テ老ノ猫ノ為レ怪ヲ者一云レ爾）〉」以降に見られる表記で、特に『大成無双節用集』（一八四九刊）では、「ねこまた」と「バケネコ」の二種類の読みが載っている。

❖山の怪異

慶長以降の諸本は、神祇門に「山魑」を収載している。『新刊節用集大全』では「山魑」と並んで「山神　日本紀云山祇」が載るが、これは『和名類聚抄』「山祇」に依拠している。[31] また『頭書大益節用集綱目』（一六九〇刊）では、「山祇」「山魑」と区別するなど、神祇門のヤマノカミ表現は多様であった。

諸本の中には、生類としてヤマノカミを分類するものも少なくない。例えば『合類節用集』では、諸獣部に「魑魅」を載せ、典拠を『文選（六臣註文選）』としている。『広益二行節用集』（一六八六刊）でも、気形門での増補語彙として「魑魅」を紹介している。

他の山の怪異として、山𤢖・山丈・山姑にも注目したい。いずれも『本草綱目』巻五一獣部寓類怪類に載るもので、『合類節用集』諸獣部に「山𤢖 多識　山祇 同　山鬼　山女　山姑 多識　山丈 同上」と収載され、以降多くの諸本で取り上げられる。三種の和名はいずれも『新刊多識編』に由来するが、山鬼と山女は編者若耶三胤子が新しく付けた和名である。ヤマビコ（山彦）については、古本節用集では畜類門に分類されていたが、易林本以降は乾坤門に分類されている。しかし、『新刊多識編』の知を取り入れた『合類節用集』以降、ヤマビコは再び生類として分類されるようになった。別に『書言字考』気形門では、「山𤢖 神異経〈深山有レ人、長丈余曰山𤢖〉、山丈〈同又云巨霊〉」として、『神異経』を典拠に『合類節用集』とは異なる和名を提示している。このように、典拠の違いで読みが異なる点は興味深い。

❖姑獲鳥（こかくちょう）【32】

姑獲鳥は、難産で死んだ女性が化する中国の怪鳥である。日本でも、平安時代の本草書や医学書で既に紹介されているが、広く知られるようになるのは江戸時代になってからで、同じく難産で死んだ女性の変化であるウブメ（産女）との同定が大きく影響している。契機となった羅山『新刊多識編』には、『本草綱目』巻四九禽部の姑獲鳥に対応する和名として「うぶめどり」と「ぬえ」を当てている（「ぬえ」の和名は定着せず）。節用集に姑獲鳥が載るのは、『合類節用集』禽鳥部「姑獲鳥（ウブメドリ）」が最初で、やはり『新刊多識編』を典拠にしている。ただし「姑獲鳥」に続く別名「乳母鳥（同）」を載せた後、

又無辜鳥、鬼鳥、譩譆、夜行遊女、天帝少女、並同、産婦之死メ化スル所也、故ニ胸前ニ有ニ両ノ乳一、好テ取ニ人ノ子ヲ一、養テ為ニ我カ子ト一、蓋シ鬼神之類也、衣毛ハ為ニ飛鳥一、脱毛ハ為ニ女人一、凡ソ小兒之衣不レ可レ露スレ夜ニ、必ス此ノ鳥以レ血ヲ點メ之ヲ為レ誌、兒則病ム、謂ニ之ヲ無辜疳ト一、此ノ鳥無レ雄、七八月ニ夜飛フ、害スレ人毒甚シ

（読み下し）

又無辜鳥（むこちょう）、鬼鳥（きちょう）、譩譆（いき）、夜行遊女（やこうゆうじょ）、天帝少女（てんていしょうじょ）、並同、産婦の死して化する所也、故に胸前（むなさき）に両の乳有り、好て人の子を取る、養て我が子と為す、蓋し鬼神の類也、衣毛は飛鳥たり、脱毛は女人たり、凡そ小兒（しょうに）の衣夜に露（ほ）すべからず、必ず此の鳥血を以て之を點（てん）じて誌（しるし）と為す、兒（ちご）則ち病む、之を無辜疳（むこかん）と謂ふ、此の鳥雄無く、七八月に夜飛ぶ、人を害す毒甚し

と漢文（訓点付）の説明が補われている。これは、姑獲鳥がまだ馴染みがなかったことを裏付けている。『鼇頭節用集』（一六八八刊）の禽鳥部にも、「本草（ホンサウ）ニ玄中記（ケンチウキ）ニ云ク姑獲鳥（ウフメトリ）ハ鬼神（キシン）ノ類（ルイ）也」から始まる『合類節用集』とほぼ同内容の

訓点付漢文の頭書があり、最後に「世に乳母(ママ)と云へる妖物ありといふは偶言にあらず、よつて爰にしるす」と、その実在を仮名交じり文で主張している（そして姑獲鳥は、妖物とされている）。こうして姑獲鳥は、一七世紀後期以降多くの諸本に載ることになるが、これは日本への定着を意味している。

❖飛頭蛮・轆轤首[33]

飛頭蛮は、『本草綱目』巻五二人部の人の怪異「人傀」に「南方異物志云、嶺南渓峒中有二飛頭蠻一」[34]とある。林羅山の『新刊多識編』では、既に「飛頭蛮　ろくろくび」の和名を当てている。節用集での初例は『合類節用集』の不仁附病部で『多識編』を典拠に「飛頭蠻」、『新刊節用集大全』では支体門に「飛頭蠻」とある。その後の『広益二行節用集』の支体門、『鼇頭節用集』の不仁部附病名などのように、「飛頭蠻」は身体もしくは病に関する語彙として捉えられていた。

一方、『世話用文章（世話字節用集）』（一六九二刊）では、「飛頭蠻」を「南蠻に頸ばかり飛ありく国あり、その国を飛頭蠻と名づく、今いふ飛頭蠻といふは女の気病也」と、飛頭蛮を異国人と病の両方から説明している。『和漢三才図会』第一四巻では「外夷人物」として「飛頭蠻　俗名轆轤首」が紹介されている。[35]「外夷」とは、中国や朝鮮などの「異国」とは違い、「横文字を用い中華の文字を知らない、また物を食べるのに箸を使わず手でつかんで食べる」と説明される、占城や暹羅など一七六の「国」あるいは「人物」である。[36]しかし、外夷の領域は、実際の見聞に基づく現実の世界と「狗國」や「羽民」などの空想の世界の境界が区別なく連続している。また『男節用集』人倫門にも「飛頭蠻　夷堅志 又外夷の国号なり（後略）」と、『夷堅志』を典拠に異国人の説を主張している。

しかし『世話用文章』にあるように、当時の多くは飛頭蛮・轆轤首を「気病」として位置付け、節用集では一八世紀以降ほぼ全ての諸本で人支門・支体門・人倫門のいずれかに分類される。ただし、『早字節用集』（一八二二刊）には、支体門で「飛頭蠻〈バンコクニアリ〉」という注記も見られる。

❖独特な分類①　新しい節用集

江戸時代の節用集は、易林本を基にして展開すると先述したが、一七世紀後半以降、易林本を換骨奪胎し、独自の分類編集をした新しい節用集が登場する。

延宝八年（一六八〇）刊行の若耶三胤子編『合類節用集』では、気形門諸獣部に「妖化(バケモノ)又傀、魔(マ)並同」「夔(イワヲニ・キ)[37] 文選」「窮鬼(イキスダマ) 順和名」や「狸(ネコマタ・リ)」、言語門に「妖(モノノケ・ヨウクハイ) 怪 又物怪又物怪同」などが見られる。

また、『書言字考』の気形門には、「老魅(バケモノ)又云妖精　妖化物【同】」「妖孽(ヨウゲツ) 説文 衣服哥謡草木之怪謂二之妖一、禽獣蟲蝗之怪謂二之孽一」「妖怪(ヨウクハイ) 博物志 水石ノ怪ハ龍罔象、木ノ怪ハ夔罔両、土ノ怪ハ羵羊、火ノ怪ハ宋無忌」「妖魅(ヨウミ)」「鮫人(ウミボウズ)　鮫客・水人・淵客並仝事ハ見 博物志 文選註」「猫魔(ネコマタ)　俗呼二老ノ猫ノ為レ怪ヲ者一云レ爾」などがある。

「鬼(ヲニ)」は、気形門に分類され、「髟(スダマ)」や「羅刹(ラセツ)」と同義としている。

❖独特な分類②　異形門

『童子字尽安見(どうじじつくしあんけん)』（一七一六刊）は、節用集というよりも往来物（「語彙科往来」[38]）に近いが『節用集大系』収録本のため、本章で取り上げることにする。この本には、畜獣門と禽鳥門の間に「異形門」が設けられ、「童蒙の弄(たわむれ)故に此門の是に集む、相違なる門也」と、独特な部門であることが強調される。ただし、この部門が生類と位置付けられていることは重要である。その異形門に分類される品目と説明は次の通りである。

天狗(てんぐ)　狗賓(ぐひん)　山姑(やまうば)　山丈(やまおとこ)　山女(やまおんな)　山獋(さんき)　木魅(こだま)　魑魅魍魎(ちみもうりやう)　鬼神(きじん)　貧乏神(びんほうがみ)　雷公(いかづち)　天邪鬼(あまのじやく)　大儺法師(だいだほうし)　天人(てんにん)　迦(か)
陵頻伽鳥(れうびんがてう)　猩々(せうくく)　八岐大蛇(やまだのおろち)　人魚(にんぎよ)　水虎(がはたらう)　怨霊(おんりやう)　幽霊(ゆうれい)　変化(へんげ)　傀魔(ばけもの)　姑獲鳥(うぶめどり)〈乳母鳥(同)・無辜鳥(同)・鬼鳥(同)・夜行遊女(同)
産婦死して化する也、かるかゆへに胸前に両乳あり、好テ人の子を我子とす、衣毛ハ飛鳥たり、毛をぬぐときハ女人なり、小児の衣夜干べからす、此鳥の血を以てこれを點して誌をつく、小児則病ム、此鳥に雄なし、七八月ニ夜かならす飛と云々〉 元興寺（がごうじ）〈小児を恐（ヲド）かすにがこう〱と云、委（くわしく）は神社考に見えたり〉 火車（くはしや） 人魂（ひとだま）〈いかのぼりのごとくなか〱尾を引飛行、光り火よりも青し〉 三越入道（みこしにうとう）〈或説に北越に三越の松といふ名木あり、此辺にすさまじき入道夜々出て旅人をおどろかす、俗説に見越さるれば死スと云、気の弱ゆへなるへし、全く狐狸のわさ也、見越の文字より三越の俗説可也〉 尸頭盤（ろくろくび） 轆轤首（同）〈耳を羽として飛事鳥のごとく、首の飛事ろくろのことし、鼻のすふ事もたひ〔甕〕のことし、南蛮などには多あるよし、珍しからす〉[39]

元興寺に「委は神社考に見えたり」と、林羅山『本朝神社考』下之五「道場法師」を参照するよう促している点は、「童蒙」を目的にした部門であることを示している。

異形門の特徴は、まず神と生類と人が混成した部門になっている。これは、先述の樹神や魅、ヤマノカミのように、神と生類、そして怪異の境界が曖昧なことを示している。[40] 尸頭盤・轆轤首にある「南蛮などには多あるよし、珍しからす」という言及は、稀少性が怪異の条件であることに関連し、編者はこれを怪異に当たらないと理解していることになる。

同書の他の部門と比較すると、金花猫（ねこまた）は白澤（はくたく）と獬豸（かいち）とともに畜獣門に分類されている。これは、四足の獣として理解されたためである。そして、迦陵頻伽鳥は異形門、金翅鳥（こんじてう）は禽鳥門に配されている。迦陵頻伽は、人と鳥の混合で図像表現されるため、異形門へ分類されたのではないだろうか。異形門には、人に似たもの（山姑、山丈、山女、人魚）、人からの変化（怨霊、幽霊、人魂、姑獲鳥）、空想の領域にいる外夷（轆轤首）など、人と似て非なる存在が多く分類されている。

ただし、比翼鳥（ひよくのとり）や九つの頭があり姑獲鳥の類とされる化鳥（『鼇頭節用集』）の鬼車鳥（きしやてう）といった多頭の鳥は、禽鳥門に分けられる一方で、八岐大蛇は異形門など、編者の分類は複雑で意図が読み取りにくい。

『童子字尽安見』は、弘化四年（一八四七）に『文字通（諸用早引文字通）』として同内容（若干の異同あり）のものが刊行されている。これは以前の板木をそのまま用いているのではなく、以前仮名だったものを漢字に改め、漢字に振り仮名を施した新板が作成されている。『童子字尽安見』刊行から百年以上経過する中で、この本が長く受容されてきたことを示している。

❖独特な分類③『本草綱目』

節用集以外の辞典・事典類について付言すれば、先に触れた李時珍の本草書『本草綱目』が一七世紀初頭に渡来したことは重要である。特に、巻五一獣部の怪類（罔両・彭侯・封）や「山怪」とされる寓類狒狒の集解の山都・山𤢖・旱魃などは、明代の中国においては基本的に獣として理解されていた。第三章で述べたように、『本草綱目』は朱子学の影響下で分類がなされていて（万物と同じく気によって生じるものとして）、化生＝仏教的生類観に基づく分類である日本の節用集とは内実が異なっている。

図 4-2 『和漢三才図会』山都
（『和漢三才図会』東京美術、1970 より転載）

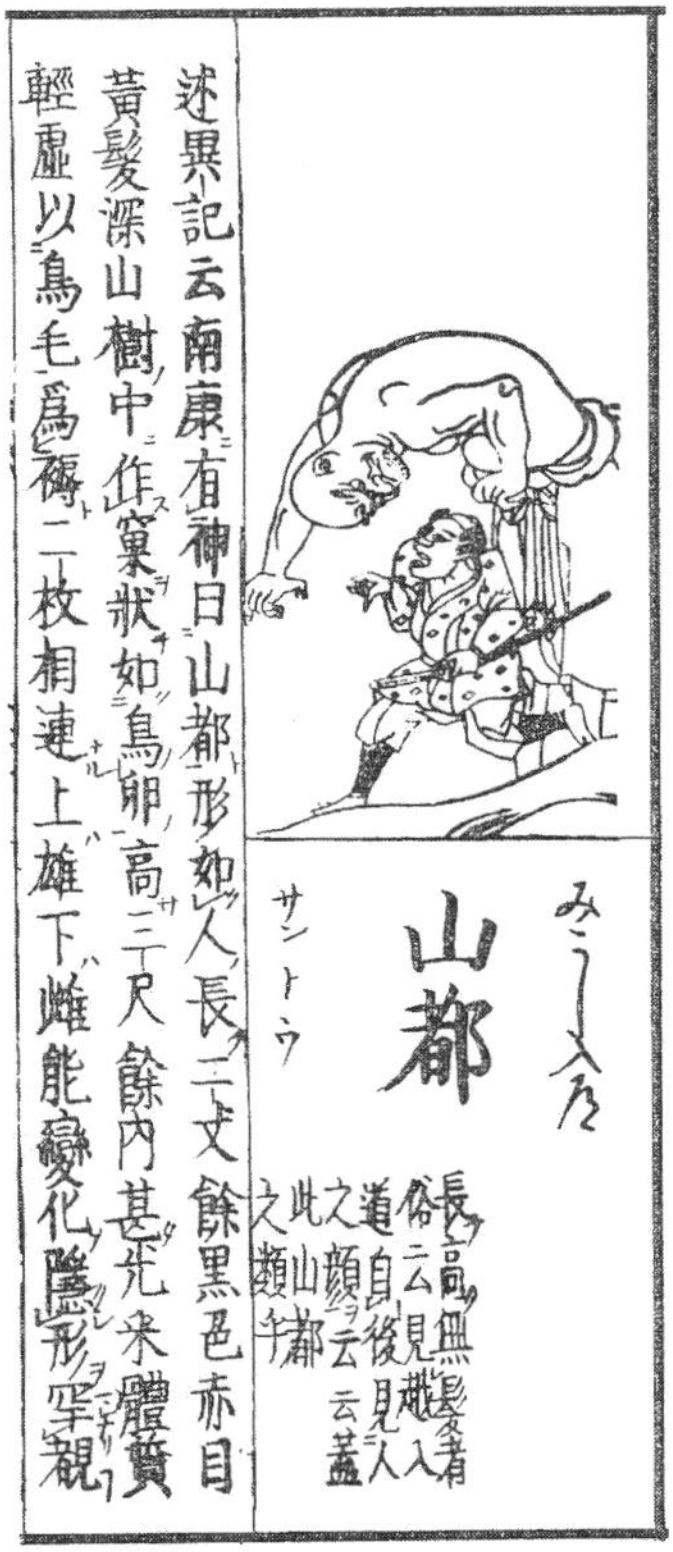

ただし、獣（＝人ではない生類）であり怪異であり神という『本草綱目』（及び朱子学）の説明は、日本の知識人たちに自国の妖怪・化物観と中国の［怪異］との連関性を想起させるには十分であった。山都を例にすると、『本草綱目』では獣部に属する「山怪」であり、また南康（なんこう）にいる「神」と説明されている。[41] これに対し、林羅山は草稿本『多識編（羅浮捗猟抄多識論）』（一六一二成立）で「ヤマノカミ」[42]とし、寺島良安は『和漢三才図会』巻四〇獣部怪類で本邦の化物「見越入道」と同一視している（図4－2）。[43] このように内実は違えど、分類と記載に見られる類似性から日中間の怪異（［怪異］）は混淆していった。

以上、ここまで取り上げた固有名詞のほとんどが、一六世紀まで生類に分類されていた。それが一七世紀以降になると、人倫門や神祇門など別の部門へ分類されるものも散見されるが、生類との境界線は曖昧なままであった。逆にいえば、大枠では生類に属しつつも隣接する人間や神祇などとの境界が曖昧、つまり所属の不確定性こそ、当時の日本における怪異の特徴だったといえる。所属が不明瞭なことで、各領域へ越境しやすく多様な性質を帯びることが可能となったのである。

【三】……節用集の怪異を考える視座

ここでは、分類以外の視角から節用集に載る怪異について検討してみたい。

❖ジェンダーの視角

大坂の山本序周（やまもとつねちか）は「男」と「女」を冠する節用集を刊行した。先述の『男節用集』と『女節用集』がそれである。横山俊夫は、双方の長文注の読解を通じて序周の編纂意図を明らかにしようとしたが、[44] ここでは二種の怪異の長文注を取り上げることで検討を加えてみたい。

一つは、天狗である。『女節用集』は先述したが、今一度引用する。

・『男節用集』天狗〈『山海経』に云、天門山に赤犬あり、名ケて天狗と云、其光り天に飛ひ流れて星となる、長数十丈、其早きこと風のごとく、其の熱雷のごとく、其光り電の如しといへり、其外もろこしの書に天狗をのす事、星及びけものゝたぐひにて、和俗のいふ天狗にあらず、或人の物語に、俗に云天狗とハ其鼻の高きハ少の才を懐する義、其翼をおふハ衆人を見下す義、其術をなすハ身にあづからざる事をもにくミ、のろひ、或ハ外なくひいきす、其山に住ハ一向世人の有様心にいらざる義、其熱湯をのむと云ハ只世上とくひちがひながら恨ミいかりて命をつなぐ義也、斯様の人をさして即天狗也と語りぬ〉

・『女節用集』天狗〈いぬのことくなるけだもの也、ゑ〔絵〕にかくてんぐハつくりものなり〉

明らかに『男節用集』の注記が長い。『男節用集』の後半では、天狗が慢心そのもので戒めるべき対象であると書くが、そこには理を十全に発現させる生き方、つまり「道」が示されている[45]。天狗は、僧侶が堕ちて成るもので、山伏姿で描かれるなど、男性特有の怪異として理解されていたため、情報が多くなったと考えられる。一方、『女節用集』の天狗は、『山海経』の獣の天狗と「ゑにかくてんぐ」（『男節用集』の「和俗のいふ天狗」）が異なる点を指摘するに留まっている。

もう一つは姑獲鳥（乳母鳥）である。

・『男節用集』姑獲鳥〈乳母鳥、産死の女化して成云〉

・『女節用集』乳母鳥〈なんさん〔難産〕にてしゝ〔死〕たる女けしてなるなり、かるがゆへにおどりなし〔雄鳥〕、むなさき〔胸前〕に二つのち有、人のこをとりてわが子とす、きしん〔鬼神〕のたぐ〔類〕ひなり、をよそわらべ〔童〕のきもの〔着物〕をよる〔夜〕そとにほしをけ〔干し置け〕バ此とりち〔血〕をつけてしるし〔印〕とすればすなわちわずらひやむ〔患ひ病む〕、是を無辜瘤といふ、七八月によるとびて〔夜飛て〕人のどく〔毒〕となることはなはだし〉

こちらは、天狗と逆で『女節用集』の方が長い。やはり、姑獲鳥が女性特有の怪異だからだろう。産死という身体的な条件で化す姑獲鳥は、慢心という精神的な条件で成る天狗と対の存在である。そして、本人の意志とは無関係の産死が契機になるため、母親は誰しも姑獲鳥になる可能性を秘めている。

また、『男節用集』が漢字仮名まじり文に対し、『女節用集』はほぼ平仮名文という、視覚的なリテラシーからも性差が浮き彫りになっている。

図 4-3 『世話用文章』
（『近世文学資料類従 参考文献編 9　世話用文章』勉誠社、1976 より転載）

4-3-1 ろくろくび

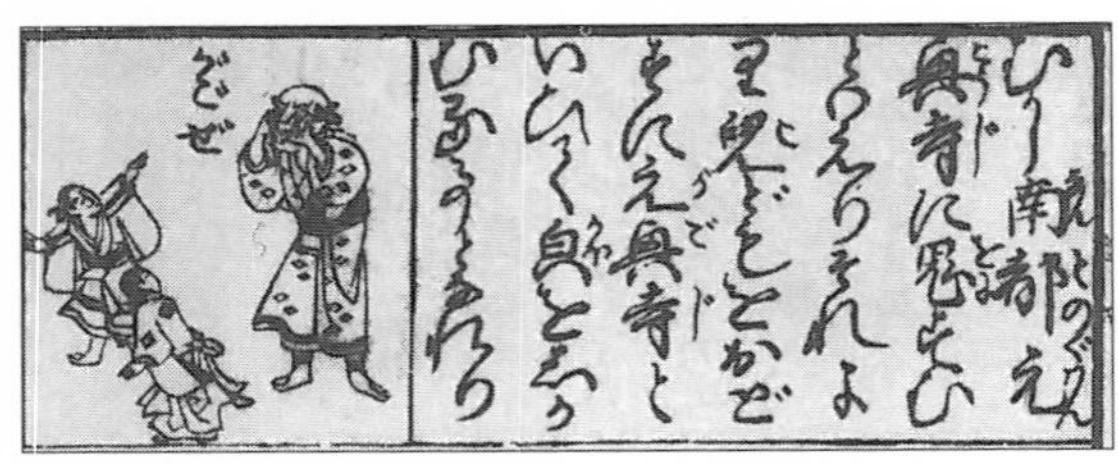

4-3-2 がごぜ

図 4-4 『絵引節用集』
（『節用集大系』48、大空社、1994 より転載）

4-4-1 鵺

4-4-2 狸

4-4-3 天狗

4-4-4 幽霊

❖附録

江戸時代の節用集は、営利出版事業の収益のために、購買者の興味をそそるような附録が盛り込まれている。その附録のうち、今回は絵図に注目してみたい。

『世話用文章』には飛頭蠻（ろくろ首）（図4-3-1）や姑獲鳥（図8-3）、元興寺（小脅しとしてのもの。元興寺の鬼にちなんだ、顔をしかめて子どもを脅かすこと）がある（図4-3-2）。『絵引節用集』では、人魚、龍、鵺、魂魄、狸、天狗[46]、幽霊などが描かれている（図4-4）。特に、鵺は本来鳥（トラツグミ）であるべきを『平家物語』に見られる頭が猿、体が狸、手足が虎、尾が蛇の怪物が描かれている。また狸も雨夜に笠を被った姿で描かれている。

他にも『大日本永代節用無尽蔵』（一八四九刊）には、「百鬼夜行隠レ跡」という百鬼夜行が描かれている[47]（図4-5）。また、享保五年（一七二〇）の『広徳節用満玉宝蔵』上部の「本朝年代記絵抄」には、「あふミかもふ川ばけ物」

図 4-5　『大日本永代節用無尽蔵』「百鬼夜行隠没之図」
（『節用集大系』75、大空社、1995 より転載）

図 4-6　『広徳節用満玉宝蔵』
（国立国会図書館所蔵）

と「なにハほりゑばけ物」の絵がある[48]（図4－6）。これは、『日本書紀』推古天皇二七年（六一九）の夏に近江国蒲生河に出現した人に似た「物」、同年秋に摂津国の堀江で捕まった児のようで魚でも人でもない「物」を描いたものである。[49]『日本書紀』ではどちらも「物」としか書かれていない対象を、わざわざ「ばけ物」と表現を改めている点は興味深い。

文化七年（一八一〇）『旅行用心集』に収載されている白澤の図が、『懐宝節用集』（一八三六刊）・『早引節用集』（一八四三刊）にも「白澤真形之図」として、「此白澤の図を懐中すれば善事をすゝめて悪事をしりぞけ、山海災難病苦をまぬがれ、開運昇進の祥瑞ある事、古今云傳ふる所也、因而旅中は最尊信あるべし」の解説が、図とともにそのまま転載している（図4－7）。

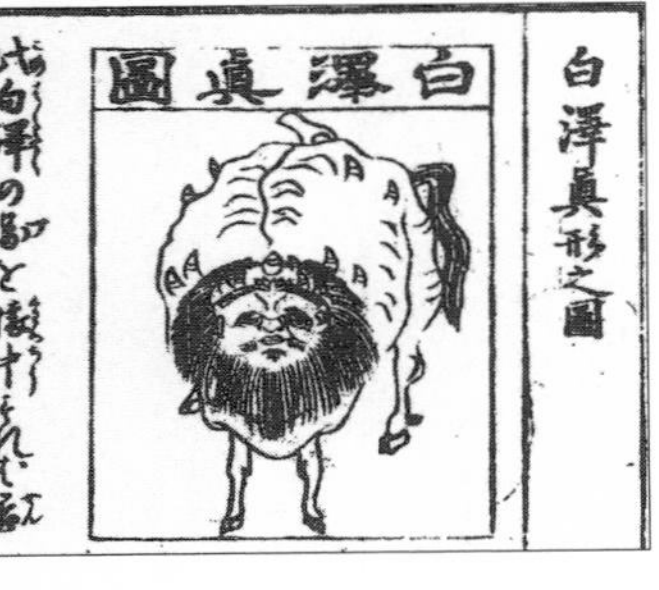

図 4-7　『懐宝節用集』「白澤真形之図」
（『節用集大系』67、大空社、1995 より転載）

おわりに

本章では辞書、特に節用集を中心にして、怪異に関する語彙を考察してみた。特に重要なのが、怪異の多くは生類として理解されていたことである。その分類を成立させる背景にあったのが、化生という生類観＝自然観であった。これは江戸時代に入っても諒解事項として通用していた。

また、江戸時代を通して見ると、『合類節用集』が一つの画期であり、その知が後継に多大な影響を与えていた。その『合類節用集』に影響を与えたのは、林羅山の『新刊多識編』だった。このように、怪異に関する情報や知識は継承され、またその都度更新された。継承と更新の相互関係性によって、語彙は歴史性を表していたのである。

1 中田薫「法制史漫筆 あやかし」『法制史論集』三―下、岩波書店、一九四三。

2 山田勝美「螭魅罔両考」『日本中国学会報』三、一九五一、同「「もののけ」原義考」『上智大学国文学論集』一、一九六八。

3 森正人「モノノケ・モノノサトシ・物恠・恠異―憑霊と怪異現象とにかかわる語誌―」『国語国文学研究』二七、一九九一(後に『古代心性表現の研究』岩波書店、二〇一九に収録)、大江篤「日本古代の「怪」と「怪異」」―「怪異」認識の定着―」東アジア恠異学会編『怪異学の地平』臨川書店、二〇一八。

4 飛田良文ほか編『日本語学研究事典』明治書院、二〇〇七、八六六・七頁。以下、節用集の出典は、古本節用集は、中田祝夫編『印度本節用集古本四種 研究並びに総合索引』勉誠社、一九八〇 同編『古本節用集六種 研究並びに総合索引』勉誠社、一九七九 『天理図書館善本叢書 和書之部第五九巻 増刊下學集・節用集天正十七年本』八木書店、一九八三による。また、江戸時代の節用集は、特に記さない限り『節用集大系』大空社、一九九三・四各巻所収本による。『節用集大系』は、国立国会図書館所蔵の亀田次郎旧蔵書の影印選集である。二〇一九年時点で、慶長期の易林本以降の節用集は、六四一点が確認されている(佐藤貴裕「付録 近世節用集一覧」『近世節用集史の研究』武蔵野書院、二〇一九)。『節用集大系』収録本は全体の約六分の一にすぎないが、節用集に記された怪異に関する語彙の特質を明らかにするためのいくつかの指針は提示できると考えている。

5 土井忠生編訳『日本大文典』三省堂、一九五五、八〇〇頁。

6 土井忠生ほか編訳『邦訳 日葡辞書』岩波書店、一九八〇、六〇五頁。

7 同右四九一頁。

8 化生の変化については、本書第九章二九〇・一頁および拙稿「「河童史料」論―人が河童を記録する営み―」常光徹ほか編『河童とはなにか』岩田書院、二〇一四、二六~三〇頁を参照のこと。

9 注6前掲書五〇頁。

10 同右八二九頁。

11 国立国会図書館所蔵古活字本(WA七―二〇八)。

12 注6前掲書二二一頁。

13 国立公文書館所蔵本(一九〇―〇二八七)。

14 『叢書江戸文庫五〇 東海道名所記/東海道分間絵図』、国書刊行会、二〇〇二、一五〇頁。

15 注1中田前掲論文一一四六頁を参照のこと。

16 徳田和夫「わざはひ(禍、災い)の襲来」小松和彦編『妖怪文化研究の最前線』せりか書房、二〇〇九。

17 本書第五章一九四・五頁および拙稿「古文辞学から見る「怪」―荻生徂徠『訳文筌蹄』『論語徴』などから」『アジア遊学』一八七、二〇一五、五七頁を参照のこと。

18 香川雅信『江戸の妖怪革命』角川学芸出版、二〇一三、二〇頁。

19 中村惕斎（なかむらてきさい）『訓蒙図彙』（一六六六刊）で、鬼は「魑魅（すたま）、老物ノ精也、魍魎（みづち）、水神也、又木魅（こたま）・山鬼（やまづみ）」という説明が付いて、人物門に分類されている（『訓蒙図彙集成』一、大空社、一九九八、二八八頁）。

20 国会図書館所蔵本（特一―六七五）、および中田祝夫・小林祥次郎編『多識編自筆稿本刊本三種 研究並びに総合索引』勉誠社、一九七七、影印篇三三九頁。

21 国立公文書館所蔵本（特一一九―〇〇〇一）。

22 安原貞室（やすはらていしつ）『片言（かたこと）』（一六五〇刊）、寺島良安『和漢三才図会』（一七一二序）、鳥山石燕『画図百鬼夜行』（一七七六刊）などでも獺と河童は別に立項されている。

23 本書第九章二九一～五頁および注8拙稿三〇～四頁。

24 本書第九章三〇一～五頁および同右四一～五頁。

25 これらの語彙について『日葡辞書』を見ると、「Tengu.（天狗）Tenno inu.（天の狗）。悪魔。」「MA.（魔）Tengu.（天狗）。悪魔。」「Mauo.（魔王）Tenguno vo.（天狗の王）。」「Mayen.（魔縁）悪魔。」「Tenma.（天魔）悪魔。」と、相互に関係していることがわかる。

26 注4前掲『古本節用集六種 研究並びに総合索引』影印篇四二七頁。

27 ネコマタについては、田中貴子『猫の古典文学誌』講談社、二〇一四、第三章を参照のこと。

28 同右一二一～九頁。

29 『和漢三才図会』東京美術、一九七〇、四四六頁。

30 栾保群編『中国神怪大辞典』人民出版社、二〇〇九、三四一頁。

31 中田祝夫編『倭名類聚抄 元和三年古活字版二〇巻本』勉誠社、一九七八、一一頁。

32 ウブメについては、本書第八章および拙稿「歴史的産物としての「妖怪」―ウブメを例にして」小松和彦編『妖怪文化の伝統と創造』せりか書房、二〇一〇を参照のこと。

33 飛頭蛮・轆轤首については、横山泰子「近世文化における轆轤首の形状について」小松和彦編『日本妖怪学大全』小学館、二〇〇三を参照のこと。本文中では飛頭蛮を用いる。

34 国立国会図書館所蔵本（WB二一―二）。

35 注29前掲書二二二頁。

36 倉地克直『江戸文化をよむ』吉川弘文館、二〇〇六、七六・七頁。

37 和名「イワヲニ」は、和訓が付いた『六臣註文選』を、三胤子が『合類節用集』編纂時に誤読したという指摘がある（柏原司郎「『節用集』の引用語からみた一語意識について」『湘南文学』二二、一九八八、五三頁）。

38 飛田良文「往来物（近世）」注4前掲『日本語学研究事典』九二八頁。

39 狗賓（グヒン）は『書言字考』気形門に「狗賓〈俚俗所言天狗一称〉」とあり、節用集にほとんど載らない。人魚も多くはないが『合類節用集』などで生類に分類される。怨霊・幽霊・人魂は、多くで人倫門に分類されている。八岐大蛇は『俳字節用集』（一八二三刊）生類門に「八岐大蛇〈中略〉句により神キ〔祇〕」とある。一方、『童子字尽安見』疾病門には人面瘡・応声虫・離魂が分類されている。

40 本書第六章および拙稿「一七世紀の怪異認識」『人文論究』第六二巻第二号、二〇一二、九〜一四頁を参照のこと。

41 国立国会図書館所蔵本（WB二一―二）。

42 注20前掲『多識編自筆稿本刊本三種 研究並びに総合索引』影印篇五三頁。

43 注29前掲書四六〇頁。

44 横山俊夫「十八世紀日本の言葉なおし―浪華のものしり山本序周の場合」同編『ことばの力 あらたな文明を求めて』京都大学学術出版会、二〇一二。

45 同右七〇頁。

46 久留島元の御教示によると、この天狗の絵は『是害坊絵巻』に登場する日羅坊の構図に類似している。

47 柏原司郎編『近世の国語辞書 節用集の付録 増補改訂版』おうふう、二〇一五によれば、『和漢節用無双嚢』（一七八四・一七九九刊）に「百鬼夜行図」、『大日本永代節用無尽蔵』（一八三一刊）に「百鬼夜行隠没之図」、『万世早引増字節用集』（一八六三刊）に「百鬼夜行図」があるという（七九三頁）。

48 国立国会図書館所蔵（一二四―七八）。『明海節用大成』（安永年間板 同館所蔵）にも同様の絵が描かれている。また、「本朝年代記絵抄」の図は、元禄五年（一六九二）刊『新補倭年代皇紀絵章』に類似している（早稲田大学図書館所蔵本（リ〇四〇〇九二三））。節用集と年代記の関係については、改めて考えたい。

49 『日本古典文学大系六八 日本書紀』下、岩波書店、一九六五、二〇二・三頁（榎村寛之の御教示による）。

第五章

語彙②

言葉の用法と新しい解釈

はじめに

前章に引き続き、本章も語彙について考えてみる。前半では、怪異に関する語彙が史料上どのように用いられていたのか、その用法について一七世紀以前の日記や文芸、絵巻などから考察していく。そこから語彙がどのような意味、あるいは機能を有していたのかを明らかにしてみたい。

また、後半では、節用集とは異なるアプローチで怪異に関する言葉を考究した、荻生徂徠（おぎゅうそらい）を取り上げる。

【一】……用いられる妖怪・化物

❖『太平記』の怪異

まずは、室町前期成立の『太平記』を取り上げてみたい。[1] そこで、現存する『太平記』の諸本のうち相対的・総体的に古形・古態とされる、応永年間（一三九四〜一四二八）に書写され、大永・天文年間（一五二一〜五五）に転写された西源院本を見てみる。

巻五「相模入道田楽を好む事」では、妖霊星の出現とともに、姿の見えない「異類異形の怪物ども」が北条高時とともに田楽を行い、それが鎌倉幕府滅亡の兆し＝恠異とされている。[2] 続く「犬の事」では、一連の事態を「かかる妖怪」と表現している。[3]

巻二四「正成天狗と為り剣を乞ふ事」は、大森彦七と彦七所有の宝剣を狙う楠木正成の亡霊率いる「怪物」との攻防の話で、正成が宝剣を必要とする目的は「尊氏の代を奪」うためであった。[4] ここでは、「怪物」の出現そのものが恠異と見なされている。重要なのは、恠異を引き起こす主体で本来不可視の鬼や天狗、怪物（巻五も同様）が、巻二四では姿を現して、彦七に直接害を与えている。すなわち、不可視から可視のものへと、「怪物」が変質している。[5]

巻二七「天下怪異の事」は、直前の天狗評定に関する「雲景未来記の事」を受けたもので、貞和五年（一三四九）六月以降に起きた石清水八幡宮宝殿の鳴動や迸る雷電に「色々の異形の者どもが見え」たことなどが記されている。[6] 同巻には、同年二月下旬の将軍塚鳴動と清水坂から起きた火災を記した「清水寺炎上の事」[7] がある。西源院本では「清水寺炎上の事」→「雲景未来記の事」→「天下怪異の事」という時系列順になっているが、慶長八年（一六〇三）の古活字本では巻二七の冒頭に「天下妖怪事付清水寺炎上事」→「雲景未来記事」と入れ替えがなされている。「怪異」から「妖怪」に表現が変更した理由は、嘉暦二年（一三二七）の南都での兵火や大地震を記した西源院本巻二「東使上洛の事」[8] が、古活字本では「天下怪異事」となり、既に使われているためである。先述の巻三「犬の事」と併せて考えると、ここでの「妖怪」は、政治的凶兆である恠異と同義であったことがわかる。[9]

❖実害を与える化物と予兆となる化物

実害を与える化物は、室町後期の日記にも登場している。つまり、『太平記』という文芸ではなく、実際に起きた事件（という伝聞）として紹介されている。例えば嘉吉三年（一四四三）八月に、室町御所に「七尺計之女房、大入道等」[10]の化物が出現したため、足利義政らが烏丸御殿に退避するという事件が起きている。複数の日記に記されていることから、今回の化物出現事件は京都市中に広まっていたことが窺える。記録上では、その際の化物を「妖物」（『看聞日記』）[11]、「恠奇異物」（『師郷記』）[12]、「化生之妖物」（『康富記』）[13]と表現している。『康冨記』のそれは、前章第一節と関わる表現で興味深い（一五七〜六〇頁参照）。

一方、化物の出現が凶兆とされる事例は、室町後期[14]そして江戸時代になっても確認することができる。そこで、『当代記』慶長一一年（一六〇六）五月の記事を引用してみる。

> やふれ車と云変化の物京中に在レ之、縦は車の通音する間、見レ之所に、目にも不レ見、昔年両度如レ此怪異有レ之き、二度共に凶兆と云々[15]

「やふれ車」という「変化の物」の出現が「凶兆」として理解されている。

❖「妖物」という表現

先に見た「妖物」という表現について、伏見宮貞成『看聞日記』を通読すると、「妖物」「はけ物」はあるが、「化物」という表記は見当たらない。先の『康富記』「化生之妖物」や易林本節用集の「妖化物」を踏まえると、「妖物」は「ばけもの」と読むのではないか。これは、『徒然草』二三〇段の「妖物」[16]や『宇治拾遺物語』巻一二「陽成院妖物事」[17]からも確認できる。さらに江戸時代には「妖物」の表現が散見される。

室町期の御伽草子『付喪神記』[18]では、付喪神のことを文中で「妖物」と表現している。器物が百年を経て精霊を得る付喪神は、まさに「化け」物である。

その付喪神も描かれる東京国立博物館所蔵の『百鬼夜行図』（異本）は、住吉如慶（内記）が元和三年（一六一七）に模写した絵巻を、文政一二年（一八二九）に狩野養信（晴川院）がさらに写したものである（図5-1）。巻末には、

> 右之妖化物之絵右図写者也、元和三年五月二十一日、住吉内記

という如慶の一文があり、本文中にも「古木之妖化物」「擬宝珠之妖化物」などの書込がある。[19]田中貴子はこの「妖化物」を「あやかし（あやかり）」と読むとしているが、[20]易林本に依拠すれば「ばけもの」と読むのが妥当だろう。易林本の「妖化物」は「妖物」「化物」の複合かもしれない。

重要なのは、従来我々が「百鬼夜行絵巻」と呼んできた絵巻群が一七世紀初めには「妖化物之絵」と表現されている点である。それは「百鬼夜行絵巻」が、本来「妖化物（之）絵」ないし「妖物（之）

図 5-1　『百鬼夜行図』
（異本　東京国立博物館所蔵）Image:TNM Image Archives

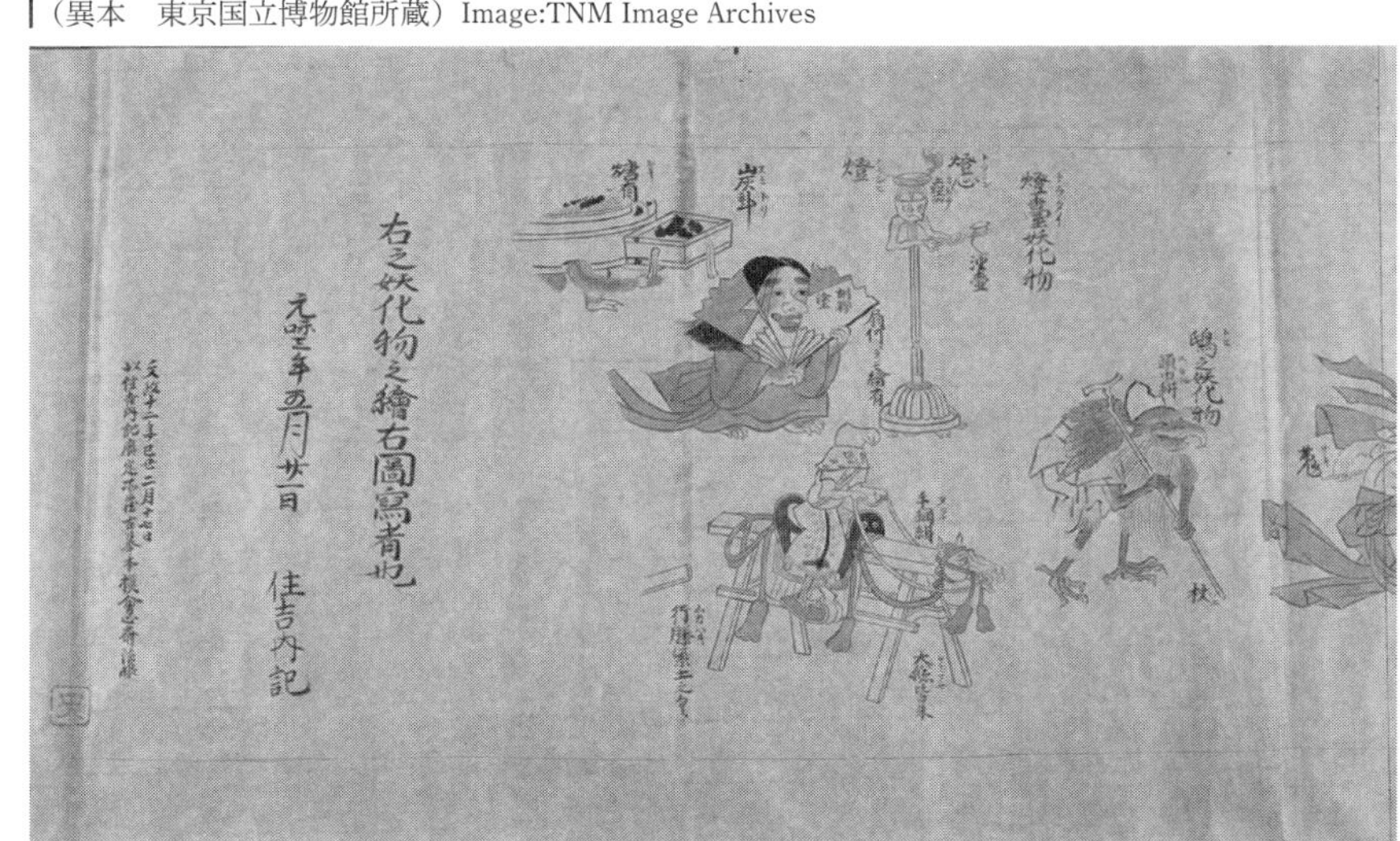

絵」と呼ばれていた可能性を示唆している。
実際、興福寺大乗院経覚の日記『経覚私要鈔』寛正三年（一四六二）四月五日の記事には、経覚が醍醐寺義賢から借りた絵巻四点を返却している。その一本に「妖物絵」が含まれている。[21] 西山克は、この「妖物絵」を「百鬼夜行絵巻」（のいずれかの写本）に措定している。[22]

❖漢語表現への対応

次に、本草学の同定と同じように、異国の言葉、特に中国の漢語表現を日本に取り入れる段階で、妖怪・化物はどのように活用されていたのだろうか。浅井了意（?〜一六九一）の作品から考えてみたい。
代表作『伽婢子』（一六六六刊）[23]は、多くの中国怪異譚の翻案を収録した作品として有名である。その怪異に関する漢文表現を了意はどのように翻訳したのか、表5-1としてまとめた（以下、算用数字で該当の巻数-番号を示す）。『伽婢子』で「ばけもの」と訳されるのは、「諸鬼」「幽陰之魅」「鬼神」「邪魅」「妖」「群妖」など多様である。「妖怪」「怪異」は音読されているが、6-5の「妖怪」と「妖物」のように関連性が見られる。

そして、「ばけもの」に準じて「こだま」が多用されている点も特徴的である（「木怪」（1-1）、「木石ノ魍魎」（1-1）など）。9-3の「山近く木玉のあらはれしか、きつねのなれるすがたか、しからずは幽霊ならん」は、『源氏物語』「手習」の「鬼か、神か、狐か、木霊か」[24]に由来しているが、全体的に「こだま」は山にまつわる怪異限定の表現として使用している向きがある。前章第二節の樹神の事例（一六二頁）を合わせれば、一七世紀における樹神のイメージはかなり複合的なものであったといえる。

別の事例として、中国古典の翻訳物『新語園』（一六八二刊）[25]を取り上げよう（表5-2）。「妖怪」は漢音だが、「ばけもの」と読まれる漢語表現は多岐にわたっている。つまり、「ばけもの」という言葉は、普通名詞的なもので汎用性を持つため、了意は固有名詞ではない言葉を翻訳する際の便利なツールとして活用していたことになる。

表 5-1 『伽婢子』と原典比較表

目次	該当部分	原話	原文（一部読み下し）	備考
1-1 龍宮の上棟	木魅（こたま）・山魑（やまびこ）あつまりて賀こぶ	『金鰲新話』「竜宮赴宴録」	木怪山魈次第シテ来リ賀ス	
	蝦・蜊・木玉（こたま）・山びこ、よろづの魚、をのれをのれが能をあらはし芸をつくす		木石ノ魍魎、山林ノ精怪、起テ各能スル所ヲ呈ス	
2-1 十津川の仙境	熊狼むらがりはしり、きつね木玉のあそぶ所にして	『剪燈新話』「天台訪隠録」	豺狼之所嘷、魑魅之所遊	
	我ら更に仙人にもあらず、幽霊にもあらず		我ガ輩仙ニアラズ亦鬼ニアラズ	
2-2 真紅撃帯	物の気こたへていふやう	『剪燈新話』「金鳳釵記」	対テ曰	
2-3 狐の妖怪（ようくわい）	石田殿は、妖怪に犯されて、精気を吸れ給ふ	『剪燈余話』「胡媚娘伝」	爾ガ官、妖気甚盛ナリ、治セズンバ将ニ性命ノ憂イ有ラント	目録「割竹小弥太、妖女を売る事」
	こゝに狐魅の妖ありて、恣まゝに怪をなし、木の葉をつゞりて衣とし、髑髏をいたゞきて鬘とし、皃をあらため、媚を生ず。渠常に氷を聴て水を渡り、疑をいたす事時として忘れず。尾を撃て火を出し、祟を作こと、更に止ず		狐魅ノ滋々多ヲ慨（かなし）ム、木葉ヲ緝（あつめ）テ以テ衣ト為シ、髑髏ヲ冠テ貌ヲ改メ、尾ヲ撃チ火ヲ出シテ以テ祟リ作シ、氷ヲ聴キ水ヲ渡テ疑ヲ致ス	
	千年の怪を両脚の譏にあらはし…		再思多佞ナレドモ両脚ノ譏リヲ逃レ難シ、司空博聞ニシテ能ク千年ノ怪ヲ識ル	
3-1 妻の夢を夫面に見る	さては妻むなしくなりて幽霊のあらはれみえけるか、といとゞ悲しくて	『夢遊録』「張生」	其ノ妻スデニ卒スト謂ヒ慟哭シ	
3-2 鬼谷に落て鬼となる	鬼神・幽霊の事を聞ては、更に信ぜず	『剪燈新話』「太虚司法伝」	鬼神ヲ信ゼズ	
	狐火の光り物すごく		豺狐嘷	
	ばけものおほきにいかりて		諸鬼怒曰	
	妖（ばけもの）は立もどりぬ		諸鬼至水則不敢越	
	鬼神（をにかみ）幽霊なしといふて		在世不信鬼神	
	たゞ怪力乱神をいはず		該当なし	
	汝常に鬼神をなきものといひやぶる		足下平日不信鬼怪	
3-3 牡丹灯籠	陽分いたりて盛に清く、死して幽霊となれば、陰気はげしくよこしまにけがるゝ也。此故に死すれば忌ふかし。今汝は幽陰気の霊とおなじく座して是をしらず。穢てよこしまなる妖魅（ばけもの）とともに寝て悟ず	『剪燈新話』「牡丹灯記」	人ハ乃シ至盛之純陽、鬼ハ乃シ幽陰乃邪穢、今子幽陰之魅ト同ク処テ知ラズ、邪穢之物共ニ宿シテ悟ラズ	
	汝はばけものゝ気に精血を耗散し、神魂を昏惑せり		妖気甚濃ナリ	
5-1 和銅銭	秩父和通は此銭の精なる事うたがひなし	『博異志』「岑文本」	上清童子トハ是レ銅ノ名ト悟ル	目録「長柄僧都が銭の精霊に逢事」

表 5-1 続き

目次	該当部分	原話	原文（一部読み下し）	備考
6-5 白骨の妖怪（ようくわい）				目録「長間佐太白骨の妖（ばけ）物に逢事
7-7 雪白明神	身のたけ一丈あまりの鬼	『博異志』「馬侍中」	一物ノ長丈余ナルヲ見ル、乃チ夜叉也	
8-2 邪神を責殺	異類異形のもの二百ばかりしきりに追かくる	『剪燈新話』「永州野廟記」	甲兵ノ甚ダ追フ者ノ千乗万騎可カリ	目録「性海鹿嶋明神に詣て大蛇を殺す事」
	さてはばけものゝため只今死すべし		自分必ズ死セント	
	この大蛇世にある事、年久し。ある時は妖（ばけ）てかたちをあらはし、人をなやまし、ある時は居ながらわざはひをなす。その通力自在なる事いふはかりなし。山中にすむ鬼神、野辺にとゞまる悪霊、みなこれに力をあわせ、毒蛇魑魅（こたま）みなこれにしたがふ		此の物世ニ在ルコト已ニ久シ、妖ヲ興シ孽ヲ作スコト与ニ比ヲ為ス、社鬼祠霊其ノ約束ヲ承ケ、神蛟毒虺其ノ指揮ヲ受ク	
	妖怪通力すでにそなはり		妖孽已ニ成ル	
9-3 金閣寺の幽霊に契る	さては人間にあらず。山近く木玉のあらはれしか、きつねのなれるすがたか。しからずは幽霊ならん。と思ふに、かたちのうつくしさに、心とけて露おそろしきことなし	『剪燈新話』「滕穆酔遊聚景園記」	其ノ鬼タルヲ審ニス、亦タ懼ル所無シテ固ク之ヲ問フ	目録「中原主水正幽霊に契る事」
9-5 人鬼				目録「丹波国野々口鬼女の事」
10-1 守宮の妖（ばけもの）	かのばけ物いかりて	『諾皐記』「太和末荊南云々」	牀ニ登リテ責メテ曰ク	目録「守宮の妖（ばけ）物の事」
	井のもとの守宮今すでにこの妖魅をなすとおぼえたり		該当なし但し、文中に「何物ノ怪魅カ人ヲ敢シ凌リテ」	
	たちまちに変化妖邪のわざはひをなし、漫に人の神魂（たましゐ）を銷しむ		該当なし	
	何ぞ慚愧の心なく、あまつさへかくのごとくの怪異（くわいゐ）をなすや		該当なし	
	それより後二たび怪異なし		後ハ亦他無シ	
10-3 祈て幽霊に契る	弥子の幽霊なるべし…何かすさまじとも思はん…人と幽霊とはおなじからずと	『才鬼記』「魯季衡」	終ニ人鬼ヲ以テ間ヲ為サズ	目録「上杉憲政息女弥子の事」
11-1 隠里	狐のともす火あたりにひらめく	『剪燈新話』「申陽洞記」	該当なし	
	かゝる所へ夜ふけて来るものはばけものなるべし。然らずは盗人ならん		疑ラクハ鬼神タラン、又恐ル盗刼タランコトヲ	
	又五郎、これはうたがひなき、ばけものなり		生、邪魅タルコトヲ知ル	
	二人の女房もおなじばけものゝ類なるべし。諸友に打ころさん		三女ノ妖タランコトヲ疑ヒ併セテ之ヲ除ント欲ス	

目次	該当部分	原話	原文（一部読み下し）	備考
	二人ながら啼ていふやう、我らはさらに妖魅の類にあらず		皆泣テ言テ曰ク、妾等皆人ニシテ魅ニ非ズ也	
	おそろしきものゝためにに		妖猴ノタメニ	
	又五郎、すでにばけものは打ころしけれ共		群妖ヲ除キ去ルト雖モ	
11-4 七歩蛇の妖	此地はもとより妖蛇のあやしみありて人さらにすむ事かなはず	『鉄囲山談叢』「劉器之安世元祐臣云々」	此ノ地素凶ナリ、止ル可カラズト	目録「七歩蛇の事」
	すさまじき思ひてしりぞく		則チ率拱キ立チテ謂ク鬼神アリ	
	蛇なにゝによりて障をなし、怪（あやしみ）をあらはすや		蛇ノ安ゾ拠ルヲ得テ以テ怪ヲ為スヤ	
	竜王ものしることあらば、この蛇の怪異（けゐ）をはやく攘ひ給へ		而ドモ悛革セシメテ今数日ハ怪、益出ヅ	
	これよりのちは蛇ふたゝびきたらず		是ニ由ツテ怪復ビ作ラズ	
11-6 魚膾の怪（くわい）	これ、魚の精あらはれあつまりて、此怪異（くわいゐ）ありけるにこそ	『諾皐記』「和州劉録事者云々」	該当なし	目録「大嶋源五郎が魚膾の怪（ばけ）物之事」
12-6 大石相戦	石の戦い	該当原話なし	該当なし	目録「石軍の事」
	これそのしるし成べしと、後におもひ合せしとぞ		該当なし	
13-2 幽鬼嬰児に乳す	夜ごとに来るものは死したる妻の幽霊にて侍る	『鉄囲山叢談』「河中有姚氏云々」	夜与ニ言ル所ノ者ハ乃チ亡婦爾ト	目録「伝尸病の事」
	しかれば此ばけ物一定わが弟をたぶろかし死すべし。其時にいたりては、くやむともかひあるまじ。ばけ物といへども妻と化して来るうへは、弟さらに思ひきるべからず		此レハ是ニ吾ガ弟ヲ往亡セントスルノミナラン。且弟ハ計リテ絶ヲ忍ビザラン	
13-8 馬人語をなす怪異（くわいゐ）	誠にふしぎの事也	該当原話なし	該当なし	目録「義輝公之馬言事」
13-9 怪を話ば怪至				
	ことわざにいはく、白日に人を談ずることなかれ。人を談ずれば、害を生ず。昏夜に鬼を話ることなかれ。鬼を話ればば怪いたる	『竜城録』「夜坐談鬼而怪至」	信ナルカナ俗諺ニ曰ク、白日ニ人ヲ談ズルコト無カレ、人ヲ談ズル則ンバ害生ズ、昏夜ニ鬼ヲ談ズルコト無カレ、鬼ヲ談ズル則ンバ怪至ルト	目録「百物語の事」

『伽婢子』は『新日本古典文学大系』75、岩波書店、2001、原話は『新日本古典文学大系』の注および渡辺守邦「『五朝小説』と『伽婢子』」1〜4（『實踐國文學』70〜73、2006〜2008）より作成。

❖化生である意味

前章で妖怪・化物は、化生という生類観＝自然観に規定されていることを指摘した。では、化生の物とすることで、一体どのような効用が期待されたのだろうか。

山岡元隣・元恕編の怪異論断書『古今百物語評判』（一六八六刊）巻四―八「西寺町墓の燃えし事」には、「其珍しきに付きて、或はばけ物と名付け不思議と云へり、世界に不思議なし、世界皆ふしぎなり」[26]と、先生（元隣）は「珍しき」物を「ばけ物」、事を「不思議」と位置付けている。その上で、化生については、次のように記されている。

○一人「垢ねぶりといふ物は、ふるき風呂屋にすむばけものゝよし申せり」

先生「凡そ一切の物、其生ずる所の物をくらふ事、たとへば魚の水より生じて水をはみ、しらみのけがれより生じて其けがれをくらふがごとし、されば垢ねぶりも、其塵垢の気のつもれる所より化生し出づる物なる故に、あかをねぶりて身命をつぐ、必然の理たるべし」（巻二―六「垢ねぶりの事」）[27]

○先生「此事既にこだまの事に付きて其ためしをかたりき、猶も非情の有情は化する事は、化生と申しならはして目前にまゝある事なり、朽

表 5-2 『新語園』における怪異の読み

巻数	項目名	該当箇所	出典
6 - 22	婁逞人妖	人ノ妖怪（ヨウクワイ）ナリ	『南史』
6 - 28	頓丘人遇鬼	向ノ妖物（ハケモノ）（中略）前ノ妖物	于宝『捜神記』
6 - 84	盧虔射柳樹	比ノ怪物（バケモノ）、驚キ懼テ	『宣室志』
6 - 87	呉興妖狸	例ノ鬼魅（バケモノ）ナリト謂テ	『捜神記』
7 - 5	鶏妖為吉祥	鶏ノ妖怪（ヨウクワイ）、更ニ吉祥ト為リ	『甄異記』
7 - 6	家鶏為妖	定メテ妖（ヨウミ）魅（バケモノ）ナラン	劉義慶『幽明録』

『仮名草子集成』41、東京堂出版、2007 より作成。

ちたる木の蝶となり、くされる草の蛍に変ずる事、何れも見給ふ通りなり」（巻三―一「参州加茂郡長興寺門前の松童子にばけたる事」）[28]

○先生「のぶすまはあながち化生の物にあらず、鼯の事なり、此もの上古には獣なりとかやいへども爾雅に鳥と註し侍れば、本草綱目にも李時珍禽の部に入れたり」（巻四―三「野衾の事」）[29]

「垢ねぶり」や「こだま」は化生とする一方、山野を行く人の通行を阻む「野衾」は化生ではない。別の発生（胎生もしくは卵生）をした鳥獣（ムササビ）の類だとする。つまり、個々の化物に関する質問に対して、先生（元隣）は化生かそれ以外で発生した生類かに基づいて判断している。怪異の正体を暴いて否定するのではなく、珍しい物事の道理を理解させた上で対象について説き納得させるのが、先生の姿勢であった。そこで化生という生類観＝自然観は、重要な説明手段として機能している。

また、妖怪・化物が化生による生類だという認識は、これらを退治＝殺害できることに一定の説得力を与えている。つまり、どんなに年を経ても、あるいは変化しても生類である限り、妖怪・化物は死ぬ（数百年生きた狐や蛇が退治される話があるように、老衰による死はなくても、武力や霊験による外因性の死はあった）。

そこで、『多聞院日記』天正一九年（一五九一）の大和国我瀬（現奈良県斑鳩町龍田北）で起きた事件を見てみる。

一、従二旧冬一（旧冬より）龍田ノ西ニ我瀬ト云処ニ、赤キ鬼出テ、人見之程ナルハ必死スト申、必定〳〵也、ウソ也〳〵、奇代事也（正月二六日）

一、我瀬ノ鬼、化生ノ物ニテ、テツハウ〔鉄砲〕ニテヰコロス〔射殺す〕、牛ノ子ノ様ニテ毛ノナキ者也、実歟、ウソ也（閏正月五日）

（前略）我瀬ノ鬼射殺ト沙汰間尋処、一向無二其沙汰一（其の沙汰無し）、惣テ鬼ニテハ無レ之（之無し）、只天然頓死スル物タワ事申タルヲ

云伝迄ト云々（閏正月六日）

（前略）ナラ中方々鬼・化生ノ物出云々、奇事也、ウソモアルヘシ、大風雨アラレ恠異ナル事共如此云歟（閏正月一三日）[30]

多聞院英俊は「ウソ」とする事件だが、正月二六日我瀬に「赤キ鬼」が出没し、「化生ノ物」なので射殺している（閏正月五日）。しかし翌日、鬼ではなく別の仔牛のようなものだと判明するが、鬼＝「化生ノ物」という理解の上で射殺されていることから、鬼＝「化生ノ物」は殺生可能なのだと認識されていたことがわかる。

この後、奈良中に鬼や「化生ノ物」が出没したという噂が起きている。固有名詞の鬼とは違い、「牛ノ子ノ様ニテ毛ノナキ者」という、特定の名詞がない得体の知れない対象に「化生ノ物」を用いているのは、了意と通じるものがある。[31]

❖生類の仕業という常識

生類という視角については、狐狸などが妖怪・化物の正体として語られる場合がよくある。こうした事例は枚挙に暇がないが、一つだけ事例を挙げる。それは、井原西鶴『好色五人女』（一六八六刊）巻二―二「踊はくづれ桶夜更て化物」である。

天満に七つの化物有、大鏡寺の前の傘火・神明の手なし児・曾根崎の逆女・十一丁目のくびしめ縄・川崎の泣き坊主・池田町のわらひ猫・うくひす塚の燃からうす、是皆年をかさねし狐狸の業ぞかし、世におそろしきは人間、ばけて命をとれり[32]

化物が「狐狸の業」つまり変化だという事例の豊富さは、それが当時の常識であったことを意味している。これまで論じてきたことを踏まえると、狐狸が化物になること、つまり別物になることは化生と表現できる。とすれば、狐狸が正体であること＝変化することと妖怪・化物が生類であることは、化生を媒介にして裏表の関係にある。前章で述べたように、化生には、可逆性の変身と不可逆性の化成の両面がある（一五八頁）。妖怪・化物という化生の物と狐狸などの変化は、齟齬なく並存する常識だった。

❖中山三柳『飛鳥川』にみる物の奇怪

化ける以外にも、怪異の正体が生類とされる事例は多い。例えば西川如見『和漢変象怪異弁断　天文精要』（一七一五刊）天異篇三「天隕レ石（天石を隕す）」を見てみる。

> 日本光仁帝宝亀七年ノ落石（『続日本紀』「光仁帝宝亀七年九月二十日毎夜瓦石及塊自落二内竪曹司及京中往往屋上一」筆者注）ハ狐狸ノ所為ナランカ、狐狸ノ妖ニ礫ヲ打事アリト云リ、隕石ハ常ニハ非スト見エタリ、何モ隕星ノ所ト可二勘弁一（勘へ弁ふべし）[33]

こうした生類の仕業という理解は、朱子学を学んでいた者も主張している。

中山三柳は、美濃大垣の戸田氏鉄に仕え、また後水尾院の御脈伺いをした功で法眼に叙せられた医師で、三宅道乙に朱子学を学んだという。[34] 彼の著作『飛鳥川』（一六五二刊）には、「山姑」「治鳥（天狗の類）」「姑獲鳥」といった『本草綱目』『多識編』に由来するモノに言及している。

> ○天地万物ハ、皆二気よりわかれ来れり、陰陽の、はかるべからざるをば、聖人これを、神とのたまふ、俯して、

万物の上を見れバ、をの〳〵一技をそなへたり、皆其性にして、天地の自然と、いひつべし、たとへば、霊亀ハ、千歳を寿とすれば、蜉蝣ハ、一日を期とす、狗ハ夜を守り、鶏ハ暁をしる、蛍に飛火あり、狐に燐火あり、鶯ハ立春を考へ、燕ハ社日を忘れざるがごとし、草木をいはゞ、桃李春風の外、榴花は、夏を以し、黄菊ハ、秋を以てし、野梅ハ、冬を以する等も、亦、一樹各一乾坤あり、物のひとしからぬハ、物の情にして、奇怪とするにたらず、試に此理を論せん歟、をよそ、禽獣の性ハ、其気をうくる事や、偏なり、智くらふしてしぶる、人ハ智のため、理のために、其気をつかふ、気他のために、転移分散して、凝結する事なし、禽獣ハしからす、偏気にして、事に、あづからざれバ、雑る処なくして、気をのづから、長成し、凝結す（下—七）[35]

○此外怪鳥奇獣其しなおほし、動物のミにあらず、器物にいたりても、火浣布ハ、火にて垢をすゝぎ、辟寒犀ハ、寒気を遠け、珎珠衫ハ、寒温にかなひ、夜光珠ハ、灯に加へ、豊鐘ハ、霜に鳴、燕石ハ、雨に飛、磁石の針を吸、琥珀の塵を拾ふたぐひ、又かぞゆるに、いとまなし、豊城の剣、邯鄲の枕、陶壁の梭、葛陂の杖、其外名物又多かり、されば人類の、物と化し、物類の人と化する理ハ、あるまじき事なれど、人も又、天地の中の、一物也、其霊気を得れば、物も人と成、其霊気をうしなへば、人も物と成、禽獣の怪、器物の奇ハ、又其性にして、あやしむにたらす、小智小見の人は、一偶に泥で、造化の広大を、知ざる故に、他のために、まどハさるゝ事多し（下—八）[36]

前者は、化けたり人を惑わせたりする「狐狸の妖怪を、なす事」、後者は天狗、山姑・姑獲鳥など「怪鳥奇獣」そして器物の怪についての解説である。いずれも「物（万物）」の奇怪な現象は、それぞれが持つ「性（性質）」や「情」、「技」なのだという。禽獣は気が「偏」って生成された物で、人と対照的である。そこには、人は「万物の霊長」、気からの生成において他の物よりも優れているという朱子学の理解による。ただし、人も霊気を失えば「物と化」すと、気から発生している点で人と万物に実質的な差はないと指摘している。

怪異（［怪異］）は、物にそなわる性質や技ゆえに「あやしむにたらず」と三柳は主張する一方で、「理を以てをさハ、此事なしと、いふべからす、又妖怪と、いふべからす」[37]とその現象自体を否定しているわけではない。
貝原益軒は、物の異常を「妖禍」と表現したが（第三章一一三頁）、「偏」って生成された物の性質や技能を「奇」や「怪」とする三柳と比べると、表現に違いこそあれ大きく重なっている。

【三】……古文辞学から見た［怪異］

❖荻生徂徠の古文辞学——言葉にこだわる儒者

最後に、荻生徂徠（一六六六～一七二八）を取り上げたい。[38]
徂徠は、朱子学や伊藤仁斎の学問を批判し、古典をその著された時代の文法と字義に即して読む古文辞学を唱えた儒者として、あるいは『政談』などを著して柳沢吉保や徳川吉宗に献策した政治思想家として一般的に知られている。

これまで徂徠の超常的な物事に対する理解をめぐっては、いわゆる「鬼神論」に関する研究が中心であったが、[39]ここでは言葉――古文辞学の視点から怪異＝［怪異］を考えてみたい。

古文辞学について、もう少し詳しく述べると、古文辞（秦漢以前の美しく豊かな古文）を反復的な読みと実作を通して習熟することを重んじ、古言古文に相即する先王による古代のありさま、「礼楽」に象徴される「先王の道」を明らかにする学問である。そのために、漢文の和訓による訓読（読み下し）を否定し、あくまでも漢文を異言語として正しく読み（華音直読）、自らの平易な言葉で内容や情趣を再現すること（口語訳）を重視した。そうした意味で、徂徠は言葉（漢字）にこだわった儒者であった。

❖『訳文筌蹄』に見る異・怪・妖

『訳文筌蹄』は、和訓を同じくする漢字の意味を口語訳で弁別した辞書である。芝の増上寺門前に開いていた塾での講義ノートをもとに、虚字（動詞）・半虚字（形容詞）を扱う初編が正徳四年（一七一四）から翌年にかけて刊行された。この同訓異義辞書は、古文辞学のため、言い換えれば、異文化である漢字漢文を母語で正しく表現＝訳せるようになるための道具である。つまり、『訳文筌蹄』を読むことは、徂徠学の入口に立つことだった。

その巻三には、「あやし」と読まれる漢字、奇・異・偉・珍・畸・怪・妖に関する解説がある。そのうち異・怪・妖の解説を引用する[40]（傍線・波線は筆者）。

【異】「アヤシ」とよむ時、奇に似たり、常の反対なり、「コトナリ」とよむ時、殊に似たり、同の反対なり、「コトナリ」とよむ意は前の殊の條に見ゆ、「アヤシ」とよむ時、秀異・異才など、秀奇・奇才などと通ずれとも、奇字の如くめづらか[珍]なる意なきゆへ、妖異・変異・災異などはケチのこと、神異・怪異など皆よきことに非ず、類推すべし

【怪】「アヤシ」とよむ、「異」字に似て同に対せず、是も当の反対なり、「異」字よりは極めてあしき[悪]方に用ゆ、霊怪・神怪・鬼怪・幽怪など皆バケモノなり、水怪は水中のバケモノなり、怪異・怪事、ケチなり、「アヤシム」とよむとき、訝るなどより語意重し、俗語には嗔怪と連用す、又怪他はかれ[彼]をいかる[怒]なり、勿怪は、いかる[怒]ことなかれと云ふことなり、但し無礼、ふとどき[不届]をとがめ[咎]て怒ることに用ゆ

【妖】バケモノなり、怪の字より又甚し、「怪バケモ」の字のノは、或は三足の鶏、角ある鳥、足ある魚などのるい[類]、つがもなき異形のものなり、「妖」の字は鳥獣草木の精、化して人となりて人を誑かするい[類]のことを云ふ（後略）

これらの解説は、それぞれの漢字にはさまざまな含意、また、微妙な差異があることを気付かせてくれる。まず、異＜怪＜妖と悪さに程度差がある。また、傍線部の「ケチ」とは、怪事すなわち不吉なことを指している。これは凶兆としての怪異と重なる。

そして、波線部の怪・妖に見られる「バケモノ」論も興味深い。「怪」が指す「バケモノ」は「つがもなき」＝とてつもなく異形な物、「妖」が指す「バケモノ」は「鳥獣草木の精」が人に化けて人を誑かすことを指している。同じ「バケモノ」でも、前者は物象（モノ）、後者は現象（コト）である。ちなみに「精」とは、「もののせいぶん〔精分〕」で、天地では精（「月者陰精、日者陽精、剣の精、墨の精、梅の精、花の精など」）を含めた万物は「化生」する、また「成精的」という俗語には「ものの年月を経てバケモノになりたること」を指し、「狐狸精・野狐精、皆バケモノなり、精怪とも使ふなり」とする（同巻）。[41]

❖『論語』「子不語怪力乱神」をめぐって

『訳文筌蹄』のように、一字一句にこだわる古文辞学の視角からだと、『論語』の理解も徂徠独自のものになる。そこで、次に『論語』述而篇の「子不語怪力乱神」に関する徂徠の解釈を見てみる。

享保五年（一七二〇）頃に完成した『論語』注釈書『論語徴』は、朱子『論語集注』や伊藤仁斎『論語古義』巻之四を批判的に検討する中から成立したものとして有名である。しかし、成稿へ至るまでには紆余曲折があった。

柳沢吉保に仕えていた頃、吉保夫人の定子に対して行った『論語』講義をまとめた『論語弁書』（一六九六～一七〇九頃成立か）は、まだ朱子学の枠から脱しきれていない時期の徂徠の見解が窺える。そこには、「怪ハ奇怪なる事なり、孔子は常々あやしき不思議な事、勇力ある事、又常を乱だす（ママ）叛逆の事、偖ハ鬼神の沙汰此四色の事ハ物がたりし玉ふ事ハなきとなり」（巻之四）[42]とある。これは、『論語集注』巻四「怪異・勇力・悖乱の事は、理の正に非ず、固より聖人の語らざる所なり、鬼神は造化の迹なり、正しからざるに非ずと雖も、然れども理を窮むるの至りに非ざれば、未だ明らかにし易からざる者有り」[43]に近い。徂徠は、「怪」（怪異）を「奇怪なる事」、あるいは「あやしき不思議な事」と理解していたことがわかる。

そして、仁斎の学問を批判した『蘐園随筆』を刊行（一七一四）後に作成された『蘐園十筆』には、「子不語怪力乱神」に関する仁斎批判が展開している（四筆に収録）。[44]

○「怪力乱神」、仁斎曰く、「怪は猶怪を行ふの怪のごとし、非常にして駭くべきの行ひを言ふなり」（『論語古義』巻之四 筆者注）と、此其の意に謂へらく、但以て怪異と為すのみならば、その義未だ広からずと、故に『中庸』の「行怪」を引く、然れども「怪」字の本義は、怪異を是と為す

○「怪」とは常談なり、凡そ人喜びて怪力乱神を談ずる者は、其の心奇を好む者なり、聖人は爾らず、故に之を談ずるを喜ばざるのみ、然れば亦語げざるのみ、何ぞ嘗て口を絶ちて言はざらんや、仁斎、字義を知らずして曰く、「深く諸を言議に絶つ」（『論語古義』巻之四　筆者注）と、謬りと謂ふべし、且つ曰く、「此を以て之を観るに、後世、記・礼の書に、孔子の言と称して、鬼神妖異の事を説く者、皆附会の説なり」（同）と、仁斎又此に因りて『易（易経）』を排すは、其の「鬼神の情状を知る」（『易経』繋辞伝上　筆者注）の言有るが為の故なり、又『中庸』の鬼神の章を疑ふ、甚だしきかな、故に仁斎の説を究むれば、則ち『春秋』に神乱無し、亦孔子の作に非ざるなり

いずれも仁斎が「怪」の「字義を知ら」ないがための謬論とする。特徴として、前者は、仁斎が「怪」を『中庸』にある「行怪」、つまり、人の異常な行動と限定的な理解をしているのに対し、徂徠はより広く「怪異」と把握している。後者は、「怪」は「常談」だが、聖人は「喜びて」語らなかったのであって、全く語らなかったわけではな

い、そして孔子は「鬼神妖異の事を説」いたという。

これらの枢要（すうよう）は『論語徴』へ引き継がれる。[45] まず徂徠は、「子、怪・力・乱・神を語（ご）せず」と読む。「語」は「談」ずることではなく「誨（おし）へ言ふ」ことで、「怪異・勇力・悖乱の事は、先王の典の尚（たっと）ぶ所に非ず、故に以て語とせず（怪異勇力悖乱之事、非二先王之典所一レ尚、故不三以為二語）」なのだという。徂徠は、『論語』を、先王の道を論定せんとして発せられた孔子の言葉の断片を集めた書物と位置付ける。先王の道との連関で『論語』を読み直したものが、『論語徴』であった。そして「聖人何ぞ常人に殊ならん、平日の閑談に、何ぞ嘗て一たび之に及ばざらんや、拘（こう）すと謂ふべし（聖人何殊二常人一、平日閑談、何嘗不三一及二之乎、可レ謂レ拘）」というのは、『蘐園随筆』の「常談」に通じる理解であり、仁斎とは真逆の見解である。

この徂徠独自の意見は、彼の漢文の一語一句に対する果てなき追究に裏付けられた結果であった。

❖夔（き）の同定をめぐって

次に、徂徠の学知が珍しいかたちで反映された事例を見てみる。山梨県笛吹市春日居町にある式内社、山梨岡神社（やまなしおかじんじゃ）（岡神社）には雷除の神として夔（夔神）の木像が祀られている。夔は、本来『山海経（せんがいきょう）』などに載る一本足の獣で、山梨岡神社では現在も神札が配られ、七年に一度夔神の木像が公開されている。江戸時代の夔神に関して、ここでは巣（そう）飲叟鶉鼠（いんそうりょうそ）による甲州の地誌『裏見寒話（うらみかんわ）』（一七五二序）巻之二を引用する。

> 山梨岡神社と云、大山祇命を祀る（中略）木形（彫カ）の獅子のやうなる一足の獣、拝殿の格子より神殿眞向に出し置く、是を夔の神といふ、夔似レ牛無レ角（牛に似て角無し）、其音如レ雷（雷の如し）、皮可二昌鼓一（皮昌き鼓になるべし）、徂徠先生曰、此獣は夔と云もの、荘子に所謂、夔見レ蚿而笑（夔蚿を見て笑ふ）（『荘子』秋水篇　筆者注）、といふ是なり、夔を祭る社は、爰（ここ）より外に類なしと云り[46]

「徂徠先生曰」とあるように、実は夔神の名は徂徠に由来したものなのである。

徂徠は宝永三年（一七〇六）、儒者の田中省吾と甲斐国を旅している。その道程は『峡中紀行』『風流使者記』として記録されているが、そのうち『風流使者記』から山梨岡神社を訪れた際の状況を見てみる。

> 殿扉の前に独足の獣一つ有り、木を刻みて之を造る、二子（徂徠・省吾　筆者注）、祠祝を召して之を問へば、其の何獣為ることを知らず、何神を祠奉するかを問へば、則ち云ふ、大山祇為り、　崇神皇帝の時、始めて置く、と、伝に云ふ、山の怪夔・魍魎とは、乃ち其の大山祇の使者為るを知んぬ[47]

社殿の扉の前にあった独足の獣の像について、神職に尋ねてもわからなかったため、山の神大山祇を祀っていることに因んで『孔子家語』にある「山之怪」夔を連想した、という。

重要なのは、形状からの発想により名が与えられたことで、木像に新たな価値が生じたことである。名も無き正体不明の木像は、徂徠によって中国に淵源を持つ神獣、夔に生まれ変わった。その上徂徠という高名な学者の名付けのインパクトは、夔として神社で祀ることを促し、『裏見寒話』をはじめ『甲斐名勝志』（一七八二）や『甲斐名所図会』（一八五一）など一八世紀以降の甲州の地誌で取り上げられ、地域の「遺産」として共有されることになった。

山梨岡神社は、享和二年（一八〇二）に夔神の御影を作成している。甲斐国では、従来一六〇余の神社が府中八幡宮（甲府市宮前町八幡神社）の下で勤番社家として属していた。山梨岡神社も、武田信玄自筆文書を宝物とする式内社である一方、勤番社家を務めていた。しかし、文化年間頃（一八〇四〜）から多くの神社が個別の由緒を主張し、府中八幡宮の支配から離脱していく。[48]山梨岡神社はこうした動向に先行するかたちで、御影作成を行ったと考えられる。つまり、信玄自筆文書だけでなく「爰より外に類な」き夔神の由緒（徂徠の命名には触れず、中国の文献を引用）を作成することで、神社の独自性をアピールしたのである。そして夔神信仰は現在に至る。

徂徠の知は、名も無き木像に新しい価値を与え、神社をめぐる動向などと関わり合いながら地域の「遺産」へと昇華していったのである。

おわりに

二章にわたり、言葉の視角から怪異を考えてみた。

モノとしての怪異に関する語彙（妖怪・化物）について見たとき、多くは生類に関わるものだと理解されていた。それを可能にしたのは、化生という当時の生類観・自然観だった。それを朱子学や本草学が補うかたちで展開していった。

また、妖怪や化物は普通名詞的な性格を持ち、その汎用性から翻訳などさまざまな面で活用された。

そして、荻生徂徠は、言葉をめぐる問題に取組み、新たな知の権威となった。

今回取り上げたものは、ほんの一部にすぎない。怪異の語彙に関する研究は、今後も考えていかなければならない。言葉は、怪異という概念と切り離せないからである。その言葉が指し示す範囲は、どのような対象を怪異と認識するのかと大きく関わっている。怪異認識の問題は、次章で詳しくみていくことにする。

1 『太平記』の怪異（恠異）については、西山克「太平記と予兆　怪異・妖怪・怪談」市沢哲編『太平記を読む』吉川弘文館、二〇〇八を参照のこと。

2 兵藤裕己校注『太平記』一、岩波書店、二〇一四、二四二頁。

3 同右二四三頁。

4 兵藤裕己校注『太平記』四、岩波書店、二〇一四、七六～九四頁。

5 西源院本では「正成天狗と為り剣を乞ふ事」と、疫癘流行や吉野の後醍醐帝の陵墓から現れた「光り物」、そして足利直義が「邪気に侵され」る巻二三「上皇御願文の事」（同右五四・五五頁）は分かれているが、慶長八年（一六〇三）の古活字本段階では、巻二三「大森彦七事（正成天狗と為り剣を乞ふ事）」と「就直義病悩上皇御願書事（上皇御願文の事）」は続くかたちとなり、「大森彦七事」自体が恠異として機能するような体裁になっている。古活字本『太平記』は『日本古典文学大系』三四～六、岩波書店、一九六〇～二による。

6 注4前掲書三二五・六頁。

7 同右二八三頁。

8 注2前掲書一二三・四頁。

9 日本における「妖怪」の初出とされる『続日本紀』宝亀八年（七七七）三月辛未条「大祓、宮中にて頻りに妖恠有るが為なり（大祓、為三宮中頻有二妖恠一也）」（『国史大系二続日本紀』吉川弘文館、一九六六、四三三頁）でも、「妖怪」は現象として理解されている。大祓がされているように、神仏と関係のあるものとして「妖怪」が認識されていることも注意しなければならない（凶兆としての意味は、この段階ではまだ含まれていないと思われる）。

10 『図書寮叢刊　看聞日記』七、明治書院、二〇一六、四四頁。なお、この事件については、西山克「王権と怪異　そして妖物」『説話・伝承学』一二、二〇〇四を参照のこと。

11 同右。

12 『史料纂集　師郷記』三、続群書類従完成会、一九八五、一六三頁。

13 『増補史料大成　康富記』一、臨川書店、一九六五、三七八頁。

14 注10西山前掲論文、西山克「怪異学研究序説」『関西学院史学』二九、二〇〇二などを参照のこと。

15 『史籍雑纂　当代記・駿府記』続群書類従完成会、一九九五、九四頁。

16 小川剛生訳注『新版徒然草』KADOKAWA、二〇一五、二一一頁。

17 『新日本古典文学大系』四二、岩波書店、一九九〇、三一七頁。

18 『室町時代物語大成』九、角川書店、一九八一、四一七～二五頁。

19 人間文化研究機構監修『百鬼夜行の世界』角川学芸出版、二〇〇九、四二・三頁、『大妖怪展』三井記念美術館、二〇一三、五六・七頁などで紹介されている。

20 田中貴子「あやかしたちの祭」『百鬼夜行の見える都市』筑摩書房、二〇〇二、二二九頁。

21 『史料纂集　経覚私要鈔』四、続群書類従完成会、一九七七、二七二頁。

22 西山克「「妖物絵」の誕生　『百鬼夜行絵巻』とはなにか」『関西学院史学』四三、二〇一六、一〇〇～三頁。

23 『新日本古典文学大系』七五、岩波書店、二〇〇一。

24 『新日本古典文学大系』二三、岩波書店、一九九七、三三七頁。

25 『仮名草子集成』四一、東京堂出版、二〇〇七。

26 『叢書江戸文庫二七　百物語怪談集成』二、国書刊行会、一九九三、五八頁。

27 同右三五頁。

28 同右三八頁。

29 同右五二頁。

30 『続史料大成　多聞院日記』四、臨川書店、一九七八、二八〇～二頁。

31 一方で、化生の不死性に言及する事例も見られる。第一章や第八章で取り上げている『奇異雑談集』下「姑獲の事」では、古老が産女は「人のかたち」の「化生の物」であり、「化生の物なるゆへ、死すべからず」と主張している。ただし、何故化生だと死なないのか（難産で死んだ女性の変化という、いわば死からの再生だからか）については説明されていない。なお編者は「この説不審」としている（『仮名草子集成』二一、東京堂出版、一九九八、一一六頁）。

32 『新編西鶴全集』一本文篇、勉誠出版、二〇〇〇、四一八頁。

33 『西川如見遺書』五、西川忠亮編輯、一八九九、一八丁。

34 三浦邦夫「『飛鳥川』の性格」『仮名草子についての研究』おうふう、一九九六、一七三頁（初出一九九四）。

35 『仮名草子集成』一、東京堂出版、一九八〇、二二七頁。

36 同右二一九頁。

37 同右二一七頁。

38 徂徠および古文辞学については、主に、田尻祐一郎『叢書日本の思想家一五　荻生徂徠』明徳出版社、二〇〇八を参考にした。また、『日本思想史辞典』ぺりかん社、二〇〇一の解説（宇野田尚哉「荻生徂徠」「古文辞学」「訳文筌蹄」「論語徴」、子安宣邦「鬼神論」「古学派」）も別途参照した。

39 源了圓「徂徠・春台における天の観念と鬼神観」東北大学日本文化研究所編『神観念の比較文化論的研究』講談社、一九八一、中村安宏「室鳩巣と朱子学・鬼神」玉懸博之編『日本思想史　その普遍と秩序』ぺりかん社、一九九七、子安宣邦『新版　鬼神論』白澤社、二〇〇二など。

40 『荻生徂徠全集』五、河出書房新社、一九七七、一三四・五頁、『荻生徂徠全集』二、みすず書房、一九七四、一四五・六頁。

41 同右河出書房新社『荻生徂徠全集』五、九一頁、みすず書房『荻生徂徠全集』二、八九頁。

42 『荻生徂徠全集』三、河出書房新社、一九七五、三九六頁。

43 『論語集注』二、平凡社、二〇一四、二七四・五頁。
怪異・勇力・悖乱之事、非二理之正一、固聖人所レ不レ語、鬼神造化之迹、雖レ非レ不レ正、然非二窮レ理之至一、有二未レ易レ明者一

44 『荻生徂徠全集』一、河出書房新社、一九七七、二九八・九頁、『荻生徂徠全集』一七、みすず書房、一九七六、四二二および七〇六・七頁。読み下しは双方を参考にしている。
○怪力乱神、仁斎曰、怪猶二行レ怪之怪一、言二非常可レ駭之行一也、此其意謂、但以為二怪異一、其義未レ広也、故引二中庸行怪一、然怪字本義、怪異為レ是
○怪者常談也、凡人喜談二怪力乱神一者、其心好レ奇者也、聖人不レ爾、故不レ喜レ談レ之耳、然亦不レ語耳、何嘗絶レ口不レ言哉、仁斎不レ知二字義一而曰、深絶二諸言議一、可レ謂レ謬、且曰、以レ此観レ之、後世、記礼之書、称二孔子之言一、説二鬼神妖異之事一者、皆附会之説也、仁斎又因レ此而排レ易、為下其有中知二鬼神之情状一之言上故也、又疑二中庸鬼神章一、甚哉、故究二仁斎之説一、則春秋無二神乱一矣、亦非二孔子作一也

45 『荻生徂徠全集』二、河出書房新社、一九七八、一五一頁、『荻生徂徠全集』三、みすず書房、一九七七、三〇一および六二四・五頁、『論語徴』一、平凡社、一九九四、二八〇・一頁を併用。

46 『甲斐叢書』六、甲斐叢書刊行会、一九七四、四八頁。

47 『荻生徂徠全集』五、河出書房新社、一九七七、八〇五および九五三頁。
殿扉前有二独足獣一一、刻レ木造レ之、二子召二祠祝一問レ之、不レ知三其為二何獣一、問レ祠二奉何神一、則云為二大山祇一（平出）崇神皇帝時始置、伝云、山之怪夔魍魎、乃知三其為二大山祇之使者一也

48 西田かほる「甲斐国の神社」『山梨県史』通史編四近世二山梨県、二〇〇七、七四九〜五九頁。また、同『近世甲斐国社家組織の研究』山川出版社、二〇一九を参照のこと。

第六章

民衆の怪異認識

あやしいと認識すること

はじめに

本章では視点を変えて、近世の民衆（学問や宗教などの知識を用いた生業をしていない被支配者層）は、怪異をどのように認識していたのか、またそうした怪異認識に基づいて、民衆だけでなく、支配者層や知識人はどのように怪異に対処したのかを考えてみたい。

しかし、民衆自身が怪異について記した記録は、近世でも多くは残っていない。ただし、知識人たちの著述は、当時の社会・文化状況を反映したもの、また出版物といった商品は、民衆の意識からそう遠く離れて作成されたものではないと考えられる。この点を考慮して分析すれば、民衆の怪異観の一端を繙く緒（いとぐち）になるはずである。

【一】……恠異から怪異へ

❖政治的な恠異からの脱却

そもそも怪異とは、一体どういう物事を指し示すのだろうか。言い換えれば、人は何をもってあやしいと感じるのだろうか。まずは、この点について時代を追いながら検討してみる。

第二章で、怪異は、古代以来、神仏が示す政治的凶事の予兆という、政治的で限定的な意味で使われていることを明らかにし、「恠異」という表記で広義の怪異と区別してきた。

しかし、中世で用いられた怪異という言葉には、政治だけに留まらない、より幅のある理解がなされている。建長六年（一二五四）成立の橘成季が編んだ説話集『古今著聞集』巻一七は、第二六篇「怪異」と第二七篇「変化」から成っている。怪異篇の小序には「怪異のおそれ、古今つゝしみとす」[1]と、恠異＝さとし（神仏からのメッセージ）を収載する意図が示されている。だが内容的には、不吉だがさとしはない、単に不可思議な事件が載っている。続く変化篇も政治性がない「人の心をまどはす」[2]鬼や天狗、「ばけ物」[3]、猫、狸が登場する話群で構成されている。久留島元は、巻一「神祇」篇に神の怒りや天皇家による鎮撫、すなわち恠異に相当する話が収録されていることに着目し、この段階では既に怪異の認識に大きく変化が見られ、神祇篇と怪異篇の差異は王権による対応の有無にあることを指摘している。[4]本来政治的だった恠異から多義多様な怪異へと拡散、言い換えれば、怪異は恠異から脱却していったのである。

室町時代になると、恠異の収拾システムの機能不全・軒廊御卜の激減の一方で、政治と関係のない不思議な出来事（怪異）が、頻繁に日記類に書き留められるようになる。高谷知佳は、室町期の怪異を、当時の京都の都市性――武家・公家・寺社が集住し、権力者だけでなく民衆の間にも政治・経済・文化のネットワークが幾重にも築かれていた——と関係づけて、三つに分類している。[5] すなわち、①「収拾される怪異」…寺社は怪異を注進して政権から利益を引き出し、政権はそれに対応し収拾をはかることで社会に統治能力を示す（本書でいうところの、恠異）。②「風聞としての怪異」…社会不安や政治批判を背景にして生じる怪異の風聞（寺社による発信も政権による収拾もない）で、各自が勝手に解釈する、いわば一人歩きの情報。この時期の日記類に記された怪異は、文末に「云々（うんぬん）」、つまり伝聞であることが示され、解釈は聞き手（記録者）に委ねられている。③「都市社会に宣伝される怪異」…寺社が参詣や信仰、経済的権益などを得ようと社会に発信する怪異の風聞。すなわち、寺社が政権（上）ではなく社会（下）に発信する怪異である。これは、第二章で見た仏教が、地方での布教に怪異を用いたことと重なる（六一頁）。この結果、寺社に多くの参詣者が集まったが、この群参そのものが良くないことの兆し、つまり怪異（恠異）として受け取られる場合もあった。

高谷が提示した室町の怪異をめぐる諸相は、第二章で取り上げた『多聞院日記』の「口遊則物恠」（五二頁）、口遊（くちずさ）み、つまり噂が起きること自体が「物恠」という認識にまで及んでいる。

❖混在し拡散する怪異

高谷のいう怪異の三分類は、近世段階にはどうなるのだろうか。①は第二章で見たので、②③についてここでは述べたい。前章でも見た『当代記（とうだいき）』慶長（けいちょう）一一年（一六〇六）五月の記事を今一度見てみよう。

> やぶれ車と云変化の物京中に在レ之（之在り）、縦（たとへ）は車の通音する間、見レ之（之を見る）所に、目にも不レ見（見えず）、昔年両度如レ此（此の如き）怪異有レ之（之有りき）、二度共に凶兆と云々[6]

「やぶれ車」という「変化の物」の出現は「怪異」であり、「凶兆」であった。この「やぶれ車」は、後に本邦初の百物語怪談集『諸国百物語』（一六七六刊）巻一「京東洞院かたわ車の事」として文芸化している。[7]

しかし、「やぶれ車」の一件で注意しなければならないのは、引用の前部分に、伊豆—江戸間での石運送船破損と京都伏見に現れた光物が記されている点である。[8] 石運送は、当時幕府が大名に命じた公儀普請に関わるもので、運送する船が破損する状況は、光物が伏見を移動し急に落ちて消えたこととリンクしている。凶兆とはいえ、政治性が明確ではない「やぶれ車」は、政治性のある伏見の光物と連続して記されることで、政治的な凶兆の意味合いが付加されている。

さらに翌年の記述を見てみる。

> 此二三箇年中、九州・中国・四国衆、何も城普請専也、乱世不遠との分別歟と云々、京都町人已下、種々怪異に付如此歟、閭巷説と云々[9]

西国の城普請とともに京都で起きた「種々怪異」に対し、京都市中の人びとは乱世再来の予兆だと理解している。「種々怪異」には、先の「やぶれ車」も含まれるだろう。これは、京都市中で生活していた人びとが凶兆という恠異の政治的な機能を把握していたことを示している。[10]『当代記』の記事は、政治的凶兆としての恠異（高谷の分類①）と、民衆が抱く社会・政治不安としての怪異（分類②）が混淆している状況を表している。

分類③については、慶安二年（一六四九）六月二一日の夜に起きた武州大地震にまつわる風聞を見てみたい。[11] 武蔵国川越の商人榎本弥左衛門は、このとき京都にいて、二三日後に地震の話を聞く。当時にしては驚異的な速さで伝わったが、江戸は「くらやみが入たる」[12]という風聞であった。そして京都から川越へ帰る途中、江戸での地震のとき京都では次のような「ふしぎ」が起きたという風聞を知る。

京のひえい〔比叡〕山よりあたご〔愛宕〕へ、ひかり〔光〕物とび行候事、二条御城より、ちやうちん〔提灯〕二つゞ東の方へとび行事、清水(寺)にて、人数百人計のこゑ〔声〕にて、夜々とき〔関〕のこゑ〔声〕つくる事、(伏見)いなり〔稲荷〕にても、時〔鬨カ〕のこゑ〔声〕つくり候事、らしやうもん〔羅生門〕にて、女のこゑ〔声〕する事、やわた八満〔幡〕(石清水八幡　筆者注)の石灯籠壱つもなき事、目もなき坊主夜中に京中をはしりありき〔歩〕候事、ひえい〔比叡〕山のさる〔猿〕千ひき〔匹〕計こうず川へ身をすつる〔捨〕事、四条町かなや茂左衛門むすめ、一夜の内にかみ〔髪〕皆しろく〔白〕成候事、歳は十五さい〔歳〕と申候、五りやうの松、風もふかつ〔ず〕しておれ〔折〕たる事、しやうぐん塚めいとう〔将軍塚鳴動〕する事、以上十一ふしぎ有[13]

「十一ふしぎ」の風聞は「江戸中にてかみ〔紙〕に一つ書に申ふらし候」、いわゆる瓦版(かわらばん)と思われる媒体によって流布していたようである。高谷の怪異分類③は、寺社が利益を引き出すために宣伝する怪異だったが、この主体は不明である。しかし、怪異(恠異)の風聞が商品になることを知っていた者たちがいたのは確かだ。元禄期の「馬のもの言ひ」事件(第二章五八頁参照)を踏まえれば、③の発信主体は寺社以上に拡大していたといえる。ちなみに、地震当時京都にいた弥左衛門は、「皆いつわりにて候、此時京にて風聞なし」と記している。[14]このように近世においては、①〜③の怪異がより拡散し多様になっていたのである。

【二】……怪異であるための条件

❖何を怪異と認識するのか——一五世紀の史料から

ここまで古代から江戸前期の怪異(恠異)を概観した。改めて、それでは一体人は何を怪異として認識していたのだろうか。

その手掛かりとして、二つの史料を比較してみたい。一つは、興福寺別当経覚の『経覚私要鈔』宝徳二年（一四五〇）三月二四日に記された奈良での事件である。

一、或者語云、於二南都一希共在レ之、先去廿日比歟、猿澤池上死人浮上、若人身ヲナクル歟、不分明、是一
於二一言主一、狐、神楽を進ける、是二
一言主御供此間不レ取レ之、是三
大佛汗かゝせ給云々、是四
元興寺吉祥堂張挙（幕カ）、両方端食切、是五
於二御社一（春日社　筆者注）、猿を猪食殺、云々、是六
於二一乗院塵塚一火柱両度立〈正月ト今月初〉、是七
御社安居障子絵、於二勝南院因幡絵師所一書レ之処、絵師共両三人喧嘩、一人被二殺害一了、仍此障子令レ穢之間、別沙汰直云々、是八
条々希以外之慎也、猿澤池をは廿一日にかゑ［　］井の水を入云々、其日於二池端一、（幸徳井）友幸［　］供沙二汰之一、御供共大風吹々倒了、是も［　］事也云々、旁以可レ慎〱[15]

「希」は、おそらく「希代之事」を略した表現と考えられるが[16]、列挙されている狐の異常な行動や大仏が汗をかく現象[17]は、従来怪異とされてきた。また「希」に対して行う「慎」は、先の『古今著聞集』怪異篇序のように、怪異への代表的な対応手段である。

二つは、甘露寺親長の『親長卿記』明応二年（一四九三）一一月五日条である。

晴、今朝将軍墳鳴動或仁云、近日及二度々一云々
其次語云
南都怪異有数ヶ、猿沢池水如レ泥、数魚死去云々
東大寺、火柱立云々
南円堂本尊瓔珞、地震之時落給
春日祭依二大和物騒一〈国人有二合戦一事〉下行物等無レ之、仍延引云々
又、春日山鳴動云々、同有（闕文カ）
又聞、水無瀬御廟〈後鳥羽院〉鳴動云々[18]

将軍塚鳴動を発端に列挙される「南都怪異」の中には、春日祭が合戦によって延引してしまったことも含まれている。これは争いという点で、『経覚私要鈔』の絵師の喧嘩を「希」としていることと重なっている。

要するに、時期も著者も異なるが、奈良で起きた「希」と「怪異」の含意は共通していよう。そこで、希＝怪異、怪異とは稀少なことを指すという仮説を立てて、近世の事例を考えてみる。

❖『奇異雑談集』の「奇異」

仮説を踏まえて、第一章でも見た『奇異雑談集』（写本）を例に考えてみよう。『奇異雑談集』の「奇異」とは、一体何を意味しているのだろうか。

『奇異雑談集』には「きいの事なり」という表現が一箇所、そして「奇異（の儀）にあらず」という表現が三箇所ある。[19]「きいの事なり」とある下―一五は『祖庭事苑』の翻案で、楚国の内裏の鉄柱を、宮仕えの女が暑さしのぎで抱き、後に鉄の玉を出産した事に対して使われている。一方「奇異（の儀）にあらず」は、女性の執心悪業のおそろし

さを説く話（上―四）、丸太橋が渡れない馬を老人の知恵で助ける話（下―九）、そして下―一一の三つである。この下―一一に注目したい。話の概要は次の通りである。

摂津の国兵庫の西、塩屋で製塩業をいとなむ男が夜塩釜近くで焚き火をしていると、子供を抱いた女性が火に当たりに来る。男が焚き火越しにその女性を見ると、それは雁をくわえた狐だった。男は棒で驚かし、狐から雁を奪う。次の日に市へ雁を売りに行こうとする途中、小男に出会い二百文で売った。だが後に代金を見ると馬の骨だった。

典型的な狐に化かされる話だが、文末には次の解説が付けられている。

世に狐の物がたり、おほき事かきりなし、此さうたん〔雑談〕、奇異の儀にあらすといへども、火炎の中におひて、その真実を、みる事ふしぎにあらずや、真言宗に、護摩木をたくこと、八千枚をたく、禅法にいはく、三世の諸仏、火炎上におひて、大法輪を転ず、又いはく、丹霞（丹霞天然　筆者注）木仏を焼バ、院主看、眉鬚堕落す、と云々[20]

この話は『奇異雑談集』下巻の草稿本である『漢和希異』にも収載されている。[21] しかし、「世に狐の物がたり（中略）奇異の儀にあらす」の一文はない（「火炎の中に」以降はあり）。

狐が人を化かす話は、現代の感覚からすれば十分「奇異」に思える話だが、『奇異雑談集』の編者にとって、それは「奇異の儀にあらす」であった。何故「奇異」と見なされないのだろうか。

それは、前文にある「世に狐の物がたり、おほき事かきりなし」だからであろう。狐に化かされる話は数多ある、故に「奇異」にはならない。つまり、稀少なことが「奇異」の条件になっている。『奇異雑談集』下巻草稿本が、『漢和希異』というのも、示唆的である。

奇異と稀少性の関係は、古くは『今昔物語集』にも見られる。小峯和明は、『今昔物語集』における「奇異」と「希有」の使い分けはあまり意識されていなかったと指摘している。[22]

ただし「奇異の儀にあらす」の続きには、火炎越しに狐の正体を暴くことを「ふしぎ」としている。不思議（不可思議）は本来仏教用語であり、火の効能を諸仏の霊験と結び付けて話を締めるのは、仏教唱導説話を基にしている『奇異雑談集』にふさわしい。

『奇異雑談集』では「奇異」と「ふしぎ」を区別している。要するに、この作品での「奇異」とは、仏の霊験とは無関係の稀少な事象を指している。

❖怪異であることの条件——神仏との関係と負のイメージ

稀少性について、さらに事例を挙げれば、『諸国百物語』の巻二「相模の国小野寺村のばけ物の事」では、「めづらしきこと」と「ふしぎ」が同じ事象に用いられている。[23]

元禄二年（一六八九）刊行の京都の地誌『京羽二重織留』には、「奇瑞」と「妖怪」の項目がある。[24]「奇瑞」は神仏の霊験、「妖怪」は神仏とは無関係で奇妙な現象として区別している。ちなみに「妖怪」として挙げられているのは、「狐尾、乗二白駒一（白駒に乗ず）」「仏像祟」「老翁現」「飛火、移レ堂（堂を移る）」である。[25]

貞門俳諧師で『古今犬著聞集』などの仮名草子編者でもあった椋梨一雪は、『続著聞集』（一七〇四序）全二十篇それぞれに主題を持たせている。第十篇の主題は「奇怪」であり、序文には「奇怪」の説明がある。

> 奇怪とは、凡天地の造化、万物変易は、各其本然の理有て、四時寒煖より及大小屈曲に至まて、悉訝るへきに

あらす、然るに間（々）処々に起り、物々に付而、非常のこと〳〵をなし、奇異の業を現して耳目を驚す事あり、此等の類、此篇におさむ[26]

一雪にとって「奇怪」とは、「非常」な「奇異の業を現して耳目を驚す事」を指している。また「奇怪」篇は、神の「霊妙の功験」[27]に関する第二「神異」篇と区別されている点にも注意しておきたい。

怪異と認識する条件として、恠異の（政治的な）凶兆という性質、言い換えれば、不吉＝負の属性もあげられる。第四章でも取り上げた『日葡辞書』（一六〇三刊）の「Yôquai.（妖怪）「妖ひ怪しい」わざわいと危険なことと」[28]という項目は、負のイメージを伴っている。しかし、負の属性は、恠異においては絶対条件であっても、『京羽二重織留』のような広義の怪異には必ずしも絶対の条件ではなく、あくまでも怪異を構成する条件の一つにすぎなかったようである。

以上、ある事象が怪異（奇異・妖怪・奇怪）だと認識される条件として、第一に、稀少であることがあげられる。これは、通時的なもので、且つ儒学（朱子学）の「怪（[怪異]）」、つまり常の対立概念という性格とも共通している。ただし何を稀少だと感じるかは、認識する側の社会環境に大きく左右されていたことはいうまでもない。

また、神仏の霊験とは無関係な奇妙な現象であることも、条件の一つとなる場合があった。しかしこの理解は、恠異、すなわち神仏が示す凶兆とは位相が異なっている。古代・中世の軒廊御卜による判定は、注進されてきた稀少なコトから政治的な意味を引き出す手段、言い換えれば、恠異を抽出する行為であった。恠異に神仏が関与しているのは、権益を被る政権と注進者（寺社）双方の利害関係が大きく影響していたからである。

一方で、室町時代以降、仏教が民間への仏説布教を強めていく過程（仏教の世俗化）において、僧侶は神仏が引き起こす恠異ではなく、神仏と関係のない怪異を教導話材として語る傾向を強めていった（第二章六一頁）。いわば官から民という、仏教と社会の関係性の変化が、神仏の霊験と関係のない怪異という新たな属性を生じさせたと考えられる。このように怪異と神仏の関係は、状況によって可変のものであった。

【三】……経験論的怪異認識

❖『清水物語』の「ばけ物」「きどく」「ふしぎ」

怪異と認識するには、普遍的な「稀少であること」に加え、「神仏との関係性」「負のイメージ」などの条件が必要であった。では、そうした条件から構成される怪異に、人びとはどのような対応を見せたのだろうか。第二章で見た宗教儀礼や法度とは異なる対応を、仮名草子から考えてみよう。仮名草子は、本章冒頭で述べたように出版物という商品である。それは、読者（購買層および読み聞かせの対象）の関心や知識を反映して作成されたものであり、そこに記される怪異観は当時の民衆の理解を反映したものといえよう。

まず「京や、ゐなかの人々に、二三千とをりも、売申」[29]したベストセラー『清水物語』を取り上げる。『清水物語』は寛永一五年（一六三八）に刊行され、作者は儒者朝山意林庵だとされている。儒学に基づく道理を問答形式で説いたもので、その下巻には「ばけ物ぞ、きどく［奇特］、ふしぎそ、といへる事ハあることとや、なき事か」[30]という問いがあり、回答者の老人は次のように答えている。

よき不審にてこそ候へ、ある、と申せは、鰯のかしらも仏になるなど〻思ひて、木のきれ、石のかけも、たうと［尊］みすぎて、おろか［愚］にあさまし、又、なき、と申せは、神もなく、仏もなく、天道もなしなど〻いひさみして、物ことにやぶれぎ［破れ気］をいだされ候、あるにても候ハす、なきにても候ハすと申せは、中ぶらりといへるものにて、わけもきこへす、申わけけん、とすれは、いとむつかし、さりなから、やさしく、少人の御たつね候を、すこしハ御物語申へし、よろつの事、みな、ふしぎ、きどくなるゆへに、わきて、きどくとも、ふしぎとも、いふへき事なし、見なれたる事ハふしぎになきと思ひ、みなれ〔見馴〕ぬ事あれは、きどく、ふしぎと思ふ事にて候、其子細ハ、鳥の空とぶもふしぎにて候ハすや、おさなき〔幼〕よりみなれ〔見馴〕たるゆへに、きどくとも、おもはぬにてこそ候へ、さりとては、きたい〔希代〕、ふしぎの第一なり、魚の水にすむも、草木の花のいろ〳〵染いたすも何者かありて、か様に才工をいたすともしらぬハ、みなふしぎ也、これからミれは、天地のうちに、たれ〔誰〕がするともしらぬ、ふしぎはなにほど〔何程〕も有へし、と心をすへて、其上に、わが心にこゝろえられぬ事あらは、みなれ〔見馴〕、きゝなれ〔聞き馴〕ぬにてこそあれ、ことハりを思ひあたりたらは、ふしぎにても、きどくにてもあるましき、と思ふへし、石か物をいひ、石か空をとぶとも有ましきことく、おどろくへからす、これは何ゆへに、かくのごとくあるぞ、と、しりたる人に、といたらんハ、うたが〔疑〕ひはれてゆくへし、そのほか、狐、狸のしはさまても、よくことハり〔理〕をしりぬれは、おどろく事さらになし、きどく、ふしぎハめなれ〔目馴〕ぬものときゝなれ〔聞き馴〕ぬことなり、とおもへは、きどくも、ふしぎもなし、神の事も、仏の事も、きどくなる事ハ、まことの道にあらす、きどくなきか、みな、きどくとおもふへし、何事もまどハすして、しかもやふらぬはなし[31]

この回答について、吉江久彌が適確に整理している。[32]

i 天地間に存在する一切のものが不思議奇特なのであって、特に不思議奇特だというものはない。神仏のことでも同じ。

ii 人々が不思議に思うのは、その事その物を見聞きし馴れないからに過ぎない。

iii 右のような観点から言えば、不思議は多いが、それも道理さえ判れば何の不思議もない。

iiから『清水物語』でも、稀少性が「ふしぎ」「きどく」「ばけ物」と認識されるための条件であったことがわかる。また、世界全体が不思議だという前提のもと、物事の道理を知ることで、不思議を克服しようとする点は、儒学（朱子学）の格物致知につながる発想である。[33] 近藤瑞木が、一八世紀以降の近世怪異小説に登場する儒者の役割を検討した中で、「一般に儒学は合理的な学問であると言われることが多いが、近世の儒家思想は必ずしも怪異を非合理的なものとして否定していたわけではない。むしろ、その存在を合理化することで、その神秘性、超越性を否定しようとしたと見るべきだろう」と述べているが、[34]『清水物語』でも当てはまる主張である（第十章の古賀侗庵とも同様である）。

❖『祇園物語』の「ふしぎ」「あやしみ」

『清水物語』版行直後、その論難書である『祇園物語』が刊行された。

先の『清水物語』での問答に対して、『祇園物語』下巻二[35]には、回答者である僧が「大神反経（神変カ）」にもあるように万物が神変（奇特）であり、「老人の申されしと、同し事やらん」と『清水物語』をまず首肯する。しかし、「さハあれど」として、日常的に起きる物事を「定のきとく」「常のきどく」、非日常的な物事を「異相のきとく」「きどく神反」と区別し、非日常的な物事を「ふしぎと申す」と位置付けることで、『清水物語』と差別化を図っている。これが『祇園物語』の一つ目の特徴である。

その背景には、『清水物語』で頻用される表現「目前」への批判がある。[36] この「目前」とは、現実のことを指し、本作には現実にある事象のみを重視する儒学の道理への不満が込められているという。この点は、「一々の法（存在筆者注）、ミな目前に見へたる事、きとくにて、其上に異相あるを、きどく神反と申にや」という表現にも反映されている。

そして、僧は「異相も真如の理に、万法を具しける」と、不思議の領域である異相にも「真如の理」があるという。「真如の理」は「深き理り」（上巻五）[37]と同義で仏法を指し、「目前」と対極に位置する。つまり、『清水物語』の示す道理の外側に、「異相のきとく」とそれに内在する「真如の理」を設定することで、仏教の優位性を主張しているのである。[38]しかし、『清水物語』と『祇園物語』は思想的な差異はあっても、万物に道理（「真如の理」）が存在し、それを理解することで不思議（異相のきとく）を克服する点では、どちらの論調にも大差はない。[39]

二つ目の特徴は、『清水物語』にはない「あやしみ」、つまり怪異について触れている。僧は先述の説と関連させながら、善政や修徳のための必要悪として怪異は必要だと主張し、それはまた、怪異の対極にある祥瑞にも適用されている。

❖山岡元隣の主張——世界に不思議なし、世界皆ふしぎなり

本書で既に取り上げている、山岡元隣・元恕編『古今百物語評判』（一六八六刊　以下『評判』）も見てみよう。『評判』は、北村季吟門下であった元隣が京都六条で行った百物語怪談会とそこでの解説を、元隣没後に子の元恕が編集刊行したものである。従来の百物語怪談と異なり、先生（元隣）が儒学や仏教などの知識を駆使して怪異を論断している点に大きな特徴がある。その巻四「西寺町墓の燃えし事」の最後には、「其珍しきに付きて、或はばけ物と名付け不思議と云へり、世界に不思議なし、世界皆ふしぎなり」[40]とある。先生は「珍しき」物を「ばけ物」、事を「不思議」と位置付け、『清水物語』『祇園物語』と同趣旨を「世界に不思議なし、世界皆ふしぎなり」の短文で適確に表現している。これは、前節で見た怪異の条件とも重なり合う。

ただし『評判』は没後出版のため、厳密には元隣の準著作物となる。そこで、元隣の思想を生前の著作『小さかづき』（一六七一刊）で確認してみる。その巻五第一一「日待の雑談の事」には、

> かの出家の、いへるやう、せかいのうちに、いつれか、ふしぎ、いつれか、ふしきならざるハ、なし、ふしんを、たつれば、いつれも、ふしぎ也、されども、よのつねの人々、めづらしき事ハ、ふしき、と、おもへる、み

な気のまよひ也[41]

と、やはり『評判』と同様の主張をしている。

❖経験論的怪異認識

以上、珍しい物事を怪異として認識する視座は、複数の仮名草子でも確認することができた。それは、稀少な物事＝怪異という理解が、当時の常識として社会に浸透していたことを意味している。

見てきた作品群の中で怪異への対応策として提示されているのが、稀少性の克服である。つまり、世界は不思議そのものであり、それを意識した上で道理を理解すれば、自ずと不思議に思わなくなる、というものである。こうした怪異の原因を珍しく思うこと、言い換えれば、怪異を無知や未経験に由来したものとする認識を「経験論的怪異認識」と呼ぶことにしたい。

この経験論的怪異認識には、二つの対処の仕方がある。一つは、経験を積んだり知識を修得したりすることで、怪異に関わる道理や機能を把握し克服すること（宗教儀礼や法度もこれに含む）。もう一つは、怪異はそもそも起きるものだから殊更に怪しむ必要はない、いわば怪異を怪異としてそのまま受け入れることで納得するという、逆説的な合理である[42]。どちらも合理性の獲得という点で差異はない。

またこの怪異認識は、さらに内と外へ展開する可能性を孕んでいる。内とは、怪異を人の心に由来するものとして捉えること。これは次節で取り上げるが、怪異＝心因性の幻覚として否定するだけではなく、怪異に遭遇した場合に心の不安から更なる災いを引き起こさないように防ぐという、怪異の肯定を前提にした主張も含んでいる。

一方、外とは、怪異を他者（モノ）として捉える、またはあるモノの仕業とする見方。これは、第三・四章で論じた生類としての怪異などが該当する。

【四】……唯心論的怪異認識

❖河内屋可正の唯心論的怪異認識

経験論的怪異認識の一つの発展型が、怪異を人の心に由来するものという理解の仕方であった。これを「唯心論的怪異認識」と呼ぼう。

唯心論的怪異認識は、『徒然草』（後述）や『看聞日記』[43]など、中世の史料でも確認できるが、近世での代表例として河内屋可正（壺井五兵衛　一六三六〜一七一三）がいる。

河内国石川郡大ケ塚村（現大阪府南河内郡河南町）の上層農民・商人だった河内屋可正は、唯心論的通俗道徳形成の先駆[44]として、また高度な生活様式や文化水準を保持することで下層農民との差別化をはかり、文化的ヘゲモニーの確立を目指した人物である[45]。

彼が残した『河内屋可正旧記（大雅塚来由記）』（以下『旧記』）は、元禄初年（一六八八）から宝永三年（一七〇六）にかけての、子孫への教訓書であり、村人への教戒書でもある。中でも、巻六「清兵衛老狐に魅せらる事」は、安丸良夫のいう「心」の哲学を推し進めて呪術を否定した可正の象徴的な記述として有名である[46]。

> （前略）天狗外に非、己が我慢邪慢高慢、鼻の高き皆天狗也、化物外に非、己が心の妄乱に依て、なき者眼に遮り、異形の物顕はるゝなり、諸魔外になし、心常ならず、偏に愚かなる故に、種々のあやしき事をいひて、心無事ならざるを魔と云也、道理明らかに心無事なる人を、仏共云神共云、聖共云、焼鼠に懸りて命を失ふ狐、異形を顕して、たゞしき人をまどはす事いかでかあらん、唯己が心無事ならずして、偏気の妄執より顕はるゝかた

ち、是則狐なり、化物也、此者のまなこには正に有事也、生霊死霊幽霊等外より来らず、是皆己に有、是を名付て内魔と云り（後略）[47]

安丸は、可正の「天狗、ばけ物、生霊、死霊、地獄、極楽など」を「己が心の妄乱」と見なす点に、呪術の否定に代表されるような「唯心論が民衆の通念・通俗道徳を再編成してそれに世界観的な基礎づけと統一性をあたえ、そのことを通して実践主体としての人々の内面に信念と積極性をひきおこ」すものと評価している。[48]

しかし、この文言は、兵学者安藤掃雲軒による『太平記』と『太平記評判秘伝理尽鈔』の抜粋書『南木武経』（一六八一序跋）に依拠したものであった。可正には『可正雑記』という読書記録があり、そこに『南木武経』「諸魔降伏之事」の抜粋がある。[49] それは、引用した「清兵衛老狐に魅せらる事」とほぼ同文である。『南木武経』は政治論であったが、可正はそれを修身・斉家論に読み替えて用いている。[50]

また、『旧記』全体には、『徒然草』が色濃く影響を及ぼしており、[51] 第二〇六段の「怪しみを見て怪しまざる時は、怪しみかへりて破る」という文言を引いて、迷信を否定している記述もある（巻七「可正隠居ノ事」）。[52]『可正雑記』には、さらに「左傳に云、妖は由レ人興ると有、縦妖怪の事有共、妖はかれか妖にして我にあつかる事なし、心にかくるにたらす、茄を踏て蟾蜍と思ひし人も有し、皆自我の心痛にまとはさるゝ愚に拙き故也」[53] と陳北渓の朱子学解説書『性理字義（北渓字義）』巻下「鬼神」（あるいは『性理字義』を引いた『説法続因縁集』（一六九二刊）のような仮名教訓書からの孫引きか）[54] に由来する文を記している。要するに、可正は書物を通じて唯心論を修得していた。

こうして書物の知から得た唯心論を用いることで、可正は不思議な物事＝怪異に対処している。「屋なり」や「うぶめ」など土俗的な怪異に対して、「正念にして信心堅固の手前には、あやしき事有物に非、愚人の沙汰用るにたらず」（巻一〇「宗順物語之事」）[55] と論断しているのも、書物の知の応用だと考えられる。これらから、「愚人の沙汰」と一線を画そうとする可正の心情が垣間見える。

可正の唯心論的怪異認識を芽生えさせたのは、書物の知によるところが大きいが、もう一つ、俳諧のネットワークも重要な役割を果たしていた。巻六「可正誹諧ノ事」には、

> 寛永正保の比迄は郡中に誹諧と云事曽以なかりしなり、慶安の始、予か十四五なる時、（代官）松村吉左衛門様御手代衆に、和気仁兵衛殿、西川久左衛門殿なんと云人々、当郡へ納所に被来し時分に、誹諧仕習ひて、此道の面白きと云事をしれり、是石川郡誹諧の始也、扨又壺井村唯正、柏原村浄久（三田浄久）、誉田の一十なんと伴ひ、天満の空存、堺の成安等にま見えて、弥誹諧の道を聞、其後天満の宗印（西山宗因　談林派、井原西鶴の師）、梶山保友、大坂の休也、堺の長重、成之等ともみ合せ、数度の会席に誹道をまなふといへ共、猶奥深き事もや有と、京都の重頼（松江重頼）にちなみ、其後安原貞室（松永貞徳門人）門躰と成て、此道に秘する事なんと少々伝へてたのしみとせり[56]（丸括弧内は筆者注）

とある。俳諧を好んだ可正は、自宅に大坂・堺・平野などから俳人を招き、大ヶ塚を河内における俳諧の拠点としていった。三田浄久（一六〇八～八八）は柏原村（現大阪府柏原市）の肥料商兼川船の株主で、「無類の俳諧好、老のたのしみ是ひとつ」（『西鶴名残の友』巻二）だという。浄久による『河内鑑名所記』（一六七九刊）は、俳諧の普及が水路・街道という人的交流と商品流通路の上に展開したことを表す作品で、可正と井原西鶴の俳諧も載っている。[57]『旧記』には「世話」「古語」という箇所がよく見られるが、これは交流のあった松江重頼の俳諧作法書『毛吹草』（一六四五刊）巻二「世話」「世話付古語」と重なるところが大きい。[58]

俳諧という視点で見ると、「人はばけもの、世にない物はなし」（『西鶴諸国ばなし』序、補論三参照）の井原西鶴だけでなく、先述した「世界に不思議なし、世界皆ふしぎなり」の山岡元隣も京都で俳諧師として活躍していた。京都につながりがあった可正も、元隣と交流した可能性はある。経験論的・唯心論的怪異認識は、俳諧ネットワークにいる

知識人たちが共有した認識でもあった。[59]

書物の知と俳諧ネットワークを介した知によって、可正は、自身の怪異認識を形成していった。この認識は、時として、民俗で流通している知に依拠して怪異に不安を覚える村民（「愚人」）と自分は異なるという、文化的ヘゲモニーを示すための手段にもなった。

❖『性理字義』「妖由人興」

河内屋可正は、書物の知で怪異を唯心論的に断じた。次に可正とも関係する『性理字義』に注目してみたい。『性理字義』は、朱子の高弟である陳北渓の講義を王雋が記録・編集したものである。日本では、和刻本が一七世紀前期以降何度も刊行され、[60]儒者を中心に朱子学の構造を学ぶ上での教科書になった。何度も述べているように、江戸時代は書物というメディアが木版技術の発展や交通・流通の発達によって、多くの人びとに受容されていった時代である。書物を媒介にした唯心論的怪異認識の受容は、江戸文化の成果の一つともいえよう。

その『性理字義』でよく使われる「妖は人に由りて興る（妖由レ人興）」は、もともと『春秋左氏伝』荘公一四年に見られる言説で、『性理字義』ではさらに程伊川などの説を付け加えて、巻下「鬼神」の「論二妖怪一」に載る。

> 大抵妖は人に由りて興る、凡そ諸般の鬼神の旺なるは、都て是人心に由りて之興る、人以て霊と為せば則ち霊とし、以て霊と為さずんば則ち霊とせず、人以て怪と為せば則ち怪とし、以て怪と為さずんば則ち怪とせず、伊川尊人の官廨に妖多し、或報せて曰く鬼鼓を撃つと、其母曰く槌を把て之を与えよと、或報せて曰く鬼扇を揺らすと、其母曰く他熱き故のみと、後に遂に妖無し、只是主者之が為に動かざれば便ち自ら無くなり了ぬ、細しく左氏の所謂妖は人に由りて興るの一語を観るに極めて説得あり、明道に出づ石仏光を放つの事も亦た然り[61]

これに続いて「妖由人興」の事例として、ある僧侶が暗闇で踏んだ茄子を蟾蜍と勘違いしてしてしまったという心痛から本当の「遊魂滞魄」を招いてしまう話などが紹介されている。先述の『可正雑記』の「茄を踏て蟾蜍と思ひし人」は、この例話に由来している。

この『性理字義』に、近世日本でいち早く注目したのは、林羅山である。慶長九年（一六〇四）の藤原惺窩宛ての書簡（吉田玄之を通じて）には、羅山が鬼神に関する知識を『性理字義』と『性理大全』から受容していたことを記している。[62] 羅山はさらに『性理字義諺解』（一六三九成立、一六五九刊）という注釈書も著している。

羅山が『性理字義』を実用している例に、第一章で見た『恠談』「頼省幹」をはじめ（二九頁）、『野槌』第二〇六段「怪しみを見て怪しまざる時は、怪しみかへりて破る」の注釈に「妖由人興」を引用している。[63]『祇園物語』の問答でも、『徒然草』と『性理字義』が並行して取り上げられているが、これは編者が『野槌』を引用した可能性がある。[64]

ところで、可正は、怪異を「自我の心痛にまどはさるゝ愚」だという見解を『性理字義』から得ている。しかし、『性理字義』で紹介しているのは、誤解した僧侶が心痛によって本当の怪異に遭遇してしまう話で、可正が文言を独自に解釈している。つまり、「妖由人興」の解釈は、個人によるところが大きかった。

❖「妖由人興」言説の広まり

他に「妖由人興」を怪異の解釈へ積極的に活用した人物として、前章でも触れた中山三柳がいる。『飛鳥川』（一六五二刊）で『性理字義』が利用されていることは、既に三浦邦夫が指摘している。[65] 下―三は、癩瘡治癒のため村の祇園社に住む白虵を殺して食べて平癒した人が、二〇余年後に「白虵の事のミ、かぎりなく、心にかゝり」、最後は狂い死にしてしまった話である。その文末に次の引用がある。

> 皆是をのが心より、邪をまねくと知べし、邪来りて、人心をおかすにハあらず、是を以て、前哲も妖ハ由テレ人ニ興ヲコル

と、いへるなる、丹霞禅師（丹霞天然　筆者注）の木仏を焼けるを、院主の見て、眉鬚堕落しけんも、これやうの、たぐひならむ[66]

『恠談』「頼省幹」のように、三柳も本来解説が必要ない話にわざわざ解説を付すことで、儒学の［怪異］譚に仕立てている。別に、下―五では、

又、左伝に、妖ハ由レ人興るといふ時ハ、其中に於ても、愚心のまどひより、出る事おほかり、たとひ、妖怪の事ありとも、妖ハかれが妖にして、我にあづかる事なければ、心にかくるにたらず、伊川尊人の官廨に、鬼撃レ鼓をと、人の告れバ、其母把レ槌与レ之にといふ、鬼打レ扇をと告る人あれば、其母他熱故なるべしとて、更に心に、かけざりけれハ、後ハ妖怪の事、いさゝかも、なかりき、すちなく、心を転ずる、上にしてハ、茄を蹈て、蟾蜍と思ふ人もあり、皆自家の心病に、まどハさるゝ、をろかに拙き故ならん[67]

と、『性理字義』の要約を載せている。「妖由人興」に「自家の心病」という見解を結び付けているのは、医師の三柳らしい。同じ三柳の『醍醐随筆』（一六七〇序）下には、筑後や美作などの家で起きる怪事とその正体（梟や大猫、風）を記した後に、以下の結論を述べる。

されば世にふしぎなる事も皆此理ある也、此理なければ此事なし、或は附草依木の怪など、悪気死気消散せずして、暫時奇怪をなすもあれど、妖由人興といひ、見レ怪不レ怪其怪自消といへり、心をなやますにたらず[68]

「此理」とは原因を意味し、［怪異］に遭遇した場合は「妖由人興」「見怪不怪其怪自消」の言葉から心を悩ますもの

ではないという。
「妖由人興」を用いる人物は、他にも、新井白石が『鬼神論』の中で、「北渓陳氏の説なり」と『性理字義』を度々引用している。例えば「妖は人によりて起る也、人気づなければ妖自らおこらず」を『春秋左氏伝』から引き、「我こゝろいむ所有て、或はうたがひ、或はおそるるがゆへに、彼妖を感じ招けるものなり」[69]と解説している。
このように一七世紀以降、『性理字義』は広く受容され、「妖由人興」の言説は普及していった。[70]

❖唯心論的怪異認識の展開

唯心論的怪異認識は、『性理字義』や『徒然草』以外にも、さまざまに主張されている。堤邦彦は、「心妖一元論」として俳書や弁惑物など、さまざまな文芸から唯心論的怪異認識を指摘している。[71]堤の紹介しているものとも重なるものがあるが、本章でも重要なものをここで取り上げることにする。

医療では、貝原益軒『養生訓』（一七一三成立）巻第六「慎病」で、「神怪・奇異なる事、たとひ目前に見るとも、必鬼神の所為とは云がたし、人に心病あり、眼病あり、此病あれば、実になき物、目に見ゆる事多し、信じてまよふべからず」[72]と、「怪異」の原因を心病や眼病に求めている。これは、三柳の見解と類似し、益軒の読書目録『玩古目録』の寛文四年（一六六四）以前に「性理字義　屡見」とある。[73]ただし、益軒は「怪異」の全ての原因を心や眼の病で説明可能とするのではなく、「鬼神の所為」にも求めている点は注意したい。

仏教でも、唯心論的な主張は見られ、『因果物語』（片仮名本）など怪異譚を教導に用いた鈴木正三の『反故集』には、化物（「化者」）は「我心に誑さるる処を本と」して「迷謬の心より造出」[74]したものとある。また、浅井了意『狗張子』（一六九二刊）巻六「杉田彦左衛門、天狗に殺さる」には、

妖は、妖（人カ）よりおこる、と、いへり、邪気勝ときハ、正気うバふとかや、我が心、すなハち、邪気のもとゝなる故

に、やがて、正気をうバ、れて、妖怪にあふなり[75]

という「和尚」の発言がある。

厳密には、仏教と儒学の「心」の定義は、宗派や学派も含めさまざまな差異がある。しかし、ゆるやかな神儒仏の三教一致思想が広く浸透していた近世社会の通俗レベルでは、さほど違和感なく受け入れられていたのではないだろうか。

また『諸国百物語』巻五―一五「伊勢津にて金の執心ひかり物となりし事」では、

よの中に心のほかにばけ物はなきもの也[76]

と、主人公が語っている。この発言は、唯心論を語る主人公が実際怪異に遭遇して恐怖する結末の前振りとして使われている。唯心論的怪異認識が当時広く受容されていたことを背景にして、それを逆手に取った趣向である。

このように唯心論的怪異認識は、さまざまな角度から受容されていくが、時には可正のように民俗などの知と拮抗する状況も見られた。

【五】……「妖怪的世界」と「妖怪革命」

❖通俗道徳と妖怪的世界――ひろたまさきの研究から

これまで見てきた経験論的怪異認識や唯心論的怪異認識は、一八世紀以降どのように展開するのだろうか。二人の研究を手がかりに考えてみたい。一人は、ひろたまさきの「妖怪」論である。[77]

経験論的・唯心論的怪異認識は、人間の内面、すなわち「心」の問題に通じている。その心の問題を「妖怪」と結びつけて、近世後期社会を見ようとしたのが、ひろたであった。ひろたは、「妖怪」を「当時の社会における正統な諸価値から軽視または排除されるところの諸価値を、表現したり実現するところの魔力的存在」[78]と規定している。

安丸良夫は、通俗化された儒学的な諸徳目（孝行・勤勉・節約など）を内面化し、こうした通俗道徳の実践が近代化に大きく影響を与えるとした。[79] 一方のひろたは、「妖怪」に象徴される非合理で反道徳的な「妖怪的世界」と通俗道徳的世界のせめぎ合いによって、幕末に最も高揚する「世直し観念」へ至ったと主張した。信達一揆（一八六六）の指導者菅野八郎が「化もの・ゆうれい・天狗・鬼・おんりやう抔言うもの、外より決而来るものにあらず、皆己々が魔法切支丹を行う」[80]ためと、キリスト教と関連させながらも、内つまり心の迷いによるものとしたことを、その証左の一つとしている。[81]

ひろたの「妖怪」論は、①安丸良夫の通俗道徳論のネガティブな面、②化政文化論、③商品経済と欲望、④差別意識、⑤近代化（排除される前近代性）と関わって展開している。彼の議論は、明治という新しい段階へ進むための起爆剤として「妖怪的世界」に基づく価値観や心性があったことを重視する。つまり、近代化の過程で最終的には排除されるものの、怪異を含んだ「妖怪的世界」こそが新しい時代への扉を開く大きな力となったことになる。

❖江戸の「妖怪革命」——香川雅信の研究から

ひろたのいう「妖怪」の発信者は、ほとんど都市の知識人たちであった。四代目鶴屋南北『東海道四谷怪談』（一八二五初演）に描かれる無秩序な悪の世界、歌川国芳『源頼光公館土蜘作妖怪図』（一八四三版）の天保の改革で苦しむ民衆をモデルにしたと解釈される化物の群れなど、知識人にとって民衆は、欲望によって変わる制御不能で、得体の知れない存在＝「妖怪」と見なされていた。

また、唯心論的怪異認識は、通俗道徳と関わるものでもあった。知識人によって欲望を持つ人間の象徴とされたひろたの「妖怪」も、人の心次第で克服できる怪異も、人間が思うまま、自由自在に怪異を作ったり打ち消したりできることで共通する。それは、虚構だからである。

江戸時代の娯楽化した「(分析概念としての)妖怪」と現代の「妖怪」を人類学的な視座から比較検討した香川雅信は、その虚構性について、一八世紀後期の都市文化のなかで、人びとが「妖怪の「表象」化」、つまり「妖怪」を人工的な記号にすることでリアリティを喪失、フィクショナルな存在に変容させていったと指摘する。そして、この動向を江戸の「妖怪革命」と表現した。[82]「妖怪革命」の前段階には、唯心論的怪異認識(経験論的怪異認識)に繋がる通俗道徳と欲望のせめぎ合いが想定できる。

香川のいう「妖怪革命」の大きなポイントは、恐怖から娯楽の対象へと「妖怪」の意味が転換したことにある。①黄表紙という虚構の中で活躍する化物(「妖怪」)は、人間と逆の価値観を持ち、かつ人間に退治される存在として描かれている。的に当てると化物の人形が飛び出す遊戯具「からくり的」は娯楽＝怖くない「妖怪」を創出し、生類とされた河童や人魚などのミイラ・手・頭蓋骨などは物産会(ぶっさんえ)や見世物で展示された(商品化する「妖怪」)。②「妖怪現象を人工的に作り出す手品」＝「妖怪手品」は、平瀬輔世(ひらせすけよ)『放下筌(ほうかせん)』(一七六四)や『天狗通(てんぐつう)』(一七七九)などの解説本が出るほど人気を博し、怪談狂言(歌舞伎)や怪談噺でも妖怪手品やからくりを使った仕掛けが用いられた。種がある「妖怪手品」は神秘性を無効化し、「妖怪」が人のコントロール下にあることを促すものであった。③博物学の様相を見せる本草学の発展は、世界に対する理解を深め、物を収集・分類・視覚化・列挙するいとなみを促進した(博物学的思考／嗜好)。これらによって、都市文化としての「妖怪」は、人の手によって自由にコントロールできる存在へと変質していったとする。

ひろた・香川両氏がそれぞれ示す「妖怪」は、虚構、つまり人が創ったものという共通点がある。実際に起きた不思議な事件であっても、メディア(媒体)の中に移入されれば娯楽の対象、すなわち人がコントロール可能なものに変容する。「妖怪的世界」も「妖怪革命」も人の欲望(現世利益、知的好奇心、物欲など)を反映したものとして重なり合い、虚構という新しい場の中で両氏のいう「妖怪」は跳梁跋扈したのである。

おわりに

本章では、民衆の怪異認識に焦点を当てた。恠異から怪異への流れ、怪異だと認識するための条件、経験論的怪異認識、唯心論的怪異認識など、そのいずれもが近世日本の怪異認識を考える際に欠かせない視点である。これらは融和したり拮抗したりすることで展開していった。

もちろん本章では論じきれていない条件や認識はある。[83]それが、今回提示したものと親近性を持つものなのか、あるいは対立するものなのかは、今後の課題である。

人が怪異をどう認識するのかは、人と怪異の距離を測るいとなみでもある。神仏からのメッセージとするか、娯楽の対象とするかなど、それはやはり人や社会次第である。

1 『日本古典文学大系』八四、岩波書店、一九六六、四五三頁。

2 同右四五六頁。

3 同右四六〇・三頁。

4 久留島元「妖怪・怪異・異界—中世説話集を事例に—」東アジア恠異学会編『怪異学の地平』臨川書店、二〇一八、一二七〜三二頁。久留島は、藤原実資『小右記』寛弘二年（一〇〇五）十月一五日条にある、烏が日中内裏に侵入して飛び回ったことについて、陰陽寮による占断も待たずに、公卿たちが怪異と判断したことから、一一世紀頃には怪異の語義が「拡散」していったとしている。また、怪異篇の小序に「もろ〳〵の怪異もさこそ侍らめ、なずらへてしるべき事にや」（注1前掲書四五三頁）と、『徒然草』「怪しみを見て怪しまざる時は、怪しみかへりて破る」（第二〇六段）に通じる怪異への懐疑を示していることに触れ、怪異という語彙が定着したことで、かえって客観的に怪異を捉える姿勢が芽生えたとも指摘している。

5 高谷知佳『「怪異」の政治社会学　室町人の思考をさぐる』講談社、二〇一六。

6 『史籍雑纂　当代記・駿府記』続群書類従完成会、一九九五、九四頁。

7 今井秀和「片輪車という小歌　妖怪の母体としての言語」『日本文学研究』四六、二〇〇七を参照のこと。

8 注6前掲書九三・四頁。

9 同右一〇八頁。

10 横田冬彦は、この史料について、それまで戦場となった京都に住む者に「豊臣・徳川間の政治均衡のあやうさと、西国大名の「城普請」が戦争準備であるというリアルな現実認識が、同時に「種々怪異」を乱世の前兆とする認識と結びついたものとして町人意識を捉えて」いたとする（「城郭と権威」『岩波講座日本通史』一一、岩波書店、一九九三、二七四頁）。

11 倉地克直「津波の記憶」水本邦彦編『環境の日本史四　人々の営みと近世の自然』吉川弘文館、二〇一三、八一・二頁、同『江戸の災害史　徳川日本の経験に学ぶ』中央公論新社、二〇一六、四八〜五〇頁。

12 「万之覚」『榎本弥左衛門覚書　近世初期商人の記録』平凡社、二〇〇一、一六七頁。

13 同右一六八頁。

14 同右。災害と凶兆としての怪異の関係は、江戸後期になっても機能していた。例えば、寛政四年（一七八二）四月に起きた島原雲仙普賢岳の噴火は、地震と津波を引き起こし、天草地方や対岸の熊本藩領にまで大きな被害をもたらし、「島原大変肥後迷惑」と呼ばれた。熊本側の見聞録である『両肥大変録』には、災害前に起きた「奇怪ノ説」として、

○変前三月上旬御城の四方暮六つ頃迄幔幕の様なる物張せけん、皆々怪しみ恐れける、二三夜の間如是となり

○城内ニ白衣の女、度々群出ける、是は大方狐狸の類の業ならん

○又三月廿六日の夜城中の陳(陣)太鼓誰有て打人もなきに自然と音を出しけると也

○又何鳥やらん、夜々深更に空を飛あるくに口より火を吹出すとなり、見る人怪みけり

など、熊本城内ほかで起きた怪異を紹介している（『新収日本地震史料』四別巻、東京大学出版会、一九八四、一五八・九頁。注11倉地前掲論文「津波の記憶」九三頁を参照のこと）。編者によれば「是等正しき説を挙て記すのみ」（一五九頁）という。

15 『史料纂集　経覚私要鈔』二、続群書類従完成会、一九七三、一〇九頁。

16 西山克の御教示によれば、「希」は『大乗院寺社雑事記』など、大和国での記録類によく見られる表現であるという。

17 大仏が汗をかく（結露する）ことを恠異とする例として、『類従符宣抄』「恠異」の長保三年（一〇〇一）一月一七日官宣旨などがある。また、森茂暁「仏像の「汗」」『日本歴史』六五八、二〇〇三を参照のこと。

18 『増補史料大成　親長卿記』三、臨川書店、一九六五、二四四頁。

19 『仮名草子集成』二一、東京堂出版、一九九八。

20 同右二二七・八頁。

21 冨士昭雄「資料紹介　漢和希夷」『江戸文学と出版メディア』笠間書院、二〇〇一、三八六・七頁（初出一九七二）。

22 小峯和明「女盗人二題―京の闇」『説話の森』岩波書店、二〇〇一、一六〇・一頁。

23 『叢書江戸文庫二　百物語怪談集成』国書刊行会、一九八七、四三・四頁。

24 京極夏彦『文庫版　妖怪の理　妖怪の檻』角川書店、二〇一一、六二～八頁。『京羽二重織留』に関して、京極は国際日本文化研究センター共同研究「日本における怪異・怪談文化の成立と変遷に関する学際的研究」での土居浩の報告「怪異の分節―『京羽二重織留』の「妖怪」をめぐって」に依っている。

25 『新修京都叢書』二、臨川書店、一九六九、四二二・三頁。

26 『仮名草子集成』四五、東京堂出版、二〇〇九、一三〇・一頁。

27 同右一二九頁。

28 土井忠生ほか編訳『邦訳　日葡辞書』岩波書店、一九八〇、八二九頁。

29 『祇園物語』序（『仮名草子集成』二二、東京堂出版、一九九八、三頁）。

30 同右三二四頁。

31 同右三二四・五頁。

32 吉江久彌「筍殺人事件考―西鶴における怪異と人間」『西鶴　思想と作品』武蔵野書院、二〇〇四、一〇三頁（初出一九九三）。

33 島田虔次『朱子学と陽明学』岩波書店、一九六七、一〇一～四頁、小島毅『朱子学と陽明学』筑摩書房、二〇一三、第七章などを参照のこと。

34　近藤瑞木「儒者の妖怪退治―近世怪異譚と儒家思想―」『日本文学』五五―四、二〇〇六、二六頁。

35　注29前掲書六四～六頁。

36　江本裕「教義問答体小説の実相」『近世前期小説の研究』若草書房、二〇〇〇、五四～九頁（初出一九八九）。

37　注29前掲書一七頁。

38　一八世紀後期以降に使われる「理外の理」という言葉も同様の意味があると思われる。補論二および拙稿「「所化」と「理外之理」―『日東本草図纂』巻之十二をめぐって―」『雅俗』一七、二〇一八などを参照のこと。

39　宍戸道子によれば、『清水物語』『祇園物語』以降、怪異を否定・合理化する方向性だけでなく、不可知とする方向性の両方が展開したという（「「不思議」の展開―近世的世界観の一端」木越治・勝又基編『怪異を読む・書く』国書刊行会、二〇一八）。

40　『叢書江戸文庫二七　続百物語怪談集成』国書刊行会、一九九三、五八頁。

41　『仮名草子集成』二八、東京堂出版、二〇〇〇、二八九頁。

42　この二つの対処法については、飯倉洋一の「仮名草子にはじまる近世怪異譚史は、この二つの立場の拮抗関係の歴史とも言える。つまり怪異をほんとうにあったこととして語る（あるいはそれを装う）ものと、怪異を合理的に解釈しうるものとして語るものと、である」という指摘（「怪異と寓言　浮世草子・談義本・初期読本」『西鶴と浮世草子研究』二、笠間書院、二〇〇七、一二〇頁）と重なるものがある。

43　位藤邦生「併神慮也―中世における不思議の喪失と保持―」『伏見宮貞成の文学』清文堂、一九九一。

44　安丸良夫「日本の近代化と民衆思想」『安丸良夫集』一、岩波書店、二〇一三、一二・三頁（初出一九六五）。

45　横田冬彦「益軒本の読者」横山俊夫編『貝原益軒―天地和楽の文明学―』平凡社、一九九五、三四四・五頁。

46　注44安丸前掲論文三五～七頁。

47　『清文堂史料叢書一　河内屋可正旧記』清文堂、一九五五、九二頁。

48　注44安丸前掲論文三五頁。この主張を行う契機として、「奇異の思ひをなし」た延宝期の狐火を目撃したことが考えられる（巻六「狐火を見たる事」、注47前掲書九〇頁）。

49　『大谷女子大学資料館報告書四一　可正雑記』大谷女子大学資料館、一九九九、一二七・八頁。

50　若尾政希「幕藩制の確立と民衆の政治意識」『「太平記よみ」の時代　近世政治思想史の構想』平凡社、二〇一二、三二六～四〇頁（初出一九九六）。安藤掃雲軒については、同「軍書を携えし者たち―安藤掃雲軒の場合」『江戸文学』三九、二〇〇八を参照のこと。ただし、可正は同時に「物こと一概には云かたし。先生類の中にも狐と云物ハたゝならぬ物そかし（中略）、物思ひにしつミ、心空に成て亡然たる折柄、狐の取つきたる事共所々に多し、其気を狐のしる事是又奇特なる儀也」（注47前掲書九二・三頁）と留意している。

51 横田冬彦「『徒然草』は江戸文学か？―書物史における読者の立場」『日本近世書物文化史の研究』岩波書店、二〇一八、二四四～五一頁（初出二〇〇〇）。

52 注47前掲書一一九頁。

53 注49前掲書六一頁。

54 宇野田尚哉によれば、多くの書物が引かれる『旧記』の中でも、仮名書き教訓書（浅井了意『堪忍記』一六五九刊など）や軍書（太平記注釈書など）からの孫引きが多いという（宇野田尚哉「『河内屋可正旧記』の思想的根拠」澤博勝・高埜利彦編『近世の宗教と社会三　民衆の〈知〉と宗教』吉川弘文館、二〇〇八、一七頁）。

55 注47前掲書一八三頁。

56 同右一〇三頁。

57 河内の俳諧ネットワークについては、山中浩之「地域文化の交流と創出」（今井修平・村田路人編『街道の日本史三三　大坂　摂津・河内・和泉』吉川弘文館、二〇〇六）による。

58 注54宇野田前掲論文二〇頁。

59 拙稿「近世の「知」とメディア―発信と受容、そして変容―」第三回東アジア日本研究者協議会国際学術大会報告レジュメ、二〇一八。なお、俳諧と怪異認識の関係については、香川雅信「鬼魅の名は―〈妖怪バブルの時代〉としての近世―」日文研大衆文化研究プロジェクト近世班平成二九年度第二回研究会報告レジュメ、二〇一七が参考になった。

60 井上進「北渓字義・版本考」『東方学』八〇、一九九〇によれば、日本での『性理字義』の刊行は、元和四年（一六一八）以前に古活字本として刊行されたのが最初で、寛永期には五年（一六二八）、九年（一六三二）に整版本が刊行されている。

61 『文淵閣四庫全書』七〇九、臺灣商務印書館、一九八四、五四頁。

大抵妖由レ人興、凡諸般鬼神之旺、都是由二人心一興レ之、人以為レ霊則霊、不二以為一レ霊則不レ霊、人以為レ怪則怪、不二以為一レ怪則不レ怪、伊川尊人官廨多レ妖、或報曰鬼撃レ鼓、其母曰杷レ槌與レ之、或報曰鬼揺レ扇、其母曰他熱故耳、後遂無レ妖、只是主者不二為レ之動一便自無了、細観二左氏所謂妖由レ人興一一語極説得、出二明道一石仏放レ光之事亦然

62 国立公文書館所蔵『羅山林先生文集』（二六三―〇〇五八）巻二「寄田玄之」、京都史蹟会編『林羅山文集』ぺりかん社、一九七九、一八頁。

鬼神之事、自二程朱一已下、陳淳性理字義及性理大全書論レ之詳焉

63 国立公文書館所蔵本（特二九―〇〇〇一）。

64 三浦邦夫「仮名草子における『徒然草野槌』の受容の様相」『仮名草子についての研究』おうふう、一九九六、三四七～九頁（初出一九八二）。

65 三浦邦夫「『飛鳥川』の性格」同右所収、一七六頁（初出一九九四）。ちなみに三柳は『飛鳥川』を『祇園物語』の

論難書として書いている。

66 『仮名草子集成』一、東京堂出版、一九八〇、二二四頁。

67 同右二一五・六頁。

68 『日本随筆大成』十、吉川弘文館、一九七五、一六〇頁。

69 『日本思想大系』三五、岩波書店、一九八〇、五七頁。

70 踏んだ茄子を蟾蜍だと誤解する話は、『性理字義』以外にも、朝鮮の南秋江（孝温）が書いた『鬼神論』があり、踏むのは瓜でそれ以外は同じ内容である。秋江の『鬼神論』は、寛永二〇年（一六四三）に『南秋江鬼神論』として日本で刊行されている。羅山も『性理字義諺解』で引用し、中江藤樹が書いたとされていた『為人鈔』（一六六二刊）や河田正矩『太平弁惑金集談』（一七五九刊）巻之二「誤踏西瓜僧感夢中地獄果事」でも取り上げられている。『太平弁惑金集談』は、『性理字義』も利用しており、『性理字義』と『南秋江鬼神論』の関係は今後の課題である。

71 堤邦彦「怪異との共棲―『宿直草』に萌すもの―」『江戸の怪異譚』ぺりかん社、二〇〇四。

72 『養生訓・和俗童子訓』岩波書店、一九六一、一二三頁。

73 『九州史料叢書　益軒資料』七、九州史料刊行会、一九六一、五頁。

74 『日本古典文学大系』八三、岩波書店、一九六四、二八七頁。

75 『仮名草子集成』四、東京堂出版、一九八三、一三三・四頁。

76 注23前掲書一三八頁。

77 ひろたまさき「「世直し」に見る民衆の世界像」『差別の視線―近代日本の意識構造―』吉川弘文館、一九九八（初出一九八七）、同「近世の成熟と近代」および月報でのキャロル・グラックとの対談『日本の近世一六　民衆のこころ』中央公論社、一九九四、同「日本近代社会の差別構造」『差別の視線』所収（初出一九九〇）、同「安丸思想史への対論」『日本帝国と民衆意識』有志舎、二〇一二（初出二〇一〇）。なお、ひろたの「妖怪」論を整理したものとして、拙稿「近世怪異が示す射程―ひろたまさきの「妖怪」論を手掛かりにして―」東アジア恠異学会編『怪異学の地平』臨川書店、二〇一八を参照のこと。

78 同右「「世直し」に見る民衆の世界像」一四頁。

79 注44安丸前掲論文。

80 「八老十カ条」『日本思想大系』五八、岩波書店、一九七〇、一二五頁。

81 注77ひろた前掲「「世直し」に見る民衆の世界像」一五頁。

82 香川雅信『江戸の妖怪革命』角川学芸出版、二〇一三。

83 例えば、伊藤龍平が提起する、感覚や体験、そして表現といった「妖怪」を生み出すメカニズム（『何かが後をついてくる　妖怪と身体感覚』青弓社、二〇一八）は、多くの示唆を含んでいる。

第七章 化物絵
描かれる怪異

はじめに

鬼や疫神、魔といったモノは、本来不可視である。芸術は、絵画や彫刻などによって、そうした不可視の存在を目に見えるかたちで表現してきた。芸術もまた、怪異を「つくる」いとなみを考える上ではずせない。

ここでは、絵画に絞って見てみよう。中世以来の絵巻には、『土蜘蛛草紙絵巻』『酒呑童子絵巻』など、さまざまな化物が登場している。その図像は、個性的で後世にも影響を与えている。しかし、絵巻は、見る人が限られた閉鎖的な媒体であった。

それが、江戸時代に入ると、刊本の中で絵巻の内容が紹介され、周知されるようになっていった。本章は、こうした流れに注目し、絵巻と刊本の関係性から江戸時代の描かれた怪異を考察していく。

本章では、怪異を描いた絵画（絵巻、浮世絵、挿絵など）を、喜多村筠庭（信節）の表現（後述）を用いて「化物絵」

と呼称する。現在「妖怪画」という表現もあるが、現代的なイメージが強いため、歴史的な位置付けを考える上でも、今回は化物絵を用いることにする。

具体的な内容に入る前に、まずは江戸時代の絵画に関して前提となる二つの特徴を押さえておきたい。[1]一つは、版本の挿絵である。寛永期頃（一六二〇〜四〇年代）木版（整版）印刷技術の向上に伴い、出版文化が大きく発展した。従来に比べて大量生産が可能になり、新しいジャンルの出版物も生まれた。仮名まじり文で書かれた仮名草子もその一つで、文字が読めない人にも内容がわかるように挿絵が多く入っている。その挿絵には、多くの異形も描かれている。仮名草子から文章を省き、一枚絵の刷り物として独立させたものが浮世絵版画である。寛文美人画などの肉筆の美人画とともに、浮世絵の源流の一つは版本の挿絵にあった。

もう一つは、絵師である。中世以来の流れを汲む狩野派や住吉派といった御用絵師の末流には、各派の技術を受け継ぎながら大衆的な需要に応える町絵師が数多く存在していた。版本の挿絵や浮世絵も、こうした多くの町絵師たちの手によるものであった。

【一】……化物絵のインフラ

江戸時代の化物絵の展開を考える際、その基盤として、①仮名草子、特に子ども向き絵本の挿絵、②図入り事典、③絵巻と絵手本を想定することができる。本節では、これらについて具体的に検討してみる。

❖子ども向き絵本の挿絵

三重県松阪市射和町旧射和寺境内の大日堂に安置されている、地蔵菩薩坐像の胎内に納められた絵本は、延宝六年（一六七八）以前に刊行された現存最古のものである。[2]そのうち『せんみつはなし』は、さまざまな「きぎやう〔奇形〕」が現

図 7-1 『せんみつはなし』
（『近世子どもの絵本集　上方篇』岩波書店、1985 より転載。

れる悪夢を描いた「ゑはなし」である。当時、夢は現実に何かが起きる兆しと考えられていた。本書には、安房国明鐘崎の大法師・閻魔堂での閻魔王と倶生神との会話・山路に捨て置かれた丈三尺ばかりの赤子・代々報いの毒蛇など一五の話が収められている（図7－1）。描かれる化物は、大型が多い。『土蜘蛛草紙絵巻』『酒呑童子絵巻』のように、怪異の表現として巨大さがあった。付喪神など都市に出現する怪異には、巨大さはそれほど必要ではなくなったが、山海や夢には巨大な怪異が健在であった。[3]

本の体裁に注目すると、一つの話―夢―が見開きで紹介され（最後だけ半丁）、大体半丁に化物が、もう半丁に遭遇し怖がる人―夢を見ている本人―がいる。半丁もしくは一丁に化物を収める形式は、後述する鳥山石燕の作品群に通じるものがある。

『天狗そろへ』は、筑紫彦山の豊前坊や信濃国の飯綱三郎、鞍馬山僧正坊など全国の天狗を半丁ごとに紹介している。大半は他の文献でも確認できるが、中には「雨土風を吹き立〳〵、らいてん、いなつま、こくうをひゞかすふうらい坊」という、風来坊から着想を得た創作も含まれている。伝承と創作が混成している点も、後世の化物絵に通じる。また、同種のものを集める「物尽くし」の趣向も込められている。

❖図入り事典

挿絵については、第三章で触れた、本草学と関係する図入りの事典類も欠かせない。特に、儒者中村惕斎による『訓蒙図彙』(一六六六刊)、『頭書増補訓蒙図彙』(一六九五刊)と大坂の医師寺島良安『和漢三才図会』(一七一二序)は、重要な位置にある。[4] 双方の共通点は、一つの枠内に一種類の物を収め、名前と説明を付けていることである。

『訓蒙図彙』には、鬼(人物部)や蛟・龍(龍魚部)、『頭書増補訓蒙図彙』には姑獲鳥(禽鳥部)や人魚(龍魚部)などが載っている。『和漢三才図会』には、巻四〇に『本草綱目』由来の獣部怪類の山都・山精・魃・魍魎・彭侯・水虎・川太郎が載り、巻一四に「外夷人物」として飛頭蠻・狗國・羽民など王圻『三才図会』(『山海経』)由来の空想の世界の住人が、南蛮人ら実在の人たちと併存している。後者は、現実と空想の境界が曖昧な当時の世界認識を表している。[5]

さらに『訓蒙図彙』については、後世『人倫訓蒙図彙』など、『訓蒙図彙』の名を冠する書が多数刊行されている。特に、平住周道著・橘守国画『唐土訓蒙図彙』(一七一八刊)には、白澤・魍魎・

図 7-2　『唐土訓蒙図彙』謝豹虫
(国立国会図書館所蔵)

図 7-3　『化物尽絵巻』はぢつかき
(国際日本文化研究センター所蔵)

野婆・山猿(禽獣之部)や水虎・謝豹虫(魚介虫之部)などが載っている。謝豹虫は、段成式『酉陽雑俎』を典拠とする「恥を抱て死たる人の魄」が虫となり土を掘るときは足で「面を覆ひ恥を忍ふかたち」のような図が描かれる[6](図7-2)。この図様は、『化物絵巻』(国立歴史民俗博物館所蔵)で「はぢかき」、北斎季親『化物尽絵巻』(国際日本文化研究センター所蔵)で「はぢつかき」などとして転写されている(図7-3)。これは、虫の謝豹虫が化物として紹介されるだけでなく、版本の挿絵が絵巻に利用されている点でも興味深い。

❖絵巻と絵手本

化物を描いた絵巻は、流派によって内容が異なっている。特に、土佐派と狩野派のものは多くの写しが残っている。土佐派の絵巻は、「百鬼夜行絵巻」と通称され、名もなき付喪神や鬼、化物たちの行列が描かれている(土佐光信の作とされる大徳寺真珠庵所蔵本が有名)。この土佐派の絵巻を、以後、「土佐派系統本」と呼びたい。また、狩野派の絵巻は、狩野元信(一四七六~一五五九)に作者を仮託したもので、現存しているものを考えると一八世紀初頭前後の成立と思われる。[7]土佐派系統本のような行列ではなく、赤口・ぬらりひょん・牛鬼などが個別に描かれ、各に名前が付いている。そのため「化物づくし絵巻」と呼ばれることもある。喜多村筠庭『嬉遊笑覧』(一八三〇刊)には、元信による「奇怪の物に名のある」「化物絵」として紹介されている。[8]名前と容姿をセットにして描かれる狩野派の絵巻を、以後、「狩野派系統本」と呼びたい。他にも、元和三年(一六一七)住吉如慶が模写した「妖化物之絵」(東京国立博物館所蔵の『百鬼夜行図』(異本))(図5-1)など、各流派、あるいは流派を越えたさまざまな構図の絵巻が現存している。

これらの絵巻は、多くの模本があったものの、見る人が限られていた。しかし、出版の発展によって、絵を描く際の手本(絵手本)や図譜が数多く刊行された。これにより絵巻の内容が周知のものとなった。代表的な絵手本に、橘守国『絵本写宝袋』(一七二〇刊)や林守篤『画筌』(一七二一刊)、大岡春卜『画巧潜覧』(一七四〇刊)、鈴木鄰松(素絢斎）『狂画苑』（一七七〇刊）などがある。そのうち、『画巧潜覧』[9]の巻一には「土佐光信筆高家所持巻物前後略」（図7－4）という『今昔物語集』巻二七「三善清行宰相家渡語」を絵画化したもの、『狂画苑』[10]下巻には土佐行秀筆「百鬼夜行」（土佐派系統本）が載っている。

こうした絵手本は、文芸の挿絵に積極的に利用されていった。山東京伝作・歌川豊国画『善知安方忠義伝』（初編一八〇六刊）は、『画巧潜覧』「土佐光信変化図（土佐光信筆高家所持巻物前後略）」や別の「百鬼夜行図」「源頼光土蜘蛛退治物語絵」などを挿絵の典拠として明示している。[11]十返舎一九画作『化物見世開』（一八〇〇刊）では、土佐派系統本の化物たちが引越する場面に用いられている。[12]後述のように、鳥山石燕『画図百鬼夜行』は、狩野派系統本を版本に仕立て直したものである。また、『嬉遊笑覧』でも触れられる『十界双六』といったおもちゃ絵にも狩野派系統本が用いられている。[13]絵手本などを媒介にして、絵巻の化物が各世代に広く認知されたのである。

図 7-4　『画巧潜覧』「土佐光信筆高家所持巻物前後略」
（国立国会図書館所蔵）

【二】……鳥山石燕の化物絵

❖鳥山石燕と化物絵

本節では、鳥山石燕（一七一二〜八八）について、改めてその位置を考えてみたい。いうまでもなく石燕は、江戸後期から現代まで、日本の怪異に関わる文化に多大な影響を与えている。[14]

石燕は、氏は佐野、名を豊房、号を石燕・月窓などと称した。狩野周信や狩野玉燕に学んだ狩野派の町絵師で、弟子には喜多川歌麿や恋川春町たちがいる。俳諧（東柳窓燕志の社中）、狂歌（大田南畝や朱楽菅江、宿屋飯盛（石川雅望））、儒学（林懋伯や千葉芸閣）などに関わる人々と交わった、当時を代表する都市知識人の一人であった。[15] 石燕は、安永三年（一七七四）『鳥山彦』（『石燕画譜』）、同四年『生花百枝折』（『瓶花図式』）、同六年『水滸画潜覧』、同七年『絵事比肩』と、絵画の技術に関する本（絵手本）を多く書いている。特に、『石燕画譜』は、フキボカシなどの木版ぼかし技法を用いたごく初期の彩色摺り絵本として評価されている。[16]

これらの絵手本群に挟まれた、安永五年（一七七六）に刊行されたのが、『画図百鬼夜行』（以下『画図』）である。大田南畝も「近比石燕丈人のゑがける百鬼夜行の図」（『四方のあか』「日ぐらしのにき」安永七年（一七七八）十月一五日）[17]として話題にしている。

『画図』は、前篇陰・陽・風の三部構成で（後篇はなく、続編に当たる『今昔画図続百鬼』が後篇に準ずるとされる）、総数五二の化物を半丁ごとに描いている。大半は、狩野派系統本に描かれた化物である。香川雅信が指摘するように、『画図』は狩野派系統本を版本へ移し替えた作品である。[18] 例えば、佐脇嵩之が元文二年（一七三七）に写した狩野派系統本『百怪図巻』（奥書には狩野元信が描いたとある）には、三〇の化物が描かれているが、[19] そのほとんどが『画図』に収録されている（かみきりを網剪、夢のせいれいを反枕、野狐を狐火に置き換えると全て収まる）。

狩野派系統本には、化物の姿だけで背景はほとんど描かれていない。石燕は、山野や家屋といった各化物にふさわしい舞台を設けて配置している。絵巻に描かれた化物から醸し出される印象を、石燕が感じ取り、半丁ごとに再構成したのである。

『画図』は人気を博し、続けて『今昔画図続百鬼』（一七七九刊　以下『続百鬼』）、『今昔百鬼拾遺』（一七八一刊　以下『拾遺』）、『画図百器徒然袋』（一七八四刊　以下『百器』）を刊行している。[20]これらは、現在「妖怪図鑑」の先駆けと評価されている。

❖『画図百鬼夜行』の作成意図

では、『画図』はどのような目的で編まれたのか。自跋を見てみる。

> 詩は人心の物に感して声を発するところ、画はまた無声の詩とかや、形ありて声なし、そのこと〱によりて情をおこし感を催す、されはもろこしに山海経、吾朝に元信の百鬼夜行あれは、予これに学てつたなくも紙筆を汚す（後略）

これは、宋代文人画の「画無声詩、詩有声画」（画は無声の詩なり、詩は有声の画なり）の書画論に基づいたもので、詩と画の関係性は詩画同源の理想を示すものだと、鈴木堅弘は指摘する。[21]さらに鈴木は続けて、画は詩と同じく物の形を借りて自らの情感が発する心情を自然と表現することであり、『画図』（前篇陰・陽・風）と『続百鬼』（雨・晦・明篇）の冊子構成は天地の間に存在する「六気」に通じ、形を用いて自然の気韻（六気）を表現する文人画法に則ったものだとする。石燕自身は、「妖怪図鑑」を作りたかったわけではない。

石燕が念頭に置いたのは、『山海経』と狩野元信の「百鬼夜行」つまり狩野派系統本であった。『山海経』は戦国時

図 7-5　『高尾丸剣之稲妻』
（早稲田大学附属図書館所蔵）

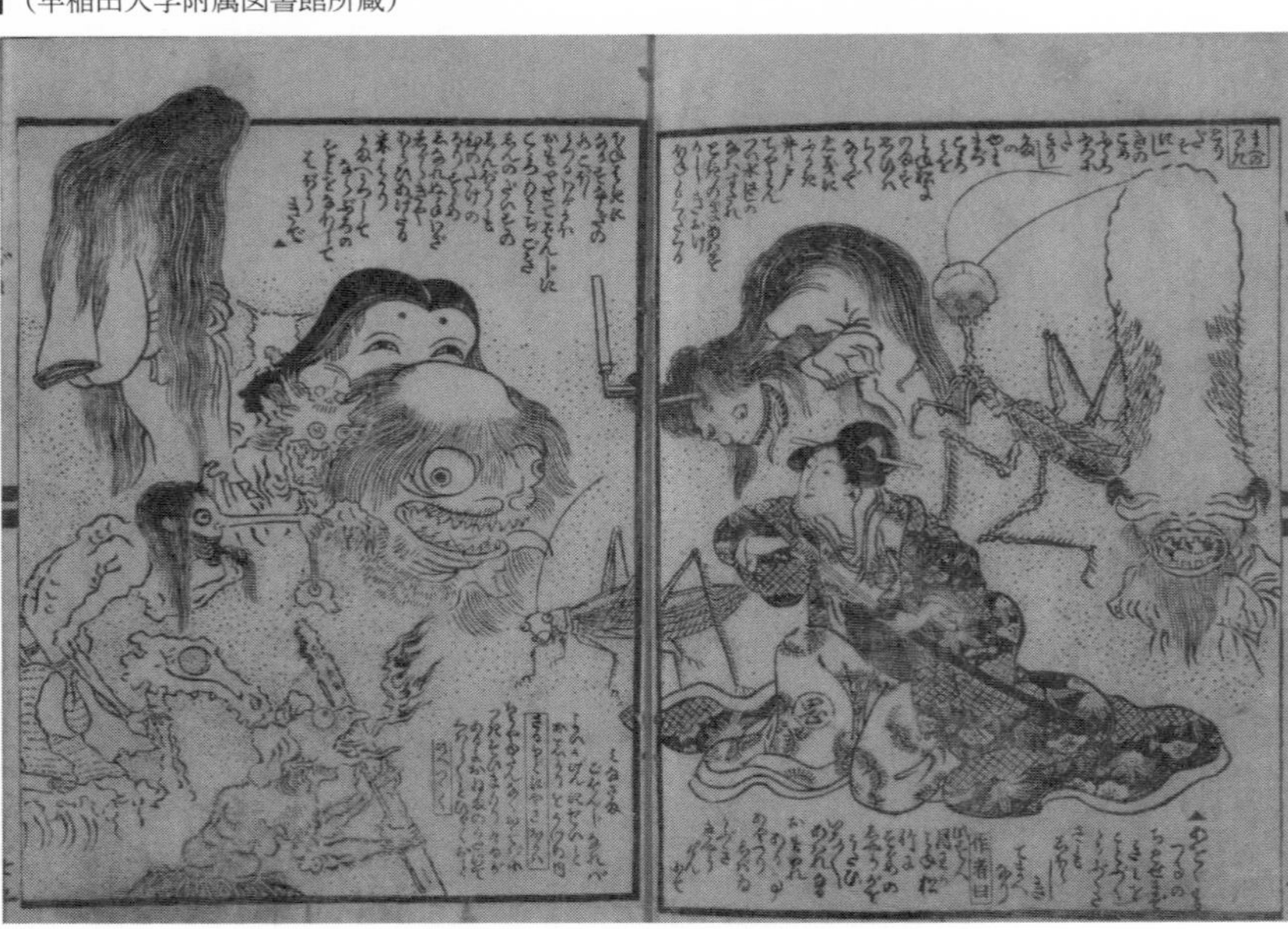

代（紀元前五～三世紀）から徐々に加筆されてきた古代中国の地理書で怪物や神獣、異国人などが地理情報とともに記録される。明代には挿絵が入り、日本でも挿絵入りのものが和刻本として刊行された。『訓蒙図彙』や『和漢三才図会』と同じ絵入り事典の一つに、『山海経』を組み込むことも可能である。挿絵入『山海経』と狩野派系統本の共通点は、名前と容姿が併せて紹介されている点にある。名前を持つ形を通して、石燕は情感の発露を目指したのであろう。

狩野派系統本を版本へ移し替えた『画図』は、表題に「画図」、そして『石燕図譜』『絵事比肩』など絵手本に挟まれて刊行されている点から、やはり化物の絵手本として刊行されたといえる。実際、『画図』の反枕・死霊は、『石燕図譜』に見られた木版ならではの重ね摺りの技法によって化物を薄墨、それ以外を濃墨によって表現している。近藤瑞木は、この技法によって見えない世界（薄墨）と見える世界（濃墨）という世界の二重性を表現したとする。[22]

石燕の化物の図様は、山東京山作・歌川国貞画

『高尾丸剣之稲妻』（一八一〇刊）（図7-5）には『続百鬼』毛倡妓、式亭三馬作・歌川国貞画『金神長五郎忠孝話』（一八〇九刊）には同陰摩羅鬼などが流用されている。[23] 石燕は、当初から化物絵のオーソリティーだったのだ。

さらに横山泰子によれば、『画図』前篇陰で描かれる一四の化物のうち、一三が山岡元隣・元恕編『古今百物語評判』（一六八六刊）で取り上げられているものと重なり、他の篇でも素材になっている。[24]『古今百物語評判』にも挿絵はあるが、狩野派系統本に描かれているものは絵巻を優先し、垢ねぶりなど挿絵がないものには、新たに姿を与えて垢嘗として紹介している。このような文芸間の相互利用にも注意しておきたい。

❖絵入り事典と絵手本の系譜における石燕

香川は、『画図』など江戸の「妖怪図鑑」類に「博物学的思考／嗜好」を読み取っている。[25] 博物学的思考／嗜好とは、博物学に基づく自然にある物を収集・分類・視覚化・列挙するいとなみであり、『画図』を収集・分類された化物を絵として視覚化し列挙した作品と位置付けている。また、博物学的思考／嗜好を生み出した契機として、享保期以降の物産学の性格を帯びた本草学を想定している。

たしかに博物学的思考／嗜好の過程は首肯できるが、本章では、本草学だけでなく、仮名草子の挿絵、絵入り事典、絵手本、宋代文人画論など、多様な文化的所産がインフラとなって、石燕などの化物絵の成立に影響を与えたことを強調しておきたい。

図入り事典の影響について、例えば『続百鬼』の山精・魃・水虎・魍魎、『拾遺』の彭侯・風狸は、『和漢三才図会』の図様が基になっている（水虎・魍魎・風狸は『唐土訓蒙図彙』にも同じ図様が見られる）。かように石燕の化物絵は、図入り事典の系譜に位置付けられるが、より重要なのは従来生類とされてきたものに化物としてラベルを貼り直したことにある。第四章で見たように、化物を生類とする認識が当時あったが、石燕はより明確に化物を前面に出して強調している。

絵手本についても、『続百鬼』大禿が狩野派系統の絵手本（狩野派の粉本）の慈童と図様が類似し、『拾遺』滝霊王は不動の窶し、さらに『続百鬼』骸骨なども石燕が（狩野派の）粉本や絵手本、図譜などを参照した可能性があることが既に指摘されている。[26] 窶しも既存の絵手本を加工したものといえる。

『百器』の自序には、「春雨扉を打てつれ〳〵なるをとふ人は、中山班象子なり、袖より小冊土佐の百鬼を見す」と、中山班象（石中堂班象か）が持参した土佐派系統本を見たことが、創作の契機になったという。「小冊」とあるように、班象は『狂画苑』のような絵手本を持ってきたことがわかる。土佐派系統本の絵手本を石燕が見て、それぞれへ新たに名と物語を創作し、石燕独自の絵手本『百器』へと昇華したのである。

❖知的遊戯としての化物絵

一方で、『画図』自跋には「童蒙の弄ともならんかし」[27]と、遊び―子どもだけではなく、大人も楽しめる知的遊戯の性格が込められていた。[28]

勝川春章『百慕々語』（一七七一刊）は、『画図』に先行して書かれた化物絵本だが、これは性器を化物に「見立て」た春画本である。見立てとは、ある物を別の何かに重ね合わせることで意味をひっくり返し、また多重化することで笑いを生み出す知的遊戯である。そもそも化物絵本自体、化物という物尽くしの趣向を込めている。他にも森羅万象（森島中良）『画本纂怪興』（一七九一刊　『山海経』のもじり）や山東京伝『化物和本草』（一七九八刊　貝原益軒『大和本草』のもじり）といった、化物絵本のパロディが作成されている。[29]

実は、石燕自身も自著で遊んでいる。これは、『拾遺』以降によく見られる傾向で、絵解きについては、既に近藤や多田克己[30]が指摘している。『拾遺』上之巻雲の泥田坊は、狂歌師の泥田坊夢成と諺「泥田を棒で打つ」（無益なこと、ぐうたらなこと）の混合であり、その対にある古庫裏婆は禿帚子編・鈴木春信画『絵本花葛蘿』（一七六四刊）の老女の絵を見立てたものである。[31] 同中之巻霧の火間虫入道もまた、文字遊び「へまむし入道」の化物仕立てである。『百器』下巻の甌長は、恋川春町を化物に仕立てたものである（絵師号「亀長」、狂歌師号「酒上不埒」）。こうした石燕の知的遊戯を、香川は「絵として表現された俳諧・狂歌」[32]と評している。

特に、『百器』の化物は、自序に絵を習っている童が土佐派系統本を見て話している間の「一睡の夢」を見たままに描いたとあるが、ほとんどが言葉遊びから創作されている。塵塚怪王と文車妖妃は『徒然草』第七二段「多くて見苦しからぬは、文車の文、塵塚の塵」からの発想、三味長老は「沙弥から長老にはなられず」という諺から生まれている。『百器』の詞書が全て「と夢のうちにおもひぬ」で終わるのは「一睡の夢」の反映だが、全て石燕の「夢」、つまり個人の空想の産物にすぎない。夢は、虚構を生み出す場になったのである。

こうした遊びは、作者側だけに留まらない。西尾市岩瀬文庫所蔵の『画図』（五―五六）には、各化物の余白に人名の書入がある。おそらく所有者の身近にいた人たちを化物に見立てたのだろう。泥田坊や甌長のような遊戯が、読者間でも自発的に行われていたのである。

知的遊戯としての化物絵は、香川の「妖怪革命」の一部を為している（第六章第五節参照）。絵もまた虚構だからである。虚構は、編著者が情報に新たな意味や性格を付与することを可能にする。

こうした化物の虚構性を特化させて遊ぶ趣向は、都市的な発想である。大田南畝『四方の留垢』（一八一九刊）上には「続百鬼夜行序」が収録されている。石燕の『続百鬼』には載っていないが、当時の「江戸っ子」が持つ怪異観が窺える。

（前略）今此の「続百鬼夜行」も、石燕叟が絵そらごとを見て、模糊窩の口あいた任せに、ある事ないこと書き集めぬれば、もし箱根から先にすむ、石部金吉金兜、かぶりを掉つて嘲るとも、だんない〳〵大事ない、ない物くはうの化物ばなし、東坡が野人と話せし如く、しばらく是れを妄言せん、それ妄聴して可なり[33]

江戸にはいない「絵そらごと」で「大事ない」「妄言」「妄聴」、これが化物に対する視線であった。泥田坊や瓢長といった石燕の知的遊戯は、江戸それも石燕の周辺でしか通用しない。つまり、内輪ネタであり、それがわからない人には単なる化物の一種としてしか理解できない。情報の有無が、化物の評価を分けたのである。

【三】……源琦の化物絵

❖『妖怪絵巻』——円山派が描いた化物絵

源琦（一七四七～九七）は、艶麗な唐美人画を得意とした京都の絵師で、円山応挙の高弟となり、長沢蘆雪とともに二哲と評された。[34] その源琦は、『妖怪絵巻』と呼ばれる絵巻を描いている（一七七八　大英博物館所蔵）。[35]

『妖怪絵巻』は、夜の公家屋敷に多数の化物が茶を喫したり、囲碁や舞楽などに興じたりしている。続いて、その屋敷の池の水を遡ると、水怪や怪鳥が居り、川岸の丘を上った先にある武家屋敷では、朝日が昇るなか裃を着た多くの人間が料理をしている、という構成である。夜の公家屋敷を跋扈し戯れる化

図 7-6　『妖怪絵巻』袋を担いだ化物
（『秘蔵日本美術大観』２、講談社、1992 より転載）

物（と驚く公家）と朝の武家屋敷で忙しなく働く人間の、対照的な構図になっている。公家屋敷の化物は、公家の装束を着たものが大半で、川筋にいる動物的な化物と区別されている。源琦は『妖怪絵巻』以前に、『後三年合戦絵巻』（東京富士美術館所蔵）や『十二類絵巻』（模本　円山応挙との共作　神宮徴古館農業館所蔵）を模写しており、他にも多くの絵巻に接していたのだろう。『妖怪絵巻』には、土佐派系統本にある袋を担いだ化物が流用されている（図7–6）。源琦は、先行するさまざまな絵巻に学びながら、『妖怪絵巻』を制作したと考えられる。

源琦の『妖怪絵巻』と同じ構図の絵巻は、その後に描かれたものが確認されている。[36] 描かれた個性的な化物の多くは源琦オリジナル、もしくは円山派で描かれた化物絵を源琦が模写したもの（手を加えた可能性もあり）だと、現時点では考えられる。[37]

❖『異魔話武可誌』

『異魔話武可誌』は、寛政二年（一七九〇）に須原屋茂兵衛たちによって刊行された絵本である。[38] 作者は、役者絵で有名な勝川春英で、師の勝川春章も補助をしている。「妖みは徳に勝ず」から始まる序には、本書は「一夜燈下に会して奇事怪異を談す、画家春章・春英の師弟も、彼席に列り、一人一事をかたれは、一燈心を加えて其図をなし、又両話を演る時は、二燈心を倍して其趣を筆す」、つまり「百物語の法を反し将形を紙上に顕は」したものだという。序に続いて、火鉢を囲む子ども達と立って赤子に乳をやる女性（母親か）が一丁分描かれる（語り聞かせる場面だろうか）。続いて、かき山ごい・古家の怪・肥前の国市坊主・武蔵野のぬれはがち・おかんぢよろ・夜這蜘・びいがんこ坊・こはだ小平治・すじかぶろなどが半丁あるいは一丁で描かれる。

実は、この『異魔話武可誌』に描かれた三〇の化物のうち一〇体が、源琦の『妖怪絵巻』に描かれているものと重なっている。つまり、『妖怪絵巻』の化物たちが、石燕の化物絵のように半丁・一丁ごとに区分され、それぞれに名前が付与されている（ただし説明文はない）。『妖怪絵巻』の公家屋敷にいた化物にも、絵巻とは異なる背景が用意され

図 7-7-1
『妖怪絵巻』大きな顔の化物
（『秘蔵日本美術大観』 2、講談社、1992 より転載）

『列国怪談聞書帖』びいがんこ坊
（『叢書江戸文庫 43　十返舎一九集』国書刊行会、1997 より転載）

図 7-7-2
『妖怪絵巻』お茶を運ぶ化物

『列国怪談聞書帖』すじかぶろ

ている。『異魔話武可誌』もまた、絵巻を版本に移し替えたものなのだ。[39]『異魔話武可誌』は、享和二年（一八〇二）十返舎一九が物語を付け足して、『列国怪談聞書帖』として文栄堂より改めて刊行されている（図7－7）。[40]

そして、『異魔話武可誌』は、絵手本としても用いられていた。先に取り上げた『高尾丸剣之稲妻』には、石燕の毛倡妓とともにびいがんこ坊が同じ場面内に登場している[41]（図7－5）。

また、京都の速水春暁斎『絵本小夜時雨』[42]（一八〇一刊）巻四「吉原の怪女」「古狸人を驚」および巻五「播州士異獣を斬」が『異魔話武可誌』の古家の怪・びいがんこ坊・すじかぶろと類似している。春暁斎は、円山派との親交もあったとされているので、『妖怪絵巻』（もしくはそれに類する絵巻）を直接見たのかもしれない。

❖石燕との関係

石燕も源琦（円山派）の化物絵を見ている。『百器』制作の動機が、土佐派系統本を見たことであったことは先述した。そのため『百器』では、土佐派系統本の名もなき化物に、塵塚怪王・鎗毛長・沓頬などの名前と物語を与えている。そのうち袋を担いだ化物には、「袋狢」という名前と物語が付与された（図7－8）。さらに、源琦の『妖怪絵巻』で碁盤の傍にいる化物の一体（図7－9）が、石燕の『百器』では「山颪」として載っている。石燕は、山颪を豪猪、つまりヤマアラシのような卸し金の化物に仕立てている。

問題となるのは、『百器』と『異魔話武可誌』の関係で

図7-8　『画図百器徒然袋』袋貉
（Japandemonium Illustrated: The Yokai Encyclopedias of Toriyama Sekien　Dover Publications　2017より転載）

ある。『異魔話武可誌』には、山颪と袋狢のもととなった化物は収載されていない。石燕と春章には、恋川春町の師匠という共通点がある。春町を媒介にした両者の交流があったとすれば、どちらかが源琦（円山派）の化物絵に関する何らかの情報を得て、共有し、各自の作品へ取り込んでいったことは十分考えられる。

『国書総目録』によれば、春英・春章による『怪談百鬼図会』という『異魔話武可誌』と同内容のものが天明二年（一七八三）に出たとある。これだと、『怪談百鬼図会』に採用されていない山颪の原型を石燕が『百器』に採ったと考えられる。

しかし、『怪談百鬼図会』は、『異魔話武可誌』の再版本として『列国怪談聞書帖』の後に刊行されたようである。[43]『百器』は、あくまでも土佐派系統本を制作の契機にしているので、『妖怪絵巻』を採用する余地がなかったのだろうか。今後更なる検討が必要である。

おわりに

以上、化物絵について江戸文化の動向と沿わせながら考

図 7-9 『妖怪絵巻』碁盤の傍にいる化物
（『秘蔵日本美術大観』2、講談社、1992 より転載）

『画図百器徒然袋』山颪
（Japandemonium Illustrated: The Yokai Encyclopedias of Toriyama Sekien Dover Publications 2017 より転載）

えてみた。ここから改めて判明したのは、絵画によって可視化された江戸時代の怪異は、出版抜きでは論じることができないことである。表現のインフラとなったのは、本章で取り上げてきたさまざまな文化的営為であった。これは、化物絵を研究する場合、描かれた化物だけを見ていればいいものではなく、それが立脚している文化的営為との関係性を明らかにしなければ意味がないことを示している。

今回これまであまり言及されてこなかった源琦『妖怪絵巻』と『異魔話武可誌』、『百器』について考察を試みたが検討の余地は大きい。

これ以外にも、まだ研究が始まったばかりの化物絵は数多い。例えば、土佐派系統本については、中国・朝鮮の水陸画や「(鬼子母神)掲鉢図」などの関係が注目されている。[44] また、桃山人(桃華園三千麿)・竹原春泉斎画『絵本百物語』(『桃山人夜話』一八四一刊)は、讃岐の手洗ひ鬼や小豆あらひ、鍛冶が嬶といった各地で伝承されていた(本来姿が(見え)ない)怪異を絵画化＝可視化したものである。[45] この絵本も本章で考察した文化的インフラや他の化物絵との関係が想定できるが、具体的な検討は今後の課題である。

最後に、化物絵に対する政治的な動向についても触れておきたい。文化四年(一八〇七)九月一八日に肝煎名主が絵入読本改掛に任命され、検閲が行われるようになった。曲亭馬琴の『著作堂雑記』には、その一年後にあたる文化五年(一八〇八)九月二〇日の地本問屋月行司蔦屋重三郎からの「文通の写」が載っている。[46]

合巻作風心得之事

一男女共兇悪の事

一同奇病を煩ひ、身中ゟ火抔燃出、右に付怪異之事

一悪婦強力の事

一女幷幼年者盗賊筋の事

一人の首抔飛廻り候事
一葬礼の体
一水腐の死骸
一天災之事
一異鳥異獣の図
右之外、蛇抔身体手足へ巻付居候類、一切［　］、夫婦の契約致し、後に親子兄妹等の由相知れ候類、都て当時に拘(かかわ)り候類は不レ宜(宜しからず)候由、御懸り役頭より、名主山口庄左衛門殿被二申聞一(申し聞けられ)候に付、右之趣仲ヶ間申合、以来右体の作出版致間敷(いたすまじき)旨取極置候間、御心得にも相成可レ申(申すべき)哉と、此段御案内申上候

九月二十日　蔦重

著作堂様

これは、合巻（草双紙(くさぞうし)の一種、黄表紙(きびょうし)など数冊を一冊に合わせたもの）の過度な表現に対する規制で、改掛の名主が町年寄を通じて町奉行所に要請し、町奉行所からの指示として地本問屋へ通達されたものとされている。[47] 挿絵が多分に含まれる合巻ゆえに、化物絵に対する影響は少なからずあったと思われる。他にも歌川国芳(うたがわくによし)『源頼光公館土蜘作妖怪図(みなもとのよりみつこうのやかたにつちぐもようかいをなすず)』（一八四三版）の類似品をめぐる取締りが有名であるように[48]、化物絵を通した政治と文化の関係性についても考えていく必要がある。

1 倉地克直『江戸文化をよむ』吉川弘文館、二〇〇六　一〇九〜一一〇頁。

2 中野三敏・肥田晧三編『近世子どもの絵本集　上方篇』岩波書店、一九八五、四八四頁。本節で取り上げる子ども絵本は同書所収。

3 榎村寛之「忘れられた「化け物」イメージと仮面ライダー響鬼」東雅夫・加門七海編『響鬼探究』国書刊行会、二〇〇七、一〇四〜七頁。

4 『訓蒙図彙』および関連書は、朝倉治彦編『訓蒙図彙集成』一〜五、大空社、一九九八、『和漢三才図会』東京美術、一九七〇。

5 位田絵美「『和漢三才図会』にみる対外認識―中国の『三才図会』から日本の『和漢三才図会』へ―」『歴史評論』五九二、一九九九を参照のこと。

6 国立国会図書館所蔵(享和二年版　〇三一―H五四五t)、『訓蒙図彙集成』一七、大空社、一九九八、二五二頁。

7 香川雅信『江戸の妖怪革命』角川学芸出版、二〇一三、一三七〜四〇頁。

8 『日本随筆大成別巻　嬉遊笑覧』二　吉川弘文館、一九七九、四一頁。

9 国立国会図書館所蔵本(W一六六―N二五)。

10 立命館大学アート・リサーチセンター所蔵本(Ｅｂｉ一〇〇三)。

11 鈴木重三「京伝と絵画」『改訂増補　絵本と浮世絵』ぺりかん社、二〇一七、一六三頁。

12 アダム・カバット「所帯道具の化物の系譜―化物と擬人化―」『江戸化物の研究』岩波書店、二〇一七、三二三〜七頁(初出二〇一〇)。

13 国立国会図書館所蔵(本別九―二七)ほか。『十界双六』については、岩城紀子「浄土双六考」小松和彦編『日本妖怪学大全』小学館、二〇〇三、ポロヴニコヴァ・エレーナ「近世庶民の異界観―異界双六を中心に―」『日本思想史研究』四六、二〇一四を参照のこと。

14 石燕の化物絵は、Hiroko Yoda and Matt Alt. *Japandemonium Illustrated: The Yokai Encyclopedias of Toriyama Sekien* Dover Publications 2017による。

15 高田衛・稲田篤信編『画図百鬼夜行』国書刊行会、一九九二　三三三〜五頁。

16 近藤瑞木「近世妖怪画の技法「見えない世界」をいかに描くか」『ユリイカ』二〇一六年七月号、二〇一六、一七〇頁。

17 『新日本古典文学大系』八四、岩波書店、一九九三、二八一頁。

18 注7香川前掲書一四〇頁。

19 多田克己編『妖怪図巻』国書刊行会、二〇〇〇所収。

20 石燕は、狩野派系統本を基にした肉筆の絵巻を描いている(ボストン美術館所蔵)。これは、化物の個々に名は付けず、色々な情景に化物を配している。『画図』が半丁の「檻」に化物を閉じ込めているとすれば、絵巻は化物を解放しているかのようである。

21 鈴木堅弘「春画・妖怪画・江戸の考証学〈怪なるもの〉の視覚化をめぐって」『ユリイカ』二〇一六年七月号、二〇一六、一八四頁。

22 注16近藤前掲論文一七〇・一頁。

23 鈴木重三「お化けいろいろ」注11鈴木前掲書所収、二〇四頁。

24 横山泰子「鳥山石燕「百鬼夜行」考」『ＩＣＵ比較文化』一九、一九九〇、七頁。

25 注7香川前掲書一四四〜五四頁。

26 近藤瑞木「石燕妖怪画私注」『人文学報』四六二、二〇一二、八七〜九〇頁。

27 『百器』自序には続けて「やゝ絵なろふ童をあつめて是（土佐派系統本　筆者注）を見る」と、石燕の廻りには歌麿や春町以外にも童たちが絵を習いに来ていたようである。

28 この項では注7香川前掲書一七八〜二〇八頁を参考にしている。

29 山東京伝の『怪談摸摸夢字彙』（一八〇三刊）は、石燕の一連の化物絵手本に描かれた化物の多くを取り込んでパロディに仕立てている（神谷勝広「絵本からやってきた妖怪たち『怪談摸摸夢字彙』（黄表紙）」長島弘明編『〈奇〉と〈妙〉の江戸文学事典』文学通信、二〇一九、一八三〜七頁）。

30 多田克己『百鬼解読』講談社、二〇〇六。

31 近藤瑞木「石燕妖怪画の風趣『今昔百鬼拾遺』私注」小松和彦編『妖怪文化の伝統と創造』せりか書房、二〇一〇、三六〜八頁。

32 注7香川前掲書二〇二頁。

33 国民図書株式会社編『近代日本文学大系　狂文俳文集全』国民図書、一九二六、九一八・九頁。

34 源琦については、木村重圭「源琦について」『塵界』一、一九八九を参照のこと（ただし『妖怪絵巻』『後三年合戦絵巻』については言及していない）。

35 平山郁夫・小林忠編『秘蔵日本美術大観』二、講談社、一九九二所収。

36 京都工芸繊維大学美術工芸資料館所蔵の伝田中訥言『宮中百化図』は、構成や描かれている化物も含めて『妖怪絵巻』と同内容である（『京都工芸繊維大学広報誌KIT・NEWS』四〇、二〇一五、一五・六頁を参照のこと）。田中訥言（一七六七—一八二三）の作とされているので、『妖怪絵巻』より後の作品だと考えられる。

37 源琦は、他に『釣灯籠を持つ骸骨』（福島県金性寺蔵）や『子持ち幽霊』（明石市立文化博物館「オバケ絵大博覧会」二〇一七で展示）などを描いている。

38 大英博物館およびボストン美術館のホームページで公開されており、本章もそれを参照した。

39 ただし『妖怪絵巻』には、一八世紀後期頃に黄表紙などで見られる首が長い型の見越入道（図7—6）がいることから、刊本の情報を吸収している点に注意したい（アダム・カバット『ももんがあ対見越入道　江戸の化物たち』講談社、二〇〇六を参照のこと)。

40 棚橋正博編『叢書江戸文庫四三　十返舎一九集』国書刊行会、一九九七所収。

41 注23鈴木「お化けいろいろ」一五八頁。

42 近藤瑞木編『百鬼繚乱　江戸怪談・妖怪絵本集成』国書刊行会、二〇〇二所収。

43 注40棚橋前掲書四一〇頁。

44 藤岡摩里子「掲鉢図　鬼子母神の説話画—百鬼夜行絵巻と関連させて」『豊島区立郷土資料館研究紀要　生活と文化』一四、二〇〇四、田中貴子「あやかしたちの祭」『百鬼夜行の見える都市』筑摩書房、二〇〇二、二五五～九頁、西山克「「妖物絵」の誕生『百鬼夜行絵巻』とはなにか」『関西学院史学』四三、二〇一六、伊藤信博「水陸斎・水陸斎図、掲鉢図からみた植物の擬人化の様相」徳田和夫編『東の妖怪・西のモンスター　想像力の文化比較』勉誠出版、二〇一八など。

45 吉田幸一編『怪談百物語』古典文庫、一九九九所収。

46 佐藤悟「草双紙の挿絵文化五年—「合巻作風心得之事」の意味」『国文学解釈と鑑賞』六三—八、一九九八、一〇八頁、佐藤至子「残虐から幻妖へ　合巻に描かれた怪異」注31前掲『妖怪文化の伝統と創造』所収、『江戸の出版統制　弾圧に翻弄された戯作者たち』吉川弘文館、二〇一七、一三四～一七〇頁。

47 この「合巻作風心得之事」を受けて、文化期の合巻が殺伐とした敵討物から演劇趣味的な作風へ変化していくことを踏まえつつ、佐藤至子は「嗜虐性の後退は、作中にまったく怪異を描かなくなるということとイコールではな」く、身体の異常と関連付けられた怪異以外の怪異現象であれば問題がなかったことを指摘している(同右佐藤前掲「残虐から幻妖へ」一八〇・一頁)。

48 南和男『江戸の風刺画』吉川弘文館、一九九七など。

第八章

ウブメ
歴史的産物としての怪異

はじめに

これまで怪異が、稀少という普遍性を持ちながら、政治や自然観、出版など、その時々の状況に応じて色んな様相――歴史性――を呈していたことを確認してきた。

では、個別の怪異――現代では「妖怪」と呼ばれるような類――にも歴史性があるのだろうか。本章と次章では、個別の怪異――モノ――を対象として、その歴史的な流れを追いかけてみたい。

本章では、本書で度々取り上げてきた「ウブメ」という怪異に注目する。

ウブメには、複数の漢字表記があることに象徴されるように、複数の面を持っている。まず「産女（孕女・産婦）」と書く場合、これは難産で死んだ女性の変化で、夜中に赤子を抱いた女性の姿で現れ、通行人に自分の子を抱くように強要する。産女は、幽霊「像」の原型とも考えられている。[1] ウブメに関する最古の事例である『今昔物語集（こんじゃくものがたりしゅう）』巻第二七「頼光の郎等平季武、産女に値へる語（頼光郎等平季武値㆓産女㆒語）」が、産女の代表例でもある。

また、「姑獲鳥」と書く場合もある。これは当て字で、江戸時代、中国の怪鳥である姑獲鳥が産女と同一視されたことに由来している。姑獲鳥は、李時珍『本草綱目』などの本草書に載る、出産時に死亡した女性が変化した毒鳥で、夜行遊女、天帝少女、乳母鳥、鬼鳥などの別名を持っている。雌だけで、羽毛をまとうと鳥となり脱ぐと女になるという。夜に飛行し、人間の子どもを攫って自分の子として養育したり、子どもの衣服に血を付けて無辜癇という病気にしたりする。

このように、ウブメは、歴史の流れの中でその有り様が変移している[2]。歴史の流れで起きる変化、言い換えれば各時代の社会的・文化的状況の中で、ウブメの構成要素＝属性[3]はどのように取捨選択されていくのだろうか。その過程について、時間を辿りながら考えてみるのが本章の目的である。

【一】……ウブメとはなにか？

ここで、もう少し詳しくウブメについて情報を得るため、辞書類を引いてみる。まず新村出編『広辞苑』（第六版）を引いてみると、次のようにある。

> うぶめ【産女・孕女】
> ①子を生んで産褥にある女。
> ②（「姑獲鳥」と書く）出産のために死んだ女がなるという想像上の鳥、または幽霊。その声は子供の泣き声に似、夜中に飛行して子供を害するという。うぶめどり。うぐめ。（後略）

怪異のウブメに該当するのは、②である。次に、村上健司『妖怪事典』[4]を引いてみる。

【ウブメ】

産女。説話、怪談、随筆や各地の民俗資料に見える妖怪。地方や文献によって形態は様々に伝わるが、一般的にいわれているものは難産で死んだ女の霊が妖怪化したもので、夜の道ばたや川べりなどで子どもを抱いて泣いており、通りがかった者に抱いてくれるようせがむ。赤ん坊を他人に抱かせる理由にも色々とあり、成仏するために念仏を百万遍唱えたいからその間に抱いてくれとか、トイレに行きたいからといったほのぼのしたものまである。説話での初見とされる『今昔物語集』にも、源頼光の四天王である平（卜部）季武が、肝試しの最中に川中で産女から赤ん坊を受け取るというくだりがあるので、古くからいわれていることなのだろう。

産女の赤ん坊を受け取ると、離そうにも離れず、どんどん重くなってついには殺されてしまうとか、赤ん坊と思っていたものが石や藁打槌、木の葉であったりする。また、赤ん坊を受け取ることにより、大力を授かるとする伝承もある。（中略）

各地の民俗資料を見ると、とても同じ妖怪とは思えないほどに様々な産女の形態が伝わっている。例えば九州地方では海上の怪火をウグメ、ウーメなどとよび、船幽霊のようなものまでもそうよんでいる。また産女を鳥とする伝承もあり、茨城県ではウバメドリとよんで、子供を害する存在として伝わっている。ウバメドリや長崎県壱岐のウンメドリ、三宅島のオゴメなどのように、その正体を鳥とするものは、中国の姑獲鳥（夜行遊女、天帝少女などともいう）に由来するもののようである（ウバメドリ参照）。民俗学的な見地からすれば、産女は生活経験としての現象ではなく、口承文芸より派生した産物にすぎないものだとされている。

そして参照にあげられている「ウバメドリ」は、次の通りである。

【ウバメドリ】

茨城県地方でいう妖怪。夜間に子どもの着物を干している、ウバメトリが自分の子供の着物に目印として自分の乳を搾る。その乳には毒があるといわれる。

もともとこのウバメトリは中国の姑獲鳥のことらしく、『慶長見聞集』『本草啓蒙』『本草記聞』『本草綱目』といった中国の古書には、姑獲鳥は鬼神の一種であってよく人の生命を奪うとある。夜間飛行して幼児を害する怪鳥で、鳴く声は幼児のよう。中国の荊州に多く棲息し、毛を着ると鳥に変身し、毛を脱ぐと女性の姿になるという。他人の子どもを奪って自分の子とする習性があり、子どもや夜干しされた子供の着物を発見すると血で印をつける。つけられた子どもはたちまち魂を奪われ病気となるが、これを無辜疳というそうである。茨城県でいうウバメトリは、この中国の姑獲鳥そのものといっていいかもしれない。

村上が「同じ妖怪とは思えない」とするように、ウブメは姿（女性や鳥、怪火など）だけでなく行動（子どもを攫う／抱かせる）も、とても同じものとは思えないほど多様である。

また、「民俗学的な見地からすれば、産女は生活経験としての現象ではなく、口承文芸より派生した産物にすぎないものだ」という指摘からは、ウブメがさまざまな情報の集積によって生成されたもの、だと考えることができる。

これらの中で、特に重要な属性として、

①名前
②出産で死んだ女性の変化
③夜の音声

④姑獲鳥
⑤図像
⑥民俗

を取り上げてみたい。これらの属性の歴史的変遷を辿ることで、ウブメ像が如何に構築されていったのかを検討していくことにする。

なお、ウブメの表記については、それぞれの性格を強調したい場合には、産女や姑獲鳥といった漢字表記を用い、ニュートラルな表現では、ウブメを用いることにする。[5]

【二】……ウブメという名

では、属性①の名前について見てみたい。ウブメという語彙を載せている最古の文献は、源順による百科事典『和名類聚抄』（九三一～八成立）である。元和三年（一六一七）の古活字本巻二「人倫部男女類」を見ると、次のように記されている。

孕婦　養性志云、孕婦〈和名宇不女〉、酢を食して面血色無し、梨子を食す、腹閉塞し血結行かず[6]（食レ酢面無二血色一、食二梨子一、腹閉塞血結不レ行）

もともと「孕婦」は、産婦を指す言葉であった（『広辞苑』の①の意味）。はじめウブメは、怪異ではなかったのだ。

では、いつから怪異と見なされるのかといえば、それは『今昔物語集』以降である。

【三】……出産で死んだ女性の変化

そこで、属性②出産で死んだ女性の変化について見てみる。この属性②こそが、ウブメを構成する最重要の属性だと従来見なされてきた。果たしてこの属性は不変なのだろうか。

怪異のウブメについて書かれた最古のものが、先述したように『今昔物語集』巻第二七「頼光の郎等平季武、産女に値へる語」（一二世紀前半成立）である。ちなみに『広辞苑』で省略した部分にこの話が引用される。

> 今昔、源の頼光の朝臣の美濃の守にて有ける時に、［　］の郡に入て有けるに、夜、侍に数の兵共集り居て、万の物語などしけるに、「其の国に渡と云ふ所に産女有なり、夜に成て、其の渡為る人有れば、産女、児を哭せて、『此れ抱け此れ抱け』と云なる」など云ふ、（中略）九月の下つ暗の比なれば、つつ暗なるに、季武、河をざぶりざぶりと渡るなり、既に彼方に渡り着ぬ、此れ等は、河より此方の薄の中に隠れ居て聞けば、季武、彼方に渡り着て、行縢走り打て、箭抜て差にや有らむ、暫許有て、亦取て返して渡り来なり、其の度聞けば、河中の程にて、女の音にて季武に現に、「此れ抱け此れ抱け」と云なり、亦、児の音にて、「いがいが」と哭なり、其の間、生臭き香、河より此方まで薫じたり、三人有るだにも、頭毛太りて怖しき事無限し、何況や、渡らむ人を思ふに、我が身乍も半ば死ぬる心地す
>
> 然て、季武が云なる様、「いで抱かむ、己」と、然れば、女、「此れは、くは」とて取らすなり、季武、袖の上に子を受取てければ、亦、女追ふ追ふ、「いで、其の子返し令得よ」と云なり、季武、「今は不返まじ、己」と云て、河より此方の陸に打上ぬ
>
> 然て、館に返ぬれば（中略　季武は）「其達極く云つれども、此［　］の渡に行て、子をさへ取て来る」と云て、右

> の袖を披たれば、木の葉なむ少し有ける（中略）
> 此の産女と云ふは、「狐の、人謀らむとて為る」と云ふ人も有り、亦、「女の、子産むとて死たるが、霊に成たる」と云ふ人も有りとなむ語り伝へたるとや[7]

この卜部季武（うらべのすえたけ）の武勇譚の中に登場する産女の特徴をあげると、第一に川辺に出現している。何故川辺に産女が出るのか。それは、当時川辺が出産に関係した場所だったからである。当時出産が行われる場所―産屋（うぶや）は、川辺によく設置されていた。川辺に設置する理由は、死や血をケガレと見なす観念に基づき、川の流れで洗い清めるためだったと考えられている。[8]江戸時代の図像でもウブメは、川辺に描かれる場合が少なくない（後述する『画図百鬼夜行』『狂歌百物語』など。ただし、これらは後で触れる流れ灌頂（かんじょう）との関係による可能性が高い）。

第二に、出産で死んだ女性が霊になったとされることである。出産に関わる死亡は、女性特有のものである。また、当時の出産は死亡するリスクが高く、生者は産婦の死に立ち会う機会が現在よりも頻繁にあったはずである。こうした状況が、産褥で死んだ女性の霊という発想の温床になったと思われる。

第三に、「此の産女と云ふは、『狐の、人謀らむとて為る』と云ふ人も有り、亦、『女の、子産むとて死たるが、霊に成たる』と云ふ人も有りとなむ語り伝へたるとや」という説明そのものである。この説明は、後付けで、たとえ説明がなくとも話は成立している。そして、産女の正体として、「出産で死んだ女性の変化」と「狐の変化」が並列していることに注意したい。つまり、「難産で死んだ女性の変化」という怪異ウブメの最重要とされる属性も、現存最古の事例である『今昔物語集』においては、あくまでも夜中に赤子を抱いた女性が川辺にいることの説明の一つに過ぎなかったのである。

『今昔物語集』巻二七鬼神部に収録されるこの話の不気味さは、実は産女そのものにはない。真っ暗な夜の川辺に赤子を抱いた女が出没して、泣いている赤子を抱くよう強要してくる、その不条理なシチュエーションこそが不気味なのである。要するに、『今昔物語集』の産女の本質は、産女というモノではなく産女がいるコトにあった。[9]

【四】……夜の音声

『今昔物語集』の産女は、夜中の川辺に赤子を抱いた産女が現れる状況に不気味の本質があった。では、明かりのない夜中、どうやってウブメという怪異を人は認識できたのだろうか。

ここで注目されるのが、属性③音声である。『今昔物語集』でも「産女、児を哭せて」、あるいは「女の音にて」とあるように、まず産女が声をかけて、または赤子を泣かせて、その存在を認知させている。『今昔物語集』の産女は、はじめに産女や赤子の声がしてから、産女が出現するという二段構えなのである。

夜中に聞こえる音声、特に赤子の泣き声そのものをウブメとする事例は、現在確認できる中では、室町時代の『むらまつの物かたり』が最も古い。この物語の中で、夜中に追っ手から逃げる主人公の母子が棺の中に逃げ込むが、迫る追っ手の声に子どもが驚いて泣き出してしまう。察知した追っ手が棺を開けようとしたところに、け八という者が母子を守るため、次のような発言をする。

> や、とのばらたち、たたいま〔只今〕なきつるは、まことのおさあひ〔幼〕ものとおもふ〔思〕か、かゝるふるき〔古〕、はかはら〔墓原〕には、うふめといふものありて、かやうのとき、なくなり、うふめの、人につき〔憑〕たるは、いかにすれ共、そこつ〔粗忽〕におちすして、とりころす〔取り殺す〕なり[10]（傍線は筆者）

夜中の子どもの泣き声に、それはウブメだと名付けが行われている。人に取り憑くという点も見逃せないが、重要なのは「かやうのとき、なく」ことである（この場面は、後年の奈良絵本『村松物語』でも記されている）。

ここでも、夜中に赤子の泣き声が聞こえるコトをウブメと呼んだことに注意したい。ウブメという怪異は、本来モノではなく、シチュエーション＝コトだった。それは、江戸時代になっても、林羅山の随筆『梅村載筆』天巻「夜中に小児の啼声のやうなる物を、うぶめとなづく」[11]や後で詳しく見る『奇異雑談集』でも夜の泣き声をウブメとしている（二六七頁）。

【五】……姑獲鳥

本来コトであったウブメが、モノとして理解される要因こそ属性④姑獲鳥と⑤図像である。ここでは④姑獲鳥について見てみよう。他の章でも取り上げているが、ここではより詳細に検討を行ってみる。

姑獲鳥は本来中国の怪鳥である。[12]その姑獲鳥は、いつ頃日本にやってきたのだろうか。それは、延喜一八年（九一八）の深江輔仁『本草和名（輔仁本草）』が確認できるもので最も古い。

姑獲　一名乳母鳥、一名天帝少女、一名隠飛、一名夜行遊女、一名鬼鳥、一名女鳥、一名鉤鳥
〈能収㆓人之魂魄㆒〉（能く人の魂魄を収む）[13]

また、丹波康長による医書『医心方』（九八四成立）巻二五小児二第八九「治小児癇病方」には、

小品方に云ふ、玄中記に云ふ、天下に女鳥有り、一名姑獲、又の名は鉤皇鬼也、喜んで陰雨の夜過を以て飛鳴す、人の村里を徘徊し、得来と喚ぶ者是也、是の鳥は専ら雌にて、雄无く、産せず、喜んで毛羽中の塵を落して、人の児の衣中に置き、便ち児をして癇病と

作し、必ず死なしむ、便ち化して其の児と為す也、
是を以て小児生れて十歳に至るまで、衣もて被ひ、露にせしむべからず、七月尤も忌む、と[14]

とある。双方ともに中国の本草書や医学書を翻案したかたちで紹介されている。

そして、時を下り江戸時代になっても、姑獲鳥は本草書などの翻案を通じて紹介されている。例として寺島良安『和漢三才図会』（一七一二自序）巻四四山禽類を見てみる。

【逐語訳】姑獲鳥

夜行遊女・天帝少女・乳母鳥・譩譆・無辜鳥・陰飛・鬼鳥・鉤星

『本草綱目』（禽部山禽部「姑獲鳥」）に次のようにいう。鬼神の類である。よく人の魂魄を食べる。荊州に多くいる。毛を衣て飛鳥となり、毛を脱ぐと女人となる。これは産婦が死んで後になったものであるゆえ、胸の前に両乳があり、好んで人の子を取り、養って自分の子とする。およそ小児のいる家では、夜に子供の衣物を外に出しておいてはいけない。この鳥は夜に飛んでそれに血をしたたらせて誌をつける。するとその子は驚癇や疳疾を病む。これを無辜疳という。ちなみにこの鳥はもっぱら雌ばかりで、雄はいない。七、八月に夜飛んで人を害する。

△思うに、姑獲鳥（俗に産婦鳥という）は言い伝えて、産後死んだ夫人が化したものであるという。しかし、これはこじつけの説である。中華では荊州、わが国では西海の海浜に多くいるというからには、これは別の一種の鳥で、陰毒がこり固まって生じたものであろう。九州の人のいうところでは、小雨のふる闇夜、不時に姿をあらわすことがある。そのいるところには必ず燐火があり、遥かに観察してみると、状は鴎に似ていて大きく、鳴き声も鴎に似ており、よく婦人に変じ、子をつれていて、人に遇うと子を負うてくれとたのむ。人がおそれて逃げる

と憎み、その人ははげしい寒けに襲われ、高熱が出て死に至ることがある。強剛な者がたのみを聞き入れて子を負うてやると危害は加えない。そして、人家に近づくと背は軽くなり子は姿を消している、という。まだ畿内やその近国では狐狸の外に、このようなものがいることは聞かない。[15]

良安は、姑獲鳥を陰毒―気から生じたものとしている（第三章一一五頁参照）が、ここで注目すべきは、『本草和名』から『和漢三才図会』に至るまで、いかに奇怪な由来や行動であっても、姑獲鳥はあくまでも鳥として理解されている点である。つまり、姑獲鳥は、元来鳥として認識されているが、日本の産女と同一視されることで、怪異という属性を得たといえる。

それでは、中国の姑獲鳥と日本の産女は、どのような過程を経て同一視されたのだろうか。産女と姑獲鳥が、文芸で初めて一緒に紹介されたのは、写本『奇異雑談集』巻之四「姑獲の事」である。長いが、全文引用する。

一、ある人、語りていはく

京の、西の岡辺の事なるに、二夜三夜、産女のこゑを聞に、赤子の泣くに似たり、その姿を見ばやといふて、二三人、里の外に出て、夜ふけてたたずみ、聞けば、一丁ばかり、東の麦畑に聞こえたり、火を明かして見んとて、七八人を誘ふて、弓槍、おもひおもひの兵具にて、たいまつの衆四五人、手分けをして行けば、麦の少なき所に、物影見えたり、近く四五間にして見れば、人のかたちにて、両の手を地につきて、跪(つまづ)きゐたり、人を見て驚かざるなり

「みな、射殺さむ」といふを、古老の人のいはく、「射ること、無用也、化生の物なるゆへ、死すべからず、もし射てそこなひ、驚かさバ、あだをなし、在所に祟りをなす事あらん、ただ、みな、帰り給(たま)へ」といふて帰るなりと云々、この説不審也

或いは世俗にいはく、「懐妊不産して、死せる者、其のまま野捨てにすれば、胎内の子死せずして、野に生まるれば、母の魂魄、形に化して、子を抱き養ふて、夜歩くぞ、其の赤子の泣くを、うぶめなくといふなり、そのかたち、腰よりしもは、血にひたつて力よはき也、人もしこれに会へば、負うてたまはれといふを、いとわずして負へば、人を福裕になす」と、いいつたへたり、これも、また、そのまことを知らざるなり

唐に姑獲といふは、日本の産女なり、姑獲は鳥なり、かるがゆへに『本草（綱目　筆者注）』鳥部にのせたり、その文にいはく、一名は乳母鳥、いふ心は産婦死し変化してこれになる、よく人の子をとつて、もつて己が子とす、胸前に両乳ありと云々、是は人の子を取つて我子として、乳を飲ませて養ふ事、人の乳母に似たるゆへに、乳母鳥といふなり、是は婦人子無ふして、子をほしがるもの、たまたま懐妊すといへども、産することを得ず、難産にして死するときんば、その執心魂魄変化して、鳥となりて夜飛び回りて、人の小子をとるなり、又いはく、玄中記にいはく、一名は隠飛、一名は夜行遊女、よく人の小子をとつて、これを養ふ、小子あるの家には、すなはち血その衣に点ずるをもつて誌とす、いまの時の人、小児の衣を夜露すことをせざるは、このためなりと云々、是は姑獲鳥、夜隠飛し、人の家に行て子をたづぬるに、小児の衣、夜外にをくときんば、その衣に触るゝゆへに姑獲の血、その衣に点ずるなり、これをみて姑獲の来たるしるしとするなり、姑獲は産婦死して変化なるゆへに、その身血におぼるゝが、日本にも小児の衣を夜にほすことをいむは此儀なり[16]（傍線は筆者）

「化生の物」（第四章参照）である「日本の産女」と「唐に姑獲といふ」鳥を並べて紹介している。ここで気になるのは、産女と姑獲鳥の性格の違いである。双方の特徴をまとめると、次のようになる。

産女　…日本・出産で死んだ女性が変化したもの・赤子を抱かせる

姑獲(鳥)…中国・出産で死んだ女性が変化した鳥・赤子をさらう

出産で死んだ女性の変化という出自は同じであっても、赤子の扱いは正反対である。

この行動が相反する両者に橋渡しをした人物こそ、林羅山その人であった。第一章では、『奇異雑談集』における羅山の知の流用について見たが、ここでは姑獲鳥をめぐる羅山の知を見てみる。

第一章や第三章でも取り上げた、和漢名対照辞典『新刊多識編』（一六三一刊）には、以下のような記述がある。

姑獲鳥　今案、宇布米登里又云奴恵[17]

「今案」は、「今姑獲鳥に適切な和名を考えると」という意味であり、羅山によって姑獲鳥と産女はつながりを持ったといえる。[18]

しかし、正反対の特徴を持つ産女と姑獲鳥を、羅山はどのように結びつけたのだろうか。そこで、もう一つの姑獲鳥の和名「ぬえ」［鵺］に着目したい。

『徒然草』第二一〇段は、古今伝授の三鳥のうち、喚子鳥は鵺だと考証する段である。第一章でも触れた羅山の『徒然草』注釈書『野槌』の当該段にある鵺の注釈には、「又鵺と云鳥、頼政か射たるを以てみれハあやしき鳥也、『皇明通紀』にある黒青の怪、『本草綱目』にのせたる、姑獲鳥、治鳥、木客鳥などいへる類にや」[19]とある。鵺はトラツグミのことであり、夜鳴くことから凶鳥とされていた。[20]『和漢三才図会』によれば、黒青は犬のような獣で黒気を纏っているとあるので、[21]『平家物語』などに出てくる鵺の鳴き声の頭が猿で体が狸、足が虎、尾が蛇の獣の記述と重ねたのだろう。また、姑獲鳥と同列で語られる治鳥や木客鳥も夜鳴く鳥である。つまり、鵺と姑獲鳥には、夜鳴くという共通点があった。そして、鵺と喚子鳥は同じであるから、姑獲鳥＝鵺＝喚子鳥となる。喚子鳥はその名の通り「子を呼ぶ鳥」であり、兼好自身「春の夜のくらぶの山のよぶこ鳥こゝろのやみを思ひこそやれ」[22]（『兼好法師集』）という、喚子鳥と子を思う親の心の闇を重ねた歌を残している。なお、治鳥と木客鳥は、姑獲鳥のように産死者が変化したものではないので、治鳥などよりも姑獲鳥の方が喚子鳥と強く結びついたのだろう。

以上のことから、出産で死んだ女性の変化であること、そして夜中の泣き／鳴き声の二点から、姑獲鳥は産女と結びついたのである。鵺＝姑獲鳥＝産女の式から、出産とは関係のなく、合成獣の方が有名な鵺が捨象され、最終的には、姑獲鳥＝産女という式が普及していった。[23] こうして姑獲鳥は、怪異として理解されるようになっていったのである。[24]

時代は下り、文化三年（一八〇六）には、南杣笑楚満人作・歌川豊広画『昔語姑獲鳥仇討』という黄表紙が刊行[25]される。遂に姑獲鳥は、物語の主役に躍り出たのである。

【六】……ウブメ・コード――図像

第七章で、江戸時代、出版技術の発展に伴い、挿絵入りの本が大量に刊行されたことに触れた。その流れにウブメも乗っていた。つまり、ウブメがよく描かれるようになる。属性⑤の図像は、江戸時代の出版文化を反映している。その描かれたウブメを色々眺めていると、いくつかの共通点、すなわちコード（記号）を確認することができる。[26] これは、ウブメが複数のコードの組み合わせで構成されている、言い換えれば、コードの意味さえわかれば、たとえ名前がなくても描かれているのはウブメだとわかる、ということである（それだけウブメが広く知れ渡っていることにもなる）。

そうしたウブメのコード＝約束事から、当時のウブメに関する理解を考えてみたい。

図 8-1 『宿直草』
（『西鶴と浮世草子研究』 2、笠間書院、2007 附録 CD-ROM より転載）

図 8-2 『古今百物語評判』
（『西鶴と浮世草子研究』 2、笠間書院、2007 附録 CD-ROM より転載）

❖産女

まず産女について見てみると、赤子を抱いた母親の姿で描かれることが多い。一七世紀のものには、女性の姿のみが描かれる場合も少なくない。つまり、産女の図像の主体は、女性＝母親にあった。

産女（母親）を描く際の基本型は、上半身の白装束と下半身の腰蓑状の線描である。上半身は死を、下半身は出産による出血を表している。富尾似舩が作者とされている『宿直草』（『御伽物語』一六七七刊）巻三の二「古狸を射る事」（図8－1）や山岡元隣作・元恕編『古今百物語評判』（一六八六刊　以下『評判』）巻二の五「産婦の事」（図8－2）、苗村常伯『世話用文章』（一六九二刊　図8－3）、苗村松軒『御伽人形』巻一「思立矢あやまたぬ拳」（一七〇五刊　図8－4）、『考訂今昔物語』（一七二〇刊　図8－5）などに、この表現を見ることができる。

『宿直草』『評判』『世話用文章』などでは、この基本型の上に、産女が杖をつき片手を顔に当てた姿で描かれている。これは、『地蔵菩薩発心因縁十王経』を絵画化し

図 8-3　『世話用文章』
（『近世文学資料類従 参考文献編』9、勉誠社、1976 より転載）

図 8-4　『御伽人形』
（『西鶴と浮世草子研究』2、笠間書院、2007 附録 CD-ROM より転載）

図 8-5　『考訂今昔物語』
（『考訂今昔物語』新典社、1990 より転載）

図 8-6　『せんみつはなし』
（『近世子どもの絵本集　上方篇』岩波書店、1985 より転載）

た、いわゆる『十王図』にある「中有の旅」をモデルにしている。[27]中有、すなわち四十九日の間、死者の魂が暗闇の中（この世とあの世の間）を彷徨っている姿を、産女に当てている。

補論三で取り上げる井原西鶴『好色一代女』（一六八六刊）巻六「夜発の付声」の挿絵もまた、産女の基本型を踏襲している（図補3－2）。そこでは、蓮の葉笠が追加されている。蓮の葉笠には、胞衣（胎児を包んでいる膜および胎盤・臍帯などの総称）と主人公一代女に関わる蓮葉女の比喩がかかっている。また、蓮の葉を被る図像は、『熊野観心十界曼荼羅』の施餓鬼にやってくる亡者（餓鬼）に由来している。[28]

こうした産女の図像で、現在確認できる最古のものが『せんみつはなし』である（一六六一～七七頃成立　図8－6）。そこに描かれているのは、白地に点々が打たれた装束、つまり経帷子を着た上半身、そして腰蓑状の線描ではなくスカートのように塗りつぶされた下半身である。『せんみつはなし』から図像の推移を考えると、スカート状の塗りつぶしから腰蓑のような線描に、経帷子から白装束に、と簡略化が計られたようである。そこに、杖をつく仕草や蓮の笠など宗教絵画に由来する追加情報が盛り込まれていったのである。

❖姑獲鳥

次に、姑獲鳥を見てみる。先に見た『世話用文章』（図8-3）、『御伽人形』（図8-4）の他に、前節で取り上げた『昔語姑獲鳥仇討』（図8-7）、曲亭馬琴作・葛飾北斎画『皿皿郷談』（一八一三刊　図8-8）、月岡芳年『和漢百物語』「主馬介卜部季武」（一八六五）、明治には河鍋暁斎『暁斎百鬼画談』（一八八九成立）などで確認できる。そのいずれもが鳥そのものの姿ではなく、女性に鳥の翼や足などの部分を接合

図 8-7　『昔語姑獲鳥仇討』
（国立国会図書館所蔵）

図 8-8　『皿皿郷談』
（早稲田大学附属図書館所蔵）

図 8-9　『頭書増補訓蒙図彙』
（国立国会図書館所蔵）

させた姿で描かれている。前節で考えたように、ウブメに姑獲鳥という属性が定着したのが、『新刊多識編』や『奇異雑談集』が刊行された一七世紀半ば以降のことであり、ウブメのコードとしては後発的なものだったといえる。

また、『和漢三才図会』（図3-4）や中村惕斎（なかむらてきさい）『頭書増補訓蒙図彙（とうしょぞうほきんもうずい）』（一六九五刊）巻一三禽鳥（図8-9）[29]には、鳥の姿の姑獲鳥が描かれている。姑獲鳥は、あくまでも鳥であった。

図像においては、産女が主体で、姑獲鳥は従属的なものだったといえる。

図 8-10　『柳にまり』
（『東北大学附属図書館所蔵狩野文庫マイクロ版集成』№.ＤＨＫ－001より転載）

図 8-11　『怪物徒然草』
（『山東京傳全集』３、ぺりかん社、2001より転載）

図 8-12　『其返報怪談』
（『新日本古典文学大系』83、岩波書店、1997より転載）

❖赤子

続いて、赤子に注目する。後でも触れる鳥山石燕『画図百鬼夜行』「姑獲鳥」（図8－13）も赤子を抱いているが、ここでは珍しい事例を見てみる。

鳥居清満『柳にまり』（一七五七刊　図8－10）や山東京伝『怪物徒然草』（一七九二刊　図8－11）では、赤子に点々が打たれている。また『皿皿郷談』（図8－8）でも、男性が姑獲鳥に渡された点々が打たれた赤子を抱いている。これは、抱いた赤子が次第に重くなる、あるいは石になるという伝承を表現しているのだろう。

恋川春町『其返報怪談』（一七七六刊　図8－12）では、赤子の産着が羽衣になっている。これは、姑獲鳥の属性を産着で表している。

❖背景

背景もまた、コードとして活用されている。

『評判』（図8－2）のように墓場が描かれる場合もあるが、一八世紀以降多く見られるのは、川辺で、そこには流れ灌頂が描かれている。流れ灌頂とは、川辺に棚を作ってそこに梵字が書かれた布を張り、柄杓を添えて通行人に水を布にかけてもらい、布の梵字が消えると成仏できるという習俗である。[30] 一七世紀の『因果物語』（片仮名本）では異常死をした者全般を弔う供養法として書かれているが、[31] 一八世紀を過ぎると出産で死んだ女性の供養として特化されていったようで、ウブメの背景としてもよく描かれるようになる。[32]

図 8-13 『画図百鬼夜行』
（高田衛・稲田篤信編『画図百鬼夜行』国書刊行会、1992 より転載）

鳥山石燕『画図百鬼夜行』（一七七六　図8－13）をはじめ、十返舎一九『列国怪談聞書帖』（一八〇二　図8－14）、天明老人撰・竜閑斎画『狂歌百物語』（一八五三　図8－15）、『皿皿郷談』（図8－8）などが代表的である。四代目鶴屋南北『東海道四谷怪談』（一八二五）「蛇山庵室の場」の初演において、お岩は、流れ灌頂から産女の姿で登場する（現在は提灯抜け）。[33] それだけ、ウブメと流れ灌頂はセットで広く知られていたことになる。

雨もまた、『画図百鬼夜行』などでよく描かれ、井原西鶴達による連句集『三鉄輪』（一六七八）「夜明のそら涙の雨ふる俤や扨は孕女となりぬらん　おはれて自然秋はいぬめり」[34]や『西鶴大矢数』（一六八一年）「夫うぶめ作り咄しを聞にけり　降るは涙の雨の夜の伽」[35]などでも詠まれている。流れる川と産屋や流れ灌頂が関連するように、上から下へ降る雨水に血や死のケガレを洗い清める効果を求めたのではないだろうか。

図 8-14　『列国怪談聞書帖』
（『叢書江戸文庫 43　十返舎一九集』国書刊行会、1997 より転載）

図 8-15　『狂歌百物語』
（『狂歌百物語』古典文庫、1999 より転載）

図 8-16　『百鬼夜行絵巻』
（『続・妖怪図巻』国書刊行会、2006 より転載）

❖炎

最後に、炎である。これは、出産時の出血と出産した女性が堕ちる血の池地獄との、血の赤と炎の赤の連関だと思われ、ボストン美術館所蔵の鳥山石燕肉筆の『百鬼夜行絵巻』に見られる表現である（図8−16）。先の『柳にまり』には、辻で石の赤子を抱いた産女以外にも「うぶめ鳥」が夜干しの禁忌とともに描かれ、さらに「ちにいけのくるしみたへがたや」と血の池地獄との関連にも触れている。[36]

西川如見『和漢変象怪異弁断　天文精要』（一七一五刊）巻之第七「野火　幷　燐火神火」には、「産女ト号スル者アリ、是又火有テ哭声アリト云リ、或書ニ産女ト云ハ鳥ナリ、夜出ツ、其口気ニ火光アリ、日本東国ニ居レリトカヤ、此鳥ヲ見タル人ニ未ㇾ逢、重テ可ㇾ論」[37]とあり、また『和漢三才図会』でも、姑獲鳥は陰火を伴って出現している。つまり、炎の記号は、①鳥が発する火、②出産にまつわる血、③死骸に含まれる燐が燃える、という当時のさまざまなイメージの複合になっている。

ここまで、いろいろなウブメの図像を見てきた。大切なのは、ウブメという怪異が一般に認知されていたからこそ、さまざまなコードが通用したことである。怪異の図像コードは、ウブメに留まらず、鬼や河童といった他にも多数存在している。それらを通して、図像の歴史性も明らかにしていかなければならない。

【七】……民俗

最後に、近世の民俗におけるウブメについて、見ておきたい。第一章の姑獲鳥にまつわる夜干しの禁止や第三章の小野蘭山などで、既に触れているところもあるが、ここではそれ以外のものから具体的に考えてみたい。

近世に入って早い段階で、ウブメの名前を確認できるのは、『日葡辞書』(一六〇三刊)である。そこには、「Vbume.(ウブメ) 出産で死んだ女の亡霊で、後まで残り留まっていると、ゼンチョ(gentios 異教徒=僧侶)が想像しているもの」[38]と記され、宗教(おそらく仏教)との関わりで収載されたと思われる。

江戸時代の民俗におけるウブメに関する資料は、ほとんど残っていない。その数少ない事例の一つが、第六章第四節でも取り上げた『河内屋可正旧記』である。そこでは少し触れただけだが、ここではより詳しく見る。巻十「宗順物語之事」には、次のように記されている。

> 難産にて死たる者ハ、うかむ事あたハず、うぶめと云者に成て、哀れなる声を出し、なきさけび、夜な夜な来ると云者有、其外種々のあやしき事を、もてはやす時節有、尤人死て中有とて、未来生の定まらざる内にハ、亡魂帰り来ると云説、仏書になきにしも非、然共大かたハ、己が心より(中略)夢中に眼に遮りたるを、其人の亡魂正に来れりと云なせり、哀れなる声にて泣さけぶと聞しハ、犬狐やうの物也、正念にして信心堅固の手前には、あやしき事有物に非、愚人の沙汰用るにたらず[39]

難産で死んだ者は成仏できずにウブメとなって哀れな声で泣き叫び夜な夜なやってくるという、夜中の音の怪異、そして女性の怪異としてのウブメである。ただし、可正はこのウブメは「己が心より」生じた幻覚だと断じている。

本草学の情報も、小野蘭山ほか、貴重なウブメの民俗資料を提供しているが、ここでは地誌から探ってみたい。地誌は、地域の地理や風俗、産物、歴史などを記録したものだが、美作国（現岡山県北部）の地誌『山陽道美作記』（一七四二以降成立）を見てみる。巻八は「津山王代より化物の住所七不思議之事」に関する巻で、そのうち「産女の事」には、次のように記される。

> 一、先年安岡村へ産女出たりといふ、誰見たるといふ事もなし、泣声嬰児（エイシ・ミドリ子）の如くにて初夜時分に出るといふ、産婦死して仏果に逢ひかたきもの、産女になると云、唐土にてハ是を姑獲（コクハク）といふ、姑獲ハ鳥なり、『本草綱目』に鳥の部に出せり、又文に曰、一名ハ乳母（ニウホ）鳥、又其中記に一名隠飛（インヒ）、又ハ夜行ともいへり[40]

本来泣き声だけの怪異だが、現地の情報に、編者が書物の知識（『本草綱目』に載る姑獲鳥）を補足することで、一地域の民俗とその外にある世界とを結びつけようとしている。

江戸時代の民俗におけるウブメについて、本節や蘭山など他の章を併せて考えると、情報は少ないものの、伝承されている事実がある一方で、書物を核にした知が民俗に影響を与えていたことがわかる。それは、可正のような唯心論的怪異認識だけでなく、『本草綱目』や黒田斉清のハルピュイア（本書一二一・三頁）といった世界との比較もあった。ウブメをめぐる知は、多様な知の関係性を示している。

おわりに

以上、ウブメの歴史的変遷を辿ってきた。多種多様な属性が取捨選択されていく中で、その時代に合ったウブメが形づくられていく。まさにウブメという怪異は、歴史的産物であった。

ただし、ウブメのように古代から近世、そして現代[41]まで辿れる個別の怪異は少ない。それでも怪異の歴史的変遷を辿ることは、歴史学的に怪異を考える上で重要な作業である。次章では、また別の角度から個別の怪異について考えてみたい。

1　高田衛「幽霊の〈像〉の変遷」小松和彦編『怪異の民俗学六　幽霊』河出書房新社、二〇〇一、二一七・八頁（初出一九九五）。

2　前近代のウブメに関する研究には、西田耕三「産女ノート文芸がとらえた産女とその周辺」『熊本大学教養部紀要人文・社会科学編』一五、一九八〇、同「産女ノート（続）」『熊本大学教養部紀要　人文・社会科学編』二四、一九八九（正続を合わせた「産女ノート」が『怪異の入口近世説話雑記』森話社、二〇一三に収録）、高橋則子「鶴屋南北と産女―「天竺徳兵衛韓噺」の乳人亡霊から「四谷怪談」の岩への変質」『文学』五三―九、一九八五、堤邦彦の研究（後述）などがある。

3　属性という捉え方は、化野燐「属性分析による分類」（「妖怪の分類・試論」『怪』vol.0012～0022、二〇〇二～七）に着想を得ている。

4　村上健司『妖怪事典』毎日新聞社、二〇〇〇、五六・七頁。

5　ウブメと類似したものとして、子育て幽霊がある。ウブメは個人的な情報が捨象され普遍性を獲得したものであり、一方の子育て幽霊は高僧出生譚など個人的な情報を有する場合が多く（京極夏彦「江戸化物草紙の妖怪画」アダム・カバット編『江戸化物草紙』小学館、一九九九、六～八頁）、本章では、ウブメと一線を画すものとして扱わないことにする。

6　中田祝夫編『倭名類聚抄　元和三年古活字版二〇巻本』勉誠社、一九七八、一三頁。

7　池上洵一編『今昔物語集　本朝部』下、岩波書店、二〇〇一、二一二～六頁。

8　飯沼賢司は、当時の出産にまつわるケガレ（産穢）を、血ではなく死との関係から忌まれたとする（「中世前期の女性の生涯　人生の諸段階の検討を通じて」『日本女性生活史』二、東京大学出版会、一九九〇、五八・九頁）。

9　怪異をコトとモノの二つで把握することについては、京極夏彦「モノ化するコト―怪異と妖怪を巡る妄想―」東アジア恠異学会編『怪異学の技法』二〇〇三を参照のこと。

10　『室町時代物語大成』一三、角川書店、一九八五、一〇四頁。

11　『日本随筆大成』第一期第一巻、吉川弘文館、一九七五、五頁。

12　山田慶兒『夜鳴く鳥　医学・呪術・伝説』岩波書店、一九九〇。

13　『続群書類従』三〇下、続群書類従完成会、一九五九、四三四頁。

14　原文は『医心方』巻二五（二）（半井家本　東京国立博物館所蔵）により、読み下しは槇佐知子全訳精解『医心方』巻二五B小児篇二、筑摩書房、二〇〇六、八・九頁を参考にした。

小品方云、玄中記云、天下有二女鳥一、一名姑獲又名鉤皇鬼也、喜以二陰雨夜過一飛鳴、徘二徊人村里一、喚二得来一者是也

是鳥専雌、无レ雄、不レ産、喜落二毛羽中塵一、置二人児衣中一、便使下児作二癇病一、必死上、便化為二其児一也
是以小児生至二十歳一衣被令（ママ）不レ可レ露、七月尤忌

15 『和漢三才図会』東京美術、一九七六、五〇四頁。
姑獲鳥（うぶめどり）
夜行遊女・天帝少女・乳母鳥・譩譆・無辜鳥・陰飛・鬼鳥・鈎星
本綱、鬼神類也、能収二人魂魄一、荊州多く有レ之、衣レ毛為二飛鳥一、脱レ毛為二女人一、是産婦死後、化作故、胸前有二両乳一、喜取二人子一、養為二己子一、凡有二小児一家、不レ可三夜露二衣物一、此鳥夜飛、以レ血点レ之為レ誌、児輒病二驚癇及疳疾一、謂二之無辜疳一也、蓋此鳥純雌、無レ雄、七八月夜飛害レ人
△姑獲鳥〈俗云産婦鳥（ウブメ）〉相伝曰、産後死婦所レ化也。蓋此附会之説焉、中華荊州、本朝西国海浜多之レ有云、則別此一種之鳥、最陰毒所二因生一者矣、九州人謂云、小雨闇夜、不時有レ出、其所レ居、必有二燐火一、遥視レ之、状如レ鴎大、鳴声亦似レ鴎、能変為レ婦、携レ子、遇レ人則請レ負二子於人一、怕レ之逃則有二憎寒壮熱甚至レ死者一、強剛者、諾負レ之則無レ害、将近二人家一乃背軽而無レ物、未レ聞二畿内近国狐狸之外、如レ此者一

16 『仮名草子集成』二一、東京堂出版、一九九八、一九五～九頁。

17 国立公文書館所蔵本（二〇九―〇〇二五）。

18 一六一二年の草稿本『羅浮渉猟抄多識編』には「姑獲鳥　オニノトリ　ヌエ　ウブメ」と記されている（中田祝夫・小林祥次郎編『多識編自筆稿本刊本三種 研究並びに総合索引』勉誠社、一九七七、影印本五〇頁）。「オニノトリ」は『本草綱目』の「姑獲鳥」の別名「鬼鳥」の訓読である。また、姑獲鳥＝うぶめという和名については、文和・延文年間（一三五二～六〇）の成立とされる安居院（あぐい）流唱道者による『神道集』（しんとうしゅう）巻第二「熊野権現事」の中で、斬首しようとする武士に、女御が殺される前に出産させてもらおうと頼む場面で「（前略）身々（不）成死なん事なれは、未来には鵜羽妻鳥（うぶめ）と云物に成て、胎内の子を取るに、堪難しと悲む事」と書かれている（『神道大系　文学篇』一、神道大系編纂会、一九八八、三六頁）。これは、このまま身二つにならず死んだならば、来世で「鵜羽妻鳥」というものになって、胎内の子を取って悲嘆にくれてしまうという意味だが、貴志正造はこの鵜羽妻鳥を姑獲鳥であるとする（『神道集』平凡社、一九六七、二二頁）。これは『多識編』に先行する事例の可能性があり、羅山が「今案」としてこうした複数の候補から選択したと解釈することもできる。ただし、『神道集』以降の「熊野権現事」をもとにした御伽草子『熊野の御本地のさうし』や説経『熊野の本地』には「鵜羽妻鳥」は出てこず、また本当に「鵜羽妻鳥」が姑獲鳥と同じものなのかは不確定である。たとえ鵜羽妻鳥＝姑獲鳥であったとしても、「熊野の本地」系統の物語では普及せず、姑獲鳥がうぶめどりであると広く浸透させたのは、羅山の功績であることに変わりはない。

19　国立公文書館所蔵本（特一一九―〇〇〇一）。

20　安良岡康作『徒然草全注釈』下、角川書店、一九六八、三六六頁。

21　注15前掲書四四九頁。

22　『新日本古典文学大系』四七、岩波書店、一九九一、五頁。

23　一般へ普及する例として、当時俗文芸の代表であった俳諧を見てみると、安原貞室（やすはらていしつ）（羅山と交流のある松永貞徳の弟子）は「みどり子がべゞぬらしてはかたいさり　うぶ女は溝にすむときくなる　月くらき雲間に叫ふ鵺の鳥」（『正章千句（まさあきらせんく）』一六四七刊　『近世文学資料類従 古俳諧編』三九、勉誠社、一九七五、四八頁）、「血になくやうぶ女の化鳥郭公（ほととぎす）」（『玉海集追加』一六六七刊　早稲田大学付属図書館所蔵）という句を作っている。郭公は、鵺と同じく喚子鳥の正体とされていた鳥である。また、延宝六年（一六七八）松尾芭蕉の弟子其角（きかく）による句合『田舎（いなか）の句合（くあわせ）』には、「俗にいううぶめ成べしよぶこ鳥」という発句がある。この発句に対し芭蕉は、喚子鳥について、師の北村季吟に尋ねたところ、こうした古今伝授は俳諧には無用のことだと言われたといい、「うぶめ、李時珍が説（『本草綱目』筆者注）に姑獲鳥とかけり。鳥と云字によせて、おもひ出られ候にや」と判じている（『校本芭蕉全集』七、角川書店、一九六六、三六二・三頁）。

24　その代表例として鳥山石燕『画図百鬼夜行』の姑獲鳥が有名である。また、見逃せない事例として、井沢長秀（いざわながひで）（蟠龍）が『今昔物語集』を訂・再構成した『考訂今昔物語（こうていこんじゃくものがたり）』（一七二〇刊）巻七倭部一三怪異伝「平季武姑獲鳥に値ふ語（平季武値二姑獲鳥一語）」がある（稲垣泰一編『考訂今昔物語』前編、新典社、一九九〇、五六八〜七三頁）。ここでは姑獲鳥に表記が統一され、末尾の説明も削除されている。さらには挿絵も付き、江戸時代のウブメ像を具体的に表している。

25　国立国会図書館所蔵（二〇八―三二四）。

26　図像コードについては、黒田日出男に学ぶところが多い（『歴史としての御伽草子』ぺりかん社、一九九六など）。

27　鷹巣純の御教示による。

28　黒田日出男「熊野観心十界曼荼羅の宇宙」『大系仏教と日本』八、春秋社、一九八九、二七〇頁。

29　国立国会図書館所蔵（特一―一九四〇）、『訓蒙図彙集成』五、大空社、一九九八、八五頁。

30　高達奈緒美「流灌頂」福田アジオ他編『日本民俗大辞典』下、吉川弘文館、二〇〇〇、二四九頁など。

31　殉死した忠臣の亡霊が現れた際、流れ灌頂で弔っている（上之一七）や出産と関係した話（中之四）などが見られる（『仮名草子集成』四、東京堂出版、一九八三所収）。

32　産女は、仏教による女人救済、つまり迷う魂を救い、遺族たちに心の安息をもたらすための教導話材としてよく用いられていた。流れ灌頂も仏教の女人救済との関係で用いられたのかもしれない。仏教と産女の関係については、堤邦彦の論考「近世仏教の学問と俗文芸―教義と唱導説話の落差をめぐって」『文学』八―三、二〇〇七、「産女の夫与八から与七へ」『西鶴と浮世草子研究』二、笠間書院、二〇〇七、「親鸞の産女済度譚—縁起と口碑伝説のあいだ」『比較日本文化研究』一二、二〇〇八、「江戸怪談の原像産女のお弔い」『国文論叢』五一、二〇一六、「高僧絵伝と幽霊画～死者救済の思想と図像化」『駒沢大学仏教文学研究』二二、二〇一九を参照のこと。

33 『新潮日本古典集成四五　東海道四谷怪談』新潮社、一九八一、三八二・三頁。

34 『新編西鶴全集』五上、勉誠出版、二〇〇七、二七五頁。

35 同右五三〇頁。

36 東北大学附属図書館狩野文庫所蔵「青本集第四冊」所収、九丁裏（『東北大学附属図書館所蔵狩野文庫マイクロ版集成』№．ＤＨＫ—〇〇一による）。なお『柳にまり』は、十丁表に「うぶめ鳥」や夜干しの禁忌の説明、十丁裏に辻で石の赤子を抱いた産女（図8-10）が描かれ、さまざまなウブメの表現が見られる点で興味深い。

37 西川忠亮編輯『西川如見遺書』五、一八九九、巻七—一四丁表。

38 土井忠生ほか編訳『邦訳　日葡辞書』岩波書店、一九八〇、六八三頁。

39 『清文堂史料叢書一　河内屋可正旧記』清文堂、一九五五、一八三頁。

40 木下浩「資料紹介『山陽道美作記巻之八』について」『岡山県立博物館研究報告』二五、二〇〇五、六六頁。

41 現代において、ウブメに一番影響を与えたのは、京極夏彦『姑獲鳥の夏』講談社、一九九四である。それ以前は水木しげる『ゲゲゲの鬼太郎』「姑獲鳥」（初出『週刊少年マガジン』二六号、講談社、一九六八）以外、あまり知られていなかった（そもそも姑獲鳥を「うぶめ」と読めなかった）。『姑獲鳥の夏』の登場によって、ウブメに光が再び当たったのである。実際現在の文書作成ソフトウェアで「うぶめ」を変換すると産女と姑獲鳥が出てくるものがある。

第九章 河童
人が怪異を記録するいとなみ

はじめに

前章では、ウブメの歴史を辿ることで、歴史的産物としての怪異の側面を描出した。本章も同じく個別の怪異を扱うが、ここでは怪異を記録・解釈するいとなみについて考えてみたい。そこで、河童（かっぱ）[1]を取り上げる。

河童に関する研究は、枚挙に暇がない程膨大な数がある[2]。そこで解明されてきたのは、主に地域分布や起源、時代的・身体的特徴など、いわば河童の生態であった。

こうした河童に関する多くの研究蓄積は、一方で河童に関する情報もそれ相応に多くあることを意味している。特に、現代人が聞き取り調査できない前近代のものについては、誰かが河童の記録を残してくれたおかげで研究が可能となっている。では、その誰かは何故河童を記録したのだろうか。

そこで本章は、河童を記録した人びと、あるいは河童を記録する行為そのものに注目したい。例えば、記録行為の理由が学問的なものだとしても、学問分野によって内容や解釈は異なるし、また同じ学問分野であっても個人差が生じる。

別に、記録史料そのものについても、中立的・客観的なものではなく、記録者（書き手）の主観や思惑、社会的背景がバイアスとして記述に大きな影響を与えている点に注意しなければならない。[3] こうした記録行為の背後にあるバイアス（個性や立場性、社会的通念など）を意識しながら、記録史料を解読する必要がある。

以上のことを踏まえ、前近代の河童に関する歴史資料＝「河童史料」について、バイアスを意識しながら当時の視点で読み直すのが、本章の目的である。特に、中世後期から近世にかけての河童史料を読み解くことで、河童を記録する営為の意図を明らかにしたい。

【一】……河童とはなにか？

❖辞書の類から――生類としての河童

まずは、当該時期における河童の通念的な理解を確認しておこう。そこで、当時の辞書類を引いてみる。辞書は当時流布していた言葉の集積、つまり常識の一端を示す重要な史料である。ただし、辞書といっても、編者の置かれた社会的環境に規定される部分があることに注意しなければならない。

最初に取り上げるのは、室町時代の辞書の節用集（室町中期成立）と下学集（一四四四成立）である。節用集・下学集双方の気形門・畜類門など、生類に関する部分全てに、河童に触れた記述がある。

獺　老いて河童（といふ者）に成る（獺　老而成二河童一（者一））[4]

中には、「河童」に「がはらう（がわらう）」と仮名が振られている場合もある。これが「河童」という言葉の、現在確認できる初出である。

次に、イエズス会宣教師によって作成された『日葡辞書』を見てみる。イエズス会は現地の文化に敏感であり、それを踏まえて布教を行っていた。『日葡辞書』は、宣教師たちが日本（西日本を中心に）で収集した語彙の集大成で、慶長八年（一六〇三）に長崎で刊行された。この『日葡辞書』でも、河童の項目が確認できる。

Cauarŏ.（かはらう　河童）猿に似た一種の獣で、川の中に棲み、人間と同じような手足をもっているもの。[5]

この項目の存在は、宣教師たちにとって、河童が辞書に収載するに値する言葉＝地域の文化だったことを意味している。

これら辞書類の河童に関する項目から、二つの特徴が挙げられる。

①河童は生類である。
②獺は老いると河童になる。

①は、シンプルだが重要である。それは、河童を「妖怪」としてカウントすることが多い現在に対し、[6]当時は河童をあくまでも動物として認識していたことになるからである。

では、この一七世紀初頭までの「生類としての河童」という認識は、江戸時代でも持続していたのだろうか。節用集は、慶長二年（一五九七）に刊行される易林本を基にしたものが多数出版され、江戸時代の代表的辞書の地位を得るが、その易林本にも「獺　老而成河童」と記され[7]、後継本へ引き継がれていく（第四章一六三頁参照）。

また、大坂の医師寺島良安による百科事典『和漢三才図会』（一七一二序）では、巻八〇の肥前国の菅原大明神についての説明で「水獣」、同巻豊後国の「土産」の中に「川太郎〈河獣、如二小児一〉」と記されている[8]。

さらに、寛政年間（一七八九～一八〇一）に書かれた公家柳原紀光の『閑窓自語』七三「肥前水虎語」でも、

> 肥前のしまはらの社司某かたりていふ、かの国にも（水虎＝河童は　筆者注）多くあり、（中略）多力にして姦悪の水獣なりといへり[9]

とあり、水虎＝河童は「水獣」と理解されていた。このように「生類としての河童」は、中世後期から近世にかけての常識であった。

❖化生して河童となる

ところで、哺乳類や爬虫類など現代の動物分類ではない当時、河童はどのような生類（獣）として理解されていたのだろうか。それを考えるヒントが②である。

獺は老いると河童になる、という説明は、ⓐ出世魚のように成長するとともに名称も変わる、ⓑ獺が年を重ねることで河童に化ける技術を会得する（河童から獺に戻れる）、ⓒ獺から河童という全く別の物になってしまう（河童から獺に戻れない）の三通りの解釈ができる。とりあえず私はこの中で、ⓒの獺から河童へ別物になってしまう、という解釈を取りたい。その根拠は、当時考えられていた生類の生まれ方である。

第四章でも触れたが、当時生類の生まれ方には、胎生・卵生・湿生・化生の四つがあり、総じて四生と呼ばれた。

『日葡辞書』を引くと、次のようにある。

Tairan xicqe.（胎卵湿化）…動物の生まれる四つの生まれ方。一「胎生」そのもの本来の姿形をして、腹から生まれ出る、人間や動物の出生。二「卵生」鳥や魚などのように、卵から生まれる動物の出生。三「湿生」湿気、または、腐敗から発生する動物の出生。四「化生」水中に投げ込んだ頭髪とか、山芋とかなどから蛇が生ずるように、変身（化成）によって生ずる動物の出生。[10]

このうち化生は、「化成」つまりAからBへ全く別の物に変わること、また変わったものを指す。要するに、年老いた獺（A）が化生して河童（B）という別物になった、と考えられる。

その裏付けとしては、まず安原貞室『片言』（一六五〇刊）巻四の獣部で「河童」と「獺」を別々に分けていること[11]をはじめとして、『和漢三才図会』や後述する貝原益軒『大和本草』など、多くの辞書や本草書で獺と河童は別物として扱われている点が挙げられる。[12]

また、幕府の医官人見必大の『本朝食鑑』（一六九七刊）巻之十鱗介部「鼈」では、

近時水辺有二河童者一、能惑レ人、或謂、大鼈之所化也、故面醜形如レ童、肌膚多二膃䐩一而、青黄色、頭上有二凹処一常貯水、有レ水則多力難レ制、無レ水則可レ捕レ之、於レ是若人遇レ之、必先挙レ腕掉レ拳急拊二彼頭一則斃、伝聞、海西諸国此物多為魅而邪魔害レ人、土人所謂非二大鼈一而老獺之所レ化也、其物類之変化難レ測、海国最多二此族一矣[13]

（読み下し）

近時水辺に河童と云ふ者有り、能く人を惑はす、或は謂ふ、大鼈の所化なりと、故に面醜ふ〆形童の如く、肌膚に膃䐩多くして、青黄色、頭上に凹処有りて常に水を貯ふ、水有るときは則ち多力にして制し難く、水無き

ときは則ち之を捕ふべし、是に於て若し人之に遇へば、必ず先づ腕を挙げ拳を掉ふて急に彼の頭を拊つときは則ち斃る、伝へ聞く、海西諸国此の物多く魅を為して邪魔をし人を害す、土人の所謂大鼈に非ずして老獺の化する所なりと、其の物類の変化測り難し、海国に最も此の族多し

と、河童は江戸（東）では「大鼈之所化」、「海西諸国」では「老獺之所化」と考えられている。この「所化」「変化」という表現は、化成＝化生を意味していると考えられる。そして後者は、節用集の説と重なるもので、ここから節用集の河童の説明は西国の情報であったことがわかる。

ただし、化生という言葉には、化成＝変化だけでなく変化、つまりⓑ化けるという意味も含まれていた（第四章一五八頁）。ためしに、『日葡辞書』の「化生」と「変化」を引くと、

Qexǒ.（化生）…例「化生の物」または「変化の物」。姿形を変えて化けたもの、または他の姿形を取ったもの。[14]

Fengue.（変化）…他の物の姿に化けること。例「変化の物」狐の姿に化けた悪魔などのように、変身したもの。例「天狗狐に変化する」悪魔が狐の姿をとる。[15]

とあり、ⓑとⓒの線引きはきわめて曖昧である。山岡元隣・元恕編『古今百物語評判』巻之四「河太郎 付丁初が物語の事」には、

先生評していはく、「河太郎も河獺の劫を経たるなるべし、（中略）此物（河獺　筆者注）変化せしこともろこしにもあり、（中略　河獺が女房に化けた話が載る）これ獺のばけにしためし〔例〕なれば、太郎も其一門なるべし（後略）」[16]

と、獺は女性に化けるように、河童にも化けることができるような言い回しである。

これらを踏まえて、前に掲げた主張を修正したい。「獺は老いると河童になる」ことは化生を意味しているが、「発生としての化生」＝変化（＝化成　戻れない）と「変身としての化生」＝変化（＝戻れる）の二通りの解釈ができるということになる（前者が厳密な意味での化生）。それは、結局話者あるいは記録者が河童の背後に正体を設定するかどうかによる。[17]

以上、河童は獺が化生したもの、ということを明らかにした。ここで改めて節用集を見てみると、第四章で述べたように「妖化物」や「妖怪」という言葉も生類に関する語彙として分類されている。[18]特に「妖怪」については、易林本より前の諸本には必ず「化生物也」という説明が付いている（下学集も同様）。そして『日葡辞書』では「妖怪」とは、災いや危険なことだと説明される。

先に見た『閑窓自語』や『本朝食鑑』では、河童は人に害をなす獣と理解されていた。ここから現代とは位置付けが異なるものの、悪しき化生の物という点で、やはり河童もまた当時「妖怪」だと見なすことができる。

【二】……河童は水虎か？封か？——本草学をめぐって

本節以降では、前節を踏まえ、河童という生類をめぐる問題について、特に学者の視点から検討したい。ここでは、本草学に見られる河童に注目しよう。ここでは、『本草綱目』の漢名が、どのように日本の河童と同定されたのか、当時の海外文化受容の問題として見ていきたい。

❖林羅山の先駆的な同定

第三章でも述べたように、日本でいち早く『本草綱目』を購入した林羅山は、『本草綱目』に載る漢名に適切な和名を同定した辞典『多識編（羅浮渉猟抄多識編）』を作成（一六一二）、その後刊行し（一六三〇、翌三一に増補版『新刊多識編』）、江戸時代を通じて本草学の基礎文献として広く読まれることになる。

この写本（『羅浮渉猟抄多識編』）と刊本（『新刊多識編』）のどちらにも、河童に関連する項目が二つある。それは「水虎」と「封」という漢名に対する和名である。[19]

【水虎】
写本…「カハタラウ」
刊本…「今案みずのとら、一名カワラウ」

【封】
写本…「カワノコ　カワラウ」
刊本…「がわたらう」

写本と刊本の和名が入れ替わっているが、いずれも河童の呼称なので、双方同じ性格のものと羅山は考えていたことがわかる。

では、封や水虎とは一体何か。『本草綱目』によれば、水虎は虫部湿生類[20]「渓鬼蟲」の附録、封は獣部怪類に分類されている。いずれにも共通しているのが、河辺にいる小児のようなものという点である。この点に注目して、羅山は双方に河童に関する和名を当てたのだろう。[21]

この封と水虎と河童をめぐる羅山の同定は、後に議論を巻き起こす。それは、水虎と封のどちらを河童と同定するのがより適当か、というものである。ここでは、代表的な主張をいくつか取り上げる。

❖封か水虎かをめぐる主張

まず、福岡藩儒の貝原益軒（かいばらえきけん）の主張を見てみる。彼の著作『大和本草（やまとほんぞう）』（一七〇九成立、一七一五刊）は、『本草綱目』の分類に疑義を呈し、より日本に適した分類と品目収録を行った、日本の本草学の画期となった書物である。

この『大和本草』巻之一六獣類に「和品」として「河童（カハタラウ）」が載っている。分類としては封と同じ獣である一方で、封については一切言及されていない。むしろ文末には、

本艸綱目蟲部、湿生類、渓鬼蟲の附録に水虎あり、與レ此（此と）相似て不レ同（同じからず）、但同類別種なるべし、於二中夏之書一（中夏の書に於て）、予未レ見レ有二此物一（未だ此の物有るを見ず）[22]

と、河童と水虎は「同類」だという。河童という獣＝水虎が益軒の主張であった。

第三・四章でも述べたように益軒は、羅山の同定を批判的に継承していた。寛文一二年（一六七二）、益軒は『本草綱目』に訓点や送り仮名を施した、角書（つのがき）に「和名入」とある『本草綱目』を刊行した。そこには、附録として『本草綱目』所収品の和漢名対照表「本草和名抄」[23]を収録しているが、これは『新刊多識編』の和名をそのまま採用している。しかし、同じく附録の「本草綱目品目」[24]には、「水虎　かはたらう」とある一方で、「封　かはたらうと訓ず、未レ知二是非一（未だ是非を知らず）」と羅山の同定に懐疑的である。それに対する益軒なりの結論が『大和本草』の「河童」であった。

次は、『和漢三才図会』について。編者寺島良安の主張は明確で、水虎に関しては、

本草蟲部附録に水虎を出づ、蓋し此れ蟲類に非ず、今改めて恠類に出づ[25]

と、『本草綱目』の分類を否定し、水虎を巻四〇の獣部怪類に立項している。そして「按ずるに、水虎の形状、本朝の川太郎の類にて、異同有りて、未だ此の如き物の有るや否やを聞かず」[26]と、水虎と「川太郎」の連関を述べ、「水虎」の次に「川太郎　一名河童」の項を据える。その「川太郎」の項では、封に全く言及していない。別に、先述した巻八〇の肥前国菅原大明神の説明でも、「水虎」[27]と記されている。

また、中国の情報を絵入りで紹介する、平住専庵著・橘守国画『唐土訓蒙図彙』（一七一九刊）巻一四魚介蟲に「水虎」が紹介され、「かはたろう」の和名が載る[28]（図9－1）。

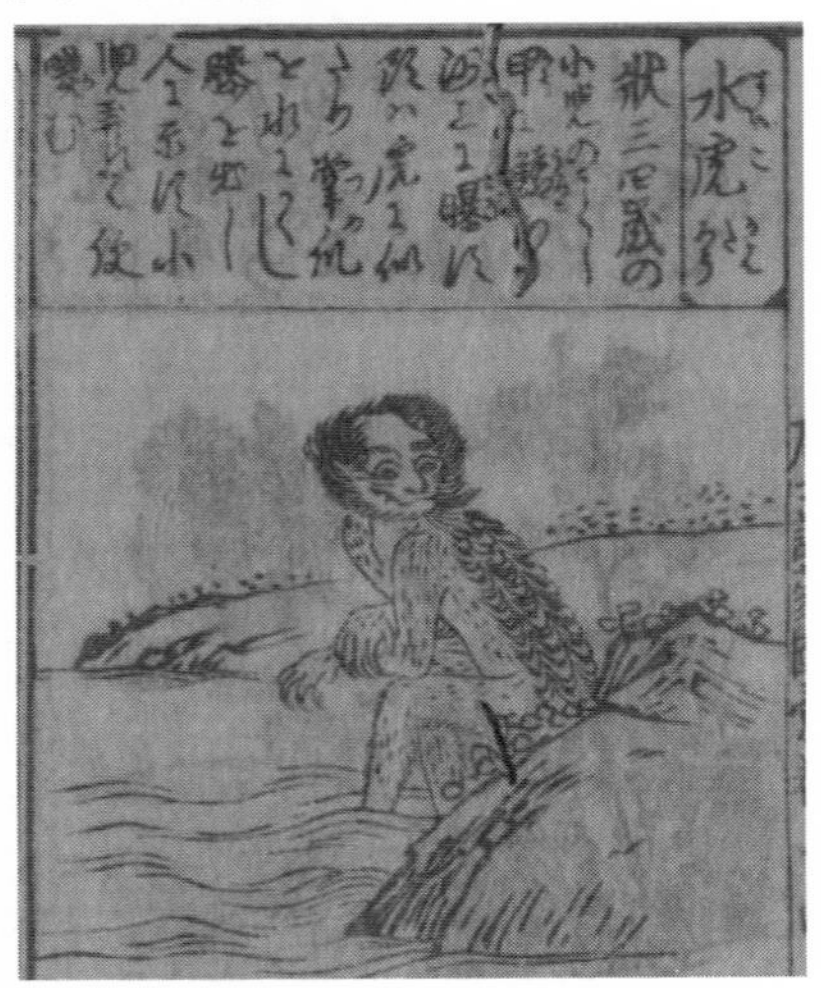

図 9-1　『唐国訓蒙図彙』水虎
（国立国会図書館所蔵）

さらに、一八世紀後期から一九世紀初に活躍した本草学者小野蘭山は、京と江戸で『本草綱目』の講義を行った。その江戸での講義録『本草綱目啓蒙』（一八〇三第一版刊）には、蟲部の水虎に河童について方言などの詳細な情報を記す（図3－5）一方で、獣部の封には「詳ナラズ」として河童に関する言及はない[29]。しかし、蘭山自筆の講義ノート『本草綱目草稿』を見ると、水虎に『本草綱目啓蒙』同様に方言を記しているのに対し、封については「カワタロト訓、非也」[30]と、封＝河童説を否定している。

そして、儒者古賀侗庵の『水虎考略』（一八二〇成立）が、冒頭の「河童聞合」をはじめとする河童資料集であることは、有名である。

以上、少なくとも一八世紀初頭には、日本の河童と同定される中国の品目は水虎、という論調が主流となり、次第に水虎＝河童説が常識化していった[31]。この常識化の背景には、益軒の『大和本草』、良安の『和漢三才図会』、そして蘭山の講義など先学の知が大きな影響を与えている[32]。

しかし、水虎＝河童説に否定的な見解がなかったわけではない。例えば、赤松宗旦(あかまつそうたん)の地誌『利根川図志(とねがわずし)』（一八五五自序）巻一には、「カツパといふ物、本草綱目の水虎〈渓鬼蟲附録〉なりといへど、正しく当れりとも見えず」[33]とある。

一方、封は一八世紀以降どうなったのかというと、封のもう一つの特徴である海鼠(なまこ)のようなブヨブヨとした肉質の方が強調され（注21参照）、河童との関係性は解消されていく。その代表例が、尾張(おわり)藩儒を勤めた学者秦鼎(はたかなえ)の『一宵話(いっしょうわ)』（一八一〇序）で、「肉人ともいふ」べきものを「封」と呼んでいる[34]。

【三】……河童を記す営為——本草学・儒学の視角から

前節では、河童と中国の水虎・封の同定の変遷を見てきたが、そもそも知識人たちは何故河童を記録しようと考えたのだろうか。ここでは、本草学と儒学（朱子学(しゅしがく)）に携わった三人の事例から検討を行いたい。

❖貝原益軒の思想

最初に、貝原益軒の本草学における河童の位置付けを考える。源了圓は『大和本草』に「河童が獣類の中にはいるような誤まり(ママ)」と言及しているが[35]、これは現代的な視点からの評価であり、当時の実態に即したものではない。

第三章でも述べたように、益軒の本草学は「物理之学」であった（一一二頁）。益軒は形而上だけではなく、形而下の世界を経験科学に基づいて解明する重要性を主張した[36]。『大和本草』は、物（形而下）の理を明らかにする、まさに「物理之学」実践の書物であった。

第三章に引用した河童の項目（一一〇頁）を見ると、河童は狐と同じく人に害を為す「妖獣」[37]というのが益軒の理解であった。

何故「妖獣」河童が『大和本草』に載っているのかについて、それは益軒の考える「物理」に拠るところ大きかった。『大和本草』「論物理」にある生類の発生の一つ「気化」は化生を指し、そして万物は気で生ずると考えていた。気が正常な道理によって発生する万物が、時折「自然之常理」にそむいて発生し災いをなす「物」があり、これを「妖禍」と称した（初稿本『大疑録』）[38]。益軒にとって、「妖獣」河童は「妖禍」そのものであった。河童は、逆説的に「物理」を明らかにするための考察対象であったのだ。

また、益軒は『大和本草附録』（益軒没後の一七一五刊）の中で「魍魎は河童なるべし、くはしやにあらず」[39]と、『大和本草』の魍魎（罔両）＝火車説だけでなく、魍魎＝河童説にも触れている（第三章一一一頁参照）。これは、益軒自身の内面で河童をめぐる議論が晩年まで行われていたことになる。同書には、「とろんべいた　蛮語なり、川太郎の事也、其骨薬に用ゆ」と、西洋の物品と河童を同定する項もあり、中国よりも広い世界の品目との関係性を模索していたことが窺える。[40]

❖新井白石の思想

次に、一七世紀末から一八世紀前期にかけて活躍した儒者新井白石の『鬼神論』（成立年不詳、一八〇〇刊）を取り上げる。これは儒学（朱子学）の重要な概念である「鬼神」について、博識な白石が膨大な知識とともに自説を披瀝したものである。朱子学では、異常な道理で発生した鬼神を「怪異」と理解している（鬼神も「怪異」も気から生じる）ため、[41]「怪異」についても『鬼神論』で言及されている。この『鬼神論』にも河童に関する記載があるので、白石の「怪異」観と河童の位置付けを併せて見てみたい。

まず化生について。白石は、化生を「物化の変」と表現している。

「雀、蛤となり、田鼠、鴽となる」が如き、物化の変、常にかくのごとし、人もまた物のみ、変化の理、必しも

なしと云べからず、たゞこれ常の理にあらず【42】

「物化の変」には二種類あり、一つは「雀、蛤となり、田鼠、鴽となる」ような「常」の「物化の変」、もう一つは万物の霊長である人間が別の物に化成するような「常の理にあら」ざる「物化の変」である。その差異は、前者が「人常に見る所」、後者が「目の及ざる処」で生じる点にある。つまり、「物化の変」＝化生が正常と異常のどちらなのかは、知覚の有無に由来すると、白石は考えていた。

そして、『論語』述而篇「子、不レ語二怪力乱神一（子は、怪力乱神を語らず）」の「怪」について、「夫子の怪を語り給はざるは、其常の理にあらざるが為か」【43】と述べている。白石が「怪異」について重視していたのは、知らない＝道理がわからないことによる異常性であり、これは第六章の経験論的怪異認識と通じる。

では、白石は具体的にどういうものを「怪異」と捉えていたのか。それは二つの方向性がある。一つは、物が老いると「怪異」をなすという説。

○吾聞「物老ぬれば、群の精これによる」、それ六畜の物より、亀蛇・魚鼈・草木の類に至るまで、久しきものは神みなよりよって、妖怪をなす【44】

○凡五行の気を受し類、老てはみな怪をなすべきものなり【45】

もう一つは、異常な気＝「異気」から生じるものという説。

○山海・神異等の経、捜神・述異等の記の如き、彼怪をかたるの書、世々に多く、或は疑ふべく、或は信ずべき、多くは是彼山川奇怪百物、木石水土の怪に過ぐべからず、山深く水暗く草木おひしげれる所は、日月の光及ばざ

れば、陰陽の気おのづから欝して、百の怪を生る事は、いわゆる「蒸して菌を生る」が如し[46]
○是等（天狗・飛天夜叉　筆者注）は、多くは山林異気の生る処、彼木石の怪なるべし[47]

益軒の説を参考にすると、後者は気から成るという点で氣化、つまり化生を指している。[48]河童（「河太郎」）に関する記述は、後者二つ目の「是等は…」に続くかたちで、『述異記』の山都など『本草綱目』の「山怪」や怪類と併せて紹介されている点から、河童もまた「異気の生る」物と見なされていたことになる。

河太郎と云ものは、宋の徐積が、廬川の河のほとりにて、とり得たる小児〈江隣幾が雑志に出たり〉、白沢図にいはゆる封の類にて（以下略）[49]

封の説明は『本草綱目』のそれであり、河太郎と同定しているのは書名がないものの、羅山の『新刊多識編』の影響を受けている。

このように白石もまた自身の儒学に基づいた解釈を通じて、河童を「怪異」として論じていたのである。

❖古賀侗庵の思想

古賀侗庵は、古賀精里の子で、幕府の学問機関である昌平黌で儒官を勤めた人物である。彼については第十章で取り上げるが、編著『水虎考略』は、柳田國男が『山島民譚集』（一九一四刊）「河童駒引」で「天下一ノ奇書」[50]と評し、また中村禎里の研究[51]が有名である。また、博物館等での特別展などでも『水虎考略』やそれに類する『河童図説』（後述する「河童聞合」を書写したもの）などの書名がある資料を目にする機会は多い。

しかし、中村をはじめとする『水虎考略』に関する研究は、河童の図像に関するものが主で、『水虎考略』から窺える侗庵の思想については未検討のままである。そこで、第十章と重複するが、『水虎考略』の後序から、侗庵の作成意図と水虎（河童）観を見てみる。

侗庵が『水虎考略』を編んだ契機は、精里の弟子だった羽倉外記（簡堂）の父秘救が豊後国日田の代官だった際、広瀬桃秋（博多屋広瀬三郎、広瀬淡窓父、日田代官所掛屋）らに命じて作成させたフィールドワーク報告書「河童聞合」の存在を知ったことにある。侗庵はそれを「格致之一端」[52]つまり格物致知＝窮理の一端として書写し（図9－2－1）、さらに昌平黌勤番組頭の中神君度（順次）[53]が所蔵する「水虎図」（図9－2－2）や書籍などの情報を集めて編集した。それが『水虎考略』である。この書は、幕府医官の栗本丹洲らに借覧・写本され、後に続編『水虎考略後編』（一八三九成立）の作成へ繋がっていった。「格致之一端」と評価した「河童聞合」を契機として『水虎考略』を編んでいるため、『水虎考略』もまた「格致」のための書であった。

修学によって知を高める格物致知の姿勢は、同じく侗庵が編纂した漢文体怪談集『今斉諧』（一八一〇成立）の、世人の怪異認識を無知蒙昧に由来するものとし、博識になる

図 9-2-1　『水虎考略』「河童聞合」の図
（国立国会図書館所蔵）

図 9-2-2　『水虎考略』中神順次所蔵の図
（国立国会図書館所蔵）

ことでその異常性を克服しようという編纂意図と重なる。[54] そのため『水虎考略』と『今斉諧』は「格致」という共通点から相互連関の様相を示している。[55]

それでは侗庵の河童に関する見解を見てみる。侗庵は水虎（河童）について次のように述べている。

> 関東所謂水虎者皆老巨鼈、非二西一海所レ称水虎一也、今観二主簿所図一、誠有二全然鼈形者一、此蓋巨鼈誤膺二水虎之目一者、其他則皆儼然水虎也、予意、水虎者蓋天地間一怪物、或是夫子所レ称罔象者、其変レ形、誑レ人、種々幻怪、断非二老鼈所能一辨也[56]
>
> （読み下し）
>
> 関東の所謂水虎は皆老いた巨鼈にして、西海の称する所の水虎に非ざるなり、今主簿（中神君度　筆者注）の所図を観るに、誠に全然鼈形の者有り、此れ蓋し巨鼈を誤りて水虎の目に膺る者にして、其の他は則ち皆儼然として水虎なり、予意ふに、水虎は蓋し天地間の一怪物、或は是夫子称する所の罔象といふ者なり、其れ形を変じ、人を誑かし、種々幻怪す、断じて老鼈の所能に非ずと辨ずるなり

「予意」以降が侗庵の見解だが、これは先の益軒と白石の説を参考にするとわかりやすい。「天地間」は道理の内にある世界、すなわち理と気で構成される世界を指す（第三章一一二頁も参照）。水虎はその世界にいる「一怪物」、つまり異常な気から発生した物と理解できる。そして水虎を『孔子家語』「水之怪曰龍・罔象」の罔象＝罔両とするのは、益軒の『大和本草附録』に見られる主張と同じである。このように侗庵は、水虎をあくまでも儒学（朱子学）的な観点から理解しようと努めていた。

さらに水虎が「変形誑人種々幻怪」するのは「老鼈」のできる芸当ではない、というのは、前文「関東所謂水虎者皆老巨鼈」を受けての主張である。注意すべきは、この時期の関東の河童が「大鼈之所化」とする『本朝食鑑』とは

異なり、水虎を老いた大鼈そのものだと理解されていた点である。侗庵は水虎＝「老巨鼈」説を中神順次所蔵の水虎図で確認し[57]、その上で「老巨鼈」と水虎は別物であることを主張している。こうした情報収集に基づく侗庵の実証的姿勢が、自説に説得力を持たせている。

また、侗庵は、河童の性格の差異を風土性に求めている点も注目される。侗庵によれば、「豊筑」の風土は「和柔」なので人も水虎も「軟弱」であり、「東武」の風土は「剛勁（ごうけい）」なので人も水虎も「勇鷙（ゆうし）」だが、それは昔のことで今は「東武」も「脆弱」だという。こうした河童と人の性格を風土性に求める点は、対外情勢に関心を持っていた[58]こととも繋がっているのではないかと考えられる。

以上、三人の河童に関する思想を検討した。ここからわかることは、一概に本草学あるいは儒学（朱子学）といっても個々で視角が異なるため、その言及される内容には差異があった点である。しかし、河童を儒学的に異常な物として見る点など、共通点もある。こうした相違点と共通点の検討を通じて、一律の評価ではなく、近世の本草学の多様な実態を明らかにしていく必要がある。

【四】……「名物」河童

❖『日本山海名物図会（にほんさんかいめいぶつずえ）』

最後に、本草学の実用的な側面、つまり物産（特産物）の面からも言及しておきたい。物産については、特に宝暦（ほうれき）期以降の動向が注目される。宝暦期は、諸国での藩政改革にともなう殖産興業政策によって、地域の特産物の生産が奨励される時期に当たり[59]、また宝暦七年（一七五七）本草学者田村藍水（たむららんすい）・平賀源内（ひらがげんない）師弟による物産会（ぶっさんえ）が湯島で開かれるなど、各地の特産品（珍奇な物品も含む）に注目が集まっていた時期である。

そうした最中の宝暦四年（一七五四）、大坂の書肆だった平瀬徹斎（ひらせてっさい）の『日本山海名物図会』（以下『名物図会』）が刊行される。これは、日本各地の「名物」を絵師長谷川光信（はせがわみつのぶ）の絵図入りで解説したもので、近世の河童史料としてもよく知られている。ここでは『名物図会』の検討を通じて、物産としての河童について考えてみる。

河童は、巻之三「豊後河太郎（ぶんごのかは）」として、絵図とともに解説が記されている（図9－3）。

> 形五六歳の小児のごとく、遍身（そうみ）に毛ありて猿に似て眼するどし、常に濱辺へ出て相撲を取也、人を恐るゝことなし、され共間ぢかくよれバ、水中に飛入也、時としてハ人にとりつきて水中へ引入レて、其人を殺す事あり、河太良と相撲を取たる人ハ、たとへ勝ても正気を失ひ大病をうくると云、しきみの抹香、水にてのましむれバ正気に成と也、河太良、豊後国に多し、其外九州の中所々に有、関東に多し、関東にてハ河童（かはわらは）と云也[60]

『名物図会』及び「豊後河太郎」に関しては、松嶋健の研究[61]が注目される。要点は以下の通りである。

図 9-3　『日本山海名物図会』
（国立国会図書館所蔵）

①平瀬徹斎は、輔世（すけよ）あるいは新右衛門とも名乗り、『放下筌（ほうかせん）』（一七六四刊）・『天狗通（てんぐつう）』（一七七九刊）という手品伝授本、つまり怪異現象や「幻術」の種明かし本を刊行している。松嶋は、これら手品伝授本と『名物図会』に見られる「視覚化」という点に注目する。それは、手品伝授本が、これまで神秘のベールで隠されていた怪異現象や「幻術」を「視覚化」＝種明かしすることで、神秘性を剥奪し「種も仕掛けもある」手品へと変容させたように、『名物図会』は、絵図によって「視覚化」された物産が、「日本」という同一性の場とその「地方」的偏差を同時に見せる「情報」として一堂に会されたもの、と位置付ける。さらに、『名物図会』で見られる「視覚化」の手法は、物産から本来属していた場所性を切り離し、そして「情報」という「言葉」と「物」の一対一対応の関係へ再編成した。切り離された場所性は、公共な情報空間という同一性の場における偏差として処理される。
②①から「豊後河太郎」の絵を「悪戯っ子」のようだとし、そこに「視覚化」による「情報」化の一端、つまり、「視覚化」によって幻想性や神秘性を剥奪された化物たちは、「何やら奇妙に人間じみたキャラクターを持つもの」になるとして、野口武彦の言葉を借りて「バケモノの人間化」の事例と評価する。

たしかに「視覚化」による物産の「情報」化で、『名物図会』に一挙に記載される「名物」は均質化する、という点は傾聴に値する。しかし、松嶋の主張には大きな問題がある。

第一に、松嶋は平瀬徹斎＝新右衛門＝輔世を論の前提としているが、実は徹斎と輔世は別人である。[62] 平瀬家（貞把大阪分家）は代々新右衛門を名乗り、徹斎こと成名（なりな）は元文（げんぶん）五年（一七四〇）に没している。『名物図会』は徹斎の遺稿を子の輔古（すけふる）がまとめて出版したものである。輔世は、輔古（一七七六没）の次に新右衛門を名乗った人物である。

第二に、「視覚化」による物産の「情報」化についてだが、これは『名物図会』が刊行され、流通した際の作用である。果たして徹斎がそれを『名物図会』作成の目的としていたのだろうか。

『名物図会』の跋文[63]を見ると、「金銀鋼鉄の出所其外諸国山海の土産、世人のあまねくしらざる所」を徹斎が「子孫にしらしめんため、綴置」き、光信の画図を付けたものを刊行したとある。また「絵空事とて信せられぬ事」が多い中で、『名物図会』に記した「山海名物はさにあらず」、これらは「価を施して得たる所の現在の図」だという。つまり『名物図会』は、一般に知られていない諸国の「名物」を広く知らしめるのが目的で、さらにその「名物」は徹斎自身が購入したもの、すなわち実見したものであった。これは、松嶋のいう「視覚化」の前提に徹斎の実見があり、それを担保として特産物を紹介することが『名物図会』の眼目であった。

第三に、「豊後河太郎」の評価である。先の実見は「豊後河太郎」にも該当し、目録には「豊後にて直に見とゞけたる事を記す」[64]と、徹斎自身が豊後で「河太郎」を目撃したことを書き添えている。この記載から、大坂では「豊後河太郎」の存在は知られていても存否は不明という状況が窺える。それを徹斎の目撃（したということ）によって、実存する「名物」として改めて位置付けられたことになる。

『名物図会』出版にともなった「視覚化」による「情報」化の作用は否定しない。しかし、「豊後河太郎」に関する「バケモノの人間化」というレトリックは、『名物図会』の趣旨とは全く見当違いなものである。

松嶋の主張の再検討を通じて、『名物図会』の趣旨が実見された「名物」の紹介であることを明らかにした。ここで強調したいのは、「豊後河太郎」はあくまでも「名物」、言い換えれば、徹斎にとって河童は幻想的で神秘的なものではなく豊後国の特産品にすぎなかったのである。

❖豊後名物としての河童

豊後国「名物」としての「河太郎」は、徹斎によって発見されたものかというと、そうではない。実は、「豊後河太郎」は『名物図会』が刊行される前から、「名物」として有名だった。それは、先の『和漢三才図会』巻第八〇「豊後国土産」に「川太郎〈河獣、如二小児一〉」が記されるよりも前、一七世紀からのことである。

林羅山『梅村載筆』には、河童は「豊後国に多くあり」とある。[65]さらに松江重頼の貞門俳諧論書『毛吹草』

(一六三八成立　一六四五刊)の巻四は「聞触、見及」んだ諸国の「古今名物」を国別に列挙したものだが、やはり豊後のところに「河童(カハラウ)」とある。[66] 少なくとも一七世紀前期には、既に河童といえば豊後という認識が一般的にあったことを示す。そこにはやはり神秘的でも幻想的でもない、特定の地域に生息する珍しい生類という認識しかなかった。ただし、これらの情報は文字ばかりで、ほとんど絵図はない。[67]

この古くから「名物」として知られる「豊後河太郎」を徹斎自身が実見し、文字情報だけでなく絵図を付けている点に『名物図会』の大きな意味がある。珍しい生類として、『名物図会』巻之三に「讃岐平家蟹」[68]があるが(河太郎よりもキャラクター性が強調されて描かれている)、これも『毛吹草』で讃岐国の「名物」として紹介されている。[69]他にも『名物図会』で取り上げられている「名物」の大半が『毛吹草』と被っている。光信の絵図が徹斎生前時に描かれたものか、将又(はたまた)輔古が出版の際に描かせたものかは不明だが、従来「名物」として知られながらも文字情報ばかりで姿形を見たことのない品々を(徹斎が実見し、それを)図示したものが『名物図会』であった。

以上は、松嶋とは異なる『名物図会』に込められた視覚化の意義である。それは、知的好奇心を満たすためのものであり、また物産としての実務的・商品的な意味合いも込められていると思われる。[70]

おわりに

本章では、河童史料を読み解くことから、その背後にある作成意図や思想を明らかにした。河童もまたさまざまな思想を持って「つくられた」ものであった。そこで心掛けた点は、河童史料を一律に扱うのではなく、個別に検討することで史料の持つ多様性に着目することにあった。これは、河童に留まることではなく、対象となる怪異の個別性と総体をバランスよく捉えることで、怪異をより深く理解することが可能となる。

今回は、本草学や儒学など学問対象としての河童を中心に検討してきた。しかし、近世には信仰対象としての河童という一面もあり、これについては残念ながら今回は検討することができなかった。例えば熊本市の「渋江公昭家文書」[71]に代表される、北九州を中心に活動した渋江氏による河童（水神）信仰が挙げられる。渋江氏は、雨乞い・火伏せ・水上安全・田地川筋水道安全など水に関わる祈祷を行い、護符や神水を配った。それら以外にも、享保一九年（一七三四）「しゐ（黒青）」という獣によって村々の馬が襲われて急死した事件の際、「難除之御祈祷」を行うなど在地の様々な問題に宗教的な対応していた。[72]

在地宗教者の渋江氏の存在は、九州だけでなく本州の知識人達も知るところで、先述の『和漢三才図会』巻八〇の菅原大明神に関する記述にも、「渋江文太夫」という人が長崎にいて「能く水虎を治む（能治㆓水虎㆒）」[73]とある。学問対象としての河童と信仰対象としての河童は、かけ離れたものではなく共時的に存在していたのである。[74]

渋江氏の研究自体まだ端緒についたばかりで、今後明らかにしなければならない課題は山積している。しかし、河童信仰に関する成果と学知としての河童、そして社会通念としての河童を併せて考えることで、近世段階の河童をめぐる文化状況について、より明確に把握することができるだろう。

1 地域や時代、形態などによって呼称は異なるが、本章では、それらを包括する水怪の総称として、河童を便宜的に用いる。なお、史料文言については、適宜鉤括弧付きで表記する。

2 二〇〇〇年以降では、小松和彦編『怪異の民俗学　河童』河出書房新社、二〇〇〇、飯倉義之編『ニッポンの河童の正体』新人物往来社、二〇一〇、常光徹・国立歴史民俗博物館編『河童とはなにか』岩田書院、二〇一四などがあり、最近では中村禎里『河童の日本史』日本エディタースクール出版、一九九六が再刊した（筑摩書房、二〇一九）。

3 記録史料にかかるバイアスの問題は、認識論的転回とも関わっている。化野燐・榎村寛之・大江篤「座談会「怪異学の成果と課題」」東アジア恠異学会編『怪異学入門』岩田書院、二〇一二では、怪異に関する歴史資料＝怪異史料におけるバイアスの問題を取り上げている。

4 節用集は、中田祝夫編『印度本節用集古本四種　研究並びに総合索引』勉誠社、一九八〇、同編『古本節用集六種研究並びに総合索引』勉誠社、一九七九、『天理図書館善本叢書和書之部第五九巻　増刊下學集・節用集天正十七年本』八木書店、一九八三、下学集は、『古本下学集七種研究並びに総合索引』風間書房、一九七一による。

5 土井忠生ほか編訳『邦訳　日葡辞書』岩波書店、一九八〇、一一二頁。

6 例えば、小松和彦監修『日本怪異妖怪大事典』東京堂出版、二〇一三でも、河童は大項目で取り上げられている（飯倉義之執筆、一四一～五頁）。

7 注4前掲『古本節用集六種研究並びに総合索引』影印編四六二頁。

8 『和漢三才図会』東京美術、一九七〇、一一三三頁。

9 『日本随筆大成』第二期八巻、吉川弘文館、一九九四、二九七・八頁。

10 注5前掲書六〇五頁。湿生は蛍が水草から、蛆が垢から生じる（と考えられていた）ことを指す。ただし貝原益軒の『大和本草』では、これらの発生も化生として考えている。

11 『日本古典全集　片言　附補遺』日本古典全集刊行会、一九三一、七四・五頁。

12 化物絵本で有名な鳥山石燕『画図百鬼夜行』（一七七六刊）前篇陰では、河童と獺を対で紹介している。

13 『食物本草本大成』十、臨川書店、一九八〇、二一七頁。

14 注5前掲書四九一頁。

15 同右二二一頁。

16 『叢書江戸文庫二七　続百物語怪談集成』国書刊行会、一九九三、五一・二頁。

17 獺以外に河童に化生するものとして、例えば累（かさね）の怨霊に関する残寿（ざんじゅ）『死霊解脱物語聞書（しりょうげだつものがたりききがき）』（一六九〇刊）下では、土地の若者が「さてはこのわつぱしは、霊山寺淵に年来住むなる河伯（くわつぱ）ぞや、雨のそぼ降れば、川波にさかふて、松原の土手にあがり、身をなぐる風情して、なきさけぶ有様を、折々見付しものを」と、解脱した累の次に菊に憑いた助が死後「河伯」になったと噂している（『叢書江戸文庫

一　近世奇談集成』国書刊行会、一九九二、三八二・三頁）。他にも、人形が化生したものという説がある（注2前掲『河童の日本史』二九五〜三〇九頁）。

18　拙稿「化物」注3前掲『怪異学入門』一四二頁なども参照のこと。

19　中田祝夫・小林祥次郎編『多識編自筆稿本刊本三種　研究並びに総合索引』勉誠社、一九七七。また、『新刊多識編』は国立公文書館所蔵本（二〇九―〇〇二五）も参考にしている。

20　『本草綱目』での該当箇所は、水虎は「中廬県に涑水有りて、沔中に注ぐ物有り、三四歳の小児の如し（中廬縣有二涑水一、注二沔中一有レ物、如二三四歳小児一）」、封は「廬川の河次にて一小児を得たり（廬川河次得二一小児一）」と記されている（国立国会図書館所蔵本WB二一―二）。

21　羅山の随筆『梅村載筆』（羅山の没年一六五七以前成立）には、封に関する説明が述べられている。

本艸綱目獣部に、封と視肉と土肉と同類のやうにしるせり、関東の海中に大魚あり、其肉をきるとれども、魚其いたみを知らず、潮にひたれば本のごとく愈といへり、其肉を俗にうきゝと名づく、是視肉のことにや、土肉は、又郭璞が江賦に、土肉石華あり、其註を見れば、なまこの類にや、封は小児の形のごとくあれば、河童の類にや、関東の人はかはつはと云也、豊後国に多くあり、河中に住んで人をも牛馬をもとる、其形三歳の小児の如く、面は猿に似て身に異毛あり、頂きくぼくして水あれば力つよし、水なければ力をうしなう、或人とらへて是を殺すに、切れども通らず、然るに麻穣をけづりて刺せばよくとをると云伝ふ（『日本随筆大成』第一期一巻、吉川弘文館、一九九四、六一・二頁）

ここに記される「河童」は『節用集』に倣って「かわろう」と読むものと考えられる。

22　国立国会図書館所蔵本（特一―二四六四）。また、益軒会編『益軒全集』六、益軒全集刊行部、一九一一、四二二頁。

23　同右『益軒全集』六、八四二〜九一三頁。

24　同右八三五頁。

25　注8前掲書四六一頁。

本草蟲部附録二出二水虎一ヲ、蓋此レ非二蟲類一、今改出二于恠類一

26　同右四六二頁。

按、水虎ノ形状、本朝川太郎之類而、有二異同一而、未レ聞二如レ此物有乎否一

27　同右一一三三頁。

28　国立国会図書館所蔵本（〇三一―H五四五t）、『訓蒙図彙集成』一七、大空社、一九九八、二五二頁。

29　杉本つとむ編『本草綱目啓蒙　本文・研究・索引』早稲田大学出版部、一九七四、五八八頁。

30　国立国会図書館所蔵（WA一―一〇―六）。

31　他の事例として、黒川道祐『遠碧軒記』（一六七五成立）下之二「水虎　かは太郎」（『日本随筆大成』第一期十巻、

吉川弘文館、一九九四、一一七頁)、先述の『閑窓自語』七二「近江水虎語」の「かはらう」割注「水虎、俗にかはたらう、あるいはかつはといふなり」(注9前掲書二九七頁)などがある。

32 例えば、喜多村筠庭(信節)『筠庭雑録』や朝川善庵『善庵随筆』(一八四九成立)の河童に関する記述では、『大和本草』や『本草綱目啓蒙』が引用されている。

33 『利根川図志』岩波書店、一九三八、七一頁。

34 『日本随筆大成』第一期一九巻、吉川弘文館、一九九四、四二二・三頁。

35 源了圓「貝原益軒における科学と哲学の接点」『日本思想大系月報』七、岩波書店、一九七〇、四頁。

36 衣笠安喜「朱子学と幕藩制社会」『近世儒学思想史の研究』法政大学出版局、一九七六、六八～七三頁。

37 『大和本草』巻之一六獣類「狐」(注22前掲書四二一頁)。

38 井上忠編『貝原益軒資料集』下、ぺりかん社、一九八九、八六・七頁。

39 国立国会図書館所蔵本(特一―二四四三)。注22前掲書四四五頁。

40 注22前掲書四四五頁。小野蘭山の『本草綱目啓蒙』にトロンベイタの語は記されていない。しかし『本草綱目草稿』の「水虎」には、朱書で「トロンベイタ　大附」とあり(「大附」は『大和本草附録』の略語)、また『本草綱目啓蒙』以外の講義録、例えば『本綱記聞』(国立国会図書館所蔵(四九九・九―〇七二五h))「水虎」にも「トロンベイタ　紅毛」とある。これらから講義でも説明されていたことがわかる。

41 朱子学の鬼神については、安蘇谷正彦「吉川惟足と朱子の「死」の問題」『神道の生死観―神道思想と「死」の問題』ぺりかん社、一九八九、三浦國雄「鬼神論」『朱子と気と身体』平凡社、一九九七、吾妻重二「朱熹の鬼神論と気の論理」『朱子学の新研究』創文社、二〇〇四を参照のこと。

42 『日本思想大系』三五、岩波書店、一九七五、一六八頁。

43 同右。

44 同右一七〇頁。

45 同右一七一頁。

46 同右一六九頁。

47 同右一七二頁。

48 益軒『大和本草』「論物理」には「菌は化生也」とあるように、ここでの「蒸して菌を生る」というのは湿生ではなく、化生だと考えられる。

49 注42前掲書一七二頁。

50 『柳田國男全集』二、筑摩書房、一九九七、四二〇頁。

51 中村禎里「『水虎考略』略考」①～③『立正大学教養部紀要』二六～二八、一九九二～四、「河童伝承における人的要素」『国立歴史民俗博物館研究報告』六一、一九九四、注2前掲『河童の日本史』など。

52 『水虎考略』後序は、国立国会図書館所蔵本(わ三八八―一)と『侗庵文集(侗庵二集)』(西尾市岩瀬文庫所蔵本(四八―二一))巻七「水虎考略序」を併せて用いている。

中村の研究で引用する『水虎考略』後序には、「格物之一端」としている（『河童の日本史』など）。中村がどの諸本を引用しているかは不明だが、筆者が確認した諸本では全て「格致之一端」とあるので、こちらを採用する。

53 高橋明彦「昌平黌の怪談仲間—古賀侗庵『今斉諧』の人々」『江戸文学』一二、一九九四。この論文の増補版がネット公開されており、本章では増補版を用いた（現在リンク切れ）。

54 拙稿「近世社会と学知—古賀侗庵と怪異から」『ヒストリア』二五三、二〇一五、一七三頁（第十章三五〇頁参照）。

55 『今斉諧』に載った河童に関する話が、『水虎考略後編』に「水虎新聞雑記」として収録されている。

56 国立公文書館（一九七一—〇一一七）・国立国会図書館（わ三八八—一）所蔵本を併用した。

57 描かれた河童については、香川雅信「河童イメージの変遷」注2前掲『河童とはなにか』所収を参照のこと。

58 前田勉「古賀侗庵の世界認識」『近世日本の儒学と兵学』ぺりかん社、一九九六、眞壁仁『徳川後期の学問と政治』名古屋大学出版会、二〇〇七など。

59 藤田覚『田沼時代』吉川弘文館、二〇一二などを参照のこと。

60 国立国会図書館所蔵（特一—一〇六）。『近世歴史資料集成』第二期第一巻日本産業史資料一、科学書院、一九九二、四九〇・一頁。

61 松嶋健「視覚化とその剰余—『天狗通』と『日本山海名物図会』を生み出すネットワーク—」『人文学報』八五、二〇〇一。

62 井上智勝「日本山海名物図会」「放下筌」「天狗通」解説『平瀬露香』大阪歴史博物館、二〇〇八、七六頁。なお、徹斎と輔世が別人であること、並びに参考文献は香川雅信の御教示による。

63 注60前掲書五九七・八頁。

64 同右三七一頁。

65 注21参照。

66 『毛吹草』岩波書店、一九七六、一八四頁。

67 例外として『和漢三才図会』があるものの、絵図があるのは巻四〇獣部怪類で、第八〇にはないことに注意が必要である。また稲生若水（いのうじゃくすい）の『庶物類纂』（しょぶつるいさん）巻一五介属には、「水唐」の和俗の名称として「革華打落烏（カワタラウ）〈山城州〉、又名革華鹿（カワロ）〈但馬州〉」とあるが、絵図はない（『近世歴史資料集成』第一期第二巻　庶物類纂二、科学書院、一九八七、二三九頁）。

68 注60前掲書四七二・三頁。

69 注66前掲書一八二頁。

70 松嶋は、徹斎が「視覚化」にもとづく「物」への眼差しは商人としての性格に由来するとしている（注61松嶋前掲論文一二五頁）。私が言及した視覚化についても、商品を扱う商人としての性格が影響を与えていると考えている。

71 田上繁編『渋江公昭家文書目録』一〜三、神奈川大学大学院歴史民俗資料学研究科、二〇〇五・二〇〇七・二〇〇九。また、肥前の渋江氏に関する同編『肥前渋江諸家文書

目録』神奈川大学大学院歴史民俗資料学研究科、二〇一〇もある。渋江氏に関する研究として小馬徹の各目録の解説、並びに同「「河童信仰の歴史研究」序説―「氏は菅原」呪歌とヒョウスベ再考―」『歴史民俗資料学研究』一一、二〇〇六、同「肥前渋江氏と河童信仰の形成―河童人形起源説再論」注2前掲『河童とはなにか』所収などがある。

72 「渋江家代々祈祷執行書上」(文化二年一一月 渋江公昭家文書一〇―一九―六)・「渋江家先祖書付」(寛政六年一月 渋江公昭家文書一二―四)。いずれも前掲『渋江公昭家文書目録』二に翻刻所収(二四三、三六〇頁)。

73 注8前掲書一一三三頁。

74 「河童聞合」に関していえば、それが筑後・豊前・豊後での河童に関する現地調査報告書(地元の特産物調査の意味合いもあるか)であること、また作成に関与していた日田の国学者森春樹(もりはるき)が著作『蓬生談(ほうせいだん)』で河童に言及していることなど、北九州は河童がめぐる信仰と学知が交差する環境であったといえる。

補論三

大坂

文化的土壌と怪異

はじめに

これまで政治や学問などの視角から怪異を考えてきた。本章では、大坂という場に生きた人びとが怪異についてどのように考えていたのかを見ていきたい。

近世の都市大坂は、豊臣秀吉による城下町づくりから始まる。都市全体における武家地の比重は大きくなく、諸身分が複合した構成をなしていた。中でも、三郷（北組・南組・天満組）と呼ばれる町人地が大部分を占めていた。[1]

江戸時代の大坂といえば、「天下の台所」と呼ばれるように、商業・経済が発達した都市として当時から有名であった。米市場のある堂島付近には、各藩の出張所である蔵屋敷が建ち並び、米や物資だけでなく各地のさまざまな情報が飛び交っていた。

一方、大坂は文化を生み出す地でもあった。文芸や芸能では、井原西鶴や近松門左衛門、上田秋成たちが作品を生み出し、学問では懐徳堂や含翠堂、環山楼といった学問意欲を持った人たちが自主的に集まり学ぶ場も多く形成されていた。

大坂という文化的土壌から、どのような怪異の理解や対応が生まれたのだろうか。ここでは、補論として文芸と思想・学問に絞って、先行研究に学びながら考えてみたい。

【一】……井原西鶴

❖井原西鶴と俳諧

井原西鶴（一六四二〜九三）といえば、歴史や古典の教科書に必ず載り、文学史上では西鶴の作品以降の仮名草子を「浮世草子」（浮世＝当世を舞台とした物語）と呼ぶほど、重要な人物である。しかし、実は西鶴の本業は物書きではない。彼の本業は俳諧師であり、物語の執筆はあくまでも「余技」に過ぎなかった。[2]

俳諧といえば、松尾芭蕉の「古池や蛙飛び込む水の音」のように雅趣に富んだものを思いがちだが、一七世紀の俳諧は和歌のような正統な雅文芸よりも一段下がる俗文芸と見なされていた。[3] 特に、西鶴が属していた、西山宗因を祖とする談林派の俳諧は、「阿蘭陀俳諧」とも呼ばれ、奇抜な着想や自由な表現を好む言葉遊びに特化したものであった。そこでは、見立て（あるものを別のものに擬える）や物尽くし（同じ種類の物を列挙する）、極端な破調、速吟（矢数俳諧）などの技巧や趣向が採用されていた。

こうした談林派の技巧や趣向は、西鶴の文芸にも多大な影響を与えている。例えば、デビュー作『好色一代男』（一六八二刊　以下『一代男』）は、主人公世之介の五四年にわたる女性遍歴を描いたものだが、これは『源氏物語』五四帖に擬えたものであり、禁裏の光源氏＝雅と遊里の世之介＝俗とが対極的に位置付けられている。『一代男』は『源氏物語』のパロディであった。また、さまざまな女性が登場している点で、女尽くしにもなっている。また、『世間胸算用』（一六九二刊）は商人尽くし、『西鶴諸国はなし』（一六八五刊）は珍しい話尽くしなど、物尽くしの趣向は他の作品にも見られる。

❖西鶴の「ばけもの」へのまなざし

そんな西鶴は、怪異をどう理解していたのか。「ばけもの」の使い方から考えてみると、それは二つに大別できる。[4] 一つは、現代に通じる「妖怪」「お化け」の類（傍線は筆者）。

> 天満に七つの化物有、大鏡寺の前の傘火・神明の手なし児・曾根崎の逆女・十一丁目のくびしめ縄・川崎の泣き坊主・池田町のわらひ猫・うぐひす塚の燃からうす、是皆、年を重ねし狐狸の業ぞかし、世におそろしきは人間、ばけて命をとれり（『好色五人女』（一六八六刊）巻二—二）[5]

もう一つは、人が化粧や扮装によって変身したもの（傍線は筆者）。

> ○一条通り夜更て戻り橋、或時は若衆出立、姿をかえて墨染の長袖、又はたて髪かつら、化物が通るとは誠に是ぞかし（『好色一代男』（一六八二刊）巻一の二）[6]
>
> ○黒衣を着すれば出家、烏帽子しらはり着れば神主、長剣させば侍と成、世に人ほど化物はなし（『好色盛衰記』（一六八八刊）巻一の三）[7]

いずれも異なものとして共通している。そして、「世におそろしきは人間、ばけて命をとれり」のように、時として人間の方がばけものよりもおそろしいことがあり、西鶴はその有様を巧みに描き出している。

❖人はばけもの——『西鶴諸国はなし』序

そんな西鶴の「ばけもの」観の中でも、『西鶴諸国はなし』の序は特筆すべきものである。内題に「近年諸国咄」とあるように、最近の諸国の珍しい話を集めたものという体で書かれた作品の序は、次の通りである（便宜上A～Dに分けている）。

A　世間の広き事、国々を見めぐりて、はなしの種をもとめぬ

B　熊野の奥には、湯の中にひれふる魚有、筑前の国には、ひとつをさし荷ひの大蕪有、豊後の大竹は手桶となり、若狭の国に弐百余歳のしろびくに〔白比丘尼〕のすめり〔住〕、近江の国堅田に、七尺五寸の大女房も有、丹波に一丈二尺のから〔乾〕鮭の宮あり、松前に百間つつきの荒和布あり、阿波の鳴門に竜女のかけ硯あり、加賀のしら山にゑんまわう〔閻魔王〕の巾着もあり、信濃の寝覚の床に浦嶋が火うち筥あり、かまくら〔鎌倉〕に頼朝のこづかひ〔小遣〕帳有

C　都の嵯峨に、四十一迄大振袖の女あり

D　是をおもふに人はばけもの、世にない物はなし[8]

A—諸国の「はなしの種」を求めたところ、以下に列挙されたものがあった（あくまでも種であり、花を咲かせる＝面白くできるのは西鶴）。B—列挙されているのは一見荒唐無稽なものばかりだが、他の同時代文献でも確認できる[9]、つまり実在（してもおかしくないと）する特産物、長大な人やもの（現在でも使われる「お化け〇〇」に通じる）などであった。いずれも畿内の外にあるものだが、一つだけ畿内のものがある。それがC—「四十一迄大振袖の女」であった。すなわち、外から内に、西鶴（がいる大坂）に向かって「はなしの種」が近づいてきている。

そして、行き着いた先が、D―人（西鶴自身も含む）は「ばけもの」であり、内も外も（人も世間も）不思議に満ちているという結論であった。[10]これは、決して人間本位な表現ではなく、人を含めた世間のどこにでも不思議は存在するのであって、そうした点で人もばけものも同じだ、という意味である。

また、それは、同時代の山岡元隣・元恕『古今百物語評判』巻四「西寺町墓の燃えし事」の「其珍しきに付きて、或はばけ物と名付け不思議と云へり、世界に不思議なし、世界皆ふしぎなり」[11]などにも通じる表現である。こうした理解が、俳諧ネットワークにいた知識人たちの間で共有されていた認識だったことは、第六章で指摘した通りである（二二〇頁）。

❖西鶴の怪異譚

このような「ばけもの」観を持つ西鶴は、多くの怪異譚を書いている。中には、先の『好色五人女』「天満に七つの化物」や井原西鶴『好色盛衰記』巻三「難波の梅や渋大臣」で「泣て人をおどす物」として挙げる「千日寺のうぶめ」[12]など、現在では詳細が不明な怪異も記されている。

その中で『西鶴諸国はなし』を繙くと、名月の夜に天井から現れる「四つ手の女」（巻一―二）、播磨国姫路の化け狐（巻一―七）、摂津国池田に現れた勝手に移動する「陸縄手の飛乗物」（巻二―一）、筑前国博多の「紫女」（巻三―四）、大坂道頓堀の芝居小屋で夜勝手に動く人形（巻四―一）、高野山の天狗（巻四―三）、和泉国堺の藤の精（巻四―五）、河内国平岡（枚岡）の火を吹く姥の首（いわゆる姥が火　巻五―六）などが登場する。これまでの研究で典拠が判明しているものもあるが（一―二、五―六など）[13]、典拠を西鶴の才によって独自のものへと昇華している。怪異を狐狸の仕業を暗示するような箇所もいくつか見られるが、それを露骨に示さないのも特徴的である。

特に興味深いのは、巻一―四「傘の御託宣」で、概要は以下の通り。

紀州掛作の傘が「神風」に吹かれて飛んでしまい、肥後国の奥山穴里（隠れ里）に落ちてしまう。傘を見たことがなかった里人は、飛んできた傘を伊勢神宮内宮の御神体（天照大神）だと誤解し、社壇を設けて祀ってしまう。崇められるに随って傘に「性根」が入り、遂には美しい娘を巫女とするように御託宣までし始めた。身代わりとしてある後家が宮所で待つが、何の沙汰も起きなかったために腹を立て、傘を破壊し捨ててしまった。

隠れ里、飛行説話、愚か村話、艶笑話といった話型が駆使された話だが[14]、伊勢神宮の御神体と勘違いされた傘の行動が面白い。伊勢神宮の神が飛ぶことは「飛神明」と呼ばれるもので、例えば補論一でも見た『当代記』慶長一九年（一六一四）八月には、

九日、伊勢太神同国野上山江飛移ラセ給トテ、或人託メ宣、就其奇特ナル事共多之、廿八日ニ山田江可有還宮、然者雷鳴難風可吹トノ託宣也、依之自村里躍ヲ構盡美、我モ〱トシテ参詣、夕ニ参宮ノ者モアリ、貴賤群集スト云々、山田ニテモヲトル、此躍ニ付神慮奇特多シ[15]

という出来事があり、これに端を発して「伊勢躍」という騒動が起きている[16]。また、御託宣を聞くきっかけになったのは、「社壇しきりになり出て、やむ事なし」[17]だったからである。伊勢神宮内の建物が鳴る（鳴動する）ことも、「奉幣廿一社、依大神社宝殿鳴動也」（『日本紀略』長保二年（一〇〇〇）七月十日）[18]、「十六日辛酉、今夜、内宮供神饌間、神居殿内東西両度鳴渡〈如人足音〉、又荒祭殿同鳴渡由、後日禰宜言」（『続史愚抄』天文六年（一五三七）一二月）[19]など、よく起きている。これらは、いずれも神がメッセージとして起こした現象、つまり恠異であった。「性根」が入った傘の行動は、まさに伊勢神宮の神が示す恠異のパロディなのであった。

❖おそろしきは人間

西鶴の語る不思議な話のなかには、人のおそろしさを取り上げたものも見られる。特に、無邪気な振る舞いがおぞましさを抱かせる。

『一代男』巻六—三「心中箱」は、世之介が三八歳の頃の話で、目録には「しまばらふぢなみ執心の事」とある。内容は、ある夫婦が世之介の家を訪ねた際、小書院に置いてあった「御心中箱」を見せてもらうと、その中には女郎や若衆の血文字で書かれた愛の誓いの起請文や女に切らせた黒髪、肉付きの爪などが大量に入っていた。これらは、世之介がこれまで付き合ってきた人たちの形見であり、世之介の色恋の遍歴の証であった。その中でも、京島原の遊女藤浪に切らせた髪と爪は「床の上なるかもじ、忽ち四方へさばけ、のひては縮み、二三度飛あがり」[20]生き物のように動く。

さらに世之介には「或時は夢、或時はまぼろし、又は現に目見え」[21]ることがあったという。この時既に藤浪は出家しているのだが、彼女の執心以上に、彼女の形見を大事にとっている世之介の方が不気味である。なお、「夢の太刀風」（巻四—三　三〇歳）では、女性と契りを交わした起請文が異形の姿になって、世之介を襲う話である（図補3-1）。しかし、化物に襲われてもなお、世之介の色恋への情熱は止むことがなかった。

図補 3-1　『好色一代男』「夢の太刀風」
（早稲田大学図書館所蔵）

また、『西鶴諸国はなし』巻二「楽の男地蔵」[22]は、「現遊（この世の楽しみ）」が主題の話で、「都北野の片町にあ

りし事」だという。[23] 内容は、幼女たちを攫って一緒に遊んで再び帰す、「一生夢のごとく」生きる男の話である。何故誘拐するのかというと、「只何となく、ちいさき娘を見ては、其ままにほしき〔欲〕心の出来」たからだという。男に罪悪感はない。そんな人攫いの面影を、目撃者は「菅笠を着て、耳のながき女」や「顔の黒き、目のひとつあるもの」に幻視している。

悪意のない行動にこそ怖さが宿るものであることを、西鶴は見事に描き出している。

❖『好色一代女』の視覚トリック

人と怪異の関係では、『好色一代女』（一六八六刊　以下『一代女』）にも注目したい。これは、京都嵯峨野に隠棲する老比丘尼（一代女）が自身の好色な人生を懐古する話であり、さまざまな職種の男性の生き様を描いている点で、男尽くしでもある。とりわけ、巻六「夜発の付声」では、六五歳になった一代女が来し方を回想している最中、次のような怪異に遭遇する。

> 観念の窓より覗ば、蓮の葉笠を着るやうなる子共の面影、腰より下は血に染て、九十五六程も立ならび、声のあやぎれもなく、「おはり〔負〕よく〳〵」と泣ぬ、是かや、聞伝へし孕女なるべしと、気を留て見しうちに、「むごいかゝ〔母〕さま」と、銘々に恨申にぞ、扨は、むかし血荒をせし親なし子かと、かなし[24]

窓を覗く一代女の前に現れたのは、彼女に堕胎された赤子の亡霊で、一代女はこれを「孕女」（ウブメ）だと認識している。この印象的な場面は挿絵（図補3－2）になっていて、窓から外を眺める一代女の目前に、蓮の葉笠を被り、上半身は白装束、下半身は腰蓑状になっている赤子の亡霊が何人も現れている。赤子の亡霊にはウブメに関するコードが活用されているが、コードについては第八章に譲り、ここでは、一代女と赤子の亡霊たちの

図補 3-2 『好色一代女』「夜発の付声」
（早稲田大学図書館所蔵）

関係に注意したい。

従来描かれるウブメは（赤子を抱いた）女性が基本で、『一代女』のような赤子姿の「孕女」はイレギュラーである。赤子に関わるウブメは、夜中の泣き声、つまり不可視な音の怪異として理解されている（第八章二六三・四頁参照）。同じく西鶴の『懐硯』（一六八七刊）巻四「文字すわる松江の鱸」[25]では、堕胎薬売を生業とする親の因果のため、娘が嫁ぐと初夜に「胞衣かふりたる赤子数百人」が現れ、相手に引っ付いたり水を泳ぐような真似をしたりしているが、挿絵には赤子の亡霊に蓮の葉笠は描かれず、また赤子をウブメとも呼んでいない。[26]

ならば、一代女に赤子の亡霊を「孕女」と認識させたのは、何か西鶴の思惑があったためではないだろうか。

それは、他でもない一代女自身が「孕女」だからである。

実は、本文と挿絵にはズレがある。絵では普通の窓から外を覗いているが、本文では「観念の窓」から見た景色、すなわち一代女の心象風景なのである。ということは、赤子の亡霊も一代女の自己が投影されたものと理解でき、ちゃんとその証拠も提示されている。それは、蓮の葉笠である。

古典全集の類では、この蓮の葉笠について胞衣の比喩としか注釈されていないが、一代女（西鶴）にとってはまた別の重要な意味を持っている。それは「蓮葉女」である。

蓮葉女とは、問屋や宿に抱えられている売春婦であり、一代女も蓮葉女に身を落としたことがある（巻五「濡問屋硯」）。そして西鶴にとって、蓮葉女は「欲ばかりにたはぶれ」[27]るものであり、何より『一代男』巻三「是非

もらひ着物」には、

（蓮葉女は　筆者注）おのがこころまかせの、男ぐるひ（中略）妊めば、苦もなふ、おろす[28]

と、好色故に堕胎がつきものの存在と認識されていた。蓮の葉笠は胞衣の見立てであり、蓮葉女の見立てでもあった。『一代女』の「孕女」は、一代女と堕胎した我が子が観念上で一体化した姿であった。つまり、この挿絵は母子セットのウブメが描かれているのだ。

さて、一代女は赤子の亡霊を幻視した際どうしたのだろうか。彼女は赤子の姿に「過ぎし事どもなつかし」[29]がる、つまり、過去に交情した男へ想いを馳せている。堕胎した我が子のことよりもその時の男との色恋が何よりも大事なのだった。その後、老境に入った一代女はさらに夜発（路上で客を引く最下級の売春婦、いわゆる夜鷹）へ身をやつし、男との色恋を求めて彷徨い歩く。さながら赤子を抱いてくれる男を探し求めるウブメのように——。

【二】……都賀庭鐘と上田秋成

❖読本——中国白話小説を利用した新しい文芸ジャンル

西鶴以降の大坂の文芸を怪異から注視すると、一八世紀半ば頃に新しい文芸のジャンルに突き当たる。読本である。[30]

読本というジャンルが成立するには、当時知識人の間で流行していた中国白話小説が大きく関係している。白話とは口語文のことで、訓点を施して普通に読めるいわゆる漢文＝文語文とは、語彙も文法も異なっている。当然漢文とは別の中国語の知識が必要になり、伊藤仁斎や荻生徂徠は、中国の言葉を外国語として勉強するために白話を学ぶことを推奨していた。つまり、中国の古典文献を正確に理解するために、言語としての中国語を学び直すことを促し、そこで元・明・清代につくられた白話小説をテキストとして利用した。特に、『水滸伝』『西遊記』『三国志演義』などの長編小説や『古今小説』『警世通言』など三言二拍と総称される短編小説集がよく取り上げられた。やがて白話小説を語学テキストではなく、新しい文芸の手本と考えるようになった。その流れで生まれたのが読本であり、先鋭的な知識人が創作の担い手であった。

読本の大きな特徴は、白話小説を下敷きにした知的な和漢混淆文で書かれた、人間性を描いた怪異譚で、その中には作者の思想や歴史観が盛り込まれている。

❖都賀庭鐘

その中で、「読本の祖」とされている作品が『英草紙』（一七四九刊）である。作者は、都賀庭鐘（一七一八〜?）。庭鐘は、白話の研究者で、また医師や書家としても活動していた大坂の典型的文人であった。

『英草紙』は、『古今小説』『警世通言』など白話小説の話を日本に置き換えた翻案・歴史小説で、従来の浮世草子の俗文体と異なり、和漢混淆・雅俗折衷の知的な文体で書かれている。角書に「古今奇談」とあるように奇談集だが、人間性の深部を描くことに力点が置かれている。

❖庭鐘の怪異観

その庭鐘は、怪異をどのように考えていたのか。それについては、従来『繁野話』（一七六六刊）巻三―五「白菊の方猿掛の岸に怪骨を射る話」が注目されてきた。『繁野話』は『英草紙』の「後編」と銘打たれ、やはり「古今奇談」の角書もある。

この話は、白話小説『白猿伝』の翻案だが、冒頭に鬼神と山魅の違いから始まる鬼神論が語られている。

古人云、鬼神と山魅の類と幽現の別あり、山魅・木客・罔両・猿狐の類は皆形体あるの物、時あつて形を隠し時あつて形を現す、是にさへ霊明を使ふに巧拙の分あり、巧なるは物を役使し人の敬を発さしむ、拙きは霊を仮して人に役せらる、鬼は人没して土中に帰の名なり、骨肉は土に属し、其気の発揚して空にあるを鬼の神といふ、体なく声なし、是も尚異常あり、常なるは、祭れば降て饗、祭る人の心に交り、近くして其跡なし、異なるは、人に托して語り人に附て霊ならしむ、形体なきゆへ恐る所なく身の慾なく、霊を示せば専ら人のためにす、中にも愚なるは、倀鬼の虎に使はれ、狗神の人の為に貪る類あり、凡そ生る人並に種々の有情の物、皆神ありて物に附き人に托し、はるかに死鬼の神よりも霊なり、惟身を先にして人の為を後にす、是生者の天情にして世の人多く免れず、故に自身は其神の通づるを思ひしれども、他人は知に及ばざるなり、上古山川草木いまだ開闢ず、人居も密ならず、山魅の類人に近く、形を現じて人間に来り交る、人皆山魅の為所を知る、後世人民繁息し、山を開き海を築て其食を足し、険を通し水を引て其運輳にたよりす、人行の処自ら蹊を成し、地平かなれば人あつまりて居とす、竜蛇犀狼恐れて人に遠ざかる、山魅・罔両尤も霊なれば、なを〳〵深く避て人間に近づかず、後の人多く目に見ざるが故に鬼と魅との分をしらず、混じて一とし、又古への怪事を聞て、今見ざるを以て疑をおこすもあり、古へに有しを以て今もありとして理を誣るもあり、又古あるの事は今もあり、今なきの事は古へもなしといへるは、時変をしらざる夏虫の見なり、毛類は文なきがゆへ天然に近く間長生もあり、求めずしてよく前知し、巣居風をしり穴居雨をしる、深山、大沢何の怪かなしとせん[31]

①鬼神と山魅を幽と現、形声の有無によって分ける点、②「生る人並に種々の有情の物」には皆「神」があり、「死鬼の神」よりも霊明である点、③山魅と人の交流をめぐる歴史論などが主張されている。[32]実は、①③に

ついては明の儒者呉廷翰『甕記』（一七六二和刻本刊）巻下「鬼神章」の説を、[33]②は韓愈の「原鬼」や新井白石『鬼神論』を踏まえていることが判明している。[34]大事なのは、無欲無私な鬼神による霊異が人に由来するという説は、奇談で人間性を掘り下げる読本と共通し、また山魅の類を「物」として理解している点は第三・四章の化物・妖怪―生類観としても通じるところがある。

その庭鐘に学んだのが、上田秋成とされている。

❖上田秋成と『雨月物語』

上田秋成（一七三四〜一八〇九）[35]は、大坂堂島の紙油業をいとなむ島屋の主人だったが、明和八年（一七七一）の大火で店が焼け家財を失ってしまう。その後郊外の加島村に移住し、医術を学んで医師となる。このとき医術を学んだのが、天満にあった庭鐘の医学塾だったと推定されている。

秋成の代表作『雨月物語』は、安永五年（一七七六）に刊行されるが、序文の日付にあるように明和五年（一七六八）の時点で書き上げていた。脱稿から刊行されるまでの間に、秋成は庭鐘と国学者加藤宇万伎（賀茂真淵門人）に師事している。

庭鐘の『英草紙』『繁野話』が『雨月物語』に与えた影響は、文体や主題といった内容面だけでなく、『英草紙』で用いられた半紙本というサイズに五巻五冊九話の体裁、『繁野話』と同じ桂宗信に挿絵を描いてもらうなど外形面にも表れている。また、『雨月物語』「浅茅が宿」「青頭巾」に見られる「直き」人間像は、真淵の国学に学んだものと考えられている。

そうした『雨月物語』は、庭鐘の「古今奇談」に対して「今古怪談」と角書が付された怪異小説集であり、過去を舞台にした歴史小説でもあった。「白峯」「菊花の約」「浅茅が宿」「夢応の鯉魚」「仏法僧」「吉備津の釜」「蛇性の婬」「青頭巾」「貧福論」の九話で構成されている。題材も話形も時代も登場人物も多種多様であるが、長島弘明によれば全編を一貫しているテーマは「執着」だという。[36] つまり、さまざまな「執着」を描くことによって、現実に生きる人の人間性を明らかにしようとしたのである。

例えば、快庵禅師が食人鬼になった阿闍梨の済度を描く「青頭巾」は、多くの文芸書や禅宗系唱道説話にモチーフを見ることができる話である。童児を寵愛するあまり、童児の死体を貪り、さらに墓に埋まった死体を喰らう鬼と化した阿闍梨は、『今昔物語集』『宇治拾遺物語』などの大江定基に原拠を求めることができるが、死体の腐臭によって発心し道心堅固な僧侶になる原拠に対して、「青頭巾」の阿闍梨は腐臭にも負けず「愛欲邪念の業障」[37]を抱くところに大きな違いがある。[38]

快庵は、阿闍梨の所業に対して「ひとへに直くたくましき性のなす所なるぞかし、心放せば妖魔となり、収むる則は仏果を得る」[39]、つまり、ただ一途に思い込んで貫き通そうとする阿闍梨の本性に原因があり、心をゆるして解き放てば妖魔になり、引き締めて正せば成仏できると語っている。快庵の意見は秋成自身の怪異観を示しているが、阿闍梨の食人鬼になるほどの「執着」に「直く」という真淵の国学思想を連結させている点が特徴的である。[40]

❖『胆大小心録』の奇談

秋成と怪異をめぐっては、亡くなる前年までに成った随筆『胆大小心録』も面白い。論争相手だった本居宣長をはじめとする人物批評や学問考証、世間への諷刺など、遺書とは呼べない多岐にわたった内容の本書には、次のような不思議な話が複数書き留められている。

○河内の国の山中に一村あり、樵者あり、母一人、男子二人、女子一人ともに親につかへて孝養足る、一日村中の古き林の木をきり来たる、翌日兄狂を発して母を斧にて打殺す、弟亦これを快しとして段々にす、女子も又俎板をさゝげ、庖刃をもて細に刻む、血一雫も見ず、大坂の牢獄につながれて、一二年をへて死す、公朝その罪なきをあわれんで刑名なし（三二条）[41]

○みのゝ国の人のかたりて云、「隣村の神祭に、戸々〔粢〕盛をさゝげて、社前につらね吉祥をいのる、神奴をらび声して是をたてまつる、白蛇あらわれ出て〔粢〕飯をくらふ、汚れある家のは忌てくらわず、一戸の男童、是を見て忽に悪心をおこし、飛かゝりて白蛇の頭をうつ、白蛇たちまちに雲をよびてのぼる、雨盆をくつがへすが如し、童が親大になげき且いかりて、家につれかへりたり、熱症〔譫〕言三日をへてやうやう治す、翌年の祭事に此童の罪をわぶるとて、一村の人例〔に〕より〔粢〕盛うやうやしくうづたかし、白蛇れいに出て〔粢〕飯をなむる、耳ひとつうたれてなし、童又大にさけんで飛かゝり、懐の刃をとり出て、蛇を寸々にきる、天雲おこらずして童不事也。村民おどろき、親かなしめども、病せずして日をふる、国守めされて、里正に曰『此童は丈夫心也、よく養ひよくめぐめよ』と、祭事こゝにおきて止ぬ」、西竺の天部、日本の神と同じきか、是又善悪邪正人とこと也（三三条）[42]

三二条は樵が林の古木を切った直後に起きた猟奇的な殺人事件、三三条は因果話と思いきや「丈夫心」（真淵のいうますらおぶりに通じる）を持った男の子が活躍する話である。

そして次の条は、秋成が怪異をどう捉えているのかがわかる重要なものである。

儒者と云人も、又一僻になりて、「妖怪はなき事也」とて、翁（秋成　筆者注）が幽霊物がたりしたを、終りて後に恥かしめられし也、「狐つきも癇症がさまざまに問答して、『おれはどこの狐じや』といふのじや、人につく事があらふものか」といはれたり、是は道に泥みて、心得たがひ也、狐も狸も人につく事、見る見る多し、又きつねでも何でも、人にまさるは渠が天禀也、さて善悪邪正なきが性也、我によきは守り、我にあ

> しきは祟る也、狼さへよく報ひせし事、日本紀欽明(きんめい)の巻の始にしるされたり、神といふも同じやうに思はるゝ也、よく信ずる者には幸ひをあたへ、怠ればたゝる所を思へ、仏と聖人は同じからず、人体なれば、人情あつて、あしき者も罪は問ざる也、此事神代がたりにいひたれば、又いはず（一三条）[43]

「翁」こと秋成が「妖恠」をめぐって論争する「儒者」は、中井履軒(なかいりけん)を指すと考えられている。履軒は懐徳堂出身の儒者である（後述）。実は、秋成は懐徳堂に通い、履軒も師事した五井蘭洲(ごいらんしゅう)に学んでいたようである。『胆大小心録』二六条には、「五井先生といふがよい儒者じやあつて、今の竹山、履軒は、このしたての禿(かぶろ)じや」[44]とも語っている。

狐憑きをめぐって、履軒はそれが「癇症」だと学問的な合理で説明している。そんな履軒を「こしらへ物（まやかしもの）」「学校のふところ子」と罵る秋成は、「狐も狸も人につく事、見る見る多し」として、一三条以外にも実例をあげて批判している。例えば、次の話がある（丸括弧内は筆者注）。

> 狸は又化やうが狐より上手で、きつねほどはれだゝぬ事じや、四国ではたぬきがつくげな、九州では河太郎がつく、京大坂では、おやま（色茶屋の女）や先生（諸学芸の師匠）がついて、なやます事じや、いづれ安心ではゐられぬ世かい也（三五条）[45]

最後に人が憑いて金を遣わせるという秋成特有の毒が込められているが、その前提に狐狸や河太郎が人に憑くことがある。

秋成の場合、世に出ることで知った非合理を非合理としてそのまま受け入れることで、現実主義的な「合理」を手に入れたと表現できる。[46] このように同じ懐徳堂出身であっても、履軒と秋成の怪異に対する眼差しには大きな違いがあった。

一三条とほぼ同じ内容が二六・二九条でも見られるように、履軒との対話は秋成の中でよほど印象に残る出来事だった。しかし、秋成と履軒の仲が険悪だったのかというとそうではない。秋成の歌と履軒の漢詩が入った『鶉図』[47]があるように、両人の関係は悪口が言い合えるくらいの親しい友人だったと思われる。

【三】……懐徳堂

❖懐徳堂とは

本章の最後に、秋成も学んでいたという懐徳堂から学問と怪異の関わりについて見ておきたい[48]。

懐徳堂は、享保(きょうほう)九年(一七二四)五人の町人の出資によって大坂尼崎一丁目(現中央区今橋四丁目)に建てられた学問所である。享保一一年(一七二六)には、中井甃庵(なかいしゅうあん)(後に二代学主、竹山(ちくざん)・履軒の父)の働きによって、幕府から官許を得て、幕府公認の大坂学問所となった。儒学(じゅがく)、特に朱子学(しゅしがく)中心の学問機関であり、儒学に関心のある人は身分に関係なく誰でも学ぶことができた。

そうした懐徳堂で怪異はどのように議論されていたのか、陶徳民たちの研究[49]を参考にして、懐徳堂に関わりのある人物を取り上げながら具体的に見てみたい(以下、儒学に関わる怪異なので、原則「怪異」を用いる)。

❖五井蘭洲

五井蘭洲(一六九七〜一七六二)は大坂の儒者五井持軒(ごいじけん)(四書屋加助)を父に持ち、懐徳堂開設後講師を務めた。享保一四年(一七二九)江戸に遊学し、一七年には津軽(つがる)藩に仕えることになった。八年間出仕した後、再び懐徳堂へ復帰する（一七四〇）。在江戸以降、蘭洲が行ったのは徂徠学批判であり、反徂徠学としての朱子学の推進であった。

朱子学と徂徠学の違いを、鬼神（［怪異］）のレベルで述べれば、[50]繰り返し述べるように、朱子学は、万物の構成要素である「気」と、それを構成させるための原理「理」によって世界を解明するもので、鬼神も［怪異］も気と理で解明できると考えていた（無鬼論）。一方、荻生徂徠は、天も鬼神も人間には理解することができないものとした。それ故に「鬼神なる者は、聖人の立つる所なり（鬼神者、聖人所レ立焉）」（『弁名』天命帝鬼神）、[51]つまり聖人が人々の生活体系（祭祀体系）のなかに「鬼神」という政治的言説を制作したと説く（有鬼論）。世の道理はいずれ解明されるという朱子学と人には不可知という徂徠学とは、対の位置付けとなる。そして懐徳堂の学問は、蘭洲によって反徂徠学へと舵を切っていく。

その蘭洲は、［怪異］に対して「もとより変怪はかるべからず、是をしらぬは我智のいまだ至らぬ故也」（『茗話』）[52]と、人間の知的可能性を肯定する主知主義を主張した。

狐妖についても、自らの無知を理由にして理外の事があるとするのは「麁忽」とし、狐は「さとき性」の獣で火を灯したり石を打ったりするが、人に憑いたり化けたりはせず、それらは人自らが作り出したものか、祈祷者や売僧坊主の仕業だという。[53]蘭洲の狐妖論は、秋成の『諸道聴耳世間狙』（一七六六刊）や『世間妾形気』（一七六七刊）にも影響を与えていたと高田衛は指摘している。[54]

蘭洲が行った主知主義に基づく［怪異］批判は、後続にも受け継がれていく。

❖中井竹山

中井竹山（一七三〇～一八〇四）は、中井甃庵の長男で、蘭洲に学び、後に四代学主を務めた。公儀、特に寛政の改革を実施した老中松平定信に積極的に接触した人物としても知られている。

そんな竹山の［怪異］に対する眼差しは、蘭洲譲りの主知主義に基づいている。『奠陰集』「与荒木伯遷書」（一七七〇）でも、窮理による「神姦物怪」[55]の克服を主張する。

狐狸の変化や憑依について、竹山は「人は万物の霊（霊長）」といわれるほど、人は気から成り立つ万物の中でも最も優れているのに対し、「微物」の禽獣が変化や人に憑依することは不可能だとし、記録や体験談については歴史的検証から「愚民の造言」、あるいは目病か心病だと評している（『竹山國字牘』「答鹿島文宰書」）[56]。

また、寛政七年（一七九五）、大坂「府下高麗坊山田叟」が「厨下之井」から「緑毛亀」を発見したので、竹山に題言をもらいにきたところ、竹山は「貴重の甚だしきは、則ち神怪妄誕の語、之に乗じて出て、勢ふの所必至也（中略）抑も上国に君たりて、下家に長たる者は、妖祥を致すの主なり（貴重之甚、則神怪妄誕之語、乗レ之出、勢之所必至也（中略）抑上君二於国一、下長二於家一、致二妖祥一主也）」と述べた（『奠陰集』「緑毛亀図題言」）[57]。つまり貴重＝稀少性が「神怪妄誕」を引き起こす原因であり、その弊害である吉凶禍福は為政者や家長に由来するものだと、竹山は主張している。これは、第六章第二節の稀少性が怪異の条件であることに通じる理解を示している。

兆しの例では、別に、凶兆の象徴「悪声鳥」とされていた鴟鵂が、竹山の書斎に入ってきた時、先の「人は万物の霊長」を説き、鴟鵂のような「微物」が人の災禍を予告することはできないという賦を詠んでいる（同「鴟鵂賦」一七五六）[58]。

懐徳堂の儒者は、第二章で取り上げた西川如見同様に欧陽脩を尊重している。つまり、天運論によって予兆としての怪異を否定している。幕府の命で徳川家康の事跡を編年体で記した『逸史』（一七九九年に幕府へ献上）には、慶長一九年（一六一四）二月四日東方に現れた彗星に対して、[60]家康は「海外諸国必ず焉を覩ん、知らざる何の国か之に当たらん、今遽に指し、我国の凶と為るは、何哉、且つ其れ定めて凶兆と為るは又何の据える所か、蓋し懼るる者の陋のみ（海外諸国必覩レ焉、不レ知何国当レ之、今遽指、為二我国之凶一者、何哉、且其定為二凶兆一者又何所レ据、蓋懼者之陋耳）[60]」と述べている。事実か否かは不明だが、西川如見の『和漢変象怪異弁断　天文精要』天異篇

（七一頁）と同じく日本と他国を引き合いに出すことで予兆を否定し、恠異を怖れぬ家康像を竹山が書いている。竹山によれば、「災異の説は、以て人を惑はす（災異之説、以惑レ人也）」もので、「旧を除し新を布くの説（除レ旧布レ新之説）」として彗星は「坤軸積年の伏火、時有りて上衝（坤軸積年之伏火、有レ時上衝）」して「能く天に随ひ転（能随レ天転）」るものと、如見が採用していた運気論の解釈を取り上げ、[61] さらに友人の天文学者麻田剛立の西洋天文学に基づいた知識を並立させている。

そして、松平定信宛ての献策をまとめた『草茅危言』（一七八九成立）の「淫祠之事」には、

> 出雲の大社の龍燈、備中の吉備津の宮の釜鳴など、鬼神の威令に託して、巫祝輩の愚民を欺き、銭を求むるの術とす、その外讃岐の金比羅、大和の大峯など、種々の霊怪を唱へ、又は稲荷・不動・地蔵を祀り、吉凶を問ひ病を祈り、因て医者方角をさし示し、或は医薬をやめて死に至らしめ、蛭子大黒を祀て、強欲姦利の根拠とし、天満宮を淫奔の媒とし、観音を産婆の代りとし、狐狸の妄談、天狗の虚誕、いさゝかの辻神・辻仏に、種々の霊験を妄りにいひふらし、仏神の夢想に托して、妄薬粗剤を売弘め、男女の相性、人相・剣相・家相をみるの類、邪説横流し、愚民を賺惑矯誣するの術に非るはなし[62]

と、「鬼神の威令」「種々の霊怪」を利用して利を貪る宗教者とそれに騙される民衆を批判している。これについては、安丸良夫が「民俗的なものを抑圧しようという主張」と位置付け、それが「民俗的なもの、とりわけ宗教的なそれこそ、人びとの恣意的な欲求・願望がそれに託されて表出されてくる形態であり（中略）秩序紊乱の方向性が発展すれば、社会体制全体の崩壊につらなる」ことに由来するという。[63] これは第二章で述べた点と重なってくる（六五頁）。

このように学主竹山は、蘭洲から学んだ主知主義によって［怪異］・恠異を論断し、さらには幕府への接触に

おいても［怪異］・恠異を献策の材として用いたのである。

❖中井履軒

中井履軒（一七三二〜一八一七）は、竹山の弟で、懐徳堂で学んだ後に、私塾水哉館を開いた。彼の学問も蘭洲から学んだ主知主義による格物致知を目指していたが、麻田剛立の天文学や顕微鏡など西洋の文物に触発され、儒学に蘭学の知識を組み込んだ独自のものを展開した。

履軒の［怪異］に対する明確な著述は見られないが、弟子が残した記録や先述の『胆大小心録』にある「妖恠はなき事也」「狐つきも癇症がさまざまに問答して、『おれはどこの狐じや』といふのじや、人につく事があらふものか」という物言いから、主知主義的な見解を持っていたことが窺える。

また、履軒は、『左久羅帖』という画冊とその解説書『画觽』（一八〇一以降成立）を著している。[64]『左久羅帖』は動植物を描き、『画觽』はそれを解説した本草学（名物学）の性格が強い書である。儒学と本草学の関係は、第三章でも述べたように、格物窮理による結びつきがあった（一〇一頁）。その『画觽』の中には「水蝹　河童　カハタラウ　カハツハ」という項目があり、次のような説明が付されている。

> いづこにもあるものなれど、ことの外、足はやくて人にとらるることまれ［稀］なり、河辺に児を鼈にとられしといふは大かたはこの物なりけり、九州には殊におほし[65]

『左久羅帖』には河童の手背と姿の図があるが、手稿本（懐徳堂文庫蔵）は葦原に立つ河童、写本（山片重信（の命）による。中之島図書館所蔵）では前後横の三方向の河童が描かれている。また、『左久羅帖』写本の河童図と『画觽』写本（中之島図書館蔵）に貼り付けられた「享和辛酉水戸浦所捕河童図」抜書は、大田南畝『一話一言』

や古賀侗庵『水虎考略』にも見られるもので、河童図の流通ぶりが窺える。

河童は第九章で述べたように、江戸時代には生類として理解されていた。これは、『和漢三才図会』や『日本山海名物図会』といった大坂発の事典類でも同様であり、先述した『胆大小心録』三五条から秋成もそう理解していた。次に触れる山片蟠桃も『夢ノ代』無鬼下一一で、封（河童・山童）を狐や獺などと同様、つまり生類として把握し、「唯食を求むると、自から人を怖れ命を惜むよりして、怪しく人に思」われるのであって、「みな怪なることなし」と指摘している。[66]

❖山片蟠桃

山片蟠桃[67]（一七四八～一八二一）は、堂島の米仲買升屋の番頭を務め、仙台藩の財政再建に腕を揮うなど、経営面で非常に優れた人物として、当時から有名であった。懐徳堂へは、升屋主人平右衛門（二代目）が蟠桃が一三歳の頃から通わせている。平右衛門自身、懐徳堂に通っていた関係によるものだろう。竹山・履軒に師事し、その博覧強記と聡明さから懐徳堂の諸葛孔明と呼ばれていた。

そんな蟠桃の［怪異］観は、『夢ノ代』（一八〇二～二〇成立）の跋に記された二首の歌に端的に表現されている。

地獄なし 極楽もなし 我もなし ただ有ものは 人と万物
神仏 化物もなし 世の中に 奇妙ふしぎの ことは猶なし[68]

前者は、死後の魂魄に対して詠んだ歌で、朱子学でいわれる「気」から生じた万物（人）は死ぬと、そのまま消滅してしまう、存在しているのは人と万物のみだと断じている。後者は、神仏や化物、つまり不可思議な存在全てを否定している。これは、主知主義に由来するが、そうした事物はそもそもないと断言している点は、朱子学すらも批判しているように読める。

『夢ノ代』は、大部分が竹山と履軒の教えを基にしているが、「太陽明界の説、及び無鬼の論に至りては、余が発明なきにしもあらず」[69]（凡例）とあるように、巻頭の「天文」と最後の「無鬼」の章は独自の説だと主張している。天文の章では、宇宙には太陽の光が届く明界と届かない暗界があり、太陽系以外の宇宙があることを主張していた。これは、麻田剛立に学んだ地動説を受けてのものであり、蟠桃が実証的な西洋科学の成果を理解し、自説に反映させていることがよくわかる。

鬼神（〔怪異〕）については、凡例で次のように説明している。

> 鬼神の論にをひては、始に経書の天命・鬼神に及ぶものをとりてこれを論ず、天と云、神と云、同物なるを以てなり、又、三代の尸を立て如在の祭をなすといへども、本これ鬼神の性情なきことを示し、後儒の過を正して、儒家の鬼神になづむものを教戒し、次に我朝、古へより祭り来り誤り来りてその実を失ひ、仏徒に妄弄せられて本地垂迹の説を云ひ、神体をとり失はれても、神託・霊験・冥罰のなきことを書つらねて、愚民・児女・嫗婆の鬼神にあやまらるる者を禁諭す、終には狐狸その余の妖怪を誤り来りて、心神を悩ますものを教示するものなり、すべて正道の外は、鬼神・怪異の変にをひては、なきものとしるべきことを弁ず[70]

また、無鬼上で引用している履軒の説も併せて載せる。

> 古への聖人、自然の理に本づき、人情の常に随ひ教を立ることにして、虚仮の術数は少しもなし、今もし浮屠・天主の教なく、道家も神道もなく、妖怪人を惑はすの言なき代なれば、詩書の文の通り、をとなしく従ふてよきことなり、別に無鬼論を主張するにも及ばざる也、然に邪教怪説の盛なる世にありては、詩書の文

を実法に守りては居られざる訳あり、祭祀・鬼神のこと人情に従ふて有とすれば、邪教の鬼神もなしと云がたし、又吾いはゆる鬼神は実にありて、彼れいはゆる鬼神はなしといはば、これ無理なり、今の世にては人情をすてて、無鬼論を主張せざればならざるなり（一四）[71]

履軒の「人情をすてて、無鬼論を主張」するというのは、「人情」すなわち鬼神や妖怪を信じる民衆の心情は理解しつつも、無鬼を説かねばならないということである。中でも、「祭祀の鬼神」と呼ばれる祖先祭祀に関わる鬼神は、子孫が誠をもって祭祀すれば亡くなった祖先の霊が戻ってくるというもので、死ねば「気」は散ってしまうという生成論と矛盾するものとして従来問題視されてきた。それに対して蟠桃は「鬼神はなし」[72]、「魂気上に発揚すると云こと、本より怪談也、死すれば其魂気消するのみ」[73]（一四）と、朱子の学説を否定している。さらに『中庸（ちゅうよう）』の鬼神に関わる一六章の「如在」という表現に注目し、これを「いますがごとし」、つまり鬼神は人によって創作されたフィクションだと断じている。

こうした言説は、人情を踏まえて鬼神祭祀の制度を作り民心を統一しようという徂徠とは異なり、「人情をすて」実証的な自らの知見をもって自立することを促すものである。それ故に大事なのは、知る努力である。狐妖に対する主張においても、蟠桃のそうした意図が垣間見ることができる。

今世妖怪を云こと、鬼のことはやりやみて、天狗のつかむと云ことは間々あれども少し、其外は狸・狐なり。狐を以て最も甚とす、（中略）つねに狐の妖怪を云は、みな虚誕なり、（中略）人間にはいろいろ妖怪の説を云ふらして、今の人はみな狐よくばかすものと心得居るゆへに、狂病はみな狐つきとする也、（中略）狐の人につきよることあることなし、これありと思ふは却て人の疑惑なり、人は万物の霊なれども、学ばざればしることあたはず（無鬼下二四）[74]

人がいくら「万物の霊」でも学ばなければ、自立はできない。だからこそ鬼神は「人情」の表象であった。

❖並河寒泉と平野屋武兵衛

そして、懐徳堂最後の教授並河寒泉（一七九八〜一八七九）は、『弁怪』という書を著している（一八四七成立）。弁怪（弁狐怪・弁談怪・弁信怪）・破怪（詰破篇・窮破篇・自破篇）・吾庠先哲遺文の三部で構成されている。[75] 弁怪とは、怪談の形成と拡がりを追究したもので、根源には人々が奇怪な現象を明らかにすることができないまま発信してしまうことにあるとしている。破怪は、まさしく［怪異］を破るものであり、寒泉は［怪異］を「詐謀」によるもの、客観的事実を不思議なこととするもの、自分は怪しまなくても他人が不思議に思うものに分類し、それぞれに応じての対策を述べている。吾庠先哲遺文は、蘭洲・竹山・履軒たち懐徳堂の儒者の［怪異］論（無鬼論）を集成したものである。『弁怪』はまさに、懐徳堂無鬼論の集大成といえる書物であった。

それに対し、寒泉と同時期に生きた平野屋（難波）武兵衛（華井　一八〇一〜七九）は、大坂天満老松町の町人で、両替商平野屋（江森）孫兵衛の別家の二代目である。[76] 武兵衛は淀屋小路の町儒者関敬蔵に師事し、さらに歌・俳諧・三味線など諸芸に通じた文化人であった。彼は、『不思議の控』という記録を残している。『不思議の控』は慶応二年（一八六六）の御札降りに触発された記録で、諸国の不思議だけでなく、名物・奇人・見世物なども書き留めている。その中に次のような文章がある。

> 邪ハ正ニ勝事あたわず、邪人ハ正をとけども邪と成、正人邪をとくといへども正となるといふ事ありげに候、けいセいに誠なし、玉子に四角もなきもの、世にハ正法ニ不思議なしと云事ハ、邪顕れたる也、人をまどわす狐狸・ゆふれい・化もの・いづな・切支丹・犬神・死霊・生霊のたぐひをさして邪道となして、右に

対して正と邪といへとも、是ハ中中邪といふべきか、正ニ対すべきや、外道と可申ものなり、孟子ニ曰、米ニにたる草をにくむ、正とミへる、実ハあしきをにくむなり、まづふしぎを顕す事ハ虚実を不論して、理をとかず、元よりあるべき天地の自然を理といふべきなれども、理の外の理ありて、更ニはかるべからざるを、理とハいふべからずして、ふしぎといふか、おふくハ物産家・国学・伊勢貞丈子・竹山先師・橘氏（橘千蔭か）なぞハ、陰陽の理をとき、しかるゆへ是にもるゝの筈ハあるべからすと、火と水との理より生ずるなりといへとも、詩経ニハおふく鳥じうの名を知るとあり、誹師たる翁も名をきゐてまた見直すヤ艸の花ともあり、けニ候也、孔子ハしらざるをしらずとして、是しれるなり、くわい〔怪〕なるをかたらずして、天地の理ハ聖人もきわめていふことあたわず、理のきわめがたきをふしぎと云、正法にふしぎなしといふことわざハ天地の理をおしていふか、あやしきをふしぎといふ成か、あやしきをふしきとして、あやしからざるを正法といふか、正法ニふしきあるをしらざるゆへ、たまたま目にあたらしきをふしきとする、ふしきをふしきと心つかハ、ミなふしき成ども、めあたらしきをバふしぎと書のこすゆへ、またまためづらしきふしぎハ知る人々ニあるべきなり[77]（傍線は筆者）

傍線部を見ると、武兵衛にとって不思議とは理外の理であった[78]。幕末維新期という時代の変わり目を生きた武兵衛には、中井竹山たちが説く、学問内の理の外側にある理＝不思議によって人や社会は動かされていることを痛感していた。そうした事例や体験の記録が『不思議の控』であった。

同じ大坂であっても怪異（〔怪異〕）の捉え方は全く異なる。ましてや懐徳堂という学問空間内においても、秋成と履軒のようにさまざまである。

おわりに

大坂における怪異を、文芸と思想・学問の視角から検討してみた。

双方に共通していることは、人に対する視線だろう。[79] 西鶴の浮世草子にしろ都賀庭鐘・上田秋成の初期読本にしろ、人を描く際に怪異を用いた。一方、懐徳堂の儒者は「怪異」をいずれ人の知によって解明されるものと位置付けていた。人と怪異は切り離せない関係にあった。「人はばけもの」は、近世大坂の怪異をめぐる動向を端的に表現している。

しかし、異なるところは、「合理」のあり方である。西鶴や庭鐘、秋成は、非日常的世界を受け入れる、言い換えれば、非合理を非合理として受け入れる「合理」を獲得している。一方、懐徳堂の儒者は、無鬼論という学問的な「合理」を以て怪異を論断している。陶が懐徳堂を「弁怪諮問機構」[80]と評しているのは、言い得て妙である。双方の「合理」は、履軒と秋成のように拮抗することがあったが、どちらも世界を受け入れるための思想であった。

もちろん本章で取り上げた大坂の怪異は、ほんの一部であり、西鶴の弟子で『一夜舟』を著した北条団水をはじめ、伊丹椿園などの文芸、あるいは大坂で流行った人形浄瑠璃の演目、学者であり、また大坂の知の拠点となっていた木村蒹葭堂、怪異を好み「妖怪生」と呼ばれた混沌社の詩人小山伯鳳[81]など、まだまだ多彩な顔触れが残っている。それだけ大坂は、怪異を考える上で魅力的な地なのである。

また、江戸や大坂以外の巨大都市に限らず、他の城下町や在町、村など、さまざまな地域の視角から怪異を見る試みは今後に残された課題である。

1 近世の大坂については、塚田孝『大坂民衆の近世史—老いと病・生業・下層社会』筑摩書房、二〇一七などを参照のこと。
2 暉峻康隆「解説」『日本文学全集　井原西鶴』一、小学館、一九七一、一四〜二八頁など。
3 倉地克直『江戸文化をよむ』吉川弘文館、二〇〇六、一〇四・一四二頁などを参照のこと。
4 飯倉洋一「人はばけもの—『西鶴諸国はなし』の発想」『国文学解釈と鑑賞別冊　西鶴—挑発するテキスト』至文堂、二〇〇五、一〇二〜四頁。
5 『新編西鶴全集』一本文篇、勉誠出版、二〇〇〇、四一八頁。
6 同右四頁。
7 『新編西鶴全集』二本文篇、勉誠出版、二〇〇二、六〇〇頁。
8 同右三・四頁。
9 『新日本古典文学大系』七六、岩波書店、一九九一、二六四・五頁の注などを参照。
10 注4飯倉前掲論文一〇〇頁。
11 『叢書江戸文庫二七　続百物語怪談集成』国書刊行会、一九九三、五八頁。
12 注7前掲書六三八頁。
13 西鶴研究会編『西鶴諸国はなし』三弥井書店、二〇〇九などを参照のこと。
14 同右二四・五頁。
15 『史籍雑纂　当代記・駿府記』続群書類従完成会、一九九五、二〇一・二頁。
16 伊勢躍については、補論一および拙稿「林羅山『本朝神社考』「僧正谷」を読み解く」『書物・出版と社会受容』五、二〇〇八を参照のこと。
17 注7前掲書一四頁。
18 『国史大系一一　日本紀略後篇・百練抄』、吉川弘文館、一九六五、一九四頁。
19 『国史大系一四　続史愚抄』中篇、吉川弘文館、一九六六、六五二頁。
20 注5前掲書一二一頁。
21 同右頁。
22 注7前掲書四二・三頁。
23 同右二七頁。
24 注5前掲書六一一頁。
25 『新編西鶴全集』三本文篇、勉誠出版、二〇〇三、七八頁。
26 倉地克直は、『懐硯』の結婚して「家」を存続させようという娘（堕胎を罪悪視）と快楽を求める一代女（堕胎に無関心）は、性をめぐって対照的であることを指摘している（「世之介をめぐる女たち—都市における性の諸相」『性と身体の近世史』東京大学出版会、一九九八、八二〜四頁）。
27 注5前掲書五九六頁。
28 同右五五頁。
29 同右六一一頁。
30 以下、読本については、木越治「怪異と伝奇Ⅱ—読本の成

立と怪談」揖斐高・鈴木健一編『日本の古典—江戸文学編』放送大学教育振興会、二〇〇六、長島弘明『上田秋成の文学』放送大学教育振興会、二〇一六を参照した。

31 『新日本古典文学大系』八〇、岩波書店、一九九二、四六・七頁。

32 佐藤深雪「都賀庭鐘の鬼神論」『日本文学』三一—七、一九八二、三八頁。

33 注31前掲書四六頁。

34 注32佐藤前掲論文三八～四〇頁。

35 上田秋成および彼の作品については、注30長島前掲書を参考にしている。

36 同右七七・八頁。

37 高田衛・稲田篤信校注『雨月物語』筑摩書房、一九九七、三七六頁。

38 同右三七五頁。

39 同右三八七頁。

40 同右三八五頁。

41 『日本古典文学大系』五六、岩波書店、一九五九、二七四・五頁。

42 同右二七五頁。

43 同右二五八頁。

44 同右二六七・八頁。

45 同右二七六頁。

46 宮川康子『自由学問都市大坂　懐徳堂と日本的理性の誕生』講談社、二〇〇二、九四・五頁。

47 懐徳堂文庫所蔵。湯浅邦弘『懐徳堂の至宝　大阪の「学問」と「美」をたどる』大阪大学出版会、二〇一六、六・七頁などを参照のこと。

28 懐徳堂の沿革および各人物については、脇田修・岸田知子『懐徳堂とその人びと』大阪大学出版会、一九九七による。

49 陶徳民「懐徳堂における無鬼論の形成—中井竹山の鬼神諸説の検討—」『思想』七六六、一九八八、同『懐徳堂朱子学の研究』第六章、大阪大学出版会、一九九四、注46宮川前掲書。

50 子安宣邦『新版　鬼神論』白澤社、二〇〇二などを参照のこと。

51 『日本思想大系』三六、岩波書店、一九七三、一二八頁。

52 『茗話』上巻、松村文海堂、一九一一、三丁。

53 同右下巻三六・七丁。

54 高田衛『定本上田秋成研究序説』国書刊行会、二〇一二、一九三～八頁。

55 『近世儒家文集集成八　奠陰集』ぺりかん社、一九八七、一一五頁。

56 『懐徳堂遺書　竹山國字牘』上巻、松村文海堂、一九一一、一九～二〇丁。

57 注55前掲書二二四頁。

58 同右二六・七頁。

59 『近世儒家資料集成　中井竹山資料集』下、ぺりかん社、一九八九、三九一～六頁。

60 同右三九一頁。

61 同右三九二・三頁。
62 『草茅危言』四、懐徳堂記念館、一九四二、二三・四丁。
63 安丸良夫「民俗の変容と葛藤」『安丸良夫集』四、岩波書店、二〇一三、四四頁（初出一九八六）。
64 湯城吉信「中井履軒の名物学—その「左九羅帖」「画觽」を読む」『杏雨』一一、二〇〇八。
65 湯城吉信「中井履軒『画觽』翻刻・解説」『懐徳堂センター報』二〇〇七、六五頁。
66 『日本思想大系』四三、岩波書店、一九七三、五七〇頁。
67 蟠桃と『夢ノ代』については、注43宮川前掲書第八章による。
68 注66前掲書六一六頁。
69 同右一四七頁。
70 同右。
71 同右五一五頁。
72 同右。
73 同右五〇九頁。
74 同右五六九～七一頁。
75 『弁怪』は、佐野大介「並河寒泉『辨怪』翻刻一～四」『懐徳堂センター報』二〇〇四・六～八、二〇〇四・六～八で翻刻されている。
76 平野屋武兵衛については、「解題」脇田修・中川すがね編『幕末維新大阪町人記録』清文堂出版、一九九四、五五八～六三頁を参照のこと。
77 同右二五七・八頁。
78 理外の理については、補論二および拙稿「「所化」と「理外之理」—『日東本草図纂』巻之十二をめぐって—」『雅俗』一七、二〇一八、同「怪異が生じる場—天地と怪異」『アジア遊学二三九　この世のキワ—〈自然〉の内と外』勉誠出版、二〇一九、五〇～五二頁を参照のこと。
79 高田衛は「大坂怪談は、西鶴がそうであったように、主たる関心を、人間とその不思議さに向けたものが多い。人間の不思議さとは、人間によって成り立っている共同体や社会の奇妙さでもある。そういうものを、あらためて驚異としてとらえ、笑いの中で受容してゆくのが、大坂の文化の特徴であった」（「解説」『大坂怪談集』和泉書院、一九九九、一九八頁）と述べている。
80 注49前掲『懐徳堂朱子学の研究』三四五頁。
81 福島理子「「妖怪生」小山伯鳳のこと」『懐徳』八三、二〇一五。

第十章

古賀侗庵

江戸後期の［怪異］をつくった儒者

はじめに

これまで、色々な儒者——林羅山、貝原益軒、荻生徂徠、懐徳堂に関わる者たち——と［怪異］の関わりを取り上げてきた。儒学と［怪異］の関係は、日本近世文化史で怪異を考える際、重要な位置を占めていたことがわかる。

本章では、近世儒学と［怪異］の関係で見逃すことができない人物を、もう一人取り上げたい。懐徳堂の中井竹山・履軒兄弟が活躍した時期に、江戸で［怪異］に並々ならぬ関心を持っていた、古賀侗庵（一七八八〜一八四七）その人である（図10－1）。

図10-1　古賀侗庵
（眞壁仁『徳川後期の学問と政治』名古屋大学出版会、2007より転載）

しかし、古賀侗庵と言われても、知っている人はあまりいないだろう。そこで、侗庵の人物紹介と彼に関してこれまでどのような研究がされてきたのかを、詳しく述べることで、本章で考えることを明らかにしておきたい。

古賀侗庵（本姓は劉氏、名は煜、字は季曄、通称は小太郎、号が侗庵、別号に古心堂主人・蠖居子・黙釣道人・支離子など）は、寛政の三博士の一人、古賀精里の三男である。江戸幕府の学問機関である昌平黌（昌平坂学問所）に招かれた精里とともに佐賀から江戸へ赴き（一七九六）、文化六年（一八〇九）儒者見習に命じられ、切米二百俵が支給された。精里が没した文化一四年（一八一七）、御儒者（昌平黌教授）に転じた。江戸から出ず昌平黌の官舎で教育に励む一方で、ラクスマンの渡来（一七九二）に端を発する対露危機を契機にして蘭学を学び、蘭学者大槻玄沢（磐水）らと交流しながら独自の世界認識やそれに関する政治的論説を著し、時に蛮社（蛮学社中）の一員にもなっていた。[1]

侗庵をめぐる研究については、大きく二つの潮流がある。一つは政治思想、特に世界認識・海防論についてである。この潮流は戦前からあるが、戦後ではまず梅澤秀夫の研究が注目される。梅澤は、対露危機を契機として著された『海防臆測』『殷鑒論』『俄羅斯情形臆度』などから、侗庵の海防論が格物致知＝窮理の実践であり[2]、また西洋の新知識を窮理の一環として、朱子学の合理的世界観に受容し取り込む営為と評価している。[3]

前田勉は、『侗庵文集』（初集〜六集　以下『初集』『二集』…と表記）を主に用いて、侗庵の世界認識を分析している[4]。①中国…文政三年（一八二〇）以降の中国の表現が「西土」に統一されていることに注目し、これを中国の華夷観念による独善主義への批判（中国≠中華）として、その上で西洋を組み込み日中間の相対化・平等化をはかったと位置付けた。②西洋…軍事技術の優秀性を認める一方で、利のみ追求するロシア・イギリスの侵略行為を非難した。③日本…皇統や武威の優秀性は否定しないものの、日本型華夷観念（日本を華＝文明の中心、日本の外を夷＝低劣な地と見なす観念）による独善的国家優越は否定している。

眞壁仁は、古賀家三代（精里・侗庵・謹堂）の学問と政治的な役割の変遷を追究し、侗庵については『俄羅斯紀聞』『新論』『海防臆測』などに見られる世界認識および政治論を検討している。[5] 侗庵の対外政治論を貫く思想は「変通」

（状況の変化に対応して現状を変革していく）であり、日本が対外的危機に対処かつ独立を維持するためには、軍備充実だけでなく通商をも容認しようとしていたことを指摘している。その一方で、儒学の伝統的基準でしか世界を認識できなかったという彼の限界にも言及している。

近年も、明治維新への過程の中で、侗庵が重要な位置にあったとする奈良勝司[6]や、「武道」や「士風」に関する言説から当該社会を侗庵がどのように考えていたのかを研究した高山大毅[7]など、研究対象として現在注目されている思想家の一人である。

そして、もう一つの研究潮流が［怪異］についてである。侗庵は、世界認識や海防の論説を著す一方で、漢文体怪談集『今斉諧』（一八一〇に正編五巻・続志成立、一八一六補訂、それ以降の作成分が補遺）や河童に関する資料集『水虎考略』（一八二〇後序）など、［怪異］に関する編纂・著述も行っている。

『水虎考略』については、柳田國男が『山島民譚集』（一九一四刊）「河童駒引」で「天下一ノ奇書」と評し[8]、後に生物学史の中村禎里や人類学の小馬徹らが『水虎考略』収録の図像や記録に関する研究を行っている[9]。しかし、これらの研究は河童の記載情報＝河童の生態に研究の主眼が置かれていたため、編纂に込められた侗庵の意図、つまり彼の思想性への言及は行っていない（第九章参照）。

国文学の福島理子は、広瀬旭窓や中島子玉、そして侗庵ら一九世紀前期における江戸の儒者の多くが「怪奇趣味」を共有していたことを『侗庵文集』などから指摘している[10]。同じく国文学の高橋明彦は、『今斉諧』収録の怪談に明記されている情報提供者に着目し、さまざまな史料を博捜して提供者の素性を明らかにした。そこから林述斎（大学頭）や鈴木白藤（学問所勤番組頭・侗庵岳父）など、情報提供者の多くが侗庵周辺の人脈（昌平黌・姻戚・門人など）であることを指摘した[11]。

しかし、後者の潮流に関しては歴史学（思想史）からのアプローチはなく、こうした歴史資料が残っていると触れる程度に留まっている。つまり、歴史学（思想史）において、この潮流は研究対象として従来見なされてこなかったのである。

儒者が、［怪異］を単なる「怪奇趣味」としてではなく、学問的営為の対象として認識していた事例は、本書で見てきたように少なくない。思索は好奇心から生じるため、儒者の「怪奇趣味」的側面を否定するわけではないが、［怪異］に対する学究的関心の側面も併せて考える必要があるのではないだろうか。大事なのは、儒者でありながら［怪異］に関心を持つ、その関心の質を問うことにある。では、侗庵の場合はどうなのだろうか。また、侗庵研究の二方向、すなわち異国と［怪異］という二つの異は、侗庵の思想内部で関連していたのだろうか。

本章では、侗庵がどのような理由で［怪異］に関する著作や論説を著し、またそこから何を主張しているのか、さらに異国と［怪異］の関係性を考えてみたい。すなわち、侗庵の［怪異］への関心だけに留まるのではなく、侗庵の思想全体における［怪異］の位置を探ることが本章の目的である。

【二】……［怪異］を記す理由

❖侗庵の知のインフラ

本節では、侗庵による［怪異］の記録行為に焦点を当てていくが、まずは侗庵の学知の前提となる部分について見ておきたい。

一つは、寛政異学（いがく）の禁（きん）である。これは、老中松平定信（まつだいらさだのぶ）による寛政改革の一つで、朱子学を「正学（せいがく）」、その他の儒学を「異学」と規定して昌平黌や大学頭林家（りんけ）門人に「正学」考究を求めた政策であり、この時点で漸く朱子学は「正学」、つまり幕府の正統教学になった。[12]

辻本雅史によれば、昌平黌を中心にしたこの政策は「風俗」＝民心教化まで射程に入れていたという。つまり、政治は「風俗」を統一するのが役割で、学問はそれに論理を提供する責任がある。その論理たる「学統」（聖賢が伝えた天地自然を貫く理法であり、礼法や倫常を基礎づけるもの）として選択されたのが朱子学で、「正学」として規定されたという[13]。朱子学が選択された理由は、人心から社会、天地自然までの全体を一貫した道徳の秩序原理で説明する学問だったためである。

同時に、学問所（昌平黌　もともとは林家の私塾）が創設され、講堂、学舎、寄宿舎（書生寮）などの施設が整備されたことが、前提の二つ目である。昌平黌での教育の対象になったのは、幕臣および諸藩士であった。辻本は、こうした異学の禁体制の意義を、①「小学（儒学における基本的な学問）」教育に政治の視線を入れた、②学問（儒学）が政策の中心＝政治による学問と教育の取り込みがなされた、③朱子学の知的特質（実践的道徳論・「合理」主義・主知主義）が普遍主義に立つ思想的訓練となった、④朱子学による知的・思想的訓練が西洋近代の学術を主体的に理解する知的土壌になった、と整理している[14]。

前提の三つ目は、松平定信による蘭書の収集・分析、そして大槻玄沢を中心とした蘭学者の幕府体制への組込みである[15]。これによって朱子学と蘭学の交流・吸収が活発になった。玄沢次男の磐渓（ばんけい）が、昌平黌へ入り佃庵門下になったことは、それを象徴している[16]。

こうした寛政期の文化政策（正学派朱子学、学問所の制度・設備、蘭学者との交流）が、佃庵の知のインフラになっていくのである。

❖［怪異］を記す理由――「叙事（じょじ）」の訓練

それでは、佃庵による［怪異］の記録行為について具体的に考えてみよう。

そもそも、佃庵は何故［怪異］を記録したのか。

彼はその理由を、文章、特に「叙事」＝記録の訓練をするためだと明快に述べている。

侗庵は二一才（一八〇八）の頃、漢詩文会「古処堂詩文会」を催している。その会約の附に「求怪談啓」（『侗庵文集初集』巻二）が設けられ、彼が怪談を求める理由が記されている。

煜於二百事一無二寸長一、独文最拙、而最好レ焉、嘗以為二議論・叙事、文章中分両大途一、而文会題目大率係二議論一、是以於二叙事之文一、未レ得レ窺二藩籬一、試綴二平日所レ聞奇事瑣言一、以当二叙事一、（中略）意因願欲三遍採輯得二以稍鮮叙事之法一[17]

（読み下し）
煜（侗庵）百事に於て寸長無し、独り文のみ最も拙し、而るに最も焉を好む、嘗て以て議論・叙事、文章中分両大途と為す、而して文会の題目は大率議論に係はる、是を以て叙事の文に於て、未だ藩籬を窺ひ得ず、試みに平日聞く所の奇事瑣言を綴る、以て叙事に当つ、（中略）意ふに因りて願はくは遍く採輯し以て稍鮮し叙事の法を得んことを欲す

侗庵は「独り文のみ最も拙し、而るに最も焉を好む」、文章だけが最も稚拙なのに最も好きだという心情を吐露している。彼は文を「叙事」＝記録と「議論」＝主張に分け、議論は詩文会に臨めば学べるのに対し、叙事は「藩籬」すなわち学問の入口にすらまだ差し掛かっていないと自覚する。そこで、詩文会参加者に呼びかけて「奇事瑣言」を採輯・記録し、少しでも「叙事之法」を会得しようとしたのである。

この呼びかけは一定の功を奏したようで（他の場でも呼びかけていたと思われる）、三年後の文化七年（一八一〇）に成果が纏められる。それこそが『今斉諧』（作成当初は『斉諧志』）であった。[18] この自序（『初集』巻三にも「斉諧志序」として収録）にも、「議論・叙事俱に拙し、而して叙事最も拙し（議論・叙事俱拙、而叙事最拙）」なので「神怪説話」を聞き書きすること三年、若干の「則」を得たという。しかし、改めて読み返すと「庸陋瑣屑、雑然無法」で焼き捨ててし

まいたくなるほど恥ずかしく思ったが、せっかく精力を注いだものなので保存することにした。それが『今斉諧（斉諧志）』だった。「書今斉諧前」（『二集』巻四　一八一六）でも同様に、『今斉諧』を読むと「予文才の浅短、誠に愧赧すべ（予文才之浅短、誠可二愧赧一）」きだが、自身の日進月歩の証拠として「自ら喜び且つ慰め（自喜且慰）」るために残したとある。

叙事の例として、只野真葛『むかしばなし』（一八一二成立）にも「三吉鬼」として載っている話を引用する。

> 羽州秋田山中有人、名三吉、蓋山気之所生也、長丈許、膂力絶人、性好勝、恥挫於人、有樵父人山伐木、伐多而力不能搬運、求助于三吉、三吉能為致之、秋田城下作角觝戯、以観乎人、十日為期、必九日而止、蓋盈期、則至日、三吉必親来求角力、蓋其好勝根乎天性也、尾関介説（「秋田三吉」『今斉諧』続志　読点は筆者が補った）

これは、山形藩の尾関介（便宜上の読み）が話題提供をしているが、もともと口語で語られた話を侗庵は漢文に「翻訳」している。この「翻訳」こそが文章の訓練だったのである。[19]

❖理由に対する疑問を考える

侗庵が［怪異］を記す理由は、文章、特に漢文による叙事の訓練のためであった。しかし、その理由に対して大きく三つの疑問が浮かぶ。そこで、次にそれらを検討していく。

第一の疑問は、何故侗庵は文章を学ぶのか、その文章へのこだわりである。これについては二つの理由が考えられる。

一つは、父精里の影響である。精里は安永七年（一七七八）大坂へ遊学中、尾藤二洲・頼春水に出逢い、朱子学をめぐって意気投合する。そして三人は「作文会」を発足した。[20] これは、口頭講義を重んじる山崎闇斎学派への批判として開いた会で、文章の重要性を説くものであった。精里没後、侗庵によって認められた「精里先生行実」では、父の学風は「尤も当に力を文義に用ふべし、文義未だ達せずして驟に空理を譚るは、猶ほ未だ立たずして遽に走るを語るがごときなり（尤当レ用二力于文義一、文義未レ達而驟譚二空理一、猶二未レ立而遽語一レ走也）」[21]と、遊学後も文章を重視していた父の姿が息子の脳裏に焼き付いていた。侗庵が文章を重んじたのも、父の学問姿勢を継承しようとしたためだといえる。

もう一つは、文章の叙事と議論の関係性である。この点については、天保四年（一八三三）に書かれた「文論」（『四集』巻十）が注目される。これは、三章構成で五経や『史記』などの漢籍から日本の文事までを「紀事」＝叙事と議論の視角から論説したものである。特に、第三章は日本の文章論で、論じる対象となったのは、物茂卿こと荻生徂徠であった。古文辞（第五章第二節参照）を尊重する徂徠は、議論ばかりを重視して叙事を軽視する宋代の儒者に対し、叙事こそ文章の本来であるとして議論を否定していた。[22]

他方、侗庵は議論を「闡明理道之文」（道理を明らかにする文）、叙事を「臚列行事之文」（起きたことを連ねる文）として、議論を尊重する立場を取った。ただし、宋儒も叙事を多く残している点に着目し、叙事と議論の相互関係性を重視することで徂徠を批判していく。つまり、「宋文の議論・叙事、其れ相距ること、堇々尺寸の間のみ（宋文之議論・叙事、其相距、堇々尺寸間耳　宋文の議論と叙事にはちょっとの差異しかない）」で「叙事・議論、両倶に一種の妙有り（叙事・議論、両倶有二一種之妙一）」とする侗庵にとって、「豈に之れ議論有りて叙事無しと謂ふべけんや（豈可レ謂下之有二議論一而無中叙事上耶）」と、叙事と議論が両立してこそ文章は成り立つと考えていた。

このように侗庵の文章へのこだわりは、正学派朱子学者である父の学問継承と寛政異学の禁により「異学」とされた徂徠学への批判という、昌平黌に関わる儒者としての反映と評価できる。

第二の疑問は、［怪異］を記録することが叙事の訓練になるという理屈である。前項で取り上げた史料は、いずれも侗庵が昌平黌の儒者見習になる前後に作成されたものである。昌平黌は世襲制ではないため、侗庵は自身の実力で儒者見習になっている。[23] それほど優秀な侗庵が、何故［怪異］や異国へ関心を抱いたのだろうか。また、叙事の訓練という理由自体も、怪談奇談を趣味として蒐集したいがための建前という見方も可能である。

そこで、まずは侗庵の［怪異］観を確認しておこう。『今斉諧』自序によれば、万物は世界に「常」にあるもので本来怪しむ必要はないが、世人は「蒙昧無知」のため「常」なことでも「嘩然駭歎（とても驚く）」することがある、それこそが「怪異」だという。これは、［怪異］を「常」の対概念とする朱子学の理解に通じる。そうした「怪異」に対して、侗庵は「洞覧博識」、つまり、物事を深く考究することで無知由来の異常性を解消するという主知主義を主張した。博識になることで異常性を解消しようとする侗庵にとって、儒者が語らない異な領域（怪力乱神）も考究の射程に入るのは当然の流れであった。

また、侗庵は、当時の儒者に対しても不満を抱いていた。「儒林の贅物、聖代の畸人（儒林贅物、聖代畸人）」（『三集』巻四「自題肖像」一八二四）と自己規定する侗庵には、「夫れ儒は冗散の官、人視ること猶ほ贅疣のごとし、辺防の時務は与り知ること無くして可なり（夫儒冗散之官、人視猶二贅疣一、邉防時務無二与知一焉可也）」（『初集』巻十「与大槻磐水書」一八一四）と、儒者とは「時務」つまり現在進行形の問題に関与せず、他人からはイボのような邪魔者と見なされる存在だと認識していた。そうした儒者像を打開するために侗庵が実践したことの一つこそ、現在進行形の対外情勢への取組みであった。[24]

そして、［怪異］に関する論説でも「拘儒（頑迷な儒者）」への批判を展開する。『三集』巻一「雑著七首　譚怪」（一八二四）では、「夫子怪を語らず（夫子不レ語レ怪）」に固執する「後之拘儒」は「聖言に大いに過ちたるを主張（主二張聖言大過一）」していると説いている。

『侗庵詩集（愛月堂詩鈔）』巻一四「談怪」（一八三九）[25] では、歴史書に記録される［怪異］を列挙し、無数の［怪異］を訝しむことはなく、世の人は動もすれば遭遇するものだと侗庵は説く。そして、拘儒は［怪異］の話を聞いては自説のように「子不語」を主張するばかりで、それは却って物の道理にくらく愚かな行為であり、隔靴掻痒、坐井観天、夜郎自大だと評している。

歴史書に記された［怪異］は、実際に起きた（とされる）出来事、つまり事件である。そうした事件に臨機応変に対処できる儒者こそ、侗庵の理想であった。現に侗庵が蒐集・叙事した怪談奇談は、当事者あるいは関係者からの聞き取り、いわゆる実話であり、しかもそのほとんどが最近の出来事であった。[26]侗庵が関心を持った［怪異］もまた、近時の異常という点で対外情勢と共通している。

要するに、［怪異］や異国への注目は、単に博識になって異常性を克服するだけではなく、敢えて異な領域に踏み込むことで、儒者が置かれた現状を打破しようという意志があったのである。［怪異］の蒐集と叙事は、侗庵の思い描く昌平黌の儒者の理想像に近づくための営為と連動していた。それが結果的に、侗庵の思想の独自性に寄与することになった。

第三の疑問は、怪談奇談を記すことが何故文章の訓練になるのか、ということである。これについて侗庵自身の解説はないが、『今斉諧（斉諧志）』という書名に注目したい。「斉諧」とは、『荘子』逍遥遊篇第一「斉諧は怪を志す者なり」[27]にある人名である。また『荘子』に関しては、林羅山が慶長年間に書いた随筆で「文章の活法有る者は荘子なり、（中略）活法有る所以は、以て怪を語る故なり、文を作す者は荘子の書を廃つるべからず（文章之有二活法一者荘子也、（中略）所三以有二活法一者、以語レ怪故也、作レ文者不レ可レ廃二荘子書一矣）」（『羅山林先生文集』巻六六）[28]と、『荘子』の文章が優れている理由は［怪異］を記している点にあると述べている。侗庵がこの羅山の随筆を読んだかどうかは不明だが、「斉諧」を用いた書名を付けたことに、彼の考える文章と［怪異］の関係性、および［怪異］を記す志を窺うことができる。

❖叙事を成立させるネットワーク——昌平黌という場

侗庵による［怪異］の記録行為は、昌平黌の儒者としての存立に関わるものであった。しかし、［怪異］を記録する彼に対して、孔子の教えに「何ぞ其れ背馳の甚だしきや（何其背馳之甚也）」（『今斉諧』自序）と非難する者が周囲に少なからずいた。[29] こうした者たちの中には拘儒も含まれるだろうが、彼に［怪異］の話題を提供したのもまた儒学を学ぶ者たちであった。そこで、情報提供者の面から侗庵の記録行為を考えてみる。

まず『今斉諧』の話題提供者である（表10-1、章末に掲載）。表を見ると、そのほとんどが精里門もしくは侗庵門であり、「友」と表現される者もいた（1香坂維直、5渡辺武緒、21山田維則、65猪飼斗南ら）。他に昌平黌関係者（61林述斎、64中神君度ら）、姻戚関係（63鈴木白藤）、古賀家出入の者（44兵吉、74新井華平）なども情報を提供している。「談龍記」（『二集』巻四　一八一六）は、江戸の龍にまつわる話で猪飼興叔（猪飼斗南か）・岡但馬介（楽人衆）[30]が話題提供者だが、二人は「友善」なので私に語ってくれたとある。別に林述斎も平戸藩別邸での話を提供しているが、これは平戸藩第九代藩主松浦静山『甲子夜話』成立に見られる述斎との交友関係を背景にしたものと考えられる。[31]「談恠」（『二集』巻八　一八二二）も、猪飼興叔が提供した話で「興叔気概有りて、其言信ずるべし（興叔有二気概一、其言可レ信）」とある。

他にも文政六年（一八二三）八月一七日にあった大風の際、「怪獣」や「金翅鳥」が目撃されたという「颶風紀事」（『三集』巻二）の情報提供者は、昌平黌関係者（林述斎、助教鈴木栄蔵、下番櫻井玖之助）、間宮林蔵、侍医中川常春院、「諸侯臣」らであり、「水虎新聞雑記」（『五集』巻五　一八三七）も林述斎や古賀家門人が話題提供している。

このように、精里門・侗庵門を主とする昌平黌を中心にした広範囲なネットワークを伝って、侗庵のもとへ怪談奇談が届いた。言い換えれば、諸藩士らが集まる書生寮などを含む昌平黌という場があったからこそ、侗庵の［怪異］の叙事は成立しえたのである。その場に集う信頼できる「友」たちから提供された情報を、侗庵は記録していったのである。

【二】……侗庵の主張

前節で取り上げた「文論」によれば、叙事（記録）は議論（主張）を引き出すために必要なものであった。では、侗庵は［怪異］の記録から、何を主張したのだろうか。

❖政治論・道徳論

まず若かりし頃の主張を見てみよう。「妖由人興論」（『初集』巻一　一八〇八）は、『春秋左氏伝』荘公一四年にある「妖は人に由りて興るなり、人釁無くんば、妖自ら作らず、人常を棄つれば、則ち妖興る、故に妖有り（妖由人興也、人無釁焉、妖自不作、人棄常焉、則妖興、故有妖）」[32]に関する論説である。侗庵は「妖」すなわち［怪異］を「天妖」「人妖」「物妖」に分けて、特に人妖を重視した。何故ならば、人妖は「一人之妖」→「一家之妖」→「一国之妖」へと悪化し、最終的に「天下之妖」＝天妖へ至って天下は亡びると理解していたからである。そのため人君は人妖さえ制することができれば、天妖も物妖も起こらず平和を維持できると結論する。一個人の異常であっても国家・天下の存亡に連結する、逆にいえば、一個人にまで人君は配慮しなければならないという政治論を展開している。なお、この論は『大学』八条目にある修身→斉家→治国→平天下に対応したものである。

次に「雷獣説」（『初集』巻四　一八一〇）。雷について、侗庵は「雷公」（主）と雷獣（従）に分けて、雷獣を雷公に「依憑」した存在と見なしている。そして、たとえ雷獣が害を為しても、その非難は雷獣ではなく上位の雷公に向けられる、こうした雷獣の在り方はまさに虎の威を借る狐だと侗庵は批判している。[33]さらに雷獣のような人間は、天下・国家・家それぞれに多く存在するので、この説を以て「世を警め」るとする。

「水虎説」（『初集』巻七　一八一二）では、人を襲った水虎（河童）が頭頂部の窪みにある水を涸らしてしまったために弱体化して、逆に生け捕りにされて食べられた話を、「諸河濱老父」から聞いた侗庵は、ある教訓を得る。それは、才能に秀でた者はその才能によって足を掬われるということである。これに続けて李斯（秦の宰相）や鄧通（前漢文帝の寵臣）といった、自らの才で成功したものの最後はその才で破滅した人物を紹介し、「世人を戒」めている。

この頃の侗庵は、一個人から天下までを連動したものと捉えた政治論や、怪物を人に擬えて、その行動から教訓を得る道徳論を展開している。道徳論はまた、怪物（形而下）から道徳的な議論（形而上）を抽出した、とも表現できる。

❖天変をめぐって

一八世紀以降、日蝕などの天変は、西洋天文学の導入などを通じて単なる自然現象として理解されるようになった。侗庵もこうした社会の中で生きていたわけだが、天変についてどのように考えていたのだろうか。

「日食説」（『二集』巻九　一八二二）では、日食には「常度」、つまり法則があるとしながらも、「蓋し天下の畏るるべきは、天変に在らずして、人心に在り」と、議論の所在を天変ではなく、それから何かを感じる人心に据えることで道徳論に転換している。これには、天人合一の不変性が反映しているのだろう。

「新論」（『三集』巻三　一八二七）のうち日蝕に関する論説では、日蝕の法則性が判明していた今から見ると、古の聖人は日蝕の原理がわかっていなかったと評する。しかし、「夫れ『知為知、不知為不知』、夫子の鴻訓なり」と、『論語』為政篇「子曰く、由、女に之を知るを誨へんか、之を知るを之を知ると為し、知らざるを知らずと為す、是れ知るなり」[34]に繋げることで、知をめぐる議論へ昇華させている。要するに、一九世紀の天文をめぐる現状を踏まえた上で、道徳や学問に関する問題として天変を改めて議論の俎上にあげたのである。

また、『今斉諧』補遺「白虹貫日」（一八三八）では、「今日天変詳明」で「奇しむに足らず（不レ足レ奇）」とするものの、「邪沴の気、凝聚然らしむる（邪沴之気、凝聚使然）」と朱子学の「気」の動きで天変を論じている。

❖格致之一端

文政年間以降（一八一八〜）、［怪異］に関する論説には「格致」という言葉が頻出する。第三章などでも触れた、格致、すなわち格物致知とは、『大学』「致知在格物、物格而知至」に由来する言葉で、解釈は儒者によってさまざまである。中でも、朱子学は「窮理」と結び付けて、格を「至」、物を「事」と解し、事物に即して考究することで道理を窮めることと解釈している。[35]

「洞覧博識」たらんとする侗庵も格物致知を指向し、『格物一端録』という著述を行っている（一八一一）。その序（『初集』巻五）によれば、この著述は「天下奥妙之理」が「日用之間」にあるため、「怪を崇めず隠を索めず（不レ崇レ怪不レ索レ隠）」日常の「平明確実、毫も誕謾無き（毫無二誕謾一）」を列挙することで、日常に宿る格物致知に注目したものだという。

『格物一端録』が日常から格物致知に注目したものとするならば、［怪異］の叙事に見られる格致にはどういう意図が込められていたのだろうか。以下、該当する論説を提示し、そこで侗庵が具体的に何を主張していたのかを検討していこう。

i．『水虎考略』後序（『二集』巻七「水虎考略序」も同様　一八二〇）…「格致之一端」

『水虎考略』については第九章でも触れたが、今一度取り上げる。この編著の契機は、精里の門下であった羽倉外記（簡堂）との会話である。外記の父秘救は豊後国日田の代官だった際、現地の河童に関する調査報告書「河童聞合」を作成した。[36]その存在を知った侗庵が「格致之一端」として書写し、さらに昌平黌勤番組頭中神君度（順次）が所蔵する「水虎図」や他の書物の情報を集めて編集した。[37]それが、『水虎考略』である。「格致之一端」は、厳密には「河童聞合」に向けた発言だが、これを契機に『水虎考略』が編まれているため、本書にまでその含意は敷衍できよう。

では、「格致の一端」の内実とは何かといえば、一つは「河童聞合」の河童図と「水虎図」の比較検討から導き出される自然観・世界観である。第九章でも見たが、今一度引用する。

関東所謂水虎者皆老巨鼈、非二西一海所レ称水虎一也、今観二主簿所図一、誠有二全然鼈形者一、此蓋巨鼈誤贋二水虎之目一者、其他則皆儼然水虎也、予意、水虎者蓋天地間一怪物、或是夫子所レ称罔象者、其変レ形、誑レ人、種々幻怪、断非二老鼈所能一辨也[38]

（読み下し）

関東の所謂水虎は皆老いた巨鼈にして、西海の称する所の水虎に非ざるなり、今主簿（中神君度　筆者注）の所図を観るに、誠に全然鼈形の者有り、此れ蓋し巨鼈を誤りて水虎の目に贋る者にして、其の他は則ち皆儼然として水虎なり、予意ふに、水虎は蓋し天地間の一怪物、或は是夫子称する所の罔象といふ者なり、其れ形を変じ、人を誑かし、種々幻怪す、断じて老鼈の所能に非ずと辨ずるなり

「水虎図」―「関東」で河童とされているのは実は巨大な鼈で、「河童聞合」―「西海」の河童とは別物だと、侗庵は指摘する（図9-2）。注目したいのは「予意、水虎者蓋天地間一怪物」という記述である。これは、天地の間にある万物は「理」に基づいて「気」から生じる、という朱子学的世界観に由来する一文である。これは、貝原益軒の「天地の間に理外の事無し（天地間無二理外之事一）」（『大和本草』）と同趣旨である（第三章一一二頁）。つまり、怪物＝「怪異」と雖も、その朱子学的世界観＝理と気からは逸脱できないということになる。

もう一つは、風土による気質の差異である。先述の河童図の比較を含めた各地の河童に関する情報を吟味した上で、侗庵は「豈に風土に随ひて、猶人と異なりて南北強の辨有らんか（豈随二風土一、異二猶人一有二南北強之辨一歟）」と、風土による気質の違いを人間と同様に河童にも見出している。そして、後序の最後には、以下の文が記される。

夫豊筑風気和柔、故人軟弱、而水虎亦然、東武風気剛勁、故人勇鷙、而水虎亦然、豊筑一人、既足レ敵二数（多）

水虎一、則東武人亦宜爾

（読み下し）

夫れ豊筑の風気は和柔、故に人は軟弱、而して水虎も亦た然り、東武の風気は剛勁、故に人は勇鷙、而して水虎も亦た然り、豊筑一人、既に数（多）の水虎に敵ふに足る、則ち東武の人も亦た宜なるのみ

「豊筑」―九州北部は和柔な風気なので人も河童も軟弱であるのに対し、「東武」―関東は剛勁な風気ゆえに人も河童も勇鷙だと、人も河童も風土の気質に依るところが多いとしている。しかし、東武の気質が勇猛だったのは昔のことで、「人気日脆弱に流るるか、噫、東武昔時剛悍の気、今日独り水虎に存するのみ、悲しきかな（人気日流二於脆弱一歟、噫、東武昔時剛悍之気、今日独存二於水虎一、悲夫）」と、東武の気質が河童にしか残ってないことを侗庵は悲嘆している。[39]

同じく後序には、留守居室賀山城守（正頼）の「歩吏」が河童に遭遇した話も収載されている。同話が載る『今斉諧』補遺や「水虎新聞雑記」によれば、林述斎が話題を提供していることがわかる。その末尾には「以て其れを証とし風土に随ひて異なることに足る（足下以証レ其随二風土一而異上矣）」と、侗庵の所見が付記されている。このような河童から見た風土の差異は、次節で述べる日本と異国の差異とも繋がってくる。

ii. 「庚辰紀異」（『二集』巻七　一八二一）内の「雷震四十二所」

「其跡を挙げて奇異を渉る、格致に資するべき者なり（挙二其跡一渉二奇異一、可レ資二格致一者）」と陰陽二気説から雷震を説明している。

iii. 「談恠」（『二集』巻八　一八二一）…「格致の一端に資する（資二格致之一端一）」[40]

前節でも取り上げた猪飼興叔提供の話で、表御坊主前田玄壽の「鬼」つまり幽霊に関するものである。これに対し

侗庵は、まず無鬼論者として有名な王充『論衡』第二〇巻論死第六二（「如審鬼者死人之精神、則人見レ之、宜下徒見二其裸袒之形一、無上レ為見二衣帯被服一也、何則、衣服無二精神一、人死、與二形體一倶朽、何以得三貫二穿之一乎」）を引用して無鬼論を取り上げる。それに今回の「鬼」の話、すなわち衣帯を着した「鬼」の実在を示すことで、鬼神を否定する世の無鬼論者（その根拠となる王充）を批判している。そして、改めて「鬼」を「蓋し気有りて形無し」と、気によって鬼神を説く朱子学の鬼神論に基づいてこの事件を解説している。

iv.「譚怪二首」（『二集』巻十　一八二三）…「其事を以て格致に資するに足る（以二其事一足レ資二格致一）」

肥前国諫早の西村・田河二名から聞いた、鬼火に関する二話。これについては「予人の譚を聞くに鬼多し、而るに未だ嘗て明暗呼吸の説に及ぶ者有らず、今生くる所を観て云ふに、殆ど鬼も亦生物に似たり、抑も豈に万物皆陰陽屈伸の理に外れること能はずんば有らざらん、故に鬼火も亦た然りか（予聞二人之譚一鬼多矣、而未下嘗有中及二明暗呼吸之説一者、今観二生所一云、殆似二鬼亦生物一、抑豈万物皆不上レ能レ外二於陰陽屈伸之理一、故鬼火亦然歟　なお傍線部は西尾市岩瀬文庫所蔵本以外では削除されている箇所）」と、朱子学の鬼神論の骨格をなす張横渠の説、すなわち陰＝屈して往く気＝鬼・陽＝伸びて来る気＝神という鬼神を陰陽の二気の霊妙なはたらき（第一章一三頁参照）によって解説している。

v.「雑著七首　譚怪」（『三集』巻一　一八二四）…「正（に）窮理之一端」

前節でも取り上げた、米沢藩主上杉斉定との酒席での山男に関する談義である。侗庵は、山男を「山気より人の生じ（山気生レ人）」た「化生之功」であって怪しむに足らない、としている。こうした山の気から物が生じるという解説は、天狗についても、後で詳しく取り上げる『劉子』巻之一八「三怪物考」で「蓋し山気より生ずる所、自ら此の一種有り、或いは云く、此れ即ち西土の所謂山魈という者なり（蓋山気所レ生、自有二此一種一、或云、此即西土所謂山魈者）」[41]と同内容を主張している。天狗が気から生じるという見解は、侗庵だけでなく、新井白石の『鬼神論』にも見られる（「是等（天狗・飛天夜叉）は、多くは山林異気の生る処、彼木石の怪なるべし」[42]）。

また、既に触れたように、拘儒批判も見られる。侗庵は、何事でも洞穴の奥を見るように「剖析窮究（ぼうせききゅうきゅう）」すれば必ず道理は明らかになり、山男もまた「窮理之一端」を示す事例なので、「誕謾幻妄」で［怪異］を語っているわけではない、と主張している。

vi．『水虎考略後編』[43]序（『五集』巻九「水虎考略後編引」も同様　一八三九）[43]

『水虎考略』の続編であり、序には編纂の経緯が記されている。河童の考究を「窮格之一端」と位置付けて前著を成した後、「水虎断腕」を目撃したことにより（『愛月堂詩鈔』巻一三に「水虎腕歌」（一八三六）という詩文がある）、「天地間に此の一物有り、昭昈（しょうこ）として疑いを容れず（天地間有二此一物一、昭昈不レ容レ疑）」という思いを更に強くし、「願はくは道徳・性命・天地神鬼、理の当に格（いた）るべきは無数たらん（願道徳・性命・天地神鬼、理之当レ格者無数）」と新たに続編を編んだという。ｉから一歩踏み込んで、河童から朱子学の根本概念を明らかにしたいという、侗庵の強い意志が序から読み取れる。

以上、格致に関する［怪異］の叙事から侗庵が引き出した議論は、理気や鬼神など朱子学の根本概念に関することであった。異常から格致を抽出しようという姿勢は、日常の格物致知に注目した『格物一端録』とは真逆のものである。つまり、これらは逆説的な格致論なのである。

本節では、侗庵が［怪異］から導き出した議論に注目した。それは、政治や道徳、理気、鬼神など、朱子学の道理に関する主張であった。朱子学は、人心から天地自然を貫く道徳秩序を考究するものであり、そこには異の領域である［怪異］も含まれていた。また西洋科学が導入された現在と往古の齟齬を把握した上で、侗庵は儒学の今のあり方を提示している点も特筆される。いずれも洞覧博識で現況にも対応できる理想の儒者像を目指すことと連繋していた。

こうした姿勢は、補論三で見た懐徳堂の儒者が朱子学的無鬼論によって論断するものとは異なり、多くの情報を収集し、それを学知として体系化することで異常性を無効化しようとするものであった。同じ朱子学者であっても、［怪異］への眼差しと対応は大きく異なっていたのである。

【三】……［怪異］と世界認識

❖世界認識と窮理

［怪異］は、侗庵にとって格物致知（窮理）のための素材であった。また［怪異］の考究を通して拘儒との差別化をはかり、自らの学知を深化させることで理想の儒者像に至ろうとした。

一方で、侗庵の世界認識もまた格物致知の実践であったことは、本章冒頭で述べたように梅澤秀夫らによって既に指摘されている。では、格物致知という共通項を持つ［怪異］と世界は、侗庵の思想内でどのような関係にあったのだろうか。まず世界認識と格物致知の関係を確認した上で、続いて［怪異］との関係性を検討していきたい。

世界認識と格物致知については、「窮理説」（『六集』巻六　一八四三）が注目される。[44] これは、アヘン戦争（一八四〇）を契機に書かれた窮理（格物致知）に関する論説である。

侗庵は、まず窮理を「仁義道徳之窮理」（形而上の道理）と「名物器数之窮理」（形而下の道理）に二分している。形而上と形而下、二つの窮理は本来一体で「誠正修斉治平」の資け(たす)となるものとし、侗庵は両者のバランスから各国を論じている。

「西土」＝中国は、「古昔聖王」の頃は双方の窮理を重視していたが、宋代の理学は形而上を主として形而下を斥けてしまったため、結果的にアヘン戦争での敗北に到ったとする。

「太西」＝ヨーロッパは、「心身家国を外にして、事物の理を苦索するに務め（中略）大都頑獷猾黠(がんこうこうかつ)、利を牟(むさぼ)り義を忌む（外二心身家国一、而務三苦二索事物之理一、（中略）大都頑獷猾黠、牟レ利忌レ義）」、すなわち「名物器数之窮理」に特化した国々と理解する一方で、「極めて其精妙」な「船銃諸軍器」による侵略行為を非難する。

そして日本は、理道＝「仁義道徳之窮理」を主体とした国であり、形而下については「暦数名物甘んじて太西に遜（おと）る、慨（なげ）くべきのみ（暦数名物甘遜二太西一、可レ慨也已）」としている。そして、アヘン戦争の情勢を知った上で、今後日本は仁義道徳の立場から「船銃諸軍器に至りては、則ち衛民の具、君の仁・不仁の由る所と判る（至二於船銃諸軍器一、則衛民之具、君之仁不仁所レ由判）」と西洋の軍事技術を摂取し、形而上下を一体にすべきだと主張している。「窮理説」では、侗庵は形而上・下双方の道理がバランスよく存立することを重視している。これは「文論」の文章における叙事・議論双方を重視する姿勢と通じるものがある。

❖［怪異］と異国

次に、［怪異］と異国の関係についてである。この視点で侗庵の［怪異］に関する叙事を読むと、西洋の［怪異］に触れたものはほとんどなく、専ら「西土」＝中国との比較に終始している。[45] 例えば「辛卯録異」（『四集』巻八一八三一）内の「白雉白雀」では、「案ずるに、西土も亦た白雀を以て瑞と為す（案西土亦以二白雀一為レ瑞）」とある。先の「雷獣説」や『水虎考略』収録時に加筆された「水虎説」を見ると、文化七年（一八一〇）以前、雷獣・天狗・水虎三つの「怪異之物（天地間怪怪奇奇）」は中国にいない日本固有のものだと、侗庵は当初理解していた。結局それは恥ずべき誤解で、その後文献を渉猟し「一定之説」を成すに至ったが、これらが中国と比べて日本に多いのは地気の差異によるもの、と風土の差異による解釈を行っている。風土の議論は、もともと日本固有の［怪異］への関心から始まったものであった。

別に、［怪異］の理解から見た「西土」人批判も展開している。随筆集『劉子』（一八三〇頃成立）から、この点を検討してみよう。

巻之一八「三怪物考」は、雷獣・天狗・水虎について『侗庵文集』収録の「雷獣説」「水虎説」を加筆した論考である（天狗に関する論説は未収録）。そのうち「雷獣考」では、前半に『酉陽雑俎』『五雑俎』など中国の文献に載る事例と侗庵の解説、後半に「雷獣説」を転載している。その前半では、雷を雷公と雷獣の別個に考えている侗庵（前節参照）に対し、中国の文献では雷公と雷獣を未分化のままに扱っていることがわかる。これに対し侗庵は、「西土の人好んで空理を譚す、而して物理を審察すること能はず、故に直に以て雷と為すのみ（西土人好譚二空理一、而不レ能三審二察物理一、故直以為レ雷耳）」と、「西土」の人は物の道理を明らかにできていないと主張する。一方、自身の「雷獣説」は、「其の言頗る世に風えるに足る（其言頗足レ風レ世）」と位置付ける。[46] これらの文言はいずれも元の「雷獣説」にはなく、文化七年以降に加筆されたものである。

また、巻之一九「鎌鼬」の中でも、「西土の人平素より事理を究知すること能はず、好んで虚誕の説を為す（西土人平素不レ能三究二知事理一、好為二虚誕之説一）」[47]と、先と同様の主張がなされている。

前節の［怪異］の叙事が「格致之一端」を導き出す行為だという侗庵の主張を踏まえるならば、「西土」人による［怪異］の叙事からでは道理を窮めることができない、すなわち「西土」人に格物致知は不可能だということになる。侗庵が文政三年（一八二〇）以降、中国を「西土」と表現したのは、先述の華夷秩序に基づく日中間の相対化・平等化する意識だけではなく、[48] 華夷思想によって諸外国に目を向けない中国の夜郎自大な性格を批判するためだという。[49]［怪異］の叙事を通しての「西土」人には格物致知が不可能だという主張も、こうした意識の反映だと考えられる。

❖侗庵と西洋の「怪物」

侗庵による異国の［怪異］への言及は、専ら「西土」＝中国に関してであった。だが、彼は西洋の怪異について全く知らなかったのだろうか。

蘭学者に目を向ければ、彼らも怪異に対して関心を持っていた。杉田玄白は『後見草』（田沼政権）や『野叟独語』

（対露危機）で、政治情勢と「天変地妖」の関係性（天譴論など）を述べている。侗庵と交流のある大槻玄沢も、『六物新志』（一七八六序）で「人魚」を取り上げている。

その玄沢と長男玄幹の手による「木霊怪異」[50]という史料は、延焼した江戸葺屋町市村座の修造にまつわる怪談（一八一六）を記したものである。この怪談は、侗庵の『今斉諧』続志にも「祠樹為崇」というタイトルで同内容のものが収録されている。これは、情報提供者は記載されておらず、侗庵自身の見聞だと思われるが、侗庵と玄沢・玄幹が同じ情報を共有できる環境にあった点には注意しておきたい（一方が他方に情報提供した可能性もある）。

そして「崇日論」（『二集』巻七　一八一九）には、山村才助『西洋雑記』（一八〇一成立）が引用されている。才助は玄沢門人で、『西洋雑記』は蘭学修学時に書き留めた世界の歴史や奇談、物産などをまとめたものである。実は、その『西洋雑記』[51]には西洋の怪異に関する記述が散見できる。例えば、「キリツヒウン（グリフィン）は極めて奇異なる生類」（キリツヒウンの説）や「セ井レ子ン（セイレーン）は海中に生ずる一種の怪物」（セ井レ子ンの説）などのように。

しかし、侗庵はこれらの「怪物」を論説で全く取り上げていない。何故取り上げないのかについては不明だが、二つの理由が推測できる。一つは、中国と比べて情報量が少なく、且つ形而下に特化したと見なす西洋からは形而上の道理—『水虎考略』で見た「天地間一怪物」以外—を引き出すことが難しかったためではないか。二つは、才助は『西洋雑記』に載る「怪物」の多くを「寓言」、つまり譬え話と断じていた[52]。実際の出来事としての［怪異］を重視する侗庵にとって、これらの「怪物」は論じるに値しなかったのではないだろうか[53]。

以上、［怪異］と異国の関係を検討したところ、双方とも格物致知の素材という共通性を持っていた。双方の著述は情勢や関心によって時期的な多寡があるが、絶えることなく継続している。

［怪異］については、西洋にはほとんど触れず、専ら「西土」＝中国との比較に終始し、中には「西土」としての中国への批判も含まれていた。一方、世界の情報を蘭学者から得ていたにもかかわらず、西洋の「怪物」は議論の俎上に乗せるほどのものではなかったようである。

おわりに

本章では、古賀侗庵の［怪異］観とそれに対する活動を見てきた。懐徳堂の儒者のように［怪異］を無鬼論によって弁断するのではなく、侗庵は理気論で解説する一方で多くの情報を収集することで［怪異］を平常化しようとした。叙事と議論の両立を［怪異］で目指していたのである。

叙事は昌平黌に関わる侗庵の立場（精里の後継・徂徠批判）、議論は朱子学者としての主張（格致之一端）を意味し、拘儒とは異なる今の儒者像の模索と結びつくものであった。［怪異］への言及が、彼の思想の独自性へと繋がっていき、日本朱子学の新しい活路をひらくものだったといえる。

侗庵の活動を規定していたのは、寛政期の文化政策によって生み出された学問空間（書生寮など昌平黌の施設）であり、そこに集う諸国の知識人（≒友）たちだった。彼らも［怪異］に関する情報を持っていたが、学問として昇華できたのは侗庵だけであった。それは、常だけでなく異常も組み込んだ格物致知を指向した侗庵だったからこそ実践できたことだといえる。

最後に、侗庵の［怪異］に関する学知が社会に与えた影響を考えてみよう。実は、侗庵から社会へ向けた発信はきわめて限定的だった。何故なら彼が自著他見無用の姿勢をとっていたからである。息子の謹堂が侗庵死後に書いた「先考侗庵府君行述」（一八四七）には「後門下の狡生（こうせい）、窃（ひそ）かに未だ定まらぬ原稿を謄（うつ）し以て乏しきに資す（後門下狡生、窃謄二未レ定原稿一以資レ乏之）」[54]と、門弟が侗庵の著述を密かに書き写して勉強していたことがわかる。侗庵が自著を見せなかった理由は、「就（すなは）ち将に進歩せんとす（就将二進歩一）」[55]、つまり不断の知識の獲得と学問の精進に励むことで内容を常に更新するためだといつも語っていた。彼の学知の披露は会読、詩文会、酒宴などに限られていた。

しかし、それでも侗庵の［怪異］に関する学知は世間に流出している。『今斉諧』の正編四巻までの写本が各地で複数現存していることは、四巻成立時に流布したことを示す。[56]

『水虎考略』についても、美作藩士で侗庵に学び、後に藩の儒官となる稲垣寒翠（武十郎）は『河伯俗話』を編んでいる[57]（図10－2）。内題に「劉子水虎考略抄」とあるように、これは『水虎考略』のうち「河童聞合」を抜粋したものである。

また、文政六年（一八二三）までに奥医師栗本丹洲（瑞見）が『水虎考略』を借用し「澹州随筆河伯奇説」「友人芝陽奇話」などの資料や私見などを増補し改訂している。[58]その後も写本の内容がさまざまな形態で流布している。[59]こうした事態に対し、侗庵は丹洲の増補改訂を新規の情報として『水虎後略後編』に採用している。

これらは、侗庵の知を更新したいという意欲に基づく知の循環であった。『水虎後略』は、羽倉家蔵「河童聞合」や根岸鎮衛『耳嚢』など広く知られていない資料を世に紹介した、言い換えれば、知の提供を行っていた。

「格致之一端」の流通は、他の知識人を刺激するだけでなく、侗庵自身の格物致知のために更なる情報を蒐集する機会にもなっていたのである。

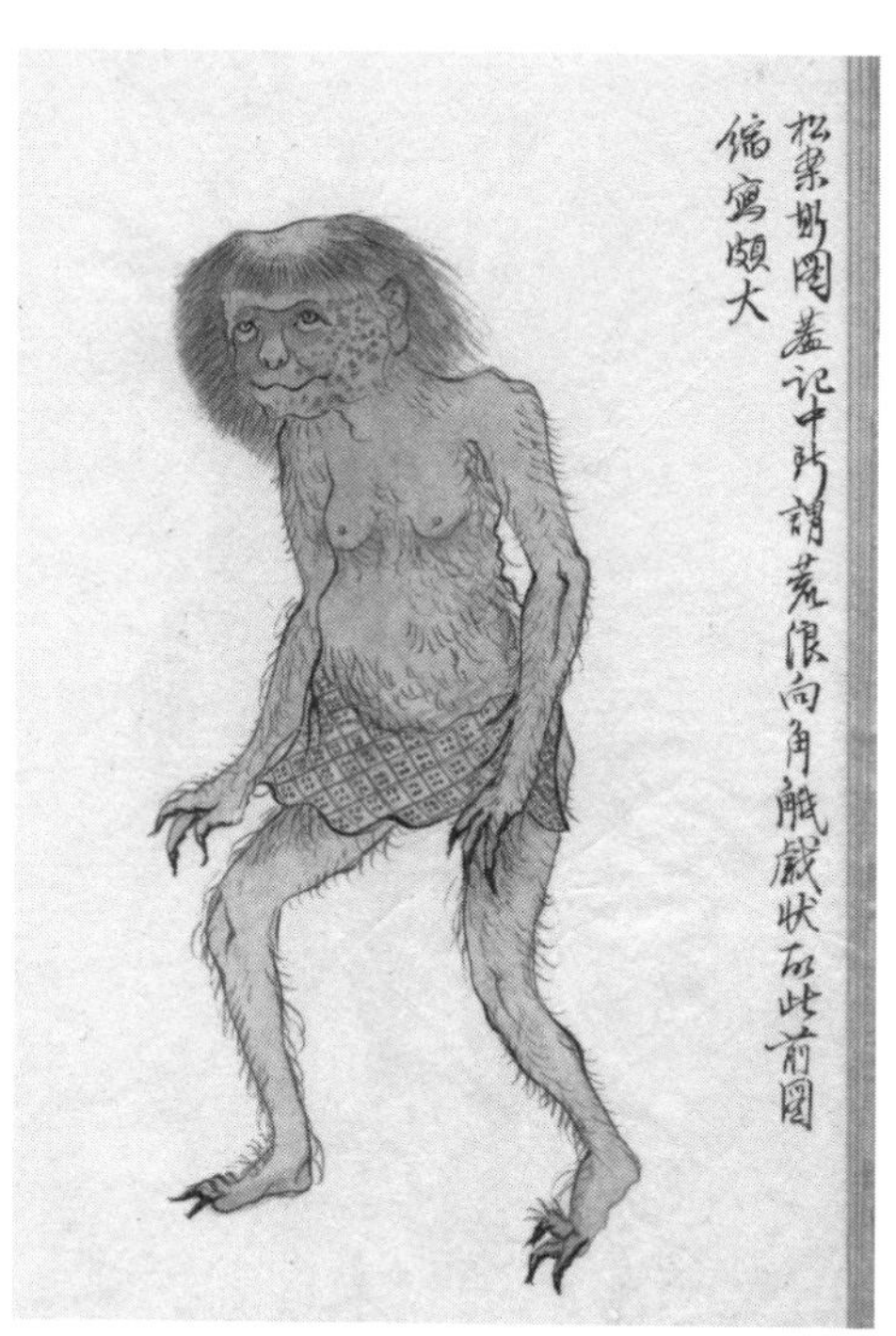

図 10-2　『河伯俗話』
（国際日本文化研究センター所蔵）

表 10-1　『今斉諧』話者一覧

		表記人名	別名	来歴など	話名（巻　場所）
1	東北	香坂維直（伯良）	名：維直、字：伯良	羽州米沢藩士、文化3年（1806）昌平黌精里門（文化5年帰藩）。	巨蛇不能出穴（1　越後）、雷猷（1　羽州米澤金華山）、雷撃不孝子（2　羽州高峯村）、周助之鬼（2　米沢）、某氏之魂（2　米沢）、狼（2　米沢）、食蛇肉（2　米沢）、愛須薬之原（2　米沢）、瑞龍院之怪（4　米沢高玉）、天狗（5　米沢大荒山）、狐（5　米沢、米沢羅城、米沢真光寺）、金精（続　北野明神祠）、中山城之怪（続　米沢中山城）、大蒜駆疫神（続　米沢）
2	東北	神保甲作（暘谷　1779-1838）	名：忠貞・貞、字：純甫・子純、称：甲作、号：暘谷	羽州米沢藩儒。細井平洲・亀井南溟・樺島石梁らに学び、後昌平黌精里門。文化5年（1808）米沢藩校興譲館教官、文化13年（1816）記録方、使番、宗門奉行を歴任。	蛇啼（3　米沢）、吾嬬山大人（4　奥州界上吾嬬山）、横槌（4　羽州）
3	東北	浅間金太郎		精里・侗庵門。	魂盥手（補　江戸）、鬼託子（補　江戸？）
4	東北	尾関介		山形藩臣。	狐（5　羽州山形）、石飛墮室中（続　山形）、湯神（続　米沢）、殺蛇之報（続　山形）、芦葦中婦人（続　山形）、字化血（続　山形）、三吉（続　羽州秋田山中）
5	東北	渡辺武緒（1785-1810）	名：武緒、称：久太郎	羽州亀田藩士で精里門人。	姣童之鬼（1　羽州由利郡龍門寺）、鬼婦酬徳（1　羽州亀田）、黏鳥之妙（1　亀田藩）、両頭蛇（2　神田門外）、鬼謝恩（2　亀田）、蛇啼（下総葛西下岩村）、水虎（3　戸田川）、猫（5　江戸）、両頭蛇（補　神田門）
6	東北	小室弁蔵			雷猷（1　羽州秋田）、冤鬼作雨（4　津軽→玉川駅）
7	東北	千葉平格	名：平格、称：祐蔵、字：天壽	仙台人。精里門。	蛇好穴（4　奥州仙台）、猫王（4　距仙台城三十里
8	東北	樋口光大（高津淄川　1785-1865）	名：光大・泰、字：平蔵・平甫、称：平三、号：淄川	会津藩儒・藩校日新館教授。昌平黌精里の高弟。	其某之怪（3　会津侯第在和田倉門内）、鼠怪（3　会津）、画鬼婦人之怪（3　会津安養寺）、岩崎古城之怪（3　会津向羽黒岩崎）、杜若和歌之異（3　会津大坊通）、鬼帰家（3　会津）、鉄達磨入夢（4　会津）、室中生花（4　距会津城三里許）、狐（5　会津）
9	東北	牧原直亮（半陶　1786-1842）	名：直亮、字：景武、称：只次郎、号：半陶	会津藩儒。文化5年(1808)学料五人扶持にて昌平黌精里門。文政3年（1820）藩校日新館儒者見習、藩主松平容衆の侍講も勤めた。林家への入門も果す。	青山侯邸之怪（補　江戸青山侯邸）
10	東北	土屋朗（壷関　1778-1819）	名：朗、字：子潤、称：七郎、号：屋郎・壷関	会津藩儒（藩主松平容敬に仕え学料五人扶持）。昌平黌精里門。	鬼責不返金（1　奥州耶麻郡都沢村）、聖像有霊（1　会津国学孔廟）、疫神（2　奥州耶麻郡中山潟村）、山鬼（2　奥州耶麻郡大原村）、鬼産児（2　奥州耶麻郡猪苗代）、四乳人（2　白川）、原田氏之怪（3　会津）、鬼粟（4　会津城下）、猫（5　奥州会津城、奥州耶麻郡猪苗代新屋敷村、会津小川庄馬鳳村、奥州耶麻郡吾妻山）、猫（5　会津磐梯山）、狐（5　会津酸川）

表 10-1 続き

		表記人名	別名	来歴など	話名（巻　場所）
11	東北	月上熊八			異人買酒（補　会津磐梯山）
12		駒井理右衛門			凶夢有応（補　奥州南部）
13		大塚桂（穀斎　1784-1827）	名：桂、字：菊卿、号：穀斎	磐城白河藩儒、昌平黌精里門。	四乳人（2　白川）
14		堀池金弥		精里門。文中に「予友、堀池金弥、白川人也」	龍灯（3　奥州白川城）、城墟之火（3　白川城外）
15	関東甲信越	松田順之（菘廬 1783-1852）	名：順之、称：多助、号：菘廬・迂仙	高崎藩儒。弱齢より精里、後に侗庵に学んだ。	龍鱗（2　総州久留里）
16		鈴木孔彰			蛇復怨（続　相州多田）
17		岡田左太夫		侗庵門。	米鳴（補　小田原）
18		椎名維直		文中に「椎名維直、武州本庄人也」	狸（1　武州本庄）、獺怪（1　上州足利郡唯上村）、天下媼（4　上州）、婦人為神所役（4　信州）、猫（5　上州佐野不動院）、狐（5　上州佐野）
19		前田経	名：経、称：万吉	武蔵忍藩士。文化 6 年（1809）入門。文中に「阿部忍侯第中、前田万吉舎、畜一猫」	巨蛇変形（1　忍城）、禿松之異（1　江戸麻布郷）、老狸逆知禍福（1　武州忍二城）、興鬼囲碁（2　江戸）、窖中之毒（4　龍土桜田坊）、蛇好穴（4　麻生忍侯中邸）、猫（5　阿部忍侯第）、狐（5　麻布）
20		鈴木彦次（河田彦次）	名：忠恕、字：仲貫、称：彦次	精里門。	狼子不可養（補　信州松本山中）
21		山田維則（1775-）	名：維則、称：司馬助	昌平黌精里門、上田藩校明倫堂の惣司補佐。侗庵宛に蘭学の弊害を説いた著書『蘭学弁』がある。文中に「友人信州上田之人」	姥湯石（2　信州上田）、陰物生火（3）、龍（4　信州）
22		林瑜（葆坡 1781-1836）	名：瑜、字：孚伊、称：周輔	昌平黌精里門、加賀藩校明倫堂助教兼藩主侍講。	白山之怪（3　加州金沢）、鬼責償金（3　加州宮之口）、伝道寺山之怪（3　金沢）、熊谷之怪（4　加州金沢）、味噌倉坊之怪（4　金沢）
23		下村宗兵衛		加賀藩士。精里門。	加州山中之怪（3　加州金沢）、歩吏逢怪（3　金沢城下）、傘夫之鬼（4　金沢）、猫（5　加州）
24		友田厚質		友田津左衛門（金沢室老臣、精里門）か。	久田氏之怪（3　加州金沢）、怪物足三指（3　金沢）、金谷門之怪（3　加州金沢城）、中村氏妾之鬼（4　金沢）
25		大塩詢			猫（5　北越）
26	東海	和気翼（浅井紫山 1797-1860）	名：翼・正翼、字：亮甫、称：桃太郎・董太郎、号：紫山・希聖斎	尾張藩医、昌平黌精里門。	異火（続　土州山中）
27		福田賢輔		尾張人。精里門。	狸（1　尾州熱田・濃州大宿村）、八十媼産子（1　尾州笠松）
28		小菅三平			冤鬼化虻（続　勢州神戸城下）
29	近畿	原田元寿			水虎（補　丹波州笹山）
30		小笠原奎蔵			大蜘蛛（補　紀州）
31		白須文明			古墓有霊（続　播州三田多田満仲廟）、死人揺手（続　摂州三田）、廿日山之怪（続　播州三田廿日山）
32		日治球			人丸像（3　播州明石）

表 10-1 続き

		表記人名	別名	来歴など	話名（巻　場所）
33	中国	海野彬（紫瀾 1774-1842）	名：彬之、字：子彬、称：弥平四郎・弥四郎、号：紫蘭	松江藩校明教館で桃源蔵門、享和元年（1801）広瀬藩句読教授。文化 2 年（1805）昌平黌精里門。	山気作人（1　松江）、桜殿之怪（3　雲州吐月山）、古祠之怪（3　雲州海上新屋井）、竹島鰒芦異常（4　江戸）
34	中国	市川仲蔵			巨蛇変形（1　石見国津和野）、蛇復怨（続　石州津和野）、頭髑堤草（続　石州津和野柳里）、古墓有霊（続　津和野永明寺、因州鳥取）
35	中国	江木某（江木鰐水か　1810-1881）	名：戩・貞通、字：晉戈、称：繁太郎・健哉、号：鰐水	文中に「門下生江木某」とあるのみ。備後福山藩士、昌平黌侗庵門。	白虹貫日（補　江戸）
36	中国	小田明（南畡 1790-1835）	名：圭、字：延錫、称：順蔵、号：南畡	長州長府藩儒。藩医松岡道遠の次男で、叔父小田済川の養嗣子。昌平黌精里門。	食筍有娘（3　長州長府）、鬼婦（4　長門萩之下邑）、冤鬼為祟（4　長府切通）、溺人之鬼（4　長門）、長府風土三則（4　長府）、狐（5　長州）、狐（5　長府）
37	四国	岡晋之助（成功）	成功、称：晋之助	高松藩儒岡元度の養子。本牟礼村百姓小八郎の子。高松藩記録所総裁。精里門か。	天狗（5　讃州高松）
38	四国	奥村彊（淡斎 1782 ～ 1837）	名：彊、字：子毅、称：忠一郎、号：淡斎	高松藩校弘道館儒員。	一目人（4　高松）
39	四国	芦田厳三（赤井東海　1787-1863）	名：繩、字：士巽、称：秀之助・厳三	高松藩儒、昌平黌精里門。	烈婦之鬼（補）
40	四国	加藤毅（梅崖 1783-1845）	名：毅、字：士戩、称：俊治、号：梅崖・俊斎	讃岐丸亀藩儒、昌平黌尾藤二洲・精里門。昌平黌書生寮舎長。	巨蛇不能出穴（1　讃州丸亀観音寺山）、狸（1　丸亀藩）、物変形成夫（1　讃州丸亀）、海鼠（3　讃州高見山）、嗜殺之報（3　丸亀）、井中之毒（4　讃州金毘羅）、猫（5　讃州丸亀）、天狗（5　讃州丸亀）
41	四国	勝村豹（中清泉 1783-1847）	本姓：勝村、名：豹、字：文蔚、称：主膳、号：清泉	讃岐丸亀藩儒。昌平黌尾藤二洲・精里門。	清少納言之霊（3　讃州金毘羅祠）、頓宮故地之怪（3　丸亀沖宮）
42	四国	吉田巖（千阪廉斎 1787-1864）	名：巖、字：千里・希楠、称：一学・都鷹、号：廉斎・莞翁	幕臣。昌平黌古賀精里門、また清水浜臣に和学も学ぶ。	狸窃胞衣（3　讃州丸亀）、人魚（4　讃州高見山）
43	四国	四十宮淳行（月浪 1790-1842）	名：淳行、字：文卿、称：三平・行蔵、号：月浪	阿波徳島藩儒、昌平黌精里門。	太陰人（1　阿州）、葵明神好動（1　阿州瀕海）、夔神霊応（1　阿州撫養）、金毘羅擁護土人（1　阿州徳島城）、吉成氏之怪（4　阿波）、天狗（5　阿州徳島城）
44	四国	兵吉		古賀家召使い。文中に「予家嘗蓄蒼頭、曰兵吉、阿州徳島人」	太陰人（1　阿州）
45	四国	後藤弾次		新谷藩士。精里門。	怪兎（1　伊予大洲）、北表神祠怪石（1　大洲）、楠樹為祟（1　伊予新谷）
46	九州	池田権三郎		小倉藩士、精里門。	狂人見鬼（2　江戸）、妖婦人（2　江戸）、手写法華経千部（2　東山南禅寺）、水虎與人交（3）、狐（5　小倉侯下谷第）
47	九州	樺島石梁（1754-1827）	名：公礼、字：世儀、称：勇吉・勇七、号：石梁など	筑後久留米藩儒、藩校明善堂教授。折衷派儒者。宮原南陸・細井平洲に師事、栗山や精里とも交友がある。	狼子不可養（補）

		表記人名	別名	来歴など	話名（巻　場所）
48	九州	井内収（南涯 1784-1846）	名：収・季嶢、字：孚卿、称：伝右衛門・壮一郎、号：南涯	肥前佐賀藩儒。藩校弘道館（指南役→教諭→助教→教授）。文化7年（1810）江戸遊学にて昌平黌精里に入門。文政3年（1820）江戸へ遊学し昌平黌佐藤一斎門、翌年書生寮舎長。	天女過空（続　佐賀）
49	九州	横尾静安（1780-1804）	名：定、字：静安	佐賀藩医横尾仲健嫡男。精里同郷の書生。	老嫗之怪（2　肥前）
50	九州	草場韡（佩川 1787-1867）	名：韡、字：棣芳、称：磋助、号：佩川など	佐賀藩儒、多久聖堂および弘道館教授。精里高弟。	韓児還冤（4　佐賀）
51	九州	西在三郎（鼓岳 1803-1857）	名：贊、字：叔襄、称：在三郎、号：鼓岳・芳隣舎	佐賀藩多久氏の儒臣。初め多久聖堂で草場佩川門、文政8年（1825）より3年間昌平黌侗庵門。	水虎（補　肥之多久邑羽間村）
52	九州	満野順（荷洲 1779-1846）	名：順、称：代右衛門、号：荷洲	肥前蓮池藩儒。精里門。	颶風（3　蓮池）、宇賀神（3　江戸回向院）
53	九州	大野五郎左衛門（梁村　1798-1875）	名：平一、字：衡卿、称：五郎左衛門など、号：梁村	蓮池藩儒。文政7年(1824)から3年間侗庵門。	水虎（補　肥前州蓮池大橋村・鍋島山城）
54	九州	田代冨五郎			巨蛇（2　肥州深濠邑）、狐（5　肥州深濠邑）
55	九州	平山順		平山東一あるいは繁之丞（どちらも精里門）か。文中に「対州人平山順説」	戸自震動（1　対馬）、蒙古木像（2　対馬）
56	九州	溝上是平		久留米藩士、精里門。文中に「予友筑後溝上是平」	魂出遊（2　筑後三沼郡）、竹島鰒芦異常（4　筑後）
57	九州	名村章		最上徳内と関係。	山中死亀（1　蝦夷）、清正公威霊（2　肥後）
58	九州	石塚崔高（雪堂 1766-1817）	名：崔国・崔高、字：志堅、称：次郎左衛門、号：確斎・雪堂	薩摩国加世田の人で、郷士の家に生れ藩校に学び、藩校の句読師。文化4年（1807）藩命により昌平黌精里門、書生寮舎長。	甑島穴神（1　薩州甑島）、猥玃腕愈瘡（2　薩州）、龍涎香（3　南海島）、大島民産鬼（3　薩州大島）、孫山之異（3　薩州内山田村）
59	九州	上原伯羽		上原善蔵（精里門）か。	吾嬬山大人（4　薩州）
60	九州	上原鴻（尚賢 1764-1834）	名：鴻、称：尚賢、号：迂愚居士	精里門。文政6年（1823）御広敷番頭に抜擢されるとともに島津久光の教育係に任じられる。	殺蟺之術（1　南海島）、蛇呑人（2　薩州）、熊殺群狼（2　薩州）、猥玃腕愈瘡（2　薩州）、猫（5　江戸？）、燈盞自砕（続　薩摩・琉球）
61	江戸	林祭酒（林述斎 1768-1842）	名：衡、字：叔紞・徳詮、号：述斎・蕉軒など	岩村藩主松平乗蘊の三男。寛政5年（1793）林家を嗣ぎ大学頭（祭酒）。	鉄釜自鳴（2）、狐（5　本所）、蝦蟆吸気（補　江戸？）、水虎（補　江戸田安門東）
62	江戸	安長（多紀桂山 1755-1810）	名：元簡、字：廉夫、称：安長、号：桂山・櫟窓など	井上金峨門下で、寛政2年（1790）幕府医官となるが、享和年間、辞して市井の名医となる。本姓丹波氏、多紀家は代々官医。文中に「医多紀安長」	狐（5　江戸）
63	江戸	鈴木白藤（1767-1852）	名：恭・成恭、字：士敬、称：岩次郎、号：白藤	幕臣。天明8年（1788）御天守番、寛政12年（1800）学問所勤番組頭、文化9年（1812）書物奉行。娘の松は侗庵の正妻、白藤即ち侗庵の岳父。蔵書家としても知られる。	水虎與人交（3　豊後岡）、狐（5　江戸）

表 10-1 続き

		表記人名	別名	来歴など	話名（巻　場所）
64	江戸	中神君度 (1766-1824)	名：守節、字：君度、称：順次、号：梅竜	幕臣。寛政6年（1794）昌平黌の学問吟味を受け、寛政10年以降、『寛政重修諸家譜』『天寛日記』の編纂に参画、享和3年（1803）徒目付、文化3年（1806）学問所勤番組頭。和漢の学に達し、曲亭馬琴などとも交友あり。	猫断人髮（続　城東之地）
65	江戸	猪飼斗南	名：傑、字：斗南、称：鶴三郎、号：履堂・東皐樵者	江戸出身の幕臣、精里門。寛政13年（1801）学問所出役、文化元年（1804）富士見御宝蔵番兼任、文化9年（1812）学問所勤番組頭。	雷震（1　江戸松山侯邸）、龍掛（2　神田門）、室中生花（4　江戸）、酒塊（続　江戸）、白昼魂出去（補　江戸）
66	江戸	勝田弥十郎 (1780-1831)	名：献、字：成信、称：弥十郎、号：半斎	幕臣。享和3年（1803）に昌平黌入門。後に学問所勤番、文政7年（1824）勤番組頭、文政11年書物奉行。	蛇護古銭（補　江戸小日向三百坂）
67	江戸	野沢彦六（酔石 1781-1842）	名：恒、字：寧恒、称：彦六、号：酔石	幕臣。享和2年（1802）昌平黌下番、後に勤番。	蛇有足（続　江戸）
68	江戸	羽倉外記 (1799-1861)	名：用九、字：士乾、称：外記、号：簡堂・小四海堂	幕臣。大坂に生れ昌平黌精里門、諸国の代官を歴任。後、江戸に塾を開く。	屍化為石（補　相州津久井）
69	江戸	増島蘭園 (1769-1839)	名：固、字：孟鞏、称：金之丞、号：蘭園・石原愚者・静観主人	官儒。文化4年（1807）学問所出役、文化7年（1810）学問所御儒者見習、文化11年御儒者。父信道は書物奉行。	番南瓜薯蕷至大（補　本所）
70	江戸	友野雄助 (1791-1849)	名：瑍、字：子玉、称：雄助、号：霞舟など	官儒。昌平黌で精里高弟野村篁園門、文化14年（1817）学問所教授方出役、天保14年（1843）御儒者見習、同年甲府徽典館学頭。	怪婦（補　豆州三島）
71	江戸	大田遮那四郎 (1801-1867)	名：玄齢、字：季崇、称：遮那四郎、号：晩成・蝿虎庵・敬時堂	大田錦城の四男。性質放縦にて仕官を嫌っていたが、一時期上州館林侯に仕えた事もあるという。文中に「大田錦城子」	白虹貫日（補　上州吾妻）
72	江戸	福井建蔵		江戸人。精里門。	雷震（1　江戸平戸侯邸）、猿酢（3　羽州）、八月之怪（4　下谷）
73	江戸	浦井伝蔵		文中に「予所識浦井伝蔵、与諸友雅集于淀橋之地」、侗庵の詩会の参加者。幕臣。『武鑑』に文政6年（1823）学問所勤番。	狸作人言（続　江戸吉祥寺）、蝦蟆吐涎作火（補　淀橋）
74	江戸	新井華平		『泣血録』に、精里の「従者二人（中略）其一為賈人（注　商人）新井華平、取其練達世故也」。	蝦蟆吸気（4　江戸大根畑）
75	江戸	新井嘉平（上記の新井嘉平か）			妬婦生角（1　江戸本所回向院）、冤報（3　江戸伊勢崎坊）
76	江戸	新井駿（新井延錫）			善捕狐（1　下総神敷）、火災有兆（4　江戸）、天狗（5　本郷坊大坂屋、相州大山）、狐（5　下総神敷）、板行児（続　武州足立郡浦輪）

		表記人名	別名	来歴など	話名（巻　場所）
77		泉本誠一	名：明善、称：誠一	幕臣。泉本正助忠篤次男。文政4年（1821）御進物番。	奇鳥（1　江戸）
78		高橋弥五左衛門		文化13年（1816）～文政3年（1820）学問所勤番。	牛淵之怪（補　江戸田安門外牛渕）
79		榊原伯修			紀邸失火之兆（補　江戸紀伊侯邸）
80		蒲地龍吉			海上之鬼（3　江戸海上）
81		元木賢輔			猫（5　上総）
82		加藤茂太郎			地底有声如雷（続　去村松城八九里）
83		斉藤某			怪婦人（補）
84		若山静虎			木像言（4　江戸）
85	江戸	源右衛門			溺人前兆（補　武州平井村）
86		細井某			両頭蛇（補　東叡山下）
87		古賀侗庵（按文含）			山気作人（1）、有地必有白雲（1　肥前・蝦夷松前）、狸（1）、雷撃不孝子（2）、男子生子（2　品川邑）、手写法華経千部（2）、四乳人（2）、鉄釜自鳴（2）、怪物（2）、二本松侯邸中怪（2）、龍涎香（3）、杜若和歌之怪（3）、田間異虫（3　江戸）、食筍有娘（3）、海上之鬼（3）、桜殿之怪（3）、熊谷之怪（4）、鼉（4　薩州）、猫王（4）、天狗（5）、狐（5）、老媼魂帰天（続　南塾）、玃魃（続　筑前）、石飛堕室中（続）、古墓有霊（続）、那須野蜃気（続　上野那須野之原）、蛇有足（続）、蝦蟇吐涎作火（補）、白虹貫日（補）
88		不明			白猿之怪（1　羽州米沢高峰）、八幡林中之異（1　下総八幡）、雷震（1　豊前中津・本所）、大火前兆（2　高輪）、牛淵之怪（2　田安門外牛淵）、雷撃不孝子（2　江戸）、勾欄失火之兆（2　堺坊吹矢坊）、隆冬生筍（2）、橋断前兆（2　深川八幡・永代橋）、巨蟒自死（2　武州猪首弁天）、黒鯊作祟（2　佐賀）、物化龍（2　佐賀）、女子夢舐礫死人（2　佐賀）、商家児報冤（2　相州小田原）、二本松侯邸中怪（2　二本松侯邸）、海龍（4　播州一谷）、鬼婦齧人（4　立花坊）、天火（4　肥州）、狐（5　佐賀）、陰火（続）、川越城中妖婦（続　川越城）、祠樹為祟（続　吹矢坊）、捕鬼燐（続　江戸）、土中生魚（続　江戸か）、魂遊行空中（補　駿河台）、牽牛花異品（補）、痘神（補　深川・本所・柳橋）、巨魚呑人（補　近江）、妖僧（補　本所）、龍若君墓（補　相模）、朱鼈（補　江戸）、天雨毛（補　桜田・赤坂）、大火前兆（補　仙台侯邸・小城侯邸）

『今斉諧』、高橋明彦「昌平黌の怪談仲間 ―古賀侗庵『今斉諧』の人々」（ネット増補改訂版）および眞壁仁『徳川後期の学問と政治』（名古屋大学出版会、2007）巻末資料（古賀精里の門人たち）などをもとに作成。わかりやすさを考慮して、高橋論文を参考に江戸を最後にして北から出身地順（地方別）に排列した。

1 侗庵の伝記は、前田勉「古賀侗庵の世界認識」『近世日本の儒学と兵学』ぺりかん社、一九九六、梅澤秀夫『早すぎた幕府御儒者の外交論　古賀精里・侗庵』出門堂、二〇〇八、「古賀侗庵」『日本思想史辞典』山川出版社、二〇〇九、三二六頁を参考にした。

2 梅澤秀夫「近世後期の朱子学と海防論」『年報近代日本研究』三、一九八一。

3 梅澤秀夫「昌平黌朱子学と洋学」『思想』七六六、一九八八。

4 注1前田前掲論文。

5 眞壁仁『徳川後期の学問と政治　昌平坂学問所儒者と幕末外交変容』名古屋大学出版会、二〇〇七、第Ⅱ部。

6 奈良勝司『明治維新をとらえ直す―非「国民」的アプローチから再考する変革の姿―』有志舎、二〇一八など。

7 高山大毅「『良将達徳鈔』をめぐって　尚武の思想家としての古賀侗庵」『駒澤国文』五四、二〇一七、「暴君と「士風」　古賀侗庵再論」『駒澤大学文学部研究紀要』七六、二〇一八など。

8 『柳田國男全集』二、筑摩書房、一九九七、四二〇頁。

9 中村禎里『河童の日本史』筑摩書房、二〇一九（初版一九九六）、小馬徹「河童を見、恐れ、愛し活きる人々」『田主丸町誌』一、田主丸町、一九九六など。

10 福島理子「儒者の怪奇趣味―広瀬旭荘『丑時咀』をめぐって」和漢比較文学会編『江戸小説と漢文学』汲古書院、一九九三。

11 高橋明彦「昌平黌の怪談仲間―古賀侗庵『今斉諧』の人々」『江戸文学』一二、一九九四。この論文の増補版がネット公開され、本章では増補版を用いた（二〇一三年一一月五日閲覧、現在リンク切れ）。

12 辻本雅史「寛政異学の禁をめぐる思想と教育」『近世教育思想史の研究』思文閣出版、一九九〇。

13 辻本雅史「幕府の教育政策と民衆」辻本雅史・沖田行司編『教育社会史』山川出版社、二〇〇二、二五六〜六四頁、同「学問と教育の発展」藤田覚編『日本の時代史』一七、吉川弘文館、二〇〇三、一六八〜七〇頁。

14 同右「幕府の教育政策と民衆」二六三・四頁。

15 横山伊徳『日本近世の歴史五　開国前夜の世界』吉川弘文館、二〇一三、七七・八頁。

16 藤田覚『日本近世史五　幕末から維新へ』岩波書店、二〇一五、一〇八頁。

17 『侗庵文集』（初集〜六集）は、西尾市岩瀬文庫所蔵本（四八―一二）を基に、国立国会図書館本（二〇〇―一五三）、静嘉堂文庫所蔵『侗庵全集』（丙―五）を適宜併用した。以下、『侗庵文集』については『初集』〜『六集』と略記する。

18 『今斉諧』は、国立国会図書館所蔵（八二七―三四）による。また、高橋明彦「翻刻・古賀侗庵『今斉諧』」乾・坤、『金沢美術工芸大学紀要』四四・四五、二〇〇〇・二〇〇一を参照した。

19 拙稿「体系化する「妖怪」」『ユリイカ』二〇一六年七月

号、二〇一六、一二七頁。

20 注2梅澤前掲論文六六・七頁。

21 注1梅澤前掲書一三六頁。

22 吉川幸次郎「徂徠学案」『日本思想大系』三六、岩波書店、一九六四、六七六・七頁。

23 注1梅澤前掲書八五頁。

24 ただし、大学頭林述斎は幕政に積極的に参与し（小野将「近世後期の林家と朝幕関係」『史学雑誌』一〇二―六、一九九三）、また一八〇四・五年のレザノフ事件では柴野栗山・尾藤二洲・古賀精里が動員された（注16藤田前掲書一〇四頁）。侗庵はこうした先達の儒者たちの活動を強く意識していたと考えられる。

25 『侗庵詩集（愛月堂詩鈔）』は、西尾市岩瀬文庫所蔵本（三六―五五）を基に、国立国会図書館所蔵本（二〇〇―二五三）、静嘉堂文庫所蔵『侗庵全集』（丙―五）を適宜併用した。

26 『今斉諧』続志「老媼魂帰天」（一八一五）には、「予生まれて二十九年、目撃する所の怪、此一事に止む（予生二十九年矣、所二目撃一之怪、止二此一事一）」と、侗庵自身の体験談が記されている。

27 金谷治訳注『荘子』岩波書店、一九九四、一八〜二一頁。

28 国立公文書館所蔵本（二六三―〇〇五八）。京都史蹟会編『林羅山文集』ぺりかん社、一九七九、八二一頁。

29 先の「求怪談啓」でも「況や某特に藉りて以て叙事の力に資し、固より怪異を崇信し以て浪に人を幻誑する者にて非ざるをや、則ち諸賢も亦何をか疑ひて隠諱し指告せざらんや（況某特藉以資二叙事之力一、固非下崇二信怪異一以浪幻中誑人者上、則諸賢亦何疑而隠諱不二指告一耶）」と、侗庵は［怪異］の叙事を非難する意見に反論している。

30 『文化武鑑』（一八一六刊『江戸幕府役職武鑑編年集成』二二、東洋書林、一九九八、三九頁）。

31 『甲子夜話』巻一一―一四には、仙波喜多院で起きた同様の事例が紹介されている（『甲子夜話』正編一、平凡社、一九七七、一八七頁）。

32 『新釈漢文大系』三〇、明治書院、一九七一、一九三頁。

33 同様の評価は、『愛月堂詩鈔』巻一六「雷獣行」（一八四三）にも「狐虎の威を仮る（狐仮二虎威一）」とある。

34 『新釈漢文大系』一、明治書院、一九八八、五三頁。子曰、由、誨二女知一レ之乎、知レ之為レ知レ之、不レ知為レ不レ知、是知也

35 格物致知については、島田虔次『朱子学と陽明学』岩波書店、一九六七、一〇一〜四頁　小島毅『朱子学と陽明学』筑摩書房、二〇一三、第七章などを参照のこと。

36 「河童聞合」を作成したのは、桃秋（博多屋広瀬三郎右衛門、用達、広瀬淡窓父）・森春樹（日田隈町の国学者、森家（鍋屋）は掛屋）であり、日田代官―用達・掛屋という幕領の支配関係があってこそ成立したものである。

37 羽倉外記・中神君度ともに『今斉諧』の話題提供者である（羽倉…補遺「屍化為石」・中神…続志「猫断人髪」）。

38 国立公文書館（一九七―〇一一七）と国立国会図書館所蔵

本（わ三八八―一）を併用した。

39　この点は、注7高山前掲論文「暴君と「士風」」で説かれる「士風」とも関わるものと思われる。

40　『文政武鑑』（一八二一刊　注30前掲書、四三五頁）。武鑑には「さくま丁四丁メ　前田玄壽」とあるが、「談佐」では家は根岸にあったという。

41　巻之一八「三怪物考」のうち「天狗考」（『続日本儒林叢書』第四冊解説部第二及随筆部第三、東洋図書刊行会、一九三三、四一四頁）。

42　『日本思想大系』三五、岩波書店、一九七五、一七二頁。

43　国立公文書館所蔵本（一九七―〇二一九）。

44　注1前田前掲論文四〇九頁、注5眞壁前掲書二九四～七頁を参照のこと。

45　管見の限り『今斉諧』巻三「龍涎香」の一八一六補訂で『海外雑記』（不明）に載る「利未亜州」の「異獣」と「土中如脂」を取り上げている箇所が、西洋の［怪異］について触れている唯一の事例である（それ以外は主に漢籍所載の中国の事例紹介）。

46　注41前掲書四〇九頁。

47　同右四三三頁。

48　注1前田前掲論文四〇三頁。

49　注5眞壁前掲書二五〇～四頁。

50　早稲田大学図書館所蔵（文庫〇八Ａ〇〇九六）。

51　国立国会図書館所蔵本（寄別一四―六）。

52　「蓋し寓言のみ」（「キリツヒウン」の説）、「那多里亜（ナトリア）国利細亜（リイシア）の地に大山あり、稽没辣（キメラ）といふ此山に一種の異獣あり、頭は獅子にして、身は野羊の如く、尾は龍に同しく、口中より火烟を吐く、これを名けてペッレロホンといふ、（中略）しかれどもこれまた寓言にして（後略）」（「稽没辣山」の説）、「蓋しまた昔時の寓言なり」（「セ井レ子ン」の説）など。

53　寓言と関連するものとして、侗庵の海防論「擬極論時事封事」（一八〇九成立『侗庵秘集』国立国会図書館所蔵本（八二一七―五一））後識には、「予の迂疎を以て、論ずる所は徒に空言と為り、空言にして了に実用に施し得ず（以二予之迂疎一、所レ論徒為二空言一、空言而了不レ得レ施二于実用一）」とあり、本当の話であれば実用つまり道理が導き出せると考えていた。

54　注1梅澤前掲書一五七頁。

55　同右一五八頁。

56　注18高橋前掲「翻刻・古賀侗庵『今斉諧』」乾、二頁。

57　国際日本文化研究センター所蔵（ＧＤ／三八／Ｉｈ）。

58　西尾市岩瀬文庫所蔵本（一一―七七）など。

59　紀伊藩医坂本浩然・高槻藩医坂本純沢による一枚摺「水虎十弐品之図」（国立国会図書館所蔵（特一―三二五八））など。

終章
怪異を「つくる」ことから見えること

ここまで、怪異（あやしい物事を指し、化物・妖怪・不思議などと表現する対象を包括する概念）を「つくる」という視角から、日本近世の人びとや社会のいとなみの諸相を見てきた。

最後に、これまで明らかにしてきたことを、序章で掲げた課題と関係づけながらまとめておきたい。そのため、本節では、日本近世の怪異に関する研究史を整理し、次節で研究史整理から浮かび上がった問題点（序章の四つの課題）を改めて提示した上で、本書を通しての見解を述べることにしたい。

【一】……日本近世怪異研究史

近代になり、怪異の歴史的変遷に注目した最初期の研究として、明治四二年（一九〇九）に刊行された石橋臥波『鬼』（裳華房）がある。「我が国に於ける鬼の起源、変遷を明かにし、以て、近代のいはゆる鬼といへるものゝ本態を明かにせん」[1]とした本書は、古代から近世の鬼について文献や絵画、彫刻などから探究したものである。

風俗史家の江馬務も、自ら創設に関わった風俗研究会の発行誌『風俗研究』で、「妖怪の史的研究」（二〇号、一九一九）や「妖怪変化号」（八七号、一九二七）といった特集を組み、「妖怪の史的研究」や「文芸上に表われたる鬼」などの論考を寄稿した[2]。そして、大正一二年（一九二三）に刊行した『日本妖怪変化史』は、先の「妖怪の史的研究」

を加筆したもので、「妖怪変化を実在するものと仮定して、人間との交渉が古来どうであったのか、換言すれば、われわれの祖先は妖怪変化をいかに見たのか、いかに解したのか、いかようにこれに対したのかということを当面の問題として論ずるのである」[3]と述べている。[4]「妖怪の史的研究」内の「妖怪変化の沿革」を拡張した本書は、「妖怪変化」の通史を意識した著作であった。[5]

その後、梅原北明が編輯代表のプロレタリア文学雑誌『文藝市場』二—三（一九二六）[6]で、「妖怪研究」特集が組まれ、井東憲「妖怪史一斑」や梅原「徳川妖怪文芸年表」など通史的な寄稿が見られたものの、こうした怪異の歴史的な変遷を考える取組みは、第二次世界大戦前にはあまり行われたわけではなかった。

戦後の歴史学（日本史）研究[7]において、怪異を研究の素材とすることは、古代の神話や怨霊という特定の論点[8]以外はほとんどなかった。そもそも怪異を使って、歴史学的に何が明らかにできるのかがまだ見えていなかったともいえる。その中で、近世の怪異を扱った数少ない研究として、高尾一彦[9]や芳賀登[10]の仕事がある。

その後、怪異を歴史資料（史料）として日本史で積極的に用い始める契機となったのが、一九七〇年代に日本で紹介され、八〇年代には日本でも盛んに研究がされるようになった、フランスのアナール学派などに代表される「社会史（歴史人類学・文化史）」である。[11]高度経済成長が含む矛盾への疑問視やマルクス主義・近代主義的な歴史学への批判の反動として、土着的・民俗的なものに目が向けられ始めた時期と重なるかたちで、社会史に関心が強く持たれた。社会史は、ローカルノリッジと呼ばれる、地域民衆の生活・文化・心性など民衆世界の歴史的あり方に注目し、国家によって均質的に見なされない民衆の日常世界、言い換えれば、民衆の生きた姿から歴史を捉えようとした。民衆の側から歴史を描こうとするヨーロッパの社会史では、その想像界（社会的想像力）をめぐる研究も行われていた。[12]

その影響を受けるかたちで編まれた『日本の社会史』全八巻（岩波書店、一九八六〜八）では、二巻に酒呑童子説話と疫病を関連させた高橋昌明「境界の祭祀—酒呑童子説話の成立」、七巻に近世後期の社会・文化を「妖怪」という切り口で捉えたひろたまさき「「世直し」に見る民衆の世界像」が収められた。さらに、一九九三〜六年に刊行された『岩波講座日本通史』（岩波書店）には、西山良平「御霊信仰論」（五巻　古代）、高橋昌明「鬼と天狗」（八巻　中世）、勝田至「さまざまな死」（同）、横田冬彦「城郭と権威」（一一巻　近世）など、怪異に関わる論考が収録されている。高橋は、その後『酒呑童子の誕生　もうひとつの日本文化』[13]として、自身の鬼に関する研究をまとめている。

その後、古代・中世史研究では、怪異を、国家や王権に関わる政治的な問題として、あるいは社会生活上における通念的な問題として扱い、着実な成果を蓄積してきている。[14]

では、近世の場合はどうかといえば、従来と変わらず、怪異を歴史資料としてほとんど扱うことなく、体系的な研究の積み重ねが行われてこなかった。古代・中世に比べて、膨大な数の古文書が現存する近世であっても、怪異に関心があれば——怪異を歴史学的に研究する意義が見出されていれば——わずかばかりでも研究は継続して行われてきたはずである。しかし、研究が蓄積されていないということは、結局近世史研究者が、怪異に関心を持てなかった、魅力を感じなかったことに他ならない。研究への無関心を促進した最大の理由としては、近世から近代への流れ（近代化）を理解する上で、怪異はその流れに逆行するもの、言い換えれば、近代的ではない＝克服・啓蒙・排除されるべき前近代の事物として見なされてきたことが想定できる。近代に接する近世では、怪異に対する無関心、あるいは否定的な評価が、戦後も一貫して存続していたのである。

そうした評価を促した最たる例として、安丸良夫が「日本の近代化と民衆思想」[15]で説いた通俗道徳論である。これは、民衆の近代化には、勤勉・倹約・禁欲など通俗化された儒学的な諸徳目の実践による主体的な自己実現が大きく関係し、その実践を唯心論的な世界観（「心」の哲学）が支えたとするものである。「心」の哲学の実践としての先駆的事例に、『河内屋可正旧記』の「化物外に非、己が心の妄乱に依て、なき者眼に遮り、異形の物顕はるゝなり」が取り上げられた（三五頁）。また、同じく安丸の「民俗の変容と葛藤」[16]では、民俗信仰を中心にした「周縁的な現実態」を「民俗的なもの」と表現し、①周縁性、②反秩序・反道徳、③日常の生活秩序に抑圧されている欲求・願望・不安の表出、④近代化の過程における排除・克服・啓蒙などの対象と位置付けた。[17]

安丸に続き、先述のひろた「『世直し』に見る民衆の世界像」[18]は、通俗道徳論では捉えきれない江戸文化の側面を「妖怪」として描出したことは第六章第五節で触れた（二二六頁）。両者の研究成果によって、怪異＝啓蒙・排除すべき前近代というイメージが、多くの研究者に植え付けられてしまった。そのため、研究対象として除外され、八〇年代においても古代や中世に比べて研究を停滞させたのだと考えられる。

研究対象としての怪異への無関心は、一方で、近世という時代を生きた人びとのいとなみを明らかにする際、怪異を素材に用いることが有効なのかどうか――怪異を歴史学的に研究することにどういう意味を持つのか――が、近世史研究者には判然としていなかったという面を表している。それは、研究する意義が明確になれば、怪異を研究対象として扱うことが可能になることに繋がってくる。

こうした状況を経て九〇年代に入り、横田冬彦「城郭と権威」が発表される。[19]横田は、「城郭の文化（城郭を中心としたさまざまな文化的装置）に包摂されきらない民衆の精神世界の可能性を見いだ」（二八〇頁）そうとする中で、第三節「権威」を設けて「落書と流言」「城の鎮守」を立項している。そのどちらでも「怪異」や「祟」を取り上げ、特に前者は「政治批判のレベル」から「生活意識のレベル」に広げて論じている。横田は、都市が「きわめて不安定な社会構造をもち、疫病があり、また戦場となる可能性」から「そこにさまざまな俗信の基盤があり、怪異の流言が生まれる条件があった」としている（二七七頁）。また、「この時代のいわゆる「文化史」のなかではきわめて末梢的な下位文化でしかなかったが、それが当時の都市のあり方を規定していた」（二八〇頁）と、末梢的な下位文化として怪異を位置付け、怪異を含めた下位文化にも当該社会を明らかにする要素があることを指摘した。[20]

また、都市社会史の吉田伸之は、三井京本店の居町であった京都室町通二条上ル町（冷泉町）の史料を素材とした、近世前期の町と町人の動向を明らかにする中で「妖怪之難」があった土地に言及している。[21]これは、財団法人三井文庫に所蔵される享保一七年（一七三二）六月作成の「井筒屋系図書覚」にある文言（史料では「天怪之難」）で、関連資料である同年月作成の「妖怪出現記」「浄財収納証」とともに、吉田は論文よりも先に翻刻紹介をしている。[22]吉田は、町共同体が解体、再編される際にこのような史料が作成された意味を都市史的に検討し、その後もこの事件を通史や学術誌の中で取り上げている。[23]

倉地克直は、井原西鶴の作品を用いて「近世前期の都市における女たちとその性について」（七八頁）読み解く中で、『好色一代女』（一六八六刊）巻六「夜発の付声」の一代女が堕胎した赤子の亡霊（文中では「孕女」）と『懐硯』（一六八七刊）巻四「文字すわる松江の鱸」の初夜に現れる赤子の亡霊（新婦の父が堕胎薬を販売していたため）を比較している[24]（本書三二〇頁参照）。

このように九〇年代以降、古代や中世に遅れるかたちで、怪異を用いた研究が少しずつ近世史の分野で現れ始め、怪異＝近世という時代の特質を明らかにするための素材、という肯定的な再評価がなされるようになってきた。漸く怪異は、近世社会を表すものと考えられるようになったのである。こうした動きは二〇〇〇年代以降、さらに活発になる。それは、通史で怪異がしばしば取り上げられることに象徴的である。[25]

個々の分野でも、怪異を取り上げた研究が散見されるようになる。政治では、幕府・朝廷・民衆等の彗星や白気などの天変観を研究する杉岳志[26]、鍋島猫騒動について政治文化史からの位置付けを試みている高野信治[27]、朝廷と幕府が関わり、鳴動と山鳴も争点となった賀茂別雷神社内の争論を分析した中川学[28]、怪異（本書でいう恠異）・天変地異に対する朝廷や寺社、そして幕府の動向を論じた間瀬久美子[29]などの研究がある。

宗教については、吉田神道では、憑霊に対する吉田神道の活動を分析した橋本政宣[30]や吉田家の動向から近世社会を多角的に研究している井上智勝[31]がいる。陰陽道では、陰陽頭土御門家の怪異への対処を見る遠藤克己[32]や梅田千尋[33]、そして杉岳志[34]の研究がある。仏教では、思想史的面も含む大桑斉[35]の他に、国文学の成果であるものの寺院に残る史料を用いて怪異に関する研究を行っている堤邦彦の仕事は、歴史学研究とも接続可能だと考えられる[36]。直接怪異とは関わらないが、民衆の信仰の獲得するために民俗への介入を図る僧侶たち（浄土真宗など）の動向を検討した上野大輔[37]や小林准士[38]の研究は参考になる。また、村上紀夫は宗教施設における怪異の資源化に関する研究を行っている。[39]

災害については、菊池勇夫[40]、渡辺尚志[41]、倉地克直[42]が怪異と関わらせながら、さまざまな角度から論じている。憑物は、九〇年代より前から昼田源四郎[43]をはじめ、各地の事例が紹介されている。[44]渡辺尚志は、諏訪の村々と京都の吉田家（吉田神道）との繋がりを狐憑きから紹介している。[45]また、海原亮は、医療の側面から狐憑に関する言及を行っている。[46]

性をめぐっては、沢山美果子が小林一茶の日記から性をめぐる場における怪異について言及している。[47]

思想では、儒学の鬼神をめぐる議論（鬼神論）[48]や平田国学[49]、そして安藤昌益[50]など、他の分野と異なり、鬼神論や幽冥論の延長として、以前から怪異が取り上げられてきた。従来、個人の思想を明らかにする中で怪異が取り上げられる場合が多く見られたが、近年は社会とのつながりも意識した研究も少なくない。とりわけ、宮城公子の「江戸の巷間になお徘徊し、文芸で多く取り上げられた怪異・妖魔について、思想史の立場からの検討は未だ残された課題」[51]という問題提起は、幕末に限らず今なお重要である。

かように、徐々にではあるが、近世史研究において怪異が研究対象となり、成果が蓄積され始めているというのが現況である。しかし、近世という時代の特質を明らかにするため、怪異というツールをどのように用いるのかは、いまだ試行の段階にある。それだけ、近世史研究における史料としての怪異の位置付けは、模索され始めたばかりなのである。また、研究の多くは傍証の一つとして怪異を取り上げるものが多く、怪異を中心に据えた研究はまだ少ない。思想の分野に於いても、儒学で「怪異」はあくまでも鬼神論の一部に過ぎない。怪異を中心的に検討することで、近世社会の何を明らかにすることができるのかを、引き続き問い続けなければならない。

また、歴史学研究と怪異の関係を見る際、東アジア恠異学会の成果は重要である。この学会は、二〇〇一年に設立（設立当初の代表は西山克、現在の代表は大江篤）された、歴史学、文学、民俗学、生物学など多くの学問分野の視点から怪異を研究し、多くの論文集を多数刊行している。[52]中でも、『怪異学の可能性』[53]は、歴史学の視座を縦軸にして編まれ、学会の動向の中で大きな画期となった一冊である。すなわち、律令制とともに中国から輸入した天人相関説（災異説）の怪異が（神仏による）政治的凶兆へと変質していく過程とその後の展開を通史で論じたものである。従来、怪異・妖怪は主に民間（下）レベルの物事として扱われてきたが、この本によって政治（上）レベルでも重要な事象であったことが明示され、怪異を上下の相関関係、言い換えれば、立体的に把握することの重要性を提示している。[54]本書第二章は、この点を受けてのものである。

そして、注意すべきは、近世における怪異の位置を考える場合、歴史学よりも他の学問分野の方が多くの研究成果を蓄積していることである。芸能史、[55]民俗学・人類学、[56]美術、[57]地理学[58]など、歴史学も大いに学ぶところがある。中でも、国文学はすぐれた研究成果が豊穣で、現在に至るまで間断なく出ている。多くの研究者が、何らかのかたちで怪異に関する文芸を用いて研究しているため、枚挙に暇が無い。[59]最近でも、怪異をテーマにした論集が刊行されている。[60]さらには、小松和彦を研究代表とする国際日本文化研究センターの共同研究の成果をはじめとした、[61]学際的な研究成果[62]にも学ぶところが大きい。

以上の動向を踏まえ、日本史研究を基礎に、他の学問分野の成果を組み込みながら、「つくる」という視角で、当該社会と怪異の関係を多面的に立体的に描くのが、本書の目的であった。

【二】……怪異から近世社会を観る——本書で明らかにしたこと

本書では、「つくる」をキーワードに据えて、怪異から見た近世社会を描こうとした。そこで序章でも述べたように、四つの課題を掲げた。①何故怪異を記録した（つくった）のか、②中世から近世への流れ、③知との関係、④表現である。四つの課題は相関している。各章で明らかにしたことを四つの課題に即して、整理してみよう。①は他の課題を含めた、歴史学の根幹に関わる全体的な課題なので、最後に述べたい。

②については、まず政治を切り口にして考えた（第二章）。中国の天人相関説の導入後、神仏による（政治的な）凶

兆＝本書でいう「恠異」という日本独自の展開を見せていった。それは中世、さらに近世に到っても継続し、機能していた。一方で、仏教や吉田神道などの宗教だけでなく、兵学や儒学といった学問、そして法度などの新しい要素を取り込みながら、近世段階の政治的な怪異＝恠異は形成されていった。注意しなければいけないのは、平和であることを維持するため、地震や彗星など多数の体験者（目撃者）がいる天変地異＝災害を除いて、徳川政権は恠異への対応に消極的だったことである。恠異への伝統的な対応は、朝廷に委ねる部分が大きかった。また、林羅山は恠異を逆に利用して、徳川政権の正当性・正統性を保証するための［怪異］譚を創出した（補論一）。恠異は、政治的な利害が近世においてもなお意識されていたのである。

一方、怪異認識という点では、怪異が怪異として認識されるためには、まず稀少性という普遍の条件が共有され、そこに当時の社会に適合した条件が付加されて成立した。そうした状況を踏まえるかたちで、経験論的や唯心論的な認識がなされ、対応が行われた（第六章）。

もともと政権内部（上）でしか共有されていなかった怪異＝恠異の理解は、時代を下るごとに民衆世界（下）へと広がっていった。近世の怪異に対して、朝廷は従来の伝統的な手段で応じ、徳川政権は喧伝する者を法度で縛った。上下を行き来するものは宗教や学問などといった文化であり、上下それぞれの怪異理解に影響を与えていた。

③について、本書では儒学や本草学を中心に扱ったが、いずれも道理を逆説的に明らかにするための素材として怪異を扱っていた。しかも、それが林羅山や貝原益軒、古賀侗庵といった当代一流の学者の手によって担われていた（第一・三・十章、補論二・三）。これは、近世の学問を考える上で、怪異（［怪異］）を欠かすことはできないことを意味している。

また、『多識編』の草稿本や刊本のカミの名の異同、河内屋可正の書物由来の唯心論的怪異認識と民俗の怪異認識の拮抗など、知をめぐる緊張関係も明らかにすることができた。その一方で、『和漢三才図会』の山都（第三・四章）やウブメ（第八章）、河童（第九章）など多種の情報が取捨選択され綯り合わさって、その時代に適した状態の怪異を形成していたことも確認できた。大事なのは、出版技術の発展という江戸時代特有の文化状況が介在していたことである。出版を媒介として生じた拮抗や融和など、知をめぐる関係性の中から、怪異は展開していったのである。

④については、語彙（第四・五章）や絵画（第七章）を中心に検討を行った。中世までと一線を画するのは、やはり出版文化の展開によって、それまで限定的だった知が開放されたことである。数多くの辞書や絵手本が刊行され、その知識や技術が広く共有されるようになったことで、読者による新しい表現や利用が模索されていった。

以上の状況を踏まえ、①について考えてみると、人びとのいとなみや社会の仕組みの中から、意図的に怪異はつくられてきた（記録されてきた）。事件としての政治的な怪異＝恠異は、道徳的な天人相関説から神仏による（政治的）凶兆という日本独自の展開を見せた。それにより、政権の危機管理をアピールする手段、寺社の国家助成要求の手段、そして法度による取締りの対象など、政治的に機能する限りにおいて、（増減はあるものの）恠異は活用され記録された。

政治だけに留まらず、考究・啓蒙、商品、そして娯楽などさまざまな目的から、事件（異常事態）＝コトとしての怪異、モノとしての怪異は、さまざまなかたちで思考、表現・作成、発信されていった。そうしてつくられた怪異を受容した者たちの中には、発信する側にまわる場合もあった。羅山の知を流用した『奇異雑談集』の編者や鳥山石燕『画図百鬼夜行』に書入をした所有者が、よい例である。学問が先人の研究を受けるかたちで新しい知見を見出し発展していくように、文化もまた、発信と受信の循環の中で育まれていく。殊に、近世の文化においては、出版というメディアの存在、そして、明文化された社会管理が行われていたことが大きく関与していたことに注意しなければならない。

学問（国学など）や宗教、地域[63]、そして近世から近代への流れ[64]など、本書で扱えなかった怪異に関わる様相は、まだまだ多く残っている。こうした課題についても「つくる」を視角にすることで、明らかにできるのではないかと考えている。

怪異は、人びとがいとなむさまざまな関係の中でつくられてきた。言い換えれば、人のいとなみのどこからでも怪異はつくられている。人のいとなみを欠いて怪異の研究はできないし、怪異を欠いて人のいとなみは研究できないのである。

1 「緒言」志村有弘編『庶民宗教民俗学叢書』一、勉誠出版、一九九八、一七頁。

2 『風俗研究（覆刻）』清文堂出版、一九七一・二による。

3 江馬務『日本妖怪変化史』中央公論新社、二〇〇四、一三頁。

4 江馬の「妖怪（変化）」をめぐっては、京極夏彦『文庫版妖怪の理 妖怪の檻』角川書店、二〇一一、一〇〇～一六頁を参照のこと。また、香川雅信「解説―人文科学的妖怪学の誕生」注3前掲書所収は、近代の妖怪に関する研究を展望する上で参考になった。

5 他にも「疫神信仰に就いて」（一九三一）や「平安時代における怨霊の思想」（一九三九）を発表した肥後和男など、古代の思想や信仰を民俗学・人類学の方法を利用しながら明らかにしようという動きが、京都帝国大学の史学科（江馬は第一期生）を中心にして見られた（久禮旦雄「恠異学」の先人たち―古代史・文化史・王権論―」東アジア恠異学会編『怪異学の可能性』角川書店、二〇〇九、第一・二節）。

6 『文藝市場　復刻版』日本近代文学館、一九七六による。

7 戦後以降の日本史研究の歴史については、永原慶二『二〇世紀日本の歴史学』吉川弘文館、二〇〇三などを参照のこと。

8 注5久禮前掲論文第三節以降。

9 高尾一彦『国民の歴史一三　江戸幕府』文英堂、一九六九、同「池田輝政夫妻への警告と噂」『兵庫県の歴史』三一六、一九七〇。

10 芳賀登「江戸の文化」林屋辰三郎編『化政文化の研究』岩波書店、一九七六では「文政期の江戸に流行したものは、妖怪であった」と評している（一八二頁）。

11 日本における社会史の歴史については、注7永原前掲書四九二～五〇九頁、『二宮宏之著作集一　全体を見る眼と歴史学』岩波書店、二〇一一、山本幸司「社会史の成果と課題」『岩波講座日本歴史二二　歴史学の現在』岩波書店、二〇一六などを参照のこと。

12 日本語訳されたものとして、例えば、K．パーク・L．J．ダストン「反―自然の概念―一六、七世紀イギリス・フランスにおける畸型の研究―」『思想』七〇一、一九八二、ジャック・ルゴフ『煉獄の誕生』法政大学出版局、一九八八、同『中世の夢』名古屋大学出版会、一九九二、二宮宏之編『歴史・文化・表象　アナール学派と歴史人類学』岩波書店、一九九二などがある。最近でも「驚異」あるいは「怪物」といった観点から、ヨーロッパのみならず中東世界も含んだ研究が日本で盛んに行われている（水野千依「「徴候」としての怪物」『イメージの地層』名古屋大学出版会、二〇一一、山中由里子編『〈驚異〉の文化史』名古屋大学出版会、二〇一五、黒川正剛『魔女・怪物・天変地異近代的精神はどこから生まれたか』筑摩書房、二〇一八など）。

13 高橋昌明『酒呑童子の誕生　もうひとつの日本文化』中央公論社、一九九二（後に中央公論新社、二〇〇五に文庫化）。高橋には他に、「描かれたモノノケ」『日本歴史』五三〇、一九九二などがある。

二一世紀に入ってからの成果を上げると、伊藤聡『神道とは何か』中央公論新社、二〇一二、上野勝之『夢とモノノケの精神史―平安貴族の信仰世界』京都大学学術出版会、二〇一三、榎村寛之『日本古代の都と神々　怪異を吸いとる神社』吉川弘文館、二〇〇八、同『斎宮―伊勢斎王たちの生きた古代史』中央公論新社、二〇一七、大江篤『日本古代の神と霊』臨川書店、二〇〇七、勝山清次「神社の災異と軒廊御卜　一一世紀における人と神の関係の変化」『史林』九七―六、二〇一四、黒田智『中世肖像の文化史』ぺりかん社、二〇〇七、下村周太郎「鎌倉幕府と天人相関説―中世国家論の観点から」『史観』一六四、二〇一一、同「中世前期京都朝廷と天人相関説―日本中世〈国家〉試論―」『史学雑誌』一二一―六、二〇一二、高谷知佳『中世の法秩序と都市社会』塙書房、二〇一六、同『「怪異」の政治社会学　室町人の思考をさぐる』講談社、二〇一六、徳永誓子「後鳥羽院怨霊と後嵯峨皇統」『日本史研究』五一二、二〇〇五、同「日本中世生霊試論」吉川真司・倉本一宏編『日本的時空観の形成』思文閣出版、二〇一七、西山克「応永の外寇異聞」『関西学院史学』三一、二〇〇四、同「王権と怪異 そして妖物」『説話・伝承学』一二、二〇〇四、同「再論・室町将軍の死と怪異」『人文論究』五九―四、二〇一〇、同『中世ふしぎ絵巻』ウェッジ、二〇一七、原田正俊『日本中世の禅宗と社会』吉川弘文館、一九九八、細井浩志『古代の天文異変と史書』吉川弘文館、二〇〇七、水口幹記『古代日本と中国文化　受容と選択』塙書房、二〇一四、南本有紀「能の幽霊・考」笠井昌昭編『文化史学の挑戦』思文閣出版、二〇〇五、三宅和朗『古代の人々の心性と環境―異界・境界・現世―』吉川弘文館、二〇一六、山下克明『陰陽道の発見』ＮＨＫ出版、二〇一〇、山田雄司『崇徳院怨霊の研究』思文閣出版、二〇〇一、同『跋扈する怨霊　祟りと鎮魂の日本史』吉川弘文館、二〇〇七、同『怨霊とは何か』中央公論新社、二〇一四、同『怨霊・怪異・伊勢神宮』思文閣出版、二〇一四などがある。

15　『安丸良夫集』一、岩波書店、二〇一三（初出一九六五）。

16　『安丸良夫集』四、岩波書店、二〇一三（初出一九八六）。

17　「民俗的なもの」の周縁性は、Ｖ・Ｗ・ターナー『儀式の過程』を援用したものである（福家崇洋「安丸思想史の射程」『日本史研究』六六三、二〇一七、七六・七頁）。

18　『差別の視線　近代日本の意識構造』吉川弘文館、一九九八（初出一九八七）。ひろたの「妖怪」論については、拙稿「近世怪異が示す射程―ひろたまさきの「妖怪」論を手掛かりにして―」東アジア恠異学会編『怪異学の地平』臨川書店、二〇一八を参照のこと。

19　横田冬彦「城郭と権威」『岩波講座日本通史』一一、岩波書店、一九九三。

20　河内将芳『落日の豊臣政権　秀吉の憂鬱、不穏な京都』吉川弘文館、二〇一六は、横田論文の流れを汲むものと位置付けることができる。

21 吉田伸之「近世前期の町と町人」五味文彦・吉田伸之編『都市と商人・芸能民　中世から近世へ』山川出版社、一九九三、二八三頁（後に『近世都市社会の身分構造』東京大学出版会、一九九八に収載）。

22 吉田伸之「三井文庫所蔵の京都冷泉町関係史料―一七世紀末～一八世紀中頃」『三井文庫論叢』一六、一九八二で活字化されている（後に、京都冷泉町文書研究会編『京都冷泉町文書』別巻、思文閣出版、二〇〇〇に収載）。そこで、吉田は「妖怪の史料としてもきわめて興味深く、近頃流行の社会史的アプローチにとっても好個の素材を提供してくれるであろう」（二〇二頁）と述べている。

23 吉田伸之『日本の歴史一七　成熟する江戸』講談社、二〇〇二、同「三井と妖怪」『西鶴と浮世草子研究二　怪異』笠間書院、二〇〇七。また、村和明「三井の祭祀と神職・本所―一八世紀の吉田家・土御門家とのかかわりを」朝幕研究会編『論集近世の天皇と朝廷』岩田書院、二〇一九、同「豪商三井の内紛と朝廷」杉森哲也編『シリーズ三都　京都巻』東京大学出版会、二〇一九でも一連の史料が取り上げられている。

24 倉地克直「世之介をめぐる女たち―都市における性の諸相」『性と身体の近世史』東京大学出版会、一九九八、八一～六頁。

25 注23吉田前掲書、倉地克直『全集日本の歴史一一　徳川社会のゆらぎ』小学館、二〇〇八、若尾政希「享保～天明期の社会と文化」大石学編『日本の時代史一六　享保改革と社会変容』、吉川弘文館、二〇〇三など。

26 杉岳志「徳川将軍と天変」『歴史評論』六六九、二〇〇六、同「天変を読み解く―天保十四年白気出現一件」東アジア怪異学会編『アジア遊学一八七　怪異を媒介するもの』勉誠出版、二〇一五（以下『媒介』）など。

27 高野信治「鍋島猫騒動　御家騒動の物語化と怪異性」福田千鶴編『新選 御家騒動』下、新人物往来社、二〇〇七、同『大名の相貌　時代性とイメージ化』清文堂、二〇一四。

28 中川学「神社争論をめぐる朝廷と幕府の裁判」平川新編『江戸時代の政治と地域社会』二、清文堂出版、二〇一五。

29 間瀬久美子「近世朝廷と寺社の祈禱―近世的七社七寺体制の成立と朝幕関係―」『千葉経済論叢』五八、二〇一八、同「寛延の怪異と地震祈禱―賀茂別雷神社を中心に―」『千葉経済論叢』五九、二〇一八。

30 橋本政宣「憑霊信仰と吉田神道の祈祷」『朱』四一、一九九八。

31 井上智勝『近世の神社と朝廷権威』吉川弘文館、二〇〇七、同『吉田神道の四百年　神と葵の近世史』講談社、二〇一三、同「怨霊祭祀譚の均質性と易占書」『日本民俗学』二八九、二〇一七など。

32 遠藤克己『近世陰陽道史の研究　新訂増補版』新人物往来社、一九九四。

33 梅田千尋「近世陰陽道祭祀の性格」『近世陰陽道組織の研

究』吉川弘文館、二〇〇九、同「陰陽師土御門晴親と「怪異」」注26『媒介』、同「宝暦改暦前後の土御門家」朝幕研究会編『論集近世の天皇と朝廷』岩田書院、二〇一九。

34 杉岳志「近世中後期の陰陽頭・朝廷と彗星」井上智勝・高埜利彦編『近世の宗教と社会』二、吉川弘文館、二〇〇八、同「幕末の陰陽頭・朝廷と彗星」『島根県立大学松江キャンパス研究紀要』五八、二〇一九。

35 大桑斉「近世国家の宗教性」『日本史研究』六〇〇、二〇一二、同「「牡丹灯籠」における煩悩即菩薩」「「牡丹灯籠」の原話と展開」『民衆仏教思想史論』ぺりかん社、二〇一三。

36 堤邦彦『近世仏教説話の研究』翰林書房、一九九六、同『近世説話と禅僧』和泉書院、一九九九、同『江戸の怪異譚―地下水脈の系譜』ぺりかん社、二〇〇四、同『女人蛇体』角川学芸出版、二〇〇六、同『江戸の高僧伝説』三弥井書店、二〇〇八、同『絵伝と縁起の近世僧坊文芸　聖なる俗伝』森話社、二〇一七、同「高僧絵伝と幽霊画―死者救済の思想と図像化」『駒澤大學佛教文學研究』二二、二〇一九など。

37 上野大輔「近世真宗優勢地帯における浄土宗の思想的機能―鯨回向を手がかりに―」『史林』九一―五、二〇〇八。

38 小林准士「近世真宗における神祇不帰依の宗風をめぐる争論の構造と展開」『史林』九六―四、二〇一三。

39 村上紀夫「蜘蛛塚考」注18前掲『怪異学の地平』所収。宗教施設ではないが、羽賀祥二『史蹟論　一九世紀日本の地域社会と歴史意識』名古屋大学出版会、一九九八は、怪異と関わる「史蹟」を取り上げている。

40 菊池勇夫『近世の飢饉』吉川弘文館、一九九七、同「飢饉と災害」『岩波講座日本歴史』一二、岩波書店、二〇一四など。

41 渡辺尚志『浅間山大噴火』吉川弘文館、二〇〇三。

42 倉地克直「津波の記憶」水本邦彦編『環境の日本史』四、吉川弘文館、二〇一三、同『江戸の災害史　徳川日本の経験に学ぶ』中央公論新社、二〇一六。

43 昼田源四郎『疫病と狐憑き―近世庶民の医療事情』みすず書房、一九八五。

44 藤本幸雄「近世の稲荷信仰について―大阪府南河内地方を中心として」『ヒストリア』七六、一九七七、小池信一「近世史料にみる憑き物「オーサキ狐」の諸相」『埼玉県立文書館紀要』三、一九八九、同「近世史料にみる狐憑きの俗信」『埼玉県立文書館紀要』四、一九九〇、五島敏芳「近世後期の狐憑きと百姓―信州佐久郡五郎兵衛新田村の一事例の紹介から―」『信州農村開発史研究所紀要　水と村の歴史』一三、一九九八など。

45 渡辺尚志「諏訪の村々の近世―現長野県富士見町域を対象に」『村からみた近世』校倉書房、二〇一〇。

46 海原亮『近世医療の社会史　知識・技術・情報』吉川弘文館、二〇〇七。

47 沢山美果子「近世の性」『岩波講座日本歴史』一四、二〇一五。

48　源了圓「徂徠・春台における天の観念と鬼神観」東北大学日本文化研究所編『神観念の比較文化論的研究』講談社、一九八一、中村安宏「室鳩巣と朱子学・鬼神」玉懸博之編『日本思想史　その普遍と秩序』ぺりかん社、一九九七、子安宣邦『新版鬼神論　神と祭祀のディスクール』白澤社、二〇〇二、大川真「新井白石の鬼神論再考」『日本歴史』六七四、二〇〇四など。

49　沼田哲「鬼神・怪異・幽冥　平田篤胤小論」尾藤正英先生還暦記念会編『日本近世史論叢』下、吉川弘文館、一九八四、中川和明「平田篤胤の妖怪論と儒教批判」『日本歴史』五七〇、一九九五、小田真裕「嘉永・安政年間の宮負定雄―幽界への関心に着目して―」『國學院大學研究開発推進機構紀要』三、二〇一一、三ツ松誠「嘉永期の気吹舎　平田銕胤と「幽界物語」」『日本史研究』五九六、二〇一二、同「「開国」と国学的世界観」『歴史学研究』九五〇、二〇一六、吉田麻子『平田篤胤　交響する死者・生者・神々』平凡社、二〇一六など。

50　若尾政希「天変地異の思想―昌益の天譴論と西川如見」『安藤昌益からみえる日本近世』東京大学出版会、二〇〇四（初出一九九〇）、同「近世人の思想形成と書物―近世の政治常識と諸主体の形成―」『一橋大学研究年報　社会学研究』四二、二〇〇四、注25若尾前掲「享保～天明期の社会と文化」など。

51　宮城公子「幕末国学の幽冥観と御霊信仰」『幕末期の思想と習俗』ぺりかん社、二〇〇四、二八六頁（初出二〇〇〇）。

52　『怪異学の技法』臨川書店、二〇〇三、『怪異学入門』岩田書院、二〇一二、注26『媒介』、注18『怪異学の地平』など。

53　出版社と刊行年は注5参照。内容は、次の通り。榎村寛之「「怪異学」の目指すもの」、同「奈良・平安時代の人々とフシギなコト」、大江篤「「祟り」「怨霊」、そして「御霊」―神霊を語る者」、久禮旦雄「「恠異学」の先人たち―古代史・文化史・王権論―」、山田雄司「鎌倉時代の怪異」、西山克「室町時代宮廷社会の精神史―精神障害と怪異」、高谷知佳「室町王権と都市の怪異」、永原順子「能の「不思議」―能における霊魂観―」、黒川正剛「西洋中世史研究と怪異学―前近代史の共通言語を目指して」、木場貴俊「近世社会の成立と近世的怪異の形成」、戸田靖久「近世・近代の「怪異」と国家／社会」、京極夏彦「私たちの「怪異」　現代の中の「怪異」と怪異」。

54　二〇〇七年三月一一日に、「怪異から見る近世」をテーマにした二〇〇七年度大会シンポジウムが開催され、宗教、民俗、学問、文芸に関する報告と議論が行われた（於関西学院大学）。報告は次の通り。井上智勝「近世の「怪異」と神祇管領長上吉田家」、香川雅信「妖怪手品の大坂・妖怪図鑑の江戸」、木場貴俊「怪を語る儒者―物・事・心―」、堤邦彦「寺と幽霊―念仏の呪法化を中心として―」、村上紀夫「木食正禅考―享保期京都における宗教者と社会」。このシンポジウムについては、榎村寛之による評があるので、以下引用する。

「近世における怪異認識の思想的転換は、近世初頭ではなく一七五〇年頃を目途とすべきものであり、それは安土桃山時代的な町民文化を色濃く残した元禄時代からの脱却期であり、たとえば演劇においても、怪異や因果を色濃く打ち出す説教節や能などの中世的芸能から、西鶴・近松を経て『仮名手本忠臣蔵』に代表される人間ドラマとしての演劇への転換を見ることができる。それは都市文化の主体が、いわば中世的な町民から近世的な市民へと転換したことなのである。そうした都市市民の構造や意識の転換に、享保期に始まる蘭学開放や、古典研究の新局面としての国学の形成などの新しい動きが乗って行く。妖怪趣味もまたそうした転換のなかに位置づけられるのではないか。この時代において、怪異の主体である怨霊や化け物は、遊び心を含む「面白怖い」ものに転換し、私たちの知る「妖怪」の萌芽が生じたのではないか」（榎村寛之「展示評　妖怪天国ニッポン―絵巻からマンガまで―」『歴史学研究』八六二、二〇一〇、六〇頁）。

55　視覚文化としての幽霊像に注目した服部幸雄（『変化論　歌舞伎の精神史』平凡社、一九七五、『さかさまの幽霊　〈視〉の文化論』筑摩書房、二〇〇五）、芸能史を軸に思想や文芸、絵画などを駆使し、都市文化としての怪談文化を考察した横山泰子（『江戸東京の怪談文化の成立と変遷　一九世紀を中心に』風間書房、一九九七、「江戸の七不思議変遷考」『東京都江戸東京博物館研究報告』五、二〇〇〇、『江戸歌舞伎の怪談と化け物』講談社、二〇〇八など）たちの研究がある。

56　怪異の持つ博物学的側面や感覚・体験に着目した伊藤龍平（『江戸の俳諧説話』翰林書房、二〇〇七、『江戸幻獣博物誌　妖怪と未確認動物のはざまで』青弓社、二〇一〇、『何かが後をついてくる　妖怪と身体感覚』青弓社、二〇一八など）、江戸時代の都市文化としての「妖怪」に関する論考を数多く発表している香川雅信（「妖怪としての貨幣　金霊をめぐって」小松和彦編『日本人の異界観』せりか書房、二〇〇六、『江戸の妖怪革命』角川学芸出版、二〇一三、「江戸の三大改革と妖怪文化」『日文研国際シンポジウム論集四五　怪異・妖怪文化の伝統と創造―ウチとソトの視点から』二〇一五など）、近世の幽霊を都市的なものとして論じた高岡弘幸（『幽霊　近世都市が生み出した化物』吉川弘文館、二〇一六など）たちの研究がある。

57　鈴木重三「京伝と絵画」「お化けいろいろ」『改訂増補絵本と浮世絵』ぺりかん社、二〇一七、鈴木堅弘『とんでも春画　妖怪・幽霊・けものたち』新潮社、二〇一七、辻惟雄『奇想の江戸挿絵』集英社、二〇〇八などがある。

58　内田忠賢（「江戸人の不思議の場所―その人文主義地理学的考察」『史林』七三―六、一九九〇、「怪談と場所―不思議空間の大都市・江戸」『国文学　解釈と教材の研究』五二―一一、二〇〇七、「大都市江戸の怪異譚―『耳袋』と『反古のうらがき』から―」小山聡子・松本健太郎編『幽霊の歴史文化学』思文閣出版、二〇一九）や、佐々木高弘

（「上方落語の怪異空間　近世大坂・京都・江戸の都市空間認識」小松和彦編『妖怪文化の伝統と創造　絵巻・草紙からマンガ・ラノベまで』せりか書房、二〇一〇、「城下町と妖怪」加賀市教育委員会事務局文化課編『かが風土記―見て、歩いて、学ぶ旅―加賀市総合民俗調査報告書』加賀市、二〇一三など）の研究がある。

59

山口剛（「怪異小説について」『日本名著全集　江戸文芸第十巻　怪談名作集』日本名著全集刊行会、一九二七（後に『山口剛著作集』二、中央公論社、一九七二所収））を皮切りに、飯倉洋一（「怪異と寓言　浮世草子・談義本・初期読本」『西鶴と浮世草子研究』二、笠間書院、二〇〇七など）、井上泰至（『雨月物語の世界　上田秋成の怪異の正体』角川学芸出版、二〇〇九など）、今井秀和（「片輪車という小歌―妖怪の母体としての言語」『日本文学研究』四六、二〇〇七、『異世界と転生の江戸　平田篤胤と松浦静山』白澤社、二〇一九など）、後小路薫（『勧化本の研究』和泉書院、二〇一〇）、江本裕（『近世前期小説の研究』若草書房、二〇〇〇、「延宝期の仮名草子『諸国百物語』序説」前掲『西鶴と浮世草子研究』二など）、門脇大（「前近代における怪異譚の思想変節をめぐって」緒形康編『アジア・ディアスポラと植民地近代―歴史・文学・思想を架橋する』勉誠出版、二〇一三、「江戸の見立化物―『古今化物狐心学』、心学の化物」注56前掲『国際研究集会報告書』四五、「怪火の究明」堤邦彦・鈴木堅弘編『俗化する宗教表象と明治時代』三弥井書店、二〇一八など）、アダム・カバット（『ももんがあ対見越入道　江戸の化物たち』講談社、二〇〇六、『江戸の化物　草双紙の人気者たち』岩波書店、二〇一四、『江戸化物の研究　草双紙に描かれた創作化物の誕生と展開』岩波書店、二〇一七など）、木越治（「八文字屋本時代物と怪異小説―『都鳥妻恋笛』の場合―」『近世文藝』六八、一九九八、「怪異と伝奇Ⅰ　仮名草子・浮世草子と怪談」「怪異と伝奇Ⅱ　読本の成立と怪談」揖斐高・鈴木健一編『日本の古典―江戸文学編』二〇〇六、「怪談の倫理―鏡像としての『伽婢子』・『雨月物語』」『文学』一五―四、二〇一四など）、木越俊介（「寛政・享和期における知と奇の位相―諸国奇談と戯作の虚実―」『日本文学研究ジャーナル』七、二〇一八）、倉員正江（「『中村雑記』に見る奇談・怪談―お札はがし・応声虫・狐憑き・猫又・化物屋敷―」『近世文芸　研究と評論』九三、二〇一七）、近藤瑞木（「儒者の妖怪退治―近世怪異譚と儒家思想」『日本文学』五五―四、二〇〇六、「怪談物読本の展開」前掲『西鶴と浮世草子研究』二、「石燕妖怪画の風趣」注58前掲『妖怪文化の伝統と創造』、「石燕妖怪画私注」『人文学報』四六二、二〇一二など）、佐伯孝弘（「浮世草子に見る遊女の幽霊」『江戸文学』三三、二〇〇五、「近世前期怪異小説の諸相　「怪異を信じるか否か」という視点から」『清泉文苑』二九、二〇一二、「近世文学における怪異と猫」『清泉女子大学人文科学研究所紀要』三四、二〇一三など）、坂巻甲太（『浅井了意怪異小説の研究』新典社、一九九〇）、佐藤至子（『妖術使いの物語』国書刊行会、二〇〇九、「残虐から幻妖へ―合巻に描かれた怪異」注58前掲『妖怪文化の伝統と創造』など）、染谷智幸（『冒険・淫風・怪異　東アジア古典小説の世界』笠間書院、二〇一二）、高田衛（『女と蛇』筑摩書房、一九九九、『新編江戸幻想文学誌』筑摩書房、二〇〇〇、『江戸文学の虚構と形象』森話社、二〇〇一、『定本上田秋成研究序説』国書刊行会、二〇一二、『増補版江戸の悪霊祓い師』角川学芸出版、二〇一六など）、高橋明彦（「昌平黌の怪談仲間―古賀侗庵『今斉諧』の人々―」『江戸文学』一二、一九九四（その後、増補版がネット公開された。二〇一三年一一月五日閲覧、現在リンク切れ）など）、太刀川清（『近世怪異小説研究』笠間書院、一九七九、『牡丹灯記の系譜』勉誠社、一九九八など）、堤邦彦（注36参照）、西田耕三（『怪異の入口　近世説話雑記』森話社、二〇一三など）、日野龍夫（「怪異を信じたがった人々」『日野龍夫著作集』二、ぺりかん社、二〇〇五（初出一九九五）など）ほか、怪異を切り口にした研究は豊富である。

60　右前掲『西鶴と浮世草子研究』二、清泉女子大学「日本文学と怪異」研究会編『日韓怪異論』笠間書院、二〇一七、木越治・勝又基編『怪異を読む・書く』国書刊行会、二〇一八など。

61　小松和彦編『妖怪学大全』小学館、二〇〇三、同編『妖怪文化研究の最前線』せりか書房、二〇〇九、同編『妖怪学の基礎知識』角川学芸出版、二〇一一、注58前掲『妖怪文化の伝統と創造』、同編『進化する妖怪文化研究』せりか書房、二〇一七。

62　注12前掲『〈驚異〉の文化史』、注58前掲『幽霊の歴史文化学』、伊藤慎吾編『妖怪・憑依・擬人化の文化史』笠間書院、二〇一六、一柳廣孝監修『怪異の時空』一～三、青弓社、二〇一六、徳田和夫編『東の妖怪・西のモンスター　想像力の文化比較』勉誠出版、二〇一八、山中由里子・山田仁史編『アジア遊学二三九　この世のキワ〈自然〉の内と外』勉誠出版、二〇一九など。

63　注18拙稿「近世怪異が示す射程」一一三～五頁において、各地の地誌に見られる怪異について考察を行ったことがある。今後は地誌だけではなく、名所記や地域の怪談集なども視野に入れて考えていく必要がある。

64　幕末については、注34杉前掲「幕末の陰陽頭・朝廷と彗星」、注53戸田前掲「近世・近代の「怪異」」と国家／社会」など。また、近代における怪異（恠異）については、茂木謙之介「皇の奇跡―戦間期地域社会における〈瑞祥〉言説をめぐって」（同編『怪異の時空三　怪異とは誰か』青弓社、二〇一六）、同「危機と奇跡―天皇・皇族の「瑞祥」言説」（『表象天皇制論講義　皇族・地域・メディア』白澤社、二〇一九）が、示唆的である。

初出一覧

序章　新稿

第一章

「林羅山と怪異」東アジア恠異学会編『怪異学の技法』臨川書店、二〇〇三、および「林羅山によるかみの名物―『多識編』をもとに―」『日本研究』四七、二〇一三、第一章第一節

第二章

「近世社会の成立と近世的怪異の形成」東アジア恠異学会編『怪異学の可能性』角川書店、二〇〇九

補論一

「林羅山『本朝神社考』「僧正谷」を読み解く」『書物・出版と社会受容』五、二〇〇八

第三章

第一節　前掲「林羅山によるかみの名物」

第二節　「近世の怪異と知識人―近世前期の儒者を中心にして」一柳廣孝・吉田司雄編『妖怪は繁殖する』青弓社、二〇〇六、第二節、および「近世学芸と怪異」東アジア恠異学会編『怪異学入門』岩田書院、二〇一二

第三節　新稿

第四節　「夜の音―小野蘭山『本草綱目草稿』をめぐって―」『怪』vol.0033、角川書店、二〇一一

補論二　「「所化」と「理外之理」―『日東本草図纂』巻之十二をめぐって―」『雅俗』一七、二〇一八

第四章

「一七世紀前後における日本の「妖怪」観―妖怪・化物・化生の物」『日文研国際シンポジウム論集』四五、二〇一五、第一・二章、および「節用集に見る怪異」小松和彦編『進化する妖怪文化研究』せりか書房、二〇一七

第五章

第一節　前掲「一七世紀前後における日本の「妖怪」観」第三章

第二節　「古文辞学から見る「怪」―荻生徂徠『訳文筌蹄』『論語徴』などから」『アジア遊学一八七　怪異を媒介するもの』勉誠出版、二〇一五、および「体系化される「妖怪」」『ユリイカ』四八―九、二〇一六、第二節

第六章

第一～三節　「一七世紀の怪異認識」『人文論究』六二―二、二〇一二

第四節　前掲「近世の怪異と知識人」第三節

第五節　新稿

第七章

「開放される「化物絵」」橘弘文・手塚恵子編『文化を映す鏡を磨く　異人・妖怪・フィールドワーク』せりか書房、二〇一八

第八章

「歴史的産物としての「妖怪」―ウブメを例にして」小松和彦編『妖怪文化の伝統と創造　絵巻・草紙からマンガ・

ラノベまで』せりか書房、二〇一〇

第九章

「「河童史料」論—人が河童を記録する営み—」常光徹・国立歴史民俗博物館編『河童とはなにか』岩田書院、二〇一四

補論三

第一節 「人はばけもの—井原西鶴と怪異」『怪』vol.0041、二〇一四

第二節 新稿

第三節 前掲「近世社会の成立と近世的怪異の形成」第五節

第十章

「近世社会と学知—古賀侗庵と怪異から—」『ヒストリア』二五三、二〇一五

終章 新稿

既発表の論文などに関しては、いずれも本書への収録に際して、大幅に改稿している。

あとがき

図鑑や怪獣が好きだった一幼稚園児は、一九八五年十月に運命の出会いを果たす。TVアニメ『ゲゲゲの鬼太郎』（第三部）第一回放送である。初回以来毎回登場する、怪獣とは違った異形の存在「妖怪」にすっかり心を奪われたその子は、齢を重ねた後も「異」な物事に魅了され続けた。そして、今では怪異を素材にした研究を行い、このような本を書くまでに到っている。よく飽きもせず怪異に打ち込んできたものだと、我ながら少々呆れている。

本書は、関西学院大学大学院に二〇一一年一一月に提出した博士（歴史学）学位論文「近世怪異の文化史的研究」と、それ以降の研究成果を改稿・再構成したもので、国際日本文化研究センター所長裁量経費の助成を受けている。『怪異をつくる』という題名は、もともと二〇一六年頃に既出論文を使って一般向けの本を書いてみようと、当てもなく書き出したときに思いついたもので、序章はそのときの習作をベースにしている。そうした経緯もあるため、本書は論文集でありながら、研究者以外にも広く読んでもらいたく、敬体の序章や史料の読み下し、多めにルビを振るなどの工夫を施している。こうした試みが成功しているかどうかはわからないが、多くの人に手に取ってもらえれば幸いである。

本書は、さまざまな学恩によって成り立っている。

一九九八年四月に岡山大学文学部歴史文化学科に入学した私は、日本近世史で怪異を素材にした研究がしたいと漠然と考えていた。そんなとき、倉地克直先生にご指導いただけたのは、誠に僥倖であった。近世文化史を専門にされ、国文学や民俗学の研究成果を積極的に取り入れている倉地先生から、海の物とも山の物ともつかない私の研究に対して、厳しくも懇切丁寧なご指導をいただいた。後に岡山を離れてからも、折に触れ有益なご助言を数多くいただき、博士学位論文の副査も担当していただいた。倉地先生からいただいた「お前さんのやることはな、文学や民俗学でやってることを歴史学的に考えることなんや」というお言葉は、研究する上でいつも強く意識している。

岡山大学の卒論・修論演習では、各時代の先生の前で報告することになっていて、倉地先生の他に、今津勝紀先生、久野修義先生、姜克實先生からも厳しいご意見を度々いただいた。岡山大学で過ごした日々は、まさしく私の研究生活の基部をなしている。

岡山大学では、博士課程は外に出るというのが当時慣例のようになっていて、もう少し研究したいと考えていた私は、どこに進学すべきか迷っていた。そのとき手を差し伸べていただいたのが、関西学院大学（関学）の西山克先生だった。西山先生は、当時東アジア怪異学会の代表を務めておられ、大学卒業間際から何度か定例研究会に参加していたご縁（初めて学会で研究発表をしたのもこの学会）もあり、指導教官を引き受けていただいた。怪異に留まらず、絵画資料の扱い方や中世文化史研究の動向について、多くのご指導とご助言を受けることができた。

折しも、関学の大学院博士後期課程に進んだ二〇〇四年は、近世史の志村洋先生が着任された年でもあり、倉地先生とはまた異なる立場から近世史研究について色々学ぶことができ、また学会や研究会で多くの近世史研究者をご紹介いただいた。その後、高岡裕之先生も着任され、近現代史に関する多く知見を得た。

大学・大学院で過ごすなか、同期や先輩、後輩からは、いつも多くの刺激をもらい、研究に励むことができた。また、二〇〇四年は、京都の機関誌会館で催された歴史学入門講座で、若尾政希先生と青木美智男先生が講演されたことも幸運だった。特に、若尾先生には講座以来、親しくさせていただき、呼びかけ人をされている「書物・出版と社会変容」研究会にも参加、報告の機会も与えていただき、多くの研究者仲間とも交流を深めることができた。

二〇〇八年から田中貴子先生のご紹介で、甲南大学の非常勤講師を務めることになってからは、同大学の東谷智先生に研究から個人的なことまで色々と相談にのっていただき、大変お世話になっている。

博士号取得後、転々と職を変え、将来があまり見えていなかった頃、お声をかけていただいたのが、国際日本文化研究センター（日文研）の小松和彦先生だった。小松先生には、以前から、日文研の共同研究「怪異・妖怪文化の伝統と創造―前近代から近現代まで―」ではオブザーバーとして、「怪異・妖怪文化の伝統と創造―研究のさらなる飛躍に向けて―」では共同研究員として参加する機会をいただいた。共同研究会、そして比較日本文化研究会では、小松先生をはじめ、飯倉義之、一柳廣孝、今井秀和、香川雅信、近藤瑞木、佐々木高弘、高橋明彦、堤邦彦、常光徹、徳田和夫、徳永誓子、中野洋平、永原順子、マティアス・ハイエク、松村薫子、安井眞奈美、山田奨治、横山泰子ほか、多くの諸先生・諸賢と交流を重ね、意見を交わすことができたのは、非常に有意義であった。

現在、私は、日文研の機関拠点型基幹研究プロジェクト「大衆文化の通時的・国際的研究による新しい日本像の創出（大衆文化（研究）プロジェクト）」で、プロジェクト研究員として勤めている。任期付きではあるが、現職のおかげで、国内外の研究者と交流できるだけでなく、海外でも研究報告をする機会をいただいている。誠にありがたいことであり、力添えをいただいた方々に深くお礼を申し上げたい。さらに小松先生には、今回所長裁量経費を付けていただいたことに、改めて深謝申し上げる。

研究会では、東アジア恠異学会の参加は、自分の研究史上では欠くことができない。西山先生や二代目代表の大江篤先生、そして現在も学会で活躍する榎村寛之、久留島元、久禮旦雄、笹方政紀、佐々木聡、島田尚幸、南郷晃子、村上紀夫、山田雄司ほか、学問分野も専門とする時代も異なる諸先生・諸賢が集まって、侃々諤々と議論を交わして得た知見は、研究の大きな糧になっている。また、大阪歴史学会や日本史研究会ほかで研究報告をさせていただき、ご意見をいただくことができたことは、近世文化史の中でもマイナーなテーマを研究している自分にとってありがたいことであった。

学恩は学界内の人たちばかりではない。怪異については、学界の外にも深い見識を持っておられる方たちがいる。作家の京極夏彦さんには、二〇〇二年冬に初めてお会いして以来、お世話になりっぱなしである。初めて公表した小論「うぶめの系譜① 産女と姑獲鳥」（『怪』vol.0012、二〇〇二）の掲載にも、ご尽力いただいた。そもそも卒業論文は、京極さんの『姑獲鳥の夏』（講談社、一九九四）に触発されたことが大きい（その後、改稿したものが本書第一章の初出論文）。「産女と姑獲鳥」掲載直後、「すぐれた論考はエンターテイメントとしても通用する」というお言葉をいただいた。ちなみに第八章の初出論文は、京極さんとの電話での会話が元になっている。

同じく作家の化野燐さんとは、同じ岡山県出身ということで、大学生の頃からお付き合いをさせていただき、会うたびに談論風発している。化野さんが主宰されているネットサイト「白澤楼」に集った人たちとの交流は、怪異に関する話題に飢えていた当時の自分にとって大変ありがたいもので、それは今も続いている。村上健司さんや東雅夫さんをはじめ、職種も経歴も異なる、ただ妖怪や怪談が好きという一点で集まっている人たちとの交流は愉悦以外のなにものでもない。これからも馬鹿騒ぎを楽しんでいきたい。

本書の刊行は、大衆文化研究プロジェクトの古代・中世班リーダーである荒木浩先生の共同研究「投企する古典性―視覚／大衆／現代」の懇親会に参加した際、文学通信の岡田圭介さんとの会話が契機になっている。岡田さんには、こちらの「一般の人が読んでも楽しめる博士論文」という、ある意味無謀なリクエストに対して、とことんお付き合いいただき、さらに有意義な書籍にしようと多くのご高配を賜った。深く謝意を表したい。

こうしたさまざまなご縁と学恩が、本書の礎になっている。ご支援くださった方々に改めて深くお礼を申し上げたい。

最後に、研究者の道に進み、今まで自分の好きなように生きる私を許してくれている父と亡き母に感謝を伝えたい。

二〇二〇年一月

木場 貴俊

著者紹介

木場 貴俊（きば たかとし）

略歴

1979年　岡山県倉敷市に生まれる

2007年　関西学院大学大学院 文学研究科博士後期課程日本史学専攻単位取得退学

2012年　博士（歴史学　関西学院大学）

現在　国際日本文化研究センター　プロジェクト研究員

主な業績

「近世怪異が示す射程―ひろたまさきの「妖怪」論を手がかりにして―」東アジア恠異学会編『怪異学の地平』臨川書店、2018年

「에도 문화 속 요괴（江戸文化の中の「妖怪」）」

한양대일본학국제비교연구소『요괴　또 하나의 일본의 문화코드（妖怪　もう一つの日本の文化コード）』역락、2019年

「怪異が生じる場―天地と怪異」山中由里子・山田仁史編『アジア遊学239　この世のキワ〈自然〉の内と外』勉誠出版、2019年

「国際日本文化研究センター所蔵『諸国妖怪図巻』をめぐって―いわゆる「化物尽くし絵巻」に関する一考察―」『日本研究』60、2020年

怪異をつくる

日本近世怪異文化史

2020（令和2）年3月26日　第1版第1刷発行

ISBN978-4-909658-22-7　C0020

発行所 ――― 株式会社 文学通信

〒170-0002　東京都豊島区巣鴨1-35-6-201

電話03-5939-9027　Fax 03-5939-9094

メール　info@bungaku-report.com　　ウェブ　https://bungaku-report.com

発行人 ――― 岡田圭介

印刷・製本 ―― モリモト印刷

装丁 ――― 岡田圭介

本文デザイン―― 山田信也（スタジオ・ポット）